Practitioner-oriented Design of Experiments

실무자 중심의
실험계획법

김진호 나형배 심재훈 황인극

도서출판
청람

| 머리말 |

최근 4차 산업혁명에 따른 기술 및 산업구조의 변화는 그 어느 때보다 데이터에 의한 분석이 중요한 상황이다. 우리나라도 과학 기술의 주도국이 되면서 대학, 연구소 및 산업의 각 현장에서는 자료의 통계적 분석을 통한 근거를 더욱 중요시하게 요구되어지고 있다. 이러한 가운데 품질분야에서 요구하는 결과치의 최적값을 효과적으로 도출하기 위해 사용되는 실험계획법은 과학적인 분석을 통해 문제를 해결하는 방법론으로서 중요하게 사용되고 있다.

다만 이렇게 중요하게 사용되는 실험계획법이 통계적인 이론과 방법론에 치중하고 특정영역에 한정되어 관련 실무자가 현장에서 실제 이해하고 적용하는데 어려움이 있는 것은 사실이다. 이를 위해 본서는 학업 중인 학생이나 통계적 이론에 약한 사람들도 실험의 계획 및 분석을 효과적으로 할 수 있도록 접근하였다.

또한 책 구성은 실험계획의 기초적 내용에서부터 로버스트 실험계획법, 반응표면 실험설계, 혼합물 실험계획법 등 다양한 현장에서 실질적으로 사용되는 방법론을 포괄적으로 다루었다. 기업에서 개발 및 품질 개선을 위한 다양한 프로젝트를 진행한 경험을 바탕으로 각 단원별 내용에 맞추어 문제 해결에 도움이 되는 사례 중심으로 전개하였고, 각 사례는 미니탭을 통하여 하나씩 체계적으로 분석하여 알기 쉽게 설명하였다.

그리고 이론적인 내용 설명은 최소화하고 현장에서 잘 사용하는 내용 중심으로 다루었으며, 현장 연구자나 기술자들이 실험에 의해서 얻어지는 통계 데이터를 쉽게 분석하고 배운 이론을 현장에 쉽게 적용하고 활용하는데 주안점을 두어 실무중심의 실험계획법이 되도록 하였다. 사용 소프트웨어는 한글판 미니탭(19 version)을 사용하였다.

실무중심의 실험계획법에 대한 책을 만들고자 의기투합한 공동저자 4명은 각각 30여 년간 학계와 산업계에서의 풍부한 경험을 바탕으로 목록을 구성하고 편찬하였다. 그리고 출판에 기꺼이 응해주시고 도움을 주신 도서출판 청람의 이수영 대표님과 관계자분들께도 감사의 마음을 드립니다.

2021년 3월

저자 김진호 · 나형배 · 심재훈 · 황인극

단원 중 예제 및 연습문제 풀이에 필요한 데이터는 도서출판 청람 홈페이지(www.crbooks.co.kr)에서 다운로드 받으실 수 있습니다.

| 차 례 |

CHAPTER 1 기초 통계학

CHAPTER 2 상관분석과 회귀분석

CHAPTER 3 실험계획법 개념

CHAPTER 4 일원배치법

CHAPTER 5 이원배치법

CHAPTER 6 요인배치법

CHAPTER 7 교락법과 일부실시법

CHAPTER 8 직교배열표에 의한 실험계획

CHAPTER 9 로버스트 실험계획법

CHAPTER 10 반응표면 실험설계 및 분석

CHAPTER 11 혼합물 실험계획법

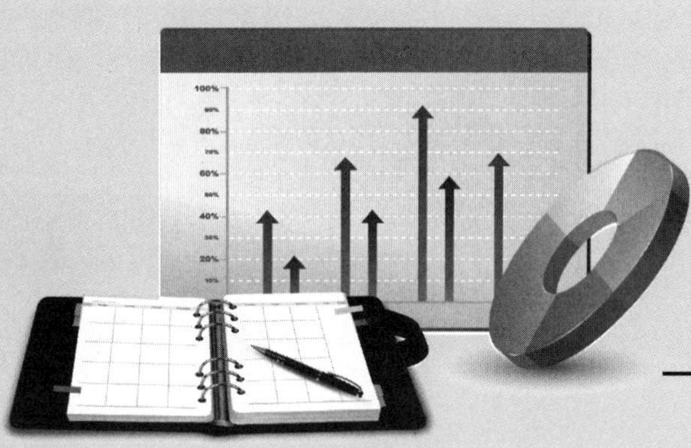

CHAPTER 01

기초 통계학

1. 분포
2. 통계적 추정
3. 통계적 가설검정

Chapter

01 기초 통계학

1 분포

1.1 모집단과 표본

실험계획법에서 가장 많이 사용하는 통계 용어를 알아보자.

- 모집단(population): 관심의 대상이 되는 전체의 집단
- 표본(sample): 모집단의 일부에 해당되는 관측값
- 모수(population parameter): 모집단의 특성을 나타내는 값
- 통계량(statistics): 표본으로부터 계산되어지는 양
- 통계값(statistic): 통계량에 관측값을 대입하여 얻어지는 값

A대학교 실험계획법을 수강하는 전체 학생 30명의 성적은 다음과 같다.

81	70	77	74	77	87	91	96	88	85	85	75	73	90	97
87	79	77	74	77	83	96	96	88	79	85	78	79	94	97

그 중 9명을 뽑았더니 아래와 같다고 하자.

74	77	87	96	85	73	90	78

30명의 성적은 모집단이라고 하고, 8명의 성적은 표본이라고 한다. 통상적으로 X를 확률변수(random variable)라 하고 실제 취한 값을 x라고 표현한다. 따라서 n개의 확률표본(random sample)은 $X_1, X_2, \cdots, X_n$ 또는 $X_i(i=1, 2, \cdots, n)$으

로 표현한다. 이처럼 확률변수는 대문자로, 그 실제 데이터는 소문자로 표현한다. 위의 표본 예에서 x_1은 74이다.

30명의 평균 성적은 모수이고, 8명의 성적을 구하는 공식 $\overline{X}=\sum_{i=1}^{8}\frac{X_i}{9}$ 은 통계량, 통계량에 실제값을 대입한 $\overline{x}=82.5$는 통계값이 된다.

1.2 확률분포와 표본분포

확률변수 X의 모든 관측값 x들의 분포 $f(x)$를 확률분포(probability distribution function: PDF)라 한다. 확률변수 X의 평균(기대값, expected value)을 μ 또는 $E(X)$로 나타낸다.

X가 이산형일 때는

$$\mu=E(X)=\sum_{\text{모든 }x} xf(x)$$

로, 연속형일 때는

$$\mu=E(X)=\int_{-\infty}^{\infty} xf(x)\,dx$$

로 정의한다.

확률변수 X의 산포를 나타내는 분산(variance) σ^2은

$$\sigma^2=E[(X-\mu)^2]$$

이다. 이때 분산의 양의 제곱근인 σ를 표준편차(standard deviation)라고 한다. μ와 σ는 1.1절에서 언급한 모수(population parameter)에 해당된다.

실험계획법에서 많이 쓰는 통계량은 표본평균(sample mean) $\overline{X}$와 표본분산(sample variance) S^2이다.

$$\overline{X}=\frac{\sum_{i=1}^{n}X_i}{n},\quad S^2=\frac{\sum_{i=1}^{n}(X_i-\overline{X})^2}{n-1}$$

통계량 $\bar{X}$와 S^2에 관측값을 넣으면 통계값을 구할 수 있는데 이 통계값은 $\bar{x}$와 s^2과 같이 소문자로 나타낸다.

통계량은 추출된 표본에 따라 달라진다. 따라서 통계량 또한 확률변수로써 확률분포를 가진다. 통계량의 확률분포를 표본분포(sampling distribution)라고 한다. 통계량의 분포(표본분포)는 모집단의 분포와 표본의 크기에 영향을 받는다.

1.3 정규분포와 이와 관련된 표본분포

1) 정규분포

정규분포(normal distribution)는 가장 대표적인 연속확률분포이다. 확률변수 X가 평균이 μ이고 분산이 σ^2인 정규분포를 따를 경우에 $X \sim N(\mu, \sigma^2)$과 같이 표현한다. X의 확률밀도함수(probability density function: PDF) $f(x)$는

$$f(x) = \frac{1}{\sqrt{2\pi}\,\sigma} e^{-\frac{1}{2\sigma^2}(x-\mu)^2}, \quad -\infty < x < \infty$$

로 정의된다. 특별히 평균이 0이고 분산이 1일 때를 표준정규분포(standard normal distribution)라고 한다. 확률변수 $X \sim N(\mu, \sigma^2)$일 때 $Z = \frac{X-\mu}{\sigma}$로 변환하면 표준정규분포를 따른다.

$$Z = \frac{X-\mu}{\sigma} \sim N(0, 1)$$

따라서

$$P(X < x) = P\left(\frac{X-\mu}{\sigma} < \frac{x-\mu}{\sigma}\right) = P(Z < z), \ z = \frac{x-\mu}{\sigma} \qquad (1 \cdot 1)$$

가 된다.

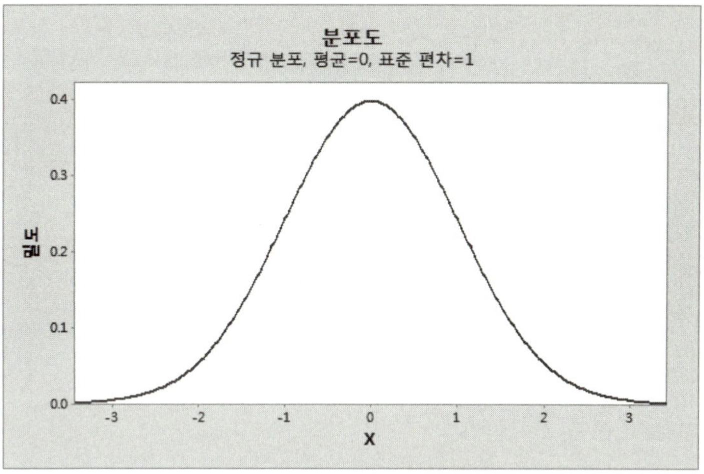

그림 1-1 표준정규분포도

누적확률분포함수(cumulative distribution function: CDF)는 주어진 x값보다 적을 확률을 말하면 식 (1·1)과 같다. 이를 $F(x)=P(X<x)$로 표현하기도 한다.

반대로 역누적분포함수는 특정 누적확률을 제공하는 x값을 말한다.

- 미니탭에서 분석 절차
  - ① 메뉴: **계산>확률분포>정규분포**
  - ② 확률밀도, 누적확률 또는 역누적확률 선택

표준정규분포에서 상위 $100\alpha\%$ 값을 z_α로 표시한다. 즉,

$$P(Z > z_\alpha) = \alpha$$

이다. 예로 들면

$z_{0.05} = 1.645$

$z_{0.025} = 1.96$

$z_{0.01} = 2.326$이다.

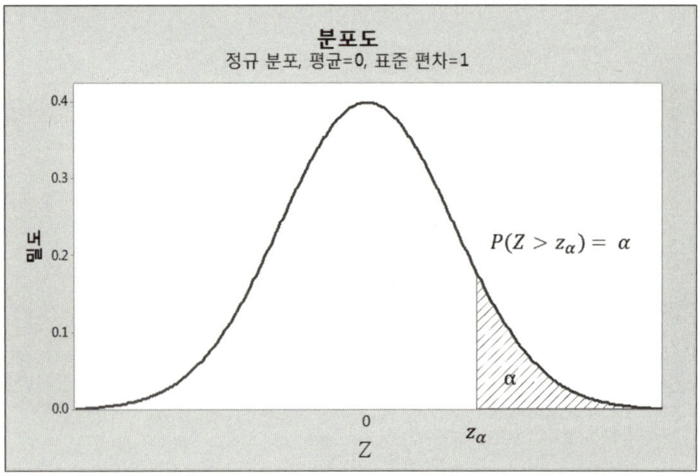

그림 1-2 표준정규분포에서 $100(1-\alpha)$ 백분위수

예제 1-1

20대의 키는 평균이 175 cm이고 표준편차가 7인 정규분포를 따른다고 한다.

(1) 키가 185 cm인 사람은 상위 몇 %에 해당할까?

(2) 하위 5%에 해당하는 사람의 키는 얼마일까?

| 풀이 |

- 미니탭 분석 절차
  ① 메뉴: 계산 > 확률분포 > 정규분포
  ② (1)은 누적확률 선택
  (2)는 역누적확률 선택

- 분석 결과
  (1) 상위 92.34%

누적분포함수

정규 분포(평균 = 175, 표준 편차 = 7)

x	P(X ≤ x)
185	0.923436

(2) 163.486 cm

역 누적분포함수

정규 분포(평균 = 175, 표준 편차 = 7)

P(X ≤ x)	x
0.05	163.486

다음으로 통계적인 추론에서 정규분포가 왜 많이 사용되는지를 알아보자. 모집단의 평균 μ를 추론하는데 가장 많이 사용하는 통계량이 표본평균 $\overline{X}$이다. 따라서 표본평균 $\overline{X}$의 분포, 즉 표본분포를 파악하는 것은 매우 중요하다. 모집단의 분포가 정규분포를 따른다면 표본평균 $\overline{X}$의 분포는 어떤 분포일까? 만약 모집단의 분포를 모른다면 표본평균 $\overline{X}$의 분포는 어떤 분포일까? 다음 두 개의 정리는 표본평균 $\overline{X}$와 관련된 통계적 추론에서 필수적으로 사용된다.

| 정리 | 모집단이 정규분포 $N(\mu, \sigma^2)$을 따를 때, 임의 추출한 표본평균 $\overline{X}$는 평균이 μ, 분산이 σ^2인 정규분포 $N(\mu, \sigma^2/n)$을 따른다. 즉,

$$Z = \frac{n(\overline{X} - \mu)}{\sigma} \sim N(0, 1) \qquad (1 \cdot 2)$$

| 정리 | 평균이 μ이고 분산이 σ^2인 모집단에서 임의추출한 표본의 크기가 충분히 크면(보통 30 이상), 표본평균 $\overline{X}$은 근사적으로 정규분포 $N(\mu, \sigma^2/n)$을 따른다. 즉

$$Z = \frac{n(\overline{X} - \mu)}{\sigma} \sim N(0, 1),\ n\text{이 클 때} \qquad (1 \cdot 3)$$

2) t분포

모평균 μ의 통계적 추론에서 식 (1・2)를 사용하기 위해서는 모표준편차 σ를 알아야 한다. 만약 σ를 모른다면 σ 대신 그 추정량인 표본표준편차 S를 사용한다. 식 (1・2)에서 σ에 S를 대입하면 이 통계량은 자유도(degree of freedom)가 $n-1$인 t분포를 따르게 된다.

$$T = \frac{\overline{X} - \mu}{S/\sqrt{n}} \sim t(n-1) \qquad (1 \cdot 4)$$

t분포는 표준정규분포와 비슷하지만, 퍼짐 정도가 표준정규분포보다 조금도 크다. 그러나 자유도가 커지면 커질수록 t분포는 표준정규분포에 근사하게 된다.

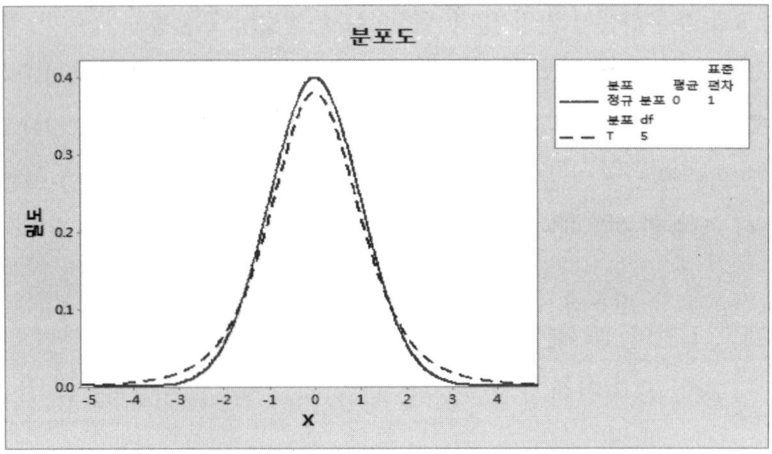

▌그림 1-3▐ 자유도 5인 t 분포와 표준정규분포

자유도가 ϕ인 t분포에서 상위 $100\alpha\%$인 값을 $t_\alpha(\phi)$로 나타낸다.

$$P(T \geq t_\alpha(\phi)) = \alpha$$

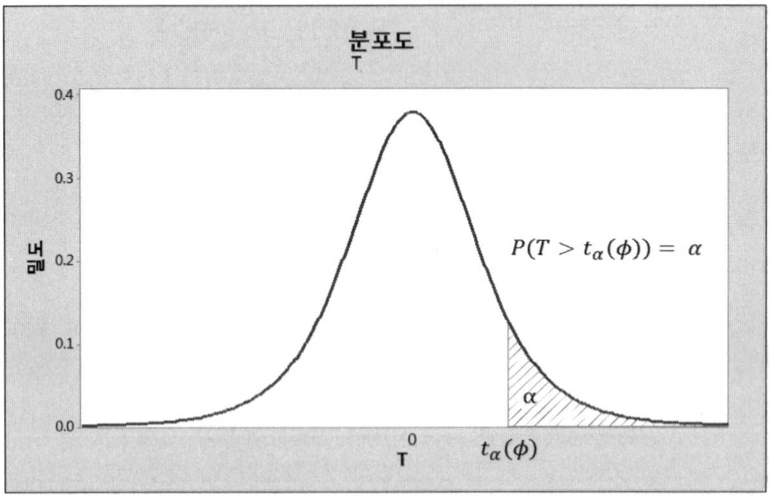

▌그림 1-4▐ 자유도 ϕ인 t분포에서 $100(1-\alpha)$ 백분위수

3) χ^2분포

모집단 분산 σ^2의 통계적 추론에서는 표본분산 S^2을 많이 사용한다. 그러므로 표본분산 S^2의 표본분산을 파악할 필요가 있다.

$X_1, X_2, \cdots, X_n$을 정규분포 $N(\mu, \sigma^2)$으로부터의 확률표본이라고 하면 표본분산 S^2과 관련된

$$V = \frac{\sum_i (X_i - \overline{X})^2}{\sigma^2} = \frac{(n-1)S^2}{\sigma^2} \qquad (1 \cdot 5)$$

은 자유도가 $(n-1)$인 χ^2분포를 따른다.

자유도가 ϕ인 χ^2분포에서 상위 100α%인 값을 $\chi^2_\alpha(\phi)$로 나타낸다.

$$P(V \geq \chi^2_\alpha(\phi)) = \alpha$$

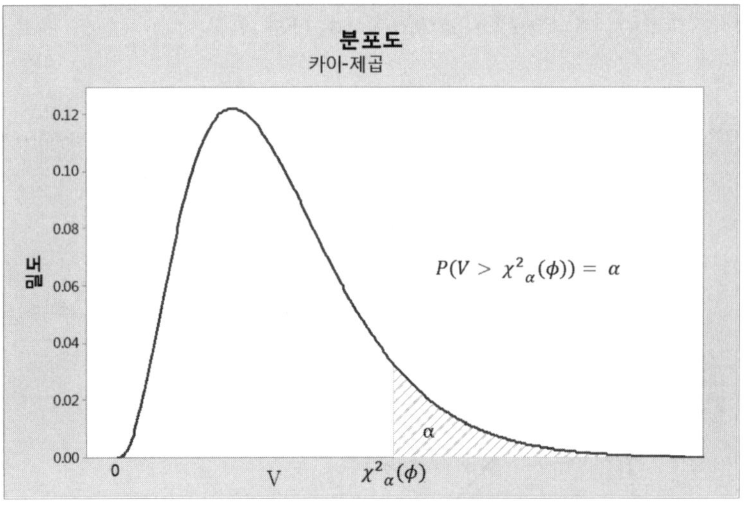

▌그림 1-5▌ 자유도 ϕ인 χ^2분포에서 $100(1-\alpha)$ 백분위수

4) F분포

두 정규모집단의 분산이 같은가에 대한 추론은 F분포를 이용한다. 먼저 F분포에 대해 알아보자. 두 개의 확률변수 V_1과 V_2가 서로 독립이며, 자유도가 각각 ϕ_1

과 ϕ_2인 χ^2분포를 따를 때 확률변수 $F=\dfrac{V_1/\phi_1}{V_2/\phi_2}$는 자유도가 ϕ_1과 ϕ_2인 F분포를 따른다. 그리고 $F \sim F(\phi_1, \phi_2)$로 나타낸다.

두 확률변수 X와 Y는 서로 독립이고 $X_1, X_2, \cdots, X_n$을 정규분포 $N(\mu_1, \sigma_1^2)$으로부터의 확률표본이라 하고, $Y_1, Y_2, \cdots, Y_m$을 정규분포 $N(\mu_1, \sigma_1^2)$으로부터의 확률표본이라 하자. 두 표본분산 S_1^2, S_2^2과 관련된

$$F=\frac{(n-1)S_1^2/\sigma_1^2}{(m-1)S_2^2/\sigma_2^2}=\frac{\sum_{i=1}^{n}(X_i-\overline{X})^2/\sigma_1^2}{\sum_{i=1}^{m}(Y_i-\overline{Y})^2/\sigma_2^2} \tag{1・6}$$

는 자유도가 $n-1$과 $m-1$인 F분포를 따른다.

자유도가 ϕ_1과 ϕ_2인 F분포에서 상위 $100\alpha\%$인 값을 $F_\alpha(\phi_1, \phi_2)$로 나타낸다.

$$P(F \geq F_\alpha(\phi_1, \phi_2))=\alpha$$

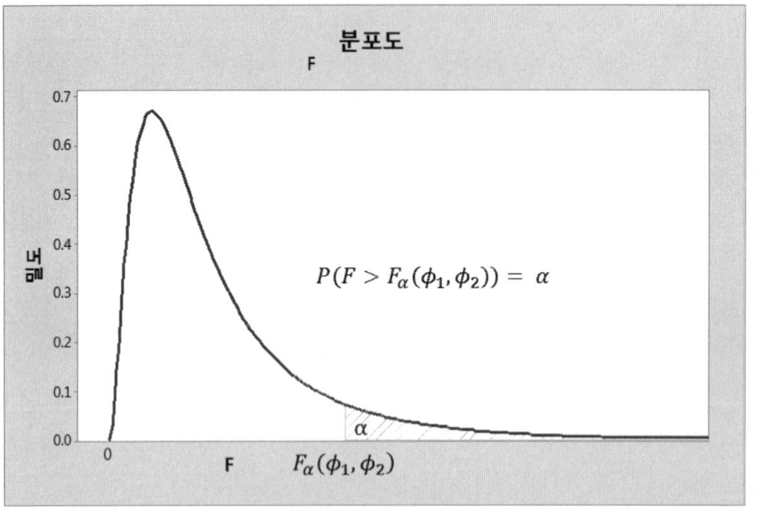

▌그림 1-6▌ 자유도 ϕ_1과 ϕ_2인 F분포에서 $100(1-\alpha)$ 백분위수

2 통계적 추정

통계적 추론은 표본을 이용하여 모수에 대한 추측을 하는 것을 말하며 모집단 전체를 관찰하지 않고, 모집단의 일부인 표본만을 이용하여 추측하므로 불확실성을 내포하고 있다. 통계적 추론은 추정과 가설검정으로 나눌 수 있다.

① 추정(estimation)
- 점추정(point estimation): 모수를 하나의 값으로 추측하는 것
- 구간추정(interval estimation): 모수를 포함하리라고 예상되는 구간을 제시하여 모수를 추측하는 것

② 가설검정(hypothesis testing): 모수에 대한 두 가지 가설 중에서 어느 것이 옳은지 판단하는 것

먼저 점추정에 대하여 알아보자. 표본의 함수를 통계량(statistics)이라고 하였다. 그 중 모수를 추정하는데 사용되는 통계량을 추정량(estimator)이라고 한다. 추정량에 표본에서 얻어진 값으로부터 구해지는 값을 추정값(estimate, 추정치)이라고 한다.

① 모수(population parameter): 모집단의 특성을 나타내는 값
② 통계량(statistics): 표본으로부터 계산되어 지는 양
③ 통계값(statistic): 통계량에 관측값을 대입하여 얻어지는 값
④ 추정량(estimator): 모수를 추정하는데 이용하는 통계량
⑤ 추정값(estimate, 추정치): 표본을 이용하여 계산된 추정량의 값
⑥ 표준오차(standard error, S.E.): 추정량의 표준편차

추정량은 추출된 표본에 따라 달라지며, 추정하는 모수와 일치한다고 보장할 수 없다. 따라서 추정값으로만 모수를 추정하는 것은 부족하다. 추정량이 모수에 얼마나 가까운지(정확도)를 나타내기 위해서 추정량의 표준편차를 사용한다. 추정량의 표준편차를 표준오차(standard error: S.E.)라고 한다. 표준오차가 작을수록 모수를 정확하게 추정할 수 있다. 추정치가 모수와 일치하지는 않기 때문에 그 정확도를

나타내는 표준오차와 함께 제시해야 의미가 있다.

θ를 모수라고 하면 그 추정량을 $\hat{\theta}$으로 표현한다. 모평균 μ와 모분산 σ^2에 대한 추정량을 각각 $\hat{\mu}$과 $\hat{\sigma}^2$로 표현하면 된다. $\hat{\mu}$으로는 $\overline{X}$, $\hat{\sigma}^2$로는 S^2이 가장 많이 쓰인다. 그 이유 중 하나가 모집단 분포가 정규분포일 때 다른 추정량보다 효율이 높기 때문이다. 점추정 결과를 표현하는 방법을 정리하면 다음과 같다.

① 모평균 μ의 점추정

추정량: $\hat{\mu}=\overline{X}$, 추정값: $\overline{x}=82.5$

② 모분산 σ^2의 점추정

추정량: $\hat{\sigma}^2=S^2$, 추정값: $s^2=4.9$

구간추정(interval estimation)은 모수가 포함될 것으로 기대되는 구간을 이용하여 모수를 추정하는 것으로 그 구간을 신뢰구간이라고 한다.

① 신뢰구간(confidence interval): 모수를 추정하는데 이용되는 구간

② 신뢰수준(confidence level, 신뢰도): 신뢰구간이 모수를 포함할 확률

모수 θ가 구간 (L, U)에 포함될 확률이 $100(1-\alpha)\%$라고 하자.

$$P(L<\theta<U)=1-\alpha$$

구간 (L, U)을 신뢰구간이라 하고 $100(1-\alpha)$를 신뢰수준, L과 U 각각 신뢰하한과 신뢰상한이라 부른다.

모평균 μ에 대한 95% 신뢰구간을 구해보자. 식 (1·4)에 있는 확률변수 T가 자유도가 $n-1$인 t분포를 따를 경우,

$$\begin{aligned}
&P(-t_{\alpha/2}(n-1))<T<t_{\alpha/2}(n-1))\\
&=P(-t_{\alpha/2}(n-1))<\frac{\overline{X}-\mu}{S/\sqrt{n}}<t_{\alpha/2}(n-1))\\
&=P(\overline{X}-t_{\alpha/2}(n-1)\frac{S}{\sqrt{n}}<\mu<\overline{X}+t_{\alpha/2}(n-1)\frac{S}{\sqrt{n}})\\
&=1-\alpha
\end{aligned}$$

이다. 이는 모평균 μ가

$$(\overline{X}-t_{\alpha/2}(n-1)\frac{S}{\sqrt{n}},\ \overline{X}+t_{\alpha/2}(n-1)\frac{S}{\sqrt{n}}) \qquad (1\cdot 7)$$

의 범위 안에 들어갈 확률이 $(1-\alpha)$가 된다는 의미이고, 이 구간을 모평균 μ의 $100(1-\alpha)\%$ 신뢰구간이라 한다.

예제 1-2 >>>

어떤 농장에서 생산하는 계란 무게의 모평균 μ와 모분산 σ^2은 알려져 있지 않다. 평균 μ를 추정하기 위해 크기 $n=9$인 다음과 같은 표본을 얻었다.

표본의 자료(단위: g): 53.0, 55.1, 55.8, 49.1, 49.0, 55.5, 57.2, 58.8, 48.6

(1) 모평균 μ와 모분산 σ^2의 점추정값을 구하시오.
(2) 신뢰수준 95%의 신뢰구간을 구하시오.

| 풀이 |

◆ 미니탭 분석 절차

① 메뉴: **통계분석 > 기초통계학 > 1-표본 t 검정**

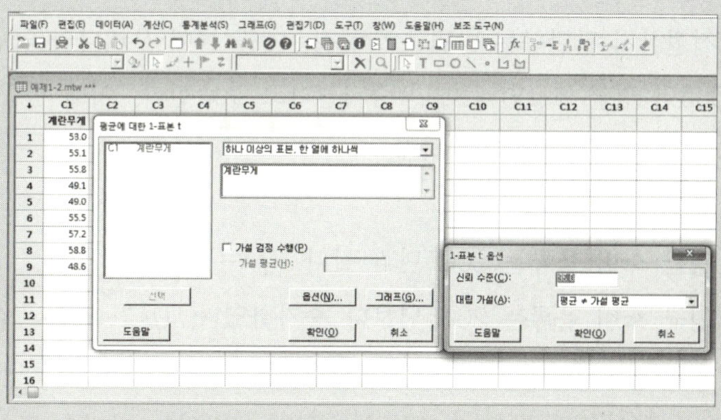

◆ 분석 결과

기술 통계량

N	평균	표준 편차	평균의 표준 오차	μ에 대한 95% CI
9	53.57	3.83	1.28	(50.62, 56.51)

μ: C1의 평균

◆ 해설

(1) μ의 추정값: $\bar{x}=53.57$, σ의 추정값: $s=3.83$

(2) μ의 95% 구간추정: (50.62, 56.51)

참고로 구간추정은 식 (1·7)을 이용하면

$$\begin{aligned}&\bar{x}\pm t(0.025)(8)\times\frac{s}{\sqrt{n}}\\&=53.57\pm 2.306\times\frac{3.83}{\sqrt{9}}\\&=53.57\pm 2.94\end{aligned}$$

3 통계적 가설검정

3.1 가설검정의 기본개념

통계적 가설검정(hypotheses testing)은 모수에 대한 두 가지 가설을 설정하고 어느 가설이 적절한지 판단하는 방법을 말한다. 예를 들어 우리나라 국민이 소비하는 육류는 2005년 평균 90g인데 매년 증가한다고 추측한다. 이때 평균에 대한 두 가설을 다음과 같이 설정하였다고 하자.

- 가설 1: 평균 소비 육류는 2005년과 같다. ($\mu=90$)
- 가설 2: 평균 소비 육류는 2005년보다 증가하였다. ($\mu>90$)

위의 두 가지 가설 중에서 어느 가설이 옳은지 판단하는 방법은 표본평균 $\overline{X}$의 값이 90보다 크면 클수록 가설 $\mu=90$이 옳지 않을 것으로 생각된다. 따라서 직관적으로 $\overline{X}\geq c$일 때 가설 2가 타당하다고 판단할 것이다. 이때 고려해야 할 것은 두 가지가 있다. 하나는 $\overline{X}$는 표본에 따라 다른 값을 가질 수 있으므로 가설 1이 옳은 경우에도 $\overline{X}$는 매우 큰 값이 나올 수 있다. 즉 가설 1이 옳은 경우에도 $\overline{X}\geq c$이 성립하여 가설 2가 옳다고 잘못 판단할 수 있다. 이 오류를 제1종 오류(type I error)라고 한다. 또 하나는 상수 c를 정하는 방법이다. 이는 $\overline{X}$의 산포에 따라 달라질 수 있다. 이런 점을 고려하여 통계적 가설검정의 과정을 하나씩 살펴보도록 하자.

먼저 가설 설정이다. 두 개의 가설 중 자료를 통하여 입증하고자 하는 가설을 대립가설(alternative hypothesis, H_1)이라고 한다. 위의 예에서 가설 2에 해당된다. 또 다른 가설을 귀무가설(null hypothesis, H_0)이라 하고 대립가설의 반대 가설이라고 할 수 있다. 그렇다면 위의 예는 다음과 같이 표현할 수 있다.

- H_0: $\mu = 90$
- H_1: $\mu > 90$

위 대립가설처럼 관심이 평균값의 한쪽에만 있는 검정을 한쪽검정(단측검정, one-sided test)이라 하고, H_1: $\mu \neq 90$과 같이 관심이 평균값의 양쪽에 다 있는 검정을 양쪽검정(양측검정, two-sided test)이라 한다.

- 대립가설(alternative hypothesis, H_1): 자료를 통하여 입증하고자 하는 가설
- 귀무가설(null hypothesis, H_0): 대립가설의 반대 가설

두 번째는 가설검정을 위한 통계량 선정이다. 이 통계량을 검정통계량(test statistics)이라고 한다. 위에서 $\overline{X} \geq c$일 때 가설 2(대립가설 H_1)가 옳다고 판단할 수 있다고 하였다. $\overline{X}$가 검정통계량이 된다. 상수 c를 정하는 과정에서 $\overline{X}$의 산포에 따라 값이 달라질 수 있는 문제를 해결하기 위하여 산포를 고려하여 표준화한 통계량

$$Z = \frac{(\overline{X} - 90)}{\sigma / \sqrt{n}}$$

을 많이 사용한다. 이는 σ를 알고 있는 경우에는 사용된다. 그러면 통계량 Z값이 0보다 크면 클수록 가설 2(대립가설 H_1)가 옳다고 판단할 수 있을 것이다. 이때 통계량 Z가 검정통계량(test statistics)이 된다.

세 번째는 가설검정에서 발생할 수 있는 오류를 생각하여 보자. 만약 $\overline{X} \geq c$ $\left(\text{또는 } Z \geq \dfrac{c-90}{\sigma / \sqrt{n}}\right)$이면 가설 2(대립가설 H_1)가 옳다고 판단하였다고 하자. 이럴 경우 가설 1이 옳은 경우에도 $\overline{X} \geq c \left(\text{또는 } Z \geq \dfrac{c-90}{\sigma / \sqrt{n}}\right)$이 성립할 수 있다. 이것을 위에서 제1종 오류라고 하였다. 반대로 가설 2가 옳은 경우에 $\overline{X} < c$ $\left(\text{또는 } Z < \dfrac{c-90}{\sigma / \sqrt{n}}\right)$이 성립할 수도 있다. 이 오류는 제2종 오류라고 한다.

- 제1종 오류(type I error): 귀무가설이 참일 때 귀무가설을 기각하는 오류
- 제2종 오류(type II error): 대립가설이 참일 때 귀무가설을 기각하지 못하는 오류

가설검정에서는 대립가설을 입증하기 위해 먼저 귀무가설이 옳다고 가정하고, 이 가정하에서 관측한 자료값 $\overline{x}$을 얻을 확률

$$P(\overline{X} \geq \overline{x}) \text{ 또는 } P\left(Z \geq \frac{\overline{x}-90}{\sigma / \sqrt{n}}\right)$$

을 계산하여 이 확률이 매우 작다면 귀무가설이 옳다는 가정이 타당하지 않다고 판단하고(귀무가설을 기각), 이 확률이 작지 않으면 귀무가설하에서 발생할 확률이 작지 않으므로 귀무가설이 옳다는 가정을 반박하기 힘들다고 판단(귀무가설을 기각하지 못함)하게 된다. 귀무가설이 옳다는 가정하에서 관측값을 얻을 확률을 구하고, 이를 바탕으로 판단하므로 검정의 결과도 '귀무가설을 기각하거나 기각하지 못한다'라고 표현한다. 위의 확률 $P(\overline{X} \geq \overline{x})$ 또는 $P\left(Z \geq \dfrac{\overline{x}-90}{\sigma / \sqrt{n}}\right)$을 유의확률(significant probability)이라고 한다. 귀무가설이 참인 경우에 관측한 자료값 $\overline{x}$ 값의 위치가 어디쯤인가를 나타내는 것으로 유의확률(significance probability) 또는 p-값을 구해서 이 유의확률 p-값이 작을수록 귀무가설이 옳지 않을 확률이 높은 것이다.

표 1-1 오류의 종류

검정결과 \ 실제상태	H_0 가 참	H_1 이 참
H_0 를 기각하지 못함	옳은 결정	제2종 오류
H_0 를 기각	제1종 오류	옳은 결정

네 번째로 가설검정의 기준이 되는 c값 결정에 대하여 알아보자. 가설검정에서는 유의확률이 얼마나 작아야 귀무가설을 기각할 것인가에 대하여 미리 정해야 한다. 그 기준값으로 보통 0.05나 0.01 또는 0.10을 사용하는데 이 값을 유의수준(significance level)이라고 하며 흔히 α로 나타낸다. $\alpha = 0.05$라는 것은 표본을 추출하여 검정하는 과정을 되풀이했을 때 '귀무가설이 참인데도 참이 아니다'라고 잘못 판정할 횟수가 확률적으로 100번 중 5번 이하라는 의미이다. 따라서 잘못 판정했을 때의 위험이 크다면 유의수준을 낮게 설정해야 할 것이다.

- 유의수준(significance level): 귀무가설이 참일 때 귀무가설을 기각하는데 발생하는 최대의 허용오류. 제1종 오류의 위험성을 부담할 최대 확률
- 유의확률(significance probability, p-value, p-값): 주어진 관측값에 대하여 귀무가설 H_0 를 기각하게 되는 최소의 유의수준

유의수준 α 와 가설검정의 기준이 되는 c값은 대응관계에 있으므로 $\dfrac{c-90}{\sigma / \sqrt{n}} = z_\alpha$ 에 의하여 c값을 구할 수 있다.

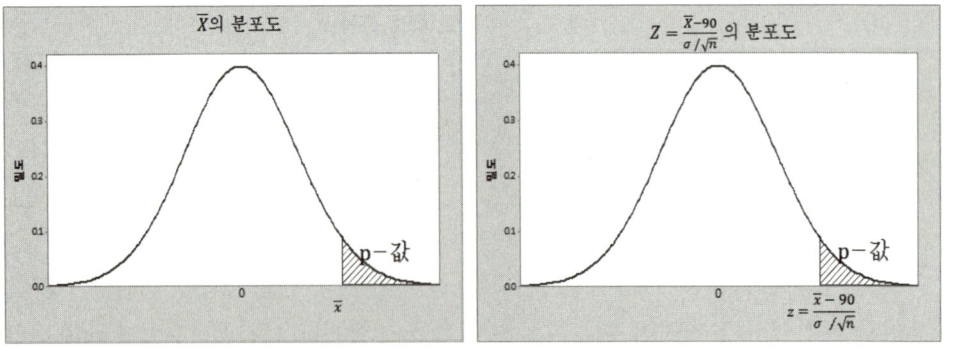

그림 1-7 **유의확률 p-값의 개념**

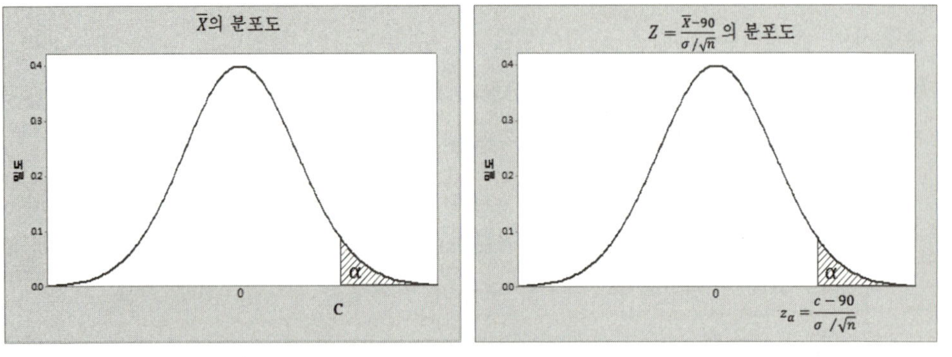

그림 1-8 **유의수준 α와 기각값 c 또는 z_α의 개념**

마지막으로 가설을 검정하는 단계이다. 가설검정은 두 가지 방법이 있다. 하나는 관측값 $\overline{x}\left(\text{또는 } z = \dfrac{\overline{x}-90}{\sigma/\sqrt{n}}\right)$가 기각역에 포함되었는지를 파악하는 것이다. 위의 예에서 기각역은 (c, ∞) 또는 (z_α, ∞)이다. 만약 기각역에 포함되어있다면 '유의수준 α에서 귀무가설을 기각한다'라고 한다. 또 하나는 유의확률 p-값과 유의수준 α와 비교하는 것이다. 만약 p-값$\leq \alpha$가 성립하면 '유의수준 α에서 귀무가설을 기각한다'라고 한다. 물론 두 결과는 같게 나타난다.

- 기각역(rejection region): 귀무가설을 기각하게 되는 관측값의 영역

3.2 한 개의 모집단 평균에 대한 가설검정

1) 표본의 크기가 클 때

$X_1, X_2, \cdots, X_n$을 평균 μ, 분산 σ^2로부터 임의추출로 얻은 표본이라고 하고 표본수 n은 30개 이상으로 충분히 크다고 가정하자.

[가설]

귀무가설은 $H_0: \mu = \mu_0$이고, 대립가설은 다음 세 가지 중 하나를 선택한다.

(i) $H_1: \mu > \mu_0$

(ii) $H_1: \mu < \mu_0$

(iii) $H_1: \mu \neq \mu_0$

여기서 μ_0는 실수값이다.

[검정통계량]

검정통계량은

$$Z = \frac{(\overline{X} - \mu_0)}{\sigma / \sqrt{n}} \text{ 또는 } Z = \frac{(\overline{X} - \mu_0)}{S / \sqrt{n}} \qquad (1 \cdot 8)$$

가 된다. $Z = \dfrac{(\overline{X} - \mu_0)}{S / \sqrt{n}}$는 분산 σ^2가 모를 경우 σ^2의 추정치 S^2을 대신한 것이다. 검정통계량을 귀무가설하에서 근사적으로 표분정규분포를 따른다. 참고로 표본수 n이 작다면 X_i의 분포가 정규분포라는 가정이 필요하며 $Z = \dfrac{(\overline{X} - \mu_0)}{S / \sqrt{n}}$는 t-분포를 따르게 된다. 다음 절에서 다룬다.

[가설검정]

유의수준 α에서 기각역은 대립가설에 따라 다음과 같이 주어진다.

(i) $H_1: \mu > \mu_0$ 일 때, $z \geq z_\alpha$

(ii) $H_1: \mu < \mu_0$ 일 때, $z \leqq -z_\alpha$

(iii) $H_1: \mu \neq \mu_0$ 일 때, $|z| \geqq z_{\alpha/2}$ (1 · 9)

그리고 유의확률 $p-$값은 다음과 같이 구할 수 있다.

(i) $H_1: \mu > \mu_0$ 일 때, $p = P[Z \geqq z]$

(ii) $H_1: \mu < \mu_0$ 일 때, $p = P[Z \leqq z]$

(iii) $H_1: \mu \neq \mu_0$ 일 때, $p = P[|Z| \geqq |z|]$ (1 · 10)

만약 관측값의 z 값이 기각역에 포함되거나 유의확률 $p-$값이 유의수준 α보다 작다면 유의수준 α에서 귀무가설을 기각한다.

2) 표본의 크기가 작을 때

$X_1, X_2, \cdots, X_n$ 을 정규분포 $N(\mu, \sigma^2)$ 에서 임의추출로 얻은 표본이라고 하자.

[가설]

귀무가설은 $H_0: \mu = \mu_0$ 이고, 대립가설은 다음 세 가지 중 하나를 선택한다.

(i) $H_1: \mu > \mu_0$

(ii) $H_1: \mu < \mu_0$

(iii) $H_1: \mu \neq \mu_0$

여기서 μ_0 는 실수값이다.

[검정통계량]

검정통계량은

$$T = \frac{(\overline{X} - \mu_0)}{S/\sqrt{n}} \qquad (1 \cdot 11)$$

가 된다. 이때 검정통계량 T는 자유도 $(n-1)$ 인 $t-$분포를 따르게 된다.

[가설검정]

유의수준 α에서 기각역은 대립가설에 따라 다음과 같이 주어진다.

(i) $H_1: \mu > \mu_0$ 일 때, $t \geq t_\alpha(n-1)$

(ii) $H_1: \mu < \mu_0$ 일 때, $t \leq -t_\alpha(n-1)$

(iii) $H_1: \mu \neq \mu_0$ 일 때, $|t| \geq t_{\alpha/2}(n-1)$ (1·12)

그리고 유의확률 p-값은 다음과 같이 구할 수 있다.

(i) $H_1: \mu > \mu_0$ 일 때, $p = P[T \geq t]$

(ii) $H_1: \mu < \mu_0$ 일 때, $p = P[T \leq t]$

(iii) $H_1: \mu \neq \mu_0$ 일 때, $p = P[|T| \geq |t|]$ (1·13)

만약 관측값의 t 값이 기각역에 포함되거나 유의확률 p-값이 유의수준 α보다 작다면 유의수준 α에서 귀무가설을 기각한다.

예제 1-3

한 유통업체의 서울-대전 간 배송시간은 6시간 미만이라고 주장하고 있다. 이를 확인하고자 30개의 물품에 대하여 조사하였더니 $\bar{x} = 5.0$, $S = 2.7$ 이 나왔다. 그 결과로 유통업체의 주장이 맞는다고 할 수 있는가? 유의수준 5%에서 검정을 실시하시오.

| 풀이 |

한 유통업체의 6시간 미만이라고 주장하고 있으므로 가설은

$$H_0: \mu = 6, \; H_1: \mu < 6$$

가 된다.

표본의 크기가 충분히 크므로 검정통계량은 $Z = \dfrac{\bar{X} - \mu_0}{S/\sqrt{n}}$ 이며, 이때 검정통계값은

$z = \dfrac{\bar{X} - \mu_0}{S/\sqrt{n}} = \dfrac{5.0 - 6.0}{2.7/\sqrt{30}} = -2.029$ 이다.

기각역은 $z \leq -z_{0.05} = -1.645$ 이며 z 값이 기각역보다 작기 때문에 유의수준 5%에서 귀무가설을 기각하게 된다. 따라서, 한 유통업체의 주장이 옳다고 할 수 있는 근거가 충분하다.

한편 유의확률로 가설을 검정하면 같은 결론을 얻을 수 있다. 즉, p-값은 $p = P(Z < -2.029) = 0.021$ 이다. p-값이 유의수준 5%보다 작기 때문에 귀무가설을 기각하게 된다.

예제 1-4 ⋙

통계청 조사에 의하면 2018년 우리나라 농가 가구당 평균소득은 42,066(천원)이었다. 귀농한 사람의 10가구를 조사하였더니 $\bar{x}=45,000$(천원), $S=9,000$(천원)이었다. 귀농가구는 일반 농가와 차이가 있다고 할 수 있는가? 유의수준 10%에서 검정을 실시하시오. 단, 농가소득 자료는 정규분포를 하고 있다고 알려졌다.

| 풀이 1 |

귀농가구가 일반 농가와 차이가 있는지를 알고자 하였기 때문에 가설은

$$H_0: \mu=42,066, \ H_1: \mu \neq 42,066$$

이다. 표본의 수가 적기 때문에 검정통계량은 $T=\dfrac{\bar{X}-\mu_0}{S/\sqrt{n}}$가 된다. 이때 검정통계값은 $t=\dfrac{45,000-42,066}{9,000/\sqrt{10}}=1.031$이다. 기각역은 $|t| \geq t_{0.05}(9)=1.833$이므로 $|t|$ 값이 기각역보다 크지 않기 때문에 유의수준 10%에서 귀무가설을 기각할 수 없다. 즉, 귀농가구가 일반 농가와 차이가 있다는 근거는 확실하다고 할 수 없다.

한편, 유의확률 p-값은 $p=P[|T| \geq |1.031|]=0.329)$이다. p-값이 유의수준 10%보다 크기 때문에 귀무가설을 기각할 수 없게 된다.

| 풀이 2 |

- 미니탭 분석 절차
  - ① 메뉴: **통계분석 > 기초통계학 > 1-표본 t 검정**
  - ② 요약데이터 선택 후 아래 칸 속에 자료 입력
    - 표본크기: 10
    - 평균: 45,000
    - 표준편차: 9,000
  - ③ 가설검정 수행 선택 후 가설평균 입력
    - 가설평균: 42,066
  - ④ 옵션 선택 후 유의수준, 대립가설 설정
    - 신뢰수준: 90.0
    - 대립가설: 평균 ≠ 가설평균

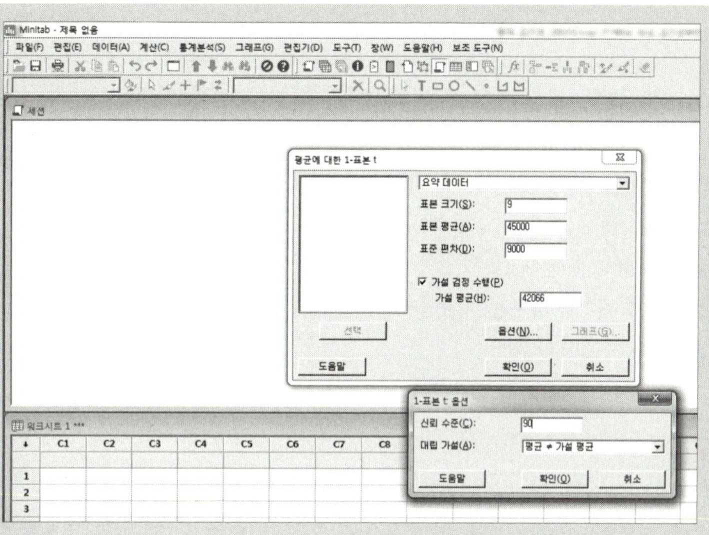

◆ 분석 결과

검정

귀무 가설 $H_0: \mu = 42066$
대립 가설 $H_1: \mu \neq 42066$

T-값	P-값
1.03	0.329

기술 통계량

N	평균	표준 편차	평균의 표준 오차	μ에 대한 90% CI
10	45000	9000	2846	(39783, 50217)

μ: 표본의 평균

◆ 해설

p-값이 0.329이므로 귀무가설(H_0)은 유의수준 $\alpha = 0.10$ 에서 기각할 수 없다. 평균 μ에 대한 90% 신뢰구간은 (39,783, 50,217)이다.

예제 1-5 >>>

작년 A자동차회사에서의 지점별 평균판매대수는 30대이었다. 올해는 작년보다 판매 대수가 증가하였는지를 알고 싶다. 10개 지점별 평균 자동차 판매대수를 조사하였다.

37	38	36	25	62	36	23	32	37	50

(1) 평균 μ와 분산 σ^2을 점추정하시오.

(2) 평균에 대한 95% 신뢰구간을 추정하시오.

(3) 올해는 작년보가 평균판매대수가 증가하였다고 할 수 있는지 유의수준 5%에서 검정하시오.

| 풀이 |

◆ 미니탭 분석 절차

① 메뉴: **통계분석> 기초통계학> 1-표본 t 검정**

② 하나 이상의 표본, 한 열에 하나씩 선택

③ 가설검정 수행 선택 후 가설평균 입력

- 가설평균: 30

④ 옵션 선택 후 유의수준, 대립가설 설정

- 신뢰수준: 95.0
- 대립가설: 평균>가설평균

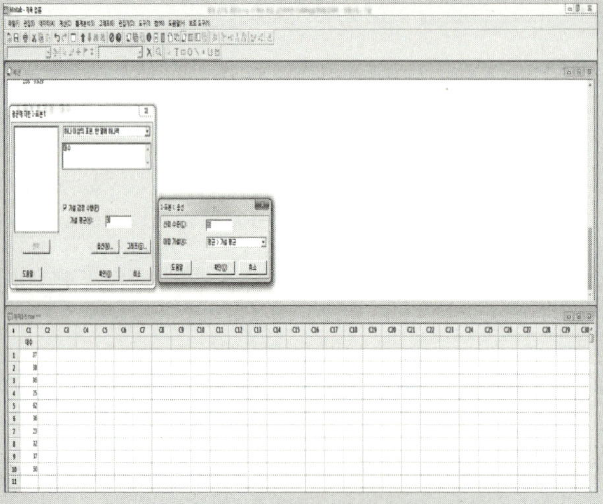

◆ 분석 결과

기술 통계량

N	평균	표준 편차	평균의 표준 오차	μ에 대한 95% 하한
10	37.60	11.35	3.59	31.02

μ: 대수의 평균

검정

귀무 가설 H_0 : μ = 30
대립 가설 H_1 : μ > 30

T-값	P-값
2.12	0.032

◆ 해설

(1) $\hat{\mu}=37.60$, $\hat{\sigma}=11.35$

(2) 평균 μ에 대한 95% 신뢰구간은 $(31.02, \infty)$이다. 이는 한쪽 구간에 대한 신뢰구간이다.

(3) p-값이 0.032이므로 귀무가설(H_0)은 유의수준 $\alpha=0.05$ 에서 기각할 수 있다. 즉, 판매량이 증가하였다는 증거가 충분하다.

3.3 두 개의 모집단 평균 차이에 대한 가설검정

두 개의 서로 다른 모집단에 대한 평균 차이를 비교하거나 실험계획법에서는 두 수준 간 반응평균의 차이를 비교하는데 사용되어진다. 한 개의 모집단으로부터 크기 n_1인 확률표본이 주어지고, 이와는 독립적으로 둘째 모집단에서 n_2개의 확률표본이 주어졌다고 하자. 이때 관측된 표본은 다음과 같은 가정을 갖는다.

① $X_1, X_2, \cdots, X_{n_1}$: $N(\mu_1, \sigma_1^2)$의 분포를 갖는 모집단 1에서 추출된 확률표본

② $Y_1, Y_2, \cdots, Y_{n_2}$: $N(\mu_2, \sigma_2^2)$의 분포를 갖는 모집단 2에서 추출된 확률표본

③ $X_1, X_2, \cdots, X_{n_1}$과 $Y_1, Y_2, \cdots, Y_{n_2}$는 서로 독립이다.

[가설]

귀무가설은 $H_0 : \mu_1 - \mu_2 = \delta_0$이고, 대립가설은 다음 세 가지 중 하나이다.

(i) $H_1 : \mu_1 - \mu_2 > \delta_0$

(ii) $H_1 : \mu_1 - \mu_2 < \delta_0$

(iii) $H_1 : \mu_1 - \mu_2 \neq \delta_0$

여기서 δ_0는 실수값이다.

[검정통계량]

검정통계량은 σ_1^2과 σ_2^2이 같은 경우와 다른 경우에 서로 따로 주어진다.

두 모분산 σ_1^2과 σ_2^2이 같은 경우

검정통계량은

$$T = \frac{\overline{X} - \overline{Y} - \delta_0}{S_p \sqrt{\dfrac{1}{n_1} + \dfrac{1}{n_2}}} \qquad (1 \cdot 14)$$

이다. 여기서 $S_p^2 = \dfrac{(n_1 - 1)S_1^2 + (n_2 - 1)S_2^2}{n_1 + n_2 - 2}$은 공통인 분산 σ^2에 대한 결합추정

량(joint estimator)으로 합동분산(pooled variance)이라고 한다. S_1^2과 S_2^2은 σ_1^2과 σ_2^2에 대한 각각의 추정량으로 식 (1・6)과 같다.

귀무가설이 참인 경우 검정통계량 T는 자유도가 (n_1+n_2-2)인 t-분포를 따른다. 즉,

$$\frac{(\overline{X}-\overline{Y})-\delta_0}{S_p\sqrt{\dfrac{1}{n_1}+\dfrac{1}{n_2}}} \sim t(n_1+n_2-2)$$

이다.

두 모분산 σ_1^2과 σ_2^2이 다를 경우 검정통계량은

$$T=\frac{(\overline{X}-\overline{Y})-\delta_0}{\sqrt{\dfrac{S_1^2}{n_1}+\dfrac{S_2^2}{n_2}}} \qquad (1 \cdot 15)$$

이다.

귀무가설이 참인 경우 검정통계량 T는 자유도가 ϕ^* 인 t-분포를 따른다. 즉,

$$T=\frac{(\overline{X}-\overline{Y})-\delta_0}{\sqrt{\dfrac{S_1^2}{n_1}+\dfrac{S_2^2}{n_2}}} \sim t(\phi^*)$$

이다. 여기서 자유도 $\phi^*=\dfrac{\left(\dfrac{S_1^2}{n_1}+\dfrac{S_2^2}{n_2}\right)^2}{\dfrac{(S_1^2/n_1)^2}{n_1-1}+\dfrac{(S_2^2/n_2)^2}{n_2-1}}$로 구한다. 이를 Satterthwaite 자유도라고 한다. 미니탭에서는 Satterthwaite 자유도를 사용한다. 또 다른 방법인 $\phi^*=\min(n_1-1, n_2-1)$로 구하기도 한다.

[가설검정]

• 두 모분산 σ_1^2과 σ_2^2이 같은 경우

유의수준 α에서 기각역은 대립가설에 따라 다음과 같이 주어진다. 이때 t값은 식 (1·14)에서 관측값을 대입하여 구한다.

(i) $H_1: \mu_1 - \mu_2 > \delta_0$일 때, $t \geq t_\alpha(n_1 + n_2 - 2)$

(ii) $H_1: \mu_1 - \mu_2 < \delta_0$일 때, $t \leq -t_\alpha(n_1 + n_2 - 2)$

(iii) $H_1: \mu_1 - \mu_2 \neq \delta_0$일 때, $|t| \geq t_{\alpha/2}(n_1 + n_2 - 2)$ (1·16)

그리고 유의확률 p-값은 다음과 같이 구할 수 있다.

(i) $H_1: \mu > \mu_0$ 일 때, $p = P[T \geqq t]$

(ii) $H_1: \mu < \mu_0$ 일 때, $p = P[T \leqq t]$

(iii) $H_1: \mu \neq \mu_0$일 때, $p = P[|T| \geqq |t|]$ (1·17)

만약 관측값의 t값이 기각역에 포함되거나 유의확률 p-값이 유의수준 α보다 작다면 유의수준 α에서 귀무가설을 기각한다.

• 두 모분산 σ_1^2과 σ_2^2이 다를 경우

유의수준 α에서 기각역은 대립가설에 따라 다음과 같이 주어진다. 이때 t값은 식 (1·15)에서 관측값을 대입하여 구한다.

(i) $H_1: \mu_1 - \mu_2 > \delta_0$일 때, $t \geq t_\alpha(\phi^*)$

(ii) $H_1: \mu_1 - \mu_2 < \delta_0$일 때, $t \leq -t_\alpha(\phi^*)$

(iii) $H_1: \mu_1 - \mu_2 \neq \delta_0$일 때, $|t| \geq t_{\alpha/2}(\phi^*)$ (1·18)

그리고 유의확률 p-값은 다음과 같이 구할 수 있다.

(i) $H_1: \mu > \mu_0$ 일 때, $p = P[T \geqq t]$

(ii) $H_1: \mu < \mu_0$ 일 때, $p = P[T \leqq t]$

(iii) $H_1: \mu \neq \mu_0$일 때, $p = P[|T| \geqq |t|]$ (1·19)

만약 관측값의 t 값이 기각역에 포함되거나 유의확률 p-값이 유의수준 α보다 작다면 유의수준 α에서 귀무가설을 기각한다.

예제 1-6 >>>

어느 도시에서 남녀의 자동차 주행속도에 대하여 관심이 있다. 남자의 평균 주행속도가 여자보다 빠를 것으로 생각되어 조사하였더니 다음의 결과를 얻었다. 유의수준 5%에서 가설검정을 실시하시오.

	표본크기(n)	평균($\overline{x}$)	분산(s^2)
남	15	79.6	62
여	13	73.2	40

| 풀이 1 |

남자의 평균 주행속도가 여자보다 빠를 것을 검정하기 때문에 가설은

$$H_0 : \mu_1 - \mu_2 = 0,\ H_1 : \mu_1 - \mu_2 > 0$$

이다. 두 집단 간에 분산 차이가 크기 때문에 검정통계량은

$$T = \frac{\overline{X} - \overline{Y}}{\sqrt{\dfrac{S_1^2}{n_1} + \dfrac{S_2^2}{n_2}}} = \frac{79.6 - 73.2}{\sqrt{\dfrac{62}{15} + \dfrac{40}{13}}} = 2.383$$

이다. 자유도를 구하면

$$\phi^* = \frac{\left(\dfrac{S_1^2}{n_1} + \dfrac{S_2^2}{n_2}\right)^2}{\dfrac{(S_1^2/n_1)^2}{n_1 - 1} + \dfrac{(S_2^2/n_2)^2}{n_2 - 1}} = \frac{\left(\dfrac{62}{15} + \dfrac{40}{13}\right)^2}{\dfrac{(62/15)^2}{14} + \dfrac{(40/13)^2}{12}} = 25.8$$

가 된다. $t_{0.05}(17.2) = 1.740$이므로 t 값은 기각역에 포함된다. 따라서 유의수준 5%에서 H_0를 기각시키게 되며 남자의 평균 주행속도가 여자보다 빠르다는 유의성이 있다.

한편 유의확률 p-값을 구하면 $p = P[\,T \geq 2.383] = 0.015$이며 유의수준 5%보다 작은 값을 갖으며 따라서 H_0를 기각시키게 된다.

| 풀이 2 |

- 미니탭 분석 절차

① 메뉴: **통계분석 > 기초통계학 > 2-표본 t 검정**

② 요약데이터 선택 후 아래 칸 속에 자료 입력

- 표본크기: 15, 13
- 평균: 79.6, 73.2
- 표준편차: 7.874, 6.325

③ 옵션 선택 후 유의수준, 귀무가설에서의 차이, 대립가설 설정

- 신뢰수준: 95.0
- 귀무가설의 차이: 0.0
- 대립가설: 차이>귀무가설의 차이

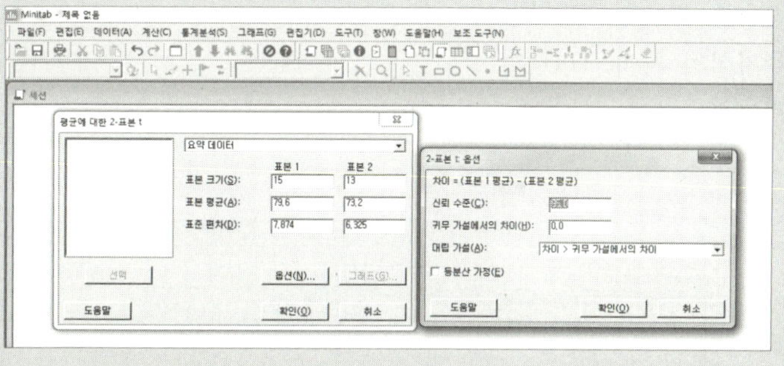

- 분석 결과

```
검정
귀무 가설  H₀ : μ₁ - μ₂ = 0
대립 가설  H₁ : μ₁ - μ₂ > 0
T-값  DF  P-값
2.38  25  0.013
```

```
차이 추정치
        차이에
     대한 95%
차이      하한
6.40      1.81
```

- 해설

검정통계량 T는 t값은 2.38을 갖으며, T분포는 자유도가 25인 t-분포이다. 유의확률은 0.013으로 유의수준 0.05보다 작으므로 귀무가설을 기각한다.

두 모집단의 평균차이($\hat{\mu}_1 - \hat{\mu}_2$)는 6.40으로 추정되며, 두 모집단 평균차이에 대한 신뢰수준 95%에서의 신뢰구간은 $(1.81, \infty)$이다. 이는 한쪽 구간에 대한 신뢰구간이다.

예제 1-7 >>>

양계농장에서 두 종류의 사료가 계란 무게에 미치는 영향을 알아보고자 한다. 임의로 선택된 13마리에게는 한 종류의 사료를 주고, 나머지에게는 다른 종류의 사료를 주어 3주일간 조사한 결과가 다음과 같이 주어졌다.

사료 1: 64, 54, 56, 66, 67, 58, 58, 53, 69, 65, 66, 60, 51

사료 2: 55, 57, 55, 59, 50, 49, 52, 61, 52, 57, 51, 59

(1) 이들 사료에 따른 계란 무게의 차이에 대한 95% 신뢰구간을 구하시오.
(2) 무게에 차이가 있는지 없는지를 유의수준 5%로 가설검정하시오.

| 풀이 |

◆ 미니탭 분석 절차

① 메뉴: **통계분석> 기초통계학> 2-표본 t 검정**
② 각 표본이 자체적인 열에 있는 경우를 선택 후 변수입력
③ 옵션 선택 후 유의수준, 귀무가설에서의 차이, 대립가설 설정
- 신뢰수준: 95.0
- 귀무가설의 차이: 0.0
- 대립가설: 차이 ≠ 귀무가설의 차이

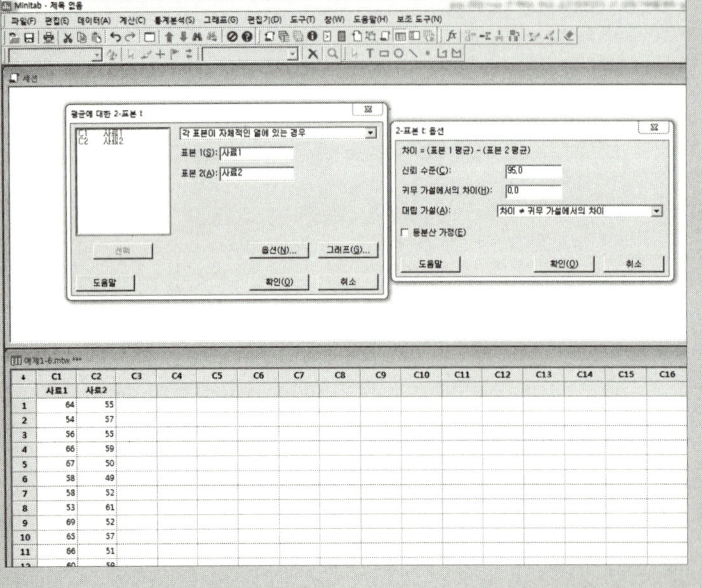

◆ 분석 결과

```
검정
귀무 가설  H₀ : μ₁ - μ₂ = 0
대립 가설  H₁ : μ₁ - μ₂ ≠ 0
T-값  DF  P-값
2.88  20  0.009
```

```
          차이에
          대한 95%
차이        CI
5.79  (1.60, 9.98)
```

◆ 해설

(1) 두 모집단의 평균차이($\hat{\mu}_1 - \hat{\mu}_2$)는 5.79로 추정되며, 두 모집단 평균차이에 대한 신뢰수준 95%에서의 신뢰구간은 (1.60, 9.98)이다.

(2) 검정통계량 T는 t값은 2.88을 가지며, T 분포는 자유도가 20인 t-분포이다. 유의확률은 0.009로 유의수준 0.05보다 작으므로 귀무가설을 기각한다. 따라서 두 사료에 의한 계란 무게의 차이가 있다.

3.4 두 개의 대응되는 모집단 평균 차이에 대한 가설검정

어느 질병에 대한 두 개의 치료약 A와 B의 효과를 비교하기 위해 환자 20을 뽑아 나이, 성별, 건강상태 등을 고려하여 비슷한 조건을 가진 2명씩 짝을 지어 10쌍으로 나눈 후, 각 쌍에서 임의로 한 명에게는 치료약 A를 투여하고 나머지 한 명에게는 치료약 B를 투여한 후 두 사람의 차이를 비교한다고 하자. 두 처리 효과를 비교할 때, 각 실험 단위의 반응값들이 처리 방법뿐만 아니라 다른 요인들의 영향을 받을 수도 있지만 이렇게 비슷한 조건을 가진 사람끼리 비교하게 되면 그런 문제는 작게 된다.

실험 단위를 비슷한 조건을 가지도록 두 실험 단위씩 하나의 쌍으로 묶고, 한 실험 단위에는 처리 1을 적용하고 다른 실험 단위에는 처리 2를 적용하여 두 반응값의 차이를 이용하여 비교하는 것을 대응비교 또는 짝(쌍)비교라고 한다. 이때 각 쌍에 속한 두 실험 단위는 독립이 아니다.

데이터의 구조가 다음과 같이 되어 있고 $(X_1,\ Y_1)$, $(X_2,\ Y_2)$, $\cdots$, $(X_n,\ Y_n)$은 쌍으로 임의추출된 n개의 표본이다.

쌍	처리 1	처리 2	차이
1	X_1	Y_1	$D_1 = X_1 - Y_1$
2	X_2	Y_2	$D_2 = X_2 - Y_2$
$\vdots$	$\vdots$	$\vdots$	$\vdots$
n	X_n	Y_n	$D_n = X_n - Y_n$

대응비교에서 사용되는 차이 D_i들의 표본평균과 표본분산은

$$\overline{D} = \frac{1}{n}\sum_{i=1}^{n} D_i$$

$$S_D^2 = \frac{\sum_{i=1}^{n}(D_i - \overline{D})^2}{n-1} \qquad (1 \cdot 20)$$

으로 표현된다.

$$E(D_i) = E(X_i - Y_i) = \delta$$

$$Var(D_i) = Var(X_i - Y_i) = \sigma_D^2, \ i = 1, 2, \cdots, n$$

라고 하면 $\overline{D}$는 δ의 점추정량이 되고, S_D^2은 σ_D^2의 점추정량이 된다. 만약 평균의 차인 δ가 0이라면 두 처리효과가 같다고 할 수 있다.

$D_i = X_i - Y_i$, $i = 1, 2, \cdots, n$이 서로 독립이고 $N(\delta, \sigma_D^2)$인 정규분포를 따른다면 δ에 관한 추론은 2절과 3.2절과 같은 방법으로 구할 수 있다.

① δ에 관한 $100(1-\alpha)\%$ 신뢰구간:

$$\overline{D} \pm t_{\alpha/2}(n-1)\sqrt{\frac{S_D^2}{n}} \qquad (1 \cdot 21)$$

② H_0: $\delta = \delta_0$, H_1: $\delta \neq \delta_0$ (H_1: $\delta > \delta_0$ 또는 H_1: $\delta < \delta_0$)에 관한 가설검정에서 검정통계량으로

$$t = \frac{\overline{D} - \delta_0}{S_D / \sqrt{n}} \qquad (1 \cdot 22)$$

이 사용된다. 만약 표본의 크기 n이 큰 경우에는 모집단이 정규분포라는 가정은 필요 없으며, 위에서 t-분포 대신에 표준정규분포를 사용하여도 된다.

예제 1-8 >>>

어느 제약회사에서는 비만증 환자를 위한 약을 개발하였다. 약효의 유의성을 검정하기 위하여 15명에게 임상실험을 실시하였다. 약을 투여하기 전 체중(X)과 2주간 약을 투여한 후의 체중(Y)을 측정하였다. 유의수준 5%에서 가설을 검정하시오.

환자	1	2	3	4	5	6	7	8	9	10	11	12	13	14	15
사용전(x)	70	75	76	77	75	78	82	75	92	74	68	73	64	80	84
사용후(y)	68	70	70	72	71	72	75	70	77	74	72	71	72	77	75

| 풀이 |

◆ 미니탭 분석 절차

① 메뉴: **통계분석 > 기초통계학 > 쌍체 t 검정**

② 각 표본이 한 열에 있음 선택

③ 옵션 선택 후 유의수준, 귀무가설에서의 차이, 대립가설 설정

- 신뢰수준: 95.0
- 귀무가설의 차이: 0.0
- 대립가설: 차이 > 귀무가설의 차이

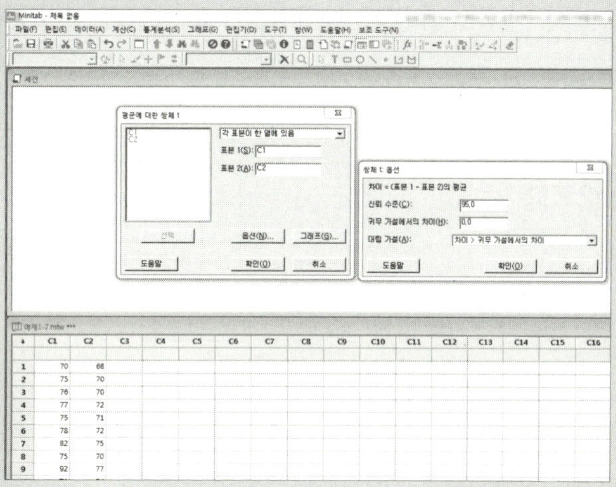

◆ 분석 결과

```
쌍체 차이 추정치
                 평균의    μ_차이에
        표준     표준      대한 95%
평균    편차     오차       하한
3.80    5.33     1.38       1.37
μ_차이: (C1 - C2)의 평균
```

```
검정
귀무 가설  H₀ : μ_차이 = 0
대립 가설  H₁ : μ_차이 > 0
T-값    P-값
2.76    0.008
```

◆ 해설

쌍체 T-검정 결과 t값이 2.76, 유의확률 p-값이 0.008이므로 유의수준 $\alpha = 0.05$에서 귀무가설(H_0)이 기각된다. 따라서 새로 개발된 약의 체중감소 효과는 있다고 할 수 있다.

평균 차이에 대한 신뢰수준 95%의 신뢰구간은 $(1.37, \infty)$이다. 이는 한쪽 구간에 대한 신뢰구간이다.

3.5 한 개의 모집단 분산에 대한 추론

모집단의 분산 또는 표준편차를 추정하고 해당 값을 목표값과 비교하는 목적으로 사용된다. 예를 들어, 한 품질 분석가가 납품되는 목재의 수분 함유량의 편차가 너무 크지 않은지 여부를 확인하기 위해 사용될 수 있다. 분산이 허용 가능한 최대 분산보다 큰 경우 분석가는 신뢰구간을 사용하여 그 원인을 파악할 수 있다.

$X_1, X_2, \cdots, X_n$을 정규분포 $N(\mu, \sigma^2)$에서 임의추출로 얻은 표본이라고 하자. 모분산 σ^2의 추론에 대하여 추정과 가설검정으로 나누어 알아보자.

1) 점추정

σ^2의 점추정량으로

$$\hat{\sigma}^2 = S^2 = \frac{\sum_{i=1}^{n}(X_i - \overline{X})^2}{n-1} \qquad (1 \cdot 23)$$

이 가장 많이 사용된다. 분모에 $(n-1)$로 나눈 이유는 σ^2의 불편추정량(unbiased estimator)이 되기 위함이다.

2) 구간추정

식 $(1 \cdot 5)$의 $\frac{(n-1)S^2}{\sigma^2} \sim \chi^2(n-1)$의 성질을 이용하면 $100(1-\alpha)\%$의 신뢰구간은 다음과 같이 주어진다.

$$\left(\frac{(n-1)S^2}{\chi^2_{\alpha/2}(n-1)}, \frac{(n-1)S^2}{\chi^2_{1-\alpha/2}(n-1)} \right) \qquad (1 \cdot 24)$$

3) 가설검정

[가설]

귀무가설은 $H_0 : \sigma^2 = \sigma_0^2$ 이고, 대립가설은 다음 세 가지 중 하나이다.

(i) $H_1 : \sigma^2 > \sigma_0^2$

(ii) $H_1 : \sigma^2 < \sigma_0^2$

(iii) $H_1 : \sigma^2 \neq \sigma_0^2$

여기서 σ_0 는 실수값이다.

[검정통계량]

검정통계량은

$$\chi^2 = \frac{(n-1)S^2}{\sigma_0^2} \qquad (1 \cdot 25)$$

이다.

[가설검정]

유의수준 α에서 기각역은 대립가설에 따라 다음과 같이 주어진다. 여기서 사용된 χ_0^2 값은 식 (1 · 25)에 관측값을 대입하여 구한 검정통계값이다.

(i) $H_1 : \sigma^2 > \sigma_0^2$일 때, $\chi_0^2 > \chi_\alpha^2(n-1)$

(ii) $H_1 : \sigma^2 < \sigma_0^2$일 때, $\chi_0^2 < \chi_{1-\alpha}^2(n-1)$ (1 · 26)

(iii) $H_1 : \sigma^2 \neq \sigma_0^2$일 때, $\chi_0^2 > \chi_{\alpha/2}^2(n-1)$ 또는 $\chi_0^2 < \chi_{1-\alpha/2}^2(n-1)$

미니탭에서는 표본의 분포가 정규분포가 아닐 때 Bonett이 제안한 방법에 의해서도 구간추정과 유의확률 p-값을 제시하고 있다(참고문헌 Bonett, 2006).

예제 1-9 >>>

공장에서 기계 가공된 엔진 부품의 직경이 규격범위에서 벗어나면 불량품으로 취급된다. 품질관리팀에서는 분산을 1.00보다 크지 않도록 관리하고 있다고 한다. 10개의 부품을 랜덤하게 뽑아 조사하였더니 다음과 같았다. (단위: mm)

직경:	30.11	29.78	30.25	30.10	28.95
	31.01	30.15	30.12	28.71	29.93

유의수준 $\alpha = 0.05$에서 잘 관리되고 있는지에 대하여 검정을 실시하시오. 관측된 자료는 정규분포를 따른다.

| 풀이 |

◆ 미니탭 분석 절차

① 메뉴: **통계분석 > 기초통계 > 단일표본분산**

② 하나 이상의 표본, 한 열에 하나씩, 가설검정 수행 선택

- 귀무가설에서의 표준편차: 1.0

③ 옵션 선택 후 유의수준, 대립가설 설정

- 신뢰수준: 95.0
- 대립가설: 표준편차<귀무가설에서의 표준편차

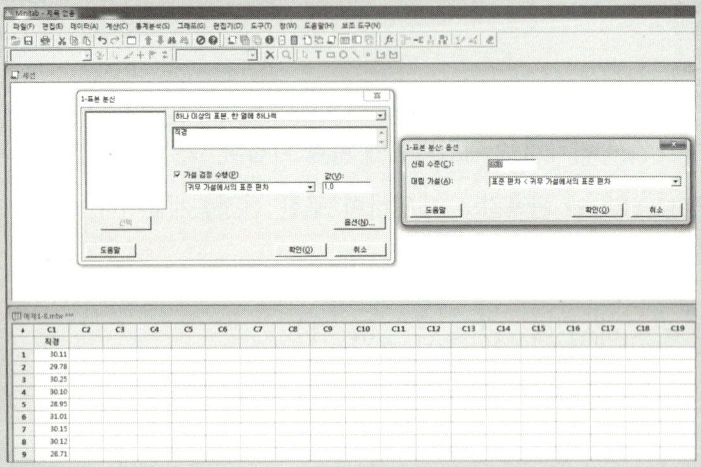

◆ 미니탭 분석 결과

```
기술 통계량
                               Bonett을          카이-제곱을
                               사용한 σ에         사용한 σ에
 N  표준 편차   분산         대한 95% CI        대한 95% CI
10     0.657  0.431  (0.369, 1.455)  (0.452, 1.199)
```

```
검정
귀무 가설  H₀ : σ = 1
대립 가설  H₁ : σ < 1
             검정
방법         통계량  DF   P-값
Bonett          -    -   0.128
카이-제곱     3.88    9   0.081
```

• **해설**

분산을 1.00보다 크지 않도록 관리하고 있다고 한다고 하므로 가설은 $H_0: \sigma^2 = 1.0$, $H_1: \sigma^2 < 1.0$이 된다. 위의 결과를 보면 p-값은 0.081로 유의수준 $\alpha = 0.05$보다 작다. 따라서 분산이 1.0보다 작게 관리되고 있다고 할 수 있다. 신뢰수준 95%에서의 신뢰구간은 (0.452, 1.199)이다. 참고로 위의 신뢰구간은 '대립가설: 표준편차≠ 귀무가설에서의 표준편차'로 설정한 후 다시 구한 것이다.

3.6 두 개의 모집단 분산 비율에 대한 추론

두 정규분포 간의 분산을 비교할 경우가 있다. 이런 문제들은 두 측정기구의 정밀도를 비교하거나 제조된 제품의 품질 특성의 산포를 비교할 때가 있다. 동일 제품의 경우라도 서로 다른 공장에서 생산된 제품의 품질 특성이 다르다면 신뢰성에 문제가 있을 수 있다. 이런 경우 두 개의 모집단 분산 비율에 대한 추론을 통하여 산포특성을 서로 비교할 수 있다.

관측된 표본은 다음과 같은 가정을 갖는다.

① $X_1, X_2, \cdots, X_{n_1}$: $N(\mu_1, \sigma_1^2)$의 분포를 갖는 모집단 1에서 추출된 확률표본

② $Y_1, Y_2, \cdots, Y_{n_2}$: $N(\mu_2, \sigma_2^2)$의 분포를 갖는 모집단 2에서 추출된 확률표본

③ $X_1, X_2, \cdots, X_{n_1}$과 $Y_1, Y_2, \cdots, Y_{n_2}$는 서로 독립이다.

두 모집단 분산 비율 σ_1^2/σ_2^2에 대하여 추론하고자 한다.

1) 점추정

σ_1^2/σ_2^2의 점추정량으로

$$\frac{\hat{\sigma}_1^2}{\hat{\sigma}_2^2} = \frac{S_1^2}{S_2^2} \tag{1·27}$$

이 가장 많이 사용된다.

2) 구간추정

식 (1·6)의

$$F = \frac{(n_1-1)S_1^2/\sigma_1^2}{(n_2-1)S_2^2/\sigma_2^2} = \frac{\sum_{i=1}^{n_1}(X_i-\overline{X})^2/\sigma_1^2}{\sum_{i=1}^{n_2}(Y_i-\overline{Y})^2/\sigma_2^2} \sim F(n_1-1, n_2-1)$$

의 성질을 이용하면 $100(1-\alpha)\%$의 신뢰구간은 다음과 같이 주어진다.

$$\left(F_{1-\alpha/2}(n_2-1,\ n_1-1)\frac{S_1^2}{S_2^2},\ F_{\alpha/2}(n_2-1,\ n_1-1)\frac{S_1^2}{S_2^2}\right) \tag{1·28}$$

3) 가설검정

[가설]

귀무가설은 $H_0 : \sigma_1^2/\sigma_2^2 = \delta_0$이고, 대립가설은 다음 세 가지 중 하나이다.

(i) $H_1 : \sigma_1^2/\sigma_2^2 > \delta_0$

(ii) $H_1 : \sigma_1^2/\sigma_2^2 < \delta_0$

(iii) $H_1 : \sigma_1^2/\sigma_2^2 \neq \delta_0$

여기서 δ_0는 실수값이다.

[검정통계량]

검정통계량은

$$F_0 = \frac{S_1^2}{S_2^2} \tag{1·29}$$

이다.

[가설검정]

유의수준 α에서 기각역은 대립가설에 따라 다음과 같이 주어진다. 여기서 사용된 F_0 값은 식 (1·29)에 관측값을 대입하여 구한 검정통계값이다.

(i) H_1: $\sigma_1^2/\sigma_2^2 > \delta_0$일 때, $F_0 > F_\alpha(n_1 - 1, n_2 - 1)$

(ii) H_1: $\sigma_1^2/\sigma_2^2 < \delta_0$일 때, $F_0 < F_{1-\alpha}(n_1 - 1, n_2 - 1)$ (1·30)

(iii) H_1: $\sigma_1^2/\sigma_2^2 \neq \delta_0$일 때, $F_0 > F_{\alpha/2}(n_1 - 1, n_2 - 1)$ 또는

$$F_0 < F_{1-\alpha/2}(n_1 - 1, n_2 - 1)$$

예제 1-10 >>>

두 공장에서 제조되는 제품의 어떤 부품 직경을 비교하기 위해 각각 11대씩을 추출하여 조사한 결과 표본분산은 $s_1^2 = 0.033$, $s_2^2 = 0.061$이었다. 신뢰수준 95%의 신뢰구간을 구하시오. 또 유의수준 5%에서 두 컴퓨터의 고장횟수에 대한 분산 간에 유의한 차이가 있는지 검정하시오.

| 풀이 |

◆ 미니탭 분석 절차

① 메뉴: **통계분석> 기초통계> 두 표본분산**

② 표본분산 선택 후 자료입력

- 표본 1: 11, 표본 2: 11
- 분산: 0.33, 0.061

③ 옵션 선택 후 자료 입력

- 비율: (표본 1 분산)/(표본 2 분산)
- 신뢰수준: 95.0
- 귀무가설에서의 비율: 1
- 대립가설: 비율≠ 귀무가설의 비율

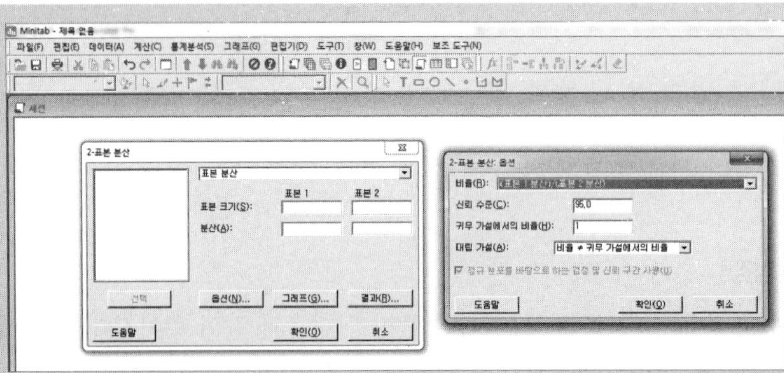

◆ 미니탭 분석 결과

```
분산 비율
                F를 사용한
                비율에 대한
추정 비율         95% CI
 0.540984   (0.146, 2.011)
```

```
검정
귀무 가설  H₀ : σ₁² / σ₂² = 1
대립 가설  H₁ : σ₁² / σ₂² ≠ 1
유의 수준   α = 0.05
        검정
방법  통계량  DF1  DF2   P-값
F      0.54   10   10  0.347
```

◆ 해설

(1) σ_1^2/σ_2^2의 신뢰수준 95%에서의 신뢰구간은 (0.146, 2.011)이다.

(2) 검정통계값 $F_0 = 0.54$ 이고, 유의확률 $p = 0.347$ 이므로 유의수준 5%보다 크다. 따라서 두 집단 간의 분산 차이가 있다는 가설은 성립하지 못한다.

연습문제

1. $X_1, X_2, \cdots, X_{15}$ 을 정규분포 $N(\mu, \sigma^2)$으로부터의 랜덤표본이라 한다. 이때 $\dfrac{\overline{X}-\mu}{S/\sqrt{15}}$ 는 어떤 분포를 따르는가? 단, $\overline{X}$와 S 는 각각 표본평균과 표본표준편차이다.

| 풀이 |

t - 분포 정의에 의하여 $t(14)$이다.

2. 다음 각 분포에 대하여 상위 90%인, 제90백분위수를 구하시오.

1) $Z_{0.10}$
2) $t_{0.10}(15)$
3) $\chi^2_{0.10}(15)$
4) $F_{0.10}(5,7)$

| 풀이 |

1) $Z_{0.10} = 1.282$
2) $t_{0.10}(15) = 1.341$
3) $\chi^2_{0.10}(15) = 22.307$
4) $F_{0.10}(5,7) = 2.883$

3. 다음 확률을 구하시오.

1) $X \sim N(100, 25)$일 때, $P(X < 110)$
2) $X \sim t(5)$ 일 때, $P(-1 < X \leq 1.5)$
3) $X \sim \chi^2(7)$ 일 때, $P(X \leq 2.5)$
4) $X \sim F(5, 8)$ 일 때, $P(X \leq 4.7)$

| 풀이 |

1) $P(X < 110) = 0.748$
2) $P(-1 < X \leq 1.5) = P(X \leq 1.5) - P(X \leq -1)$
$= 0.903 - 0.182 = 0.721$
3) $P(X \leq 2.5) = 0.073$
4) $P(X \leq 4.7) = 0.973$

4. 대학생의 키는 평균 172.5 cm이고, 표준편차가 5.1 cm인 정규분포를 한다고 한다.
1) 대학생 9명을 임의추출할 때에 표본의 평균 $\overline{X}$ 가 갖는 분포를 구하시오.
2) 표본평균 $\overline{X}$ 가 175.2 cm 미만일 확률을 구하시오.

| 풀이 |

1) $X \sim N(172.5,\ 5.1^2)$이므로, $\overline{X} \sim \left(172.5,\ \left(\frac{5.1}{\sqrt{9}}\right)^2\right)$이다.

2) $P(\overline{X} < 175.2) = P(Z < (175.2 - 172.5)/2.7) = P(Z \le 1)$
$= 0.841$

5. 중년 여성의 칼슘에 대한 조사를 위하여 손뼈의 무기물 양(단위: %)을 잰 결과 다음과 같았다.

무기물 양: 0.92, 1.03, 1.02, 0.85, 0.92, 0.94, 0.75

1) 무기물 양의 모평균에 대한 95% 신뢰구간을 추정하시오. 무기물 양들은 정규분포를 한다고 가정한다.
2) 무기물 양의 평균이 1.00%보다 적다고 할 수 있는지 유의수준 $\alpha = 0.05$에서 검정하시오.

| 풀이 |

1) ◆ 분석 결과

기술 통계량

N	평균	표준 편차	평균의 표준 오차	μ에 대한 95% CI
7	0.9186	0.0969	0.0366	(0.8290, 1.0081)

μ: C1의 평균

◆ 해설: μ 의 95% 구간추정: (0.8290, 1.0081)

2) ◆ 분석 결과

검정

귀무 가설 $H_0: \mu = 1$
대립 가설 $H_1: \mu < 1$

T-값	P-값
-2.22	0.034

- 해설: 유의확률 p-값이 0.0034이므로 귀무가설을 기각, 즉 유의수준 5%에서 무기물 양의 평균이 1.00%보다 적다고 할 수 있다.

6. 품질측정을 위하여 두 가지 교육방법을 비교하고자 한다. 25명의 교육생을 대상으로 임의 추출하여 13명에게 교육방법 I을, 나머지는 교육방법 II를 적용하여 교육시킨 후, 30점 만점으로 교육점수를 기록한 결과가 다음과 같다. 단, 교육점수는 정규분포를 한다고 가정한다.

방법 I :	23	20	21	20	24	21	18	16	25	24	23	22	20
방법 II :	23	29	28	29	28	27	28	26	25	28	27	28	

1) 두 방법에 의한 분산의 차이가 있는가? (유의수준 $\alpha = 0.05$)
2) 이 자료로부터 방법 II에 의한 교육과 방법 I에 의한 교육 점수의 평균 차이에 대한 95% 신뢰구간을 추정하시오.
3) 방법 II에 의한 교육 후의 평균 교육효과가 방법 I에 의한 경우보다 좋다고 할 수 있는가? (유의수준 $\alpha = 0.05$)

| 풀이 |

1) ◆ 분석 결과

기술 통계량

변수	N	표준 편차	분산	σ^2에 대한 95% CI
방법 I	13	2.562	6.564	(3.375, 17.887)
방법 II	12	1.749	3.061	(1.536, 8.823)

검정

귀무 가설 $H_0: \sigma_1^2 / \sigma_2^2 = 1$
대립 가설 $H_1: \sigma_1^2 / \sigma_2^2 \neq 1$
유의 수준 $\alpha = 0.05$

방법	검정 통계량	DF1	DF2	P-값
F	2.14	12	11	0.217

- 해설: 방법 I의 분산은 6.564, 방법 II의 분산은 3.061이며, 검정통계값 $f = 2.14$ 이고, 유의확률 $p = 0.217$ 이므로 유의수준 5%보다 크다. 따라서 두 집단 간의 분산 차이가 있다는 가설은 성립하지 못한다.

2) ◆ 분석 결과

기술 통계량

표본	N	평균	표준 편차	평균의 표준 오차
방법 I	13	21.31	2.56	0.71
방법 II	12	27.17	1.75	0.51

차이 추정치

차이	합동 표준 편차	차이에 대한 95% CI
-5.859	2.211	(-7.690, -4.028)

◆ 해설: 두 모집단의 평균차이($\hat{\mu}_1 - \hat{\mu}_2$)는 −5.859로 추정되며, 두 모집단 평균차이에 대한 신뢰수준 95%에서의 신뢰구간은 $(-7.690, -4.028)$이다.

3) ◆ 분석 결과

검정

귀무 가설 $H_0: \mu_1 - \mu_2 = 0$

대립 가설 $H_1: \mu_1 - \mu_2 < 0$

T-값	DF	P-값
-6.62	23	0.000

◆ 해설: 검정통계량 T는 t값은 −6.62를 갖으며, 유의확률은 0.000으로 유의수준 0.05보다 작으므로 귀무가설을 기각한다. 따라서 방법 II에 의한 교육 후의 평균 교육효과가 방법 I에 의한 경우보다 좋다고 할 수 있다.

7. 왼손잡이 사람은 오른손과 왼손의 악력에서 차이가 없다는 가설이 맞는지를 알고 싶다. 오른손과 왼손의 악력을 측정한 결과가 다음과 같았다.

사람	1	2	3	4	5	6	7	8	9	10	11
왼손	139	88	125	132	97	125	95	95	130	110	140
오른손	137	89	115	135	98	128	96	92	129	105	135

1) 왼손과 오른손 악력의 평균차에 대한 90% 신뢰구간을 구하시오.
2) 이 자료에 의하면 왼손잡이의 악력과 오른손잡이의 악력은 다르다고 할 수 있는가? ($\alpha = 0.10$)

| 풀이 |

◆ 분석 결과

쌍체 차이 추정치

평균	표준 편차	평균의 표준 오차	μ_차이에 대한 90% CI
-7.45	28.96	8.73	(-23.28, 8.37)

μ_차이: (왼손 - 오른손)의 평균

검정

귀무 가설 H₀: μ_차이 = 0
대립 가설 H₁: μ_차이 ≠ 0

T-값	P-값
-0.85	0.413

◆ 해설

1) 평균 차이에 대한 신뢰수준 90%의 신뢰구간은 $(-23.28,\ 8.37)$이다.

2) 쌍체 $T-$검정 결과 t값이 -0.85, 유의확률 $p-$값이 0.413이므로, 유의수준 $\alpha = 0.10$ 에서 귀무가설(H_0)이 채택된다. 따라서 왼손과 오른손의 악력은 평균 차이가 없다고 할 수 있다.

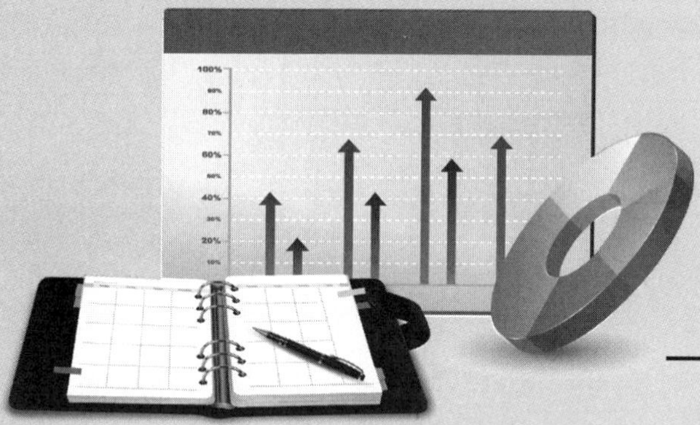

실무자 중심의 실험계획법

CHAPTER 02 상관분석과 회귀분석

1. 상관분석
2. 단순회귀분석
3. 중회귀분석

Chapter

02 상관분석과 회귀분석

1 상관분석

1.1 산점도

산점도는 두 변수 간의 관련성을 알아보는 첫 단계라고 할 수 있다. 두 변수의 상관성을 연구하는 통계적 분석을 상관분석(correlation analysis)이라 한다.

산점도(scatter diagram)는 x축과 y축을 설정한 좌표평면상에서 각각의 측정값들을 점으로 나타내는 것이다. 두 확률변수 x와 y에 대한 n개의 데이터 쌍

$$(x_1, y_1), (x_2, y_2), \cdots, (x_n, y_n)$$

을 좌표평면에 나타낸다.

예제 2-1 >>>

다음 데이터를 이용하여 미니탭으로 산점도를 그려보시오.

표본	x	$y1$	$y2$	$y3$	$y4$	$y5$	$y6$	$y7$	$y8$
1	2.0	5.1	15.4	58.6	33.1	15.4	34.2	5.1	4.6
2	2.0	8.6	12.3	55.0	56.6	52.3	39.3	8.6	6.8
3	3.0	6.2	13.3	47.0	48.2	13.3	30.6	6.2	4.7
4	4.0	9.6	12.0	48.4	47.6	12.0	35.7	9.6	12.0
5	4.0	10.9	13.8	45.2	32.9	13.8	56.1	10.9	13.8
6	5.0	10.5	20.1	36.5	46.5	20.1	27.1	15.5	20.1
7	7.0	22.3	12.5	36.2	40.3	12.5	23.7	22.3	12.5
8	8.0	23.4	23.3	31.1	25.4	23.3	37.7	23.4	23.3
9	9.0	27.3	28.0	34.9	45.3	28.0	69.6	27.3	35.0
10	10.0	29.2	28.4	29.4	45.2	28.4	47.5	27.2	46.0

11	11.0	32.7	35.6	36.7	36.7	35.6	42.8	26.7	4.4
12	12.0	35.6	35.9	25.1	23.6	35.9	69.2	23.6	7.7
13	13.0	40.4	32.4	15.7	34.5	32.4	28.0	22.4	6.2
14	14.0	44.7	35.9	12.3	20.7	35.9	49.7	20.7	12.0
15	15.0	45.1	26.0	16.5	30.1	26.0	23.3	15.1	13.8
16	16.0	42.6	55.0	28.5	12.6	55.0	42.3	12.6	20.1
17	16.0	49.9	33.9	19.5	23.9	33.9	71.4	13.9	12.5
18	18.0	52.8	50.9	14.7	24.8	50.9	51.0	4.8	23.3
19	18.0	55.1	55.9	11.7	22.1	55.9	41.9	7.1	28.0
20	17.0	51.8	56.0	5.1	35.8	56.0	58.0	9.8	25.3

| 풀이 |

◆ 미니탭 분석 절차

① 메뉴: 그래프>산점도

② Y변수, X변수 난에 분석하고자 하는 변수를 선택한 후 확인

◆ 분석 결과

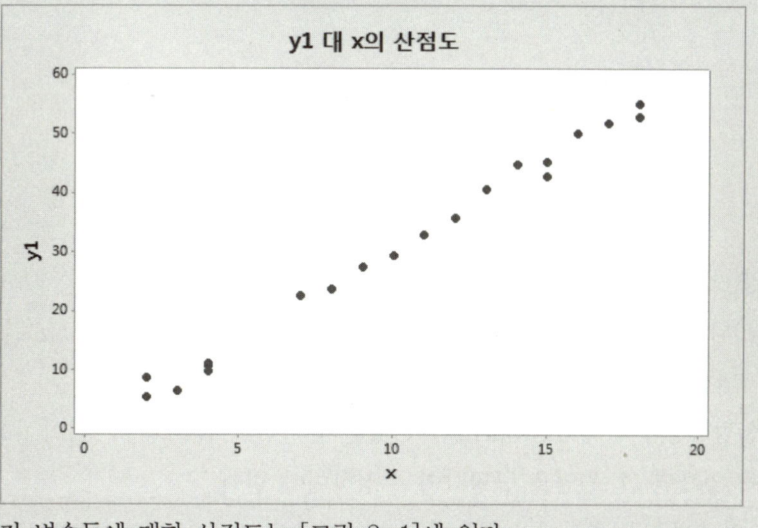

나머지 변수들에 대한 산점도는 [그림 2-1]에 있다.

◆ 해설

x값이 커지면 y값도 커지므로 두 변수는 양의 상관관계가 있다.

산점도의 점들이 산재해 있는 모양으로부터 x와 y 사이에 관계가 있는지를 검토한다([그림 2-1]).

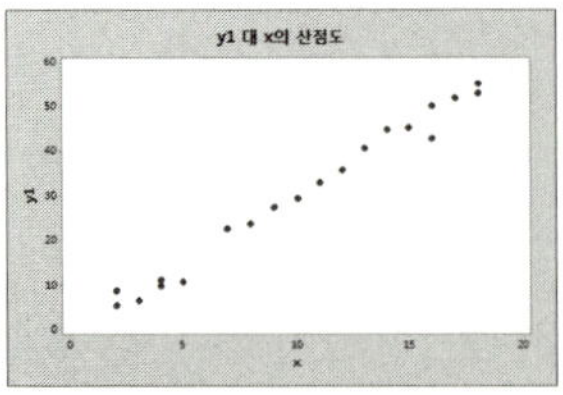

(a) 매우 강한 양의 상관

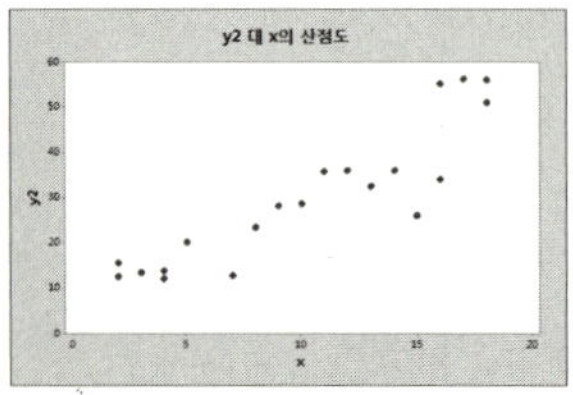

(b) 강한 양의 상관

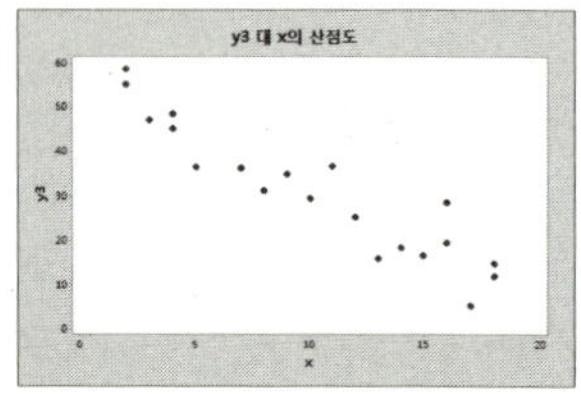

(c) 강한 음의 상관

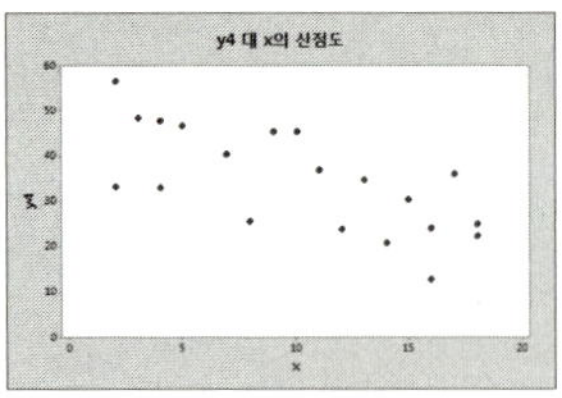

(d) 약한 음의 상관

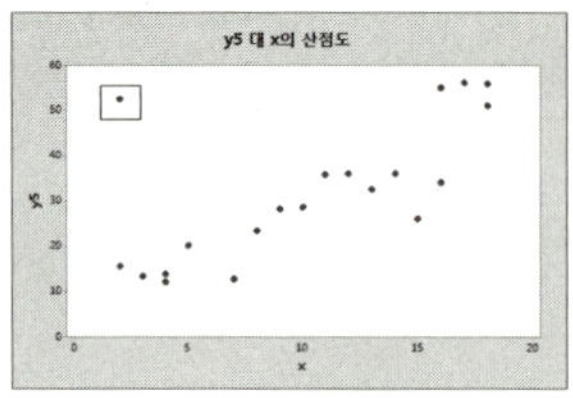

(e) 이상점

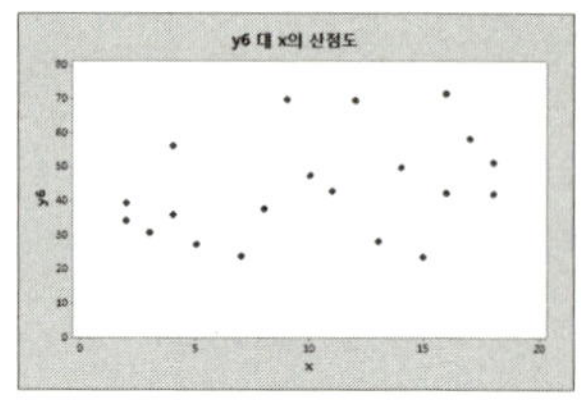

(f) 상관성이 없음

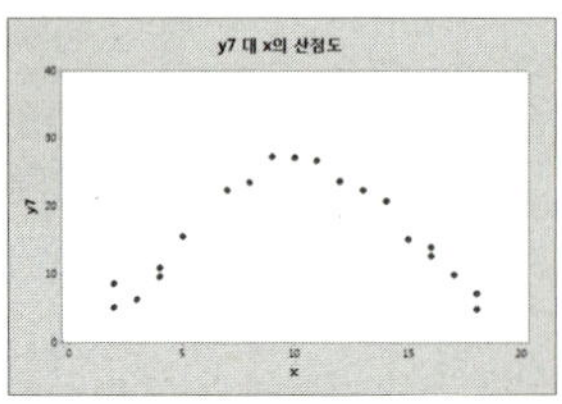

(g) 비선형 상관

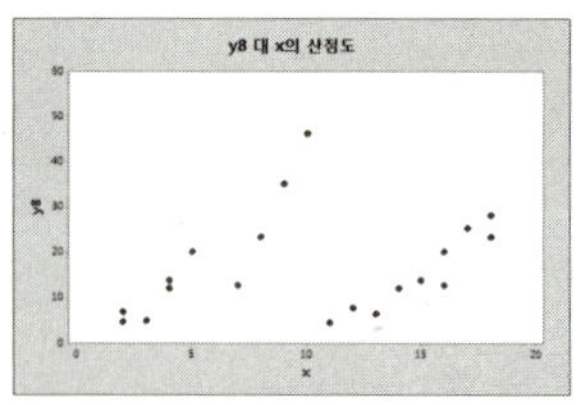

(h) 층별

그림 2-1 산점도

① 양(positive)의 상관인가 음(negative)의 상관인가를 알아본다. [그림 2-1]의 (a)와 (b)는 양의 상관이며, (c)와 (d)는 음의 상관을 나타낸다. (f)는 상관성이 거의 없다.

② 산점도상에서 이상점(outlier)이 있는지 확인한다([그림 2-1]의 (e)). 이상점이 있으면 그 원인을 규명하여 수정하여야 한다.

③ x와 y가 비선형관계가 있는지를 살펴본다. [그림 2-1]의 (g)처럼 곡선관계인 경우에는 상관계수가 작게 나타나 상관계수를 구하는 것은 의미가 없으며, 산점도를 통하여 두 변수 간의 상관성을 파악하여야 한다.

④ [그림 2-1]의 (h)처럼 두 개의 층으로 나누어질 수 있다. 많은 경우 서로 다른 두 개의 모집단으로부터 얻어진 표본이 섞여 있으면 나타날 수 있으므로 두 개의 서로 다른 표본으로 분리하여 분석하여야 한다.

1.2 상관계수

두 변수에 x와 y에 대한 n개의 데이터 쌍 $(x_1, y_1), (x_2, y_2), \cdots, (x_n, y_n)$로부터 식 (2·1)과 같이 구한 것을 표본상관계수(sample correlation coefficient)라 부르며 r로 나타낸다. 이는 두 확률변수에 대한 모집단 상관계수의 추정치이다.

$$r = \frac{S_{xy}}{\sqrt{S_{xx} S_{yy}}} \tag{2·1}$$

단, $S_{xx} = \sum_{i=1}^{n}(x_i - \bar{x})^2$, $S_{yy} = \sum_{i=1}^{n}(y_i - \bar{y})^2$, $S_{xy} = \sum_{i=1}^{n}(x_i - \bar{x})(y_i - \bar{y})$이다.

예제 2-2 >>>

[예제 2-1]의 데이터를 가지고 미니탭으로 표본상관계수 r을 구하시오.

| 풀이 |

- 미니탭 분석 절차
  - ① 메뉴: 통계분석> 기초통계> 상관분석
  - ② 변수 난에 분석하고자 하는 변수를 선택
  - ③ 방법으로 'Pearson 상관계수 선택', 'p-값 표시(D)' 선택

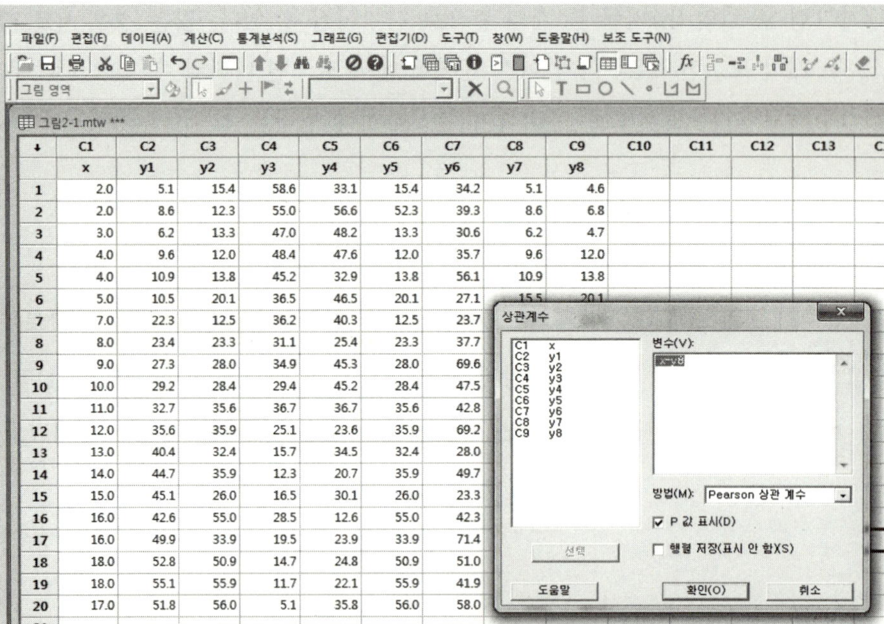

	C1 x	C2 y1	C3 y2	C4 y3	C5 y4	C6 y5	C7 y6	C8 y7	C9 y8
1	2.0	5.1	15.4	58.6	33.1	15.4	34.2	5.1	4.6
2	2.0	8.6	12.3	55.0	56.6	52.3	39.3	8.6	6.8
3	3.0	6.2	13.3	47.0	48.2	13.3	30.6	6.2	4.7
4	4.0	9.6	12.0	48.4	47.6	12.0	35.7	9.6	12.0
5	4.0	10.9	13.8	45.2	32.9	13.8	56.1	10.9	13.8
6	5.0	10.5	20.1	36.5	46.5	20.1	27.1	15.5	20.1
7	7.0	22.3	12.5	36.2	40.3	12.5	23.7		
8	8.0	23.4	23.3	31.1	25.4	23.3	37.7		
9	9.0	27.3	28.0	34.9	45.3	28.0	69.6		
10	10.0	29.2	28.4	29.4	45.2	28.4	47.5		
11	11.0	32.7	35.6	36.7	36.7	35.6	42.8		
12	12.0	35.6	35.9	25.1	23.6	35.9	69.2		
13	13.0	40.4	32.4	15.7	34.5	32.4	28.0		
14	14.0	44.7	35.9	12.3	20.7	35.9	49.7		
15	15.0	45.1	26.0	16.5	30.1	26.0	23.3		
16	16.0	42.6	55.0	28.5	12.6	55.0	42.3		
17	16.0	49.9	33.9	19.5	23.9	33.9	71.4		
18	18.0	52.8	50.9	14.7	24.8	50.9	51.0		
19	18.0	55.1	55.9	11.7	22.1	55.9	41.9		
20	17.0	51.8	56.0	5.1	35.8	56.0	58.0		

그림 2-2 미니탭 상관분석 절차

◆ 분석 결과

상관 분석: x, y1, y2, y3, y4, y5, y6, y7, y8

상관계수

	x	y1	y2	y3	y4	y5	y6	y7
y1	0.993							
	0.000							
y2	0.904	0.877						
	0.000	0.000						
y3	-0.928	-0.935	-0.790					
	0.000	0.000	0.000					
y4	-0.705	-0.680	-0.662	0.588				
	0.001	0.001	0.001	0.006				
y5	0.691	0.694	0.829	-0.561	-0.389			
	0.001	0.001	0.000	0.010	0.090			
y6	0.335	0.352	0.381	-0.261	-0.273	0.333		
	0.149	0.128	0.098	0.266	0.244	0.151		
y7	0.079	0.101	-0.048	-0.164	0.017	-0.170	0.156	
	0.741	0.671	0.841	0.489	0.942	0.474	0.512	
y8	0.318	0.295	0.361	-0.340	-0.013	0.236	0.285	0.244
	0.171	0.206	0.117	0.142	0.957	0.317	0.224	0.300

셀 내용
Pearson 상관 계수
P-값

◆ 해설

① x와 $y1$의 표본상관계수(r)는 0.993으로 매우 강한 양의 상관관계에 있다. 추정된 표본상관계수에 대한 유의성 검정 결과 $p-$값이 0.000이다. 유의수준 0.05보다 작

으므로 귀무가설(H_0: 모집단 상관계수는 0이다)이 기각된다([그림 2-1]의 (a)).

② x와 $y2$의 표본상관계수(r)는 0.904로 강한 양의 상관관계에 있다. 추정된 표본상관계수에 대한 유의성 검정 결과 p-값이 0.000이다. 유의수준 0.05보다 작으므로 귀무가설(H_0: 모집단 상관계수는 0이다)이 기각된다([그림 2-1]의 (b)).

③ x와 $y3$의 표본상관계수(r)는 −0.928으로 강한 음의 상관관계에 있다([그림 2-1]의 (c)).

④ x와 $y4$의 표본상관계수(r)는 −0.705로 약한 음의 상관관계에 있다([그림 2-1]의 (d)).

⑤ x와 $y5$의 표본상관계수(r)는 0.691이다. $y2$의 데이터 중 하나의 이상점이 있는 경우이다([그림 2-1]의 (e)).

⑥ x와 $y6$의 표본상관계수(r)는 0.335로 상관관계가 없게 나타났다. 추정된 표본상관계수에 대한 유의성 검정 결과 p-값이 0.149이다. 유의수준 0.05보다 크므로 귀무가설(H_0: 모집단 상관계수는 0이다)이 채택된다([그림 2-1]의 (f)).

⑦ [그림 2-1]의 (g)처럼 두 변수가 비선형관계가 있을 경우 표본상관계수로써 두 변수의 상관성을 파악할 수 없다. 따라서 x와 $y7$의 표본상관계수(r)는 0.079로 나타났다.

2 단순회귀분석

2.1 회귀분석의 기본개념

회귀분석(regression analysis)이란 하나나 그 이상의 독립변수들을 이용하여 종속변수에 대한 영향의 추정을 할 수 있는 통계학적 모형을 말한다. 변수 간의 함수관계를 알아낼 수만 있다면 유용하게 사용할 수 있을 것이다.

상관분석은 두 변수들의 관련성을 파악하는 것이라고 하면, 회귀분석은 변수들 간의 관계를 함수로 나타내는 것이라고 할 수 있다. 두 변수의 함수관계가 다음과 같다고 가정하자.

$$y = \beta_0 + \beta_1 x + e \tag{2·2}$$

여기서 e는 오차이다.

이때 y의 값은 x의 값에 영향을 받는다. 따라서 y를 종속변수, 반응변수(또는 목적변수)라고 부르고, x를 독립변수 또는 설명변수라고 부른다. 만약에 어떤 매장의 매출액은 광고료에 영향을 받는다고 하자. 종속변수 y는 매출액이 되고, 독립변수 x는 광고료가 된다.

회귀분석은 독립변수와 종속변수의 형태에 따라 다양한 이름으로 불리어지지만 이 절에서는 가장 많이 사용되는 세 가지만 설명하기로 한다.

① 단순회귀분석(simple regression analysis): 독립변수 1개, 종속변수 1개로 이들 사이의 관계가 직선관계(1차함수)로 가정되는 경우이다. 식 (2·2)와 같은 형태이다.

② 중회귀분석(multiple regression analysis): 독립변수가 2개 이상이고 종속변수는 1개로 이들 사이에 1차함수를 가정하는 경우이다. 3절에서 자세히 설명하기로 한다.

③ 곡선회귀분석(curvilinear regression analysis): 독립변수 1개, 종속변수 1개일 때에 2차 이상의 고차함수를 가정하는 경우이다. 2차 고차함수일 때는 다음과 같이 표현할 수 있다.

$$y = \beta_0 + \beta_1 x + \beta_2 x^2 + e \tag{2·3}$$

2.2 단순회귀모형의 적합

두 변수 x와 y 간의 n개의 데이터 (x_i, y_i), $i = 1, 2, \cdots, n$ 를 단순회귀모형인 식 (2·2)에 대입하면 아래와 같이 표현된다.

$$y_i = \beta_0 + \beta_1 x_i + e_i \tag{2·4}$$

여기서 $e_i \sim N(0, \sigma^2)$이고 서로 독립이고,

β_0, β_1은 회귀모수(regression parameter), x_i와 y_i는 i 번째 관측값이다.

회귀모수인 β_0와 β_1는 최소제곱법(method of least squares)에 의하여 구할 수 있다. 이 방법은 식 (2·4)의 오차 e_i의 제곱의 합을 최소로 하는 방법이다. 즉,

$$S = \sum_{i=1}^{n} e_i^2 = \sum_{i=1}^{n} (y_i - \beta_0 - \beta_1 x_i)^2 \tag{2·5}$$

을 최소로 하는 β_0와 β_1을 구하는 방법이다. 이렇게 구한 β_0, β_1의 추정값 $\hat{\beta}_0$, $\hat{\beta}_1$을 최소제곱추정값(least squares estimates)이라고 부르고 다음과 같이 구해진다.

$$\hat{\beta}_1 = \frac{S_{xy}}{S_{xx}} \tag{2·6}$$

$$\hat{\beta}_0 = \overline{y} - \hat{\beta}_1 \overline{x} \tag{2·7}$$

2.3 단순회귀모형의 유의성 검정

하나의 측정값 y_i와 y_i들의 평균 $\overline{y}$와의 차이를 편차(deviation)라 하면 이는 두 개의 편차의 합으로 나타낼 수 있다.

$$(y_i - \overline{y}) = (y_i - \hat{y}_i) + (\hat{y}_i - \overline{y}) \tag{2·8}$$

하나는 회귀선에 의해 설명되지 않는 편차$(y_i - \hat{y}_i)$이고, 또 하나는 설명되는 편차$(\hat{y}_i - \overline{y})$이다. 회귀선에 의하여 설명되지 않는 $y_i - \hat{y}_i$를 잔차(residual)라고 부르고 r_i로 표시한다. 회귀선에 의해 설명되는 편차$(\hat{y}_i - \overline{y})$는 $\hat{\beta}_1$이 크면 클수록 큰 값을 갖는다.

한편 총편차의 제곱의 합 $\sum(y_i - \overline{y})^2$을 총변동(total variation)이라 부르고 S_{yy} 혹은 SS_T(total sum of squares, 총제곱합)로 표시한다. 이 S_{yy}는 식 (2·9)에 의하여 다음과 같이 나누어진다.

$$\sum_{i=1}^{n}(y_i-\overline{y})^2=\sum_{i=1}^{n}(\hat{y}_i-y_i)^2+\sum_{i=1}^{n}(\hat{y}_i-\overline{y})^2 \qquad (2\cdot 9)$$

(총변동) (회귀에 의하여 설명 안 되는 변동) (회귀에 의하여 설명되는 변동)

회귀에 의하여 설명되는 회귀변동은 SS_R로, 그리고 회귀에 의하여 설명 안 되는 잔차변동은 SS_E로 나타낸다. 이를 정리하면 다음과 같다.

- **총제곱합**(total sum of squares): $SS_T=\sum_{i=1}^{n}(y_i-\overline{y})^2=S_{yy}$
- **회귀제곱합**(regression sum of squares): $SS_R=\sum_{i=1}^{n}(y_i-\overline{y})^2$
- **잔차제곱합**(residual sum of squares):

$$SS_E=\sum_{i=1}^{n}(y_i-\hat{y}_i)^2=SS_T-SS_R \qquad (2\cdot 10)$$

주어진 자료를 적합시키는 데 있어서 회귀직선이 유의(significant)한가 하는 가설검정은 SS_R이 상대적으로 SS_E 보다 어느 정도 큰가를 비교하여 알 수 있다. 통계적인 유의성은 [표 2-1]의 분산분석표를 작성하여 F-검정을 행함으로써 알 수 있다.

F-검정의 가설은

$$H_0:\ \beta_1=0$$
$$H_1:\ \beta_1\neq 0$$

으로 만약 $F_0>F(1,\ n-2\ ;\ \alpha)$이면 귀무가설을 기각하고 대립가설을 채택하게 된다. 또는 유의확률 p-값이 유의수준 α보다 작으면 귀무가설을 기각한다. 귀무가설이 기각되면 기울기 β_1이 0 이 아니므로 회귀직선이 유의하다. 즉 독립변수 x가 종속변수 y를 설명하는 데 유의하다는 의미가 된다.

표 2-1 직선회귀의 분산분석표

요인	제곱합	자유도	평균제곱	F_0 값	p-값
회귀	SS_R	1	MS_R	$F_0 = MS_R / MS_E$	$P[F \geqq F_0]$
잔차	SS_E	$n-2$	MS_E		
계	SS_T	$n-1$			

2.4 단순회귀모형의 정도

회귀방정식의 정도를 측정하는 방법으로 많이 사용되는 것은 결정계수(coefficient of determination)로 R^2으로 나타내고

$$R^2 = \frac{SS_R}{SS_T} = \frac{\text{회귀에 의하여 설명되는 변동}}{\text{총변동}}$$

에 의하여 구해진다. $0 \leqq R^2 \leqq 1$의 범위에 있고 R^2의 값이 1에 가까울수록 높은 정도를 갖는다.

회귀모형 (2·4)에서 오차의 분산 σ^2이 적으면 적을수록 데이터들이 회귀식 주위에 많이 산포되어 있다는 것을 의미한다. 따라서 회귀방정식의 정도를 측정하는 방법으로 잔차평균제곱 MS_E를 사용하기도 한다. MS_E는 σ^2의 불편추정값이며 데이터들이 회귀식 주위에 어떻게 산포되어 있는가를 말해주는 측도이다. MS_E가 작을수록 회귀방정식의 정도가 좋고, 데이터의 산포가 작아진다.

예제 2-3 >>>

[예제 2-1]의 데이터 중 (x, y_1)를 이용하여 다음을 구하시오.

(1) 회귀모형을 식 (2·4)로 가정하고 회귀계수 β_0, β_1를 최소제곱법으로 구하시오.

(2) 분산분석표를 작성하고 유의수준 $\alpha = 0.05$에서 회귀선의 유의성을 검정하시오.

(3) 결정계수 R^2과 오차의 분산 σ^2을 구하시오.

| 풀이 |

- 미니탭 분석 절차

① 메뉴: 통계분석 > 회귀분석 > 적합선 그림

② 반응(Y)에 종속변수, 예측변수(x)에 독립변수를 선택한 후 확인

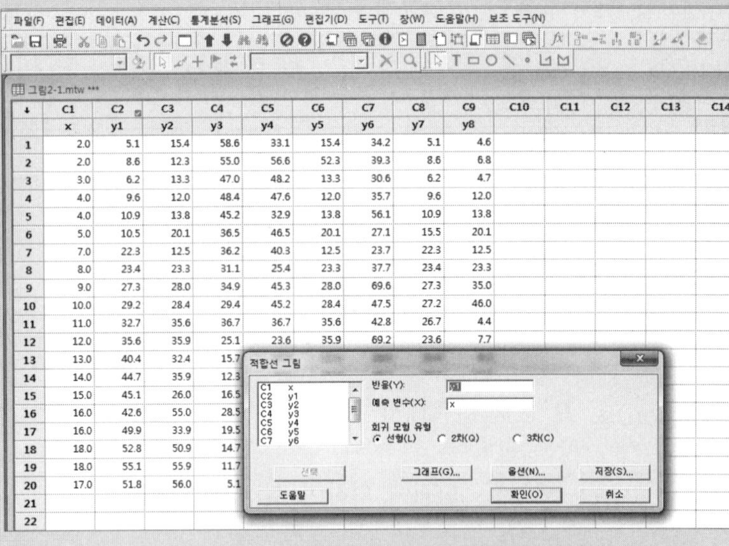

▌그림 2-3▐ 미니탭 단순회귀분석 절차

◆ 분석 결과

회귀 분석: y1 대 x

회귀 방정식

y1 = - 1.236 + 3.079 x

모형 요약

S	R-제곱	R-제곱(수정)
2.16032	98.52%	98.44%

분산 분석

출처	DF	SS	MS	F	P
회귀	1	5606.36	5606.36	1201.28	0.000
오차	18	84.01	4.67		
총계	19	5690.36			

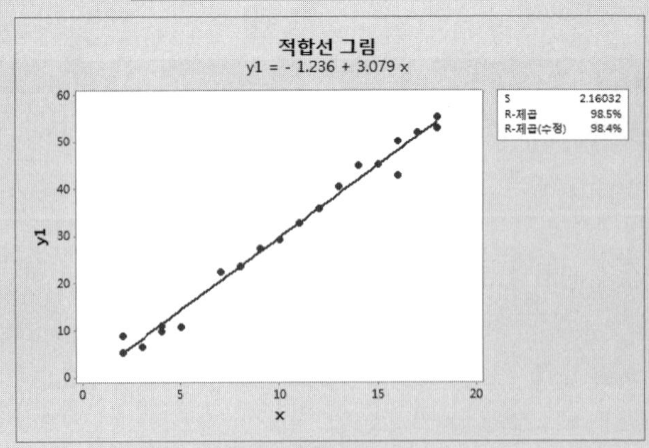

◆ 해설

① $\hat{\beta}_0 = -1.236$, $\hat{\beta}_1 = 3.079$이고 추정식은 $\hat{y}_1 = -1.236 + 3.079\,x$이다.

② 분산분석표에서 유의확률 p-값=0.000이므로 유의수준 5%보다 작기 때문에 회귀선이 유의하다.

③ 결정계수(R^2)는 98.52%로써 총변동 중에서 98.52%가 회귀직선에 의해 설명되고 있다.

④ 오차의 분산 σ^2은 4.67로 추정된다.

3 중회귀분석

3.1 중회귀모형의 적합

많은 경우 종속변수(반응변수)는 두 개 이상의 독립변수(설명변수)에 의하여 영향을 받는다. 이와 같이 종속변수의 변화를 설명하기 위하여 k개($k \geq 2$)의 독립변수를 사용하여 선형으로 가정되는 모형으로 표현하는데 이를 중선형회귀모형(multiple linear regression model)이라고 부르고, 간단히 중회귀모형이라고 한다. 이 모형은 n개의 데이터에 대하여

$$y_i = \beta_0 + \beta_1 x_{1i} + \beta_2 x_{2i} + \cdots + \beta_k x_{ki} + e_i \qquad (2 \cdot 11)$$

$e_i \sim N(0, \sigma^2)$이고, 서로 독립

$i = 1, 2, \cdots, n$

으로 표현된다. 여기서 $\beta_i (i = 1, 2, \cdots, k)$는 미지의 회귀모수(unknown parameter)이다.

중회귀모형에서는 모형식을 행렬과 벡터로 간단히 표현한다.

이해를 돕기 위하여 중회귀모형의 가장 간단한 경우인 두 개의 독립변수에 대한

중회귀분석을 생각하여 보자. 종속변수 y와 두 개의 독립변수 x_1과 x_2 사이에 다음과 같은 관계식이 성립한다고 하자.

$$y = \beta_0 + \beta_1 x_1 + \beta_2 x_2 + e \tag{2·12}$$

식 (2·12)의 모형을 벡터로 표시하면

$$y = \beta_0 + \beta_1 x_1 + \beta_2 x_2 + e = (1,\ x_1,\ x_2)\begin{bmatrix}\beta_0 \\ \beta_1 \\ \beta_2\end{bmatrix} + e = \boldsymbol{x}'\boldsymbol{\beta} + e \tag{2·13}$$

가 된다. 여기에서 각각

$$\boldsymbol{x} = \begin{bmatrix}1 \\ x_1 \\ x_2\end{bmatrix},\ \boldsymbol{\beta} = \begin{bmatrix}\beta_0 \\ \beta_1 \\ \beta_2\end{bmatrix} \tag{2·14}$$

을 의미한다.

n개의 데이터($x_{1i},\ x_{2i},\ y_i$), $i = 1,\ 2,\ \cdots,\ n$ 에 대하여 모형 (2·12)는

$$y_i = \beta_0 + \beta_1 x_{1i} + \beta_2 x_{2i} + e_i,\ i = 1,\ 2, \cdots, n \tag{2·15}$$

으로 표현된다.

n개의 데이터에 의한 모형식을 동시에 나타내기 위한 행렬표현식은 다음과 같다.

$$\boldsymbol{y} = X\boldsymbol{\beta} + \boldsymbol{e} \tag{2·16}$$

여기에서 각각

$$\boldsymbol{y} = \begin{bmatrix}y_1 \\ y_2 \\ \vdots \\ y_n\end{bmatrix},\ X = \begin{bmatrix}1 & x_{11} & x_{21} \\ 1 & x_{12} & x_{22} \\ \vdots & \vdots & \vdots \\ 1 & x_{1n} & x_{2n}\end{bmatrix},\ \boldsymbol{\beta} = \begin{bmatrix}\beta_0 \\ \beta_1 \\ \beta_2\end{bmatrix},\ \boldsymbol{e} = \begin{bmatrix}e_1 \\ e_2 \\ \vdots \\ e_n\end{bmatrix} \tag{2·17}$$

이다.

최소제곱법(method of least squares)에 의해 미지의 회귀모수 β_0, β_1, β_2를 추정하는 방법에 대하여 알아보자.

오차제곱의 합을 S라고 하면

$$\begin{aligned} S &= \sum_{i=1}^{n} e_i^2 = \boldsymbol{e}'\boldsymbol{e} \\ &= (y - X\beta)'(y - X\beta) \\ &= y'y - 2\beta'X'y + \beta'X'X\beta \end{aligned} \qquad (2 \cdot 18)$$

이다. 이를 $\boldsymbol{\beta}$로 미분하여 0으로 놓으면 다음의 결과를 얻는다.

$\hat{\boldsymbol{\beta}}$는 $\boldsymbol{\beta}$의 최소제곱추정값의 벡터로 $\hat{\boldsymbol{\beta}}' = (\hat{\beta}_0, \hat{\beta}_1, \hat{\beta}_2)$을 의미한다.

$$X'X\hat{\beta} = X'y \qquad (2 \cdot 19)$$

이 식을 정규방정식이라 부른다. 식 (2・19)의 양변에 $(X'X)^{-1}$을 곱하면

$$\hat{\beta} = (X'X)^{-1}X'y \qquad (2 \cdot 20)$$

이다.

독립변수의 수가 k개인 경우에 β_i들의 최소제곱추정치를 구하는 방법은 $k=2$인 경우를 확장하면 된다. 즉, 식 (2・11)의 $\beta_0, \beta_1, \cdots, \beta_k$의 최소제곱추정값은

$$\hat{\boldsymbol{\beta}} = \begin{bmatrix} \hat{\beta}_0 \\ \hat{\beta}_1 \\ \vdots \\ \hat{\beta}_k \end{bmatrix} = (X'X)^{-1}X'y \qquad (2 \cdot 21)$$

가 된다. 이때

$$\boldsymbol{y} = \begin{bmatrix} y_1 \\ y_2 \\ \vdots \\ y_n \end{bmatrix}, \quad X = \begin{bmatrix} 1 & x_{11} & x_{21} & \cdots & x_{k1} \\ 1 & x_{12} & x_{22} & \cdots & x_{k2} \\ \vdots & \vdots & \vdots & & \vdots \\ 1 & x_{1n} & x_{2n} & \cdots & x_{kn} \end{bmatrix} \qquad (2 \cdot 22)$$

가 된다.

3.2 중회귀모형의 유의성 검정

k개의 독립변수로 이루어진 회귀모형 (2·11)이 유의하다는 것은 독립변수의 변화가 종속변수에 영향을 주어야 하며 최소한 한 개의 β_i가 0의 값을 갖지 않아야 한다. 즉,

귀무가설 H_0과 대립가설 H_1

H_0: $\beta_1 = \beta_2 = \cdots = \beta_k = 0$(또는, 모든 회귀계수는 0이다)

H_1: $H_1 : \beta_i \neq 0$(최소한 하나의 i, $i = 1, 2, \cdots, k$)

에서 귀무가설 H_0가 기각되며, 이때 추정된 회귀방정식이 유의하다고 하겠다.

중회귀모형의 분산분석(analysis of variance)을 이용하여 중회귀모형의 유의성을 검정하자. 변동의 분해는 단순회귀모형의 변동의 분해와 거의 같다.

- **총제곱합**(total sum of squares):

$$
\begin{aligned}
SS_T &= \sum (y_i - \overline{y})^2 \\
&= \sum y_i^2 - n(\overline{y})^2 \\
&= y'y - n(\overline{y})^2
\end{aligned}
$$

- **회귀제곱합**(regression sum of squares):

$$
\begin{aligned}
SS_R &= \sum (\hat{y}_i - \overline{y})^2 \\
&= \sum (\hat{y})^2 - n(\overline{y})^2 \\
&= \hat{y}'\hat{y} - n(\overline{y})^2
\end{aligned}
$$

- **잔차제곱합**(residual sum of squares):

$$
\begin{aligned}
SS_E &= \sum (y_i - \hat{y}_i)^2 \\
&= y'y - \hat{\beta}' X' y = SS_T - SS_R
\end{aligned}
$$

통계적인 유의성은 [표 2-2]의 분산분석표를 작성하여 F-검정을 시행함으로써 알 수 있다.

표 2-2 중회귀모형의 분산분석표

요인	제곱합	자유도	평균제곱	F_0 값	p-값
회귀	SS_R	k	MS_R	$F_0 = MS_R/MS_{EE}$	$P[F \geq F_0]$
잔차	SS_E	$n-k-1$	MS_E		
계	SS_T	$n-1$			

만약 $F_0 = \dfrac{MS_R}{MS_E}$의 값이 $F_\alpha(k, n-k)$보다 크면 유의수준 α에서 귀무가설 H_0가 기각되며, 추정된 회귀방정식이 유의하다고 하겠다. 또는 유의확률 p-값이 유의수준 α보다 작으면 귀무가설을 기각한다.

3.3 중회귀모형에서 독립변수의 선택

중회귀모형에서 독립변수들을 선택할 때 종속변수 y와 상관관계가 적은 독립변수는 모형 속에 포함할 필요가 없다. 이런 독립변수는 회귀방정식의 정도를 작게 한다. 또한 k개의 독립변수 중에 어느 두 개를 택하여 그들 간의 상관계수 r을 구하였을 때, 상관계수값이 매우 높으면 그 둘 중에 하나는 회귀모형에서 제거시켜야 한다. 다중공선성 문제가 발생되어 회귀모형의 정도가 매우 나빠진다.

1) 독립변수 선택

(1) 전진 선택(forward selection)

절편만 포함된 회귀모형으로부터 시작하여 가장 유의한 독립변수를 찾아 단계별로 하나씩 차례로 추가한다. 더 이상 회귀모형에 영향을 주는 독립변수가 없으면 중단한다. 한번 추가된 변수는 다음 단계에서 제거되지 않는 단점이 있다.

(2) 후진 제거(backward elimination)

독립변수가 모두 포함된 완전모형에서 가장 유의하지 않은 독립변수를 하나씩 제거한다. 더 이상 제거할 변수가 없으면 중단한다. 한번 제거된 변수는 다음 단계에서 추가되지 않는 단점이 있다.

(3) 단계적 회귀(stepwise selection)

절편만 포함된 회귀모형으로부터 시작하거나 또는 완전모형에서 시작하여 각 단계별로 유의한 독립변수를 포함하거나, 유의하지 않은 독립변수를 제거한다. 더 이상 추가하거나 제외될 변수가 없으면 중단한다. 한번 제거된 변수 또는 추가된 변수라도 다음 단계에서 추가 또는 제거될 수 있다.

- 미니탭 분석 절차
  ① 메뉴: **통계분석>회귀분석>회귀분석>적합회귀모형**
  ② 단계적 회귀분석 선택
  ③ 방법 선택

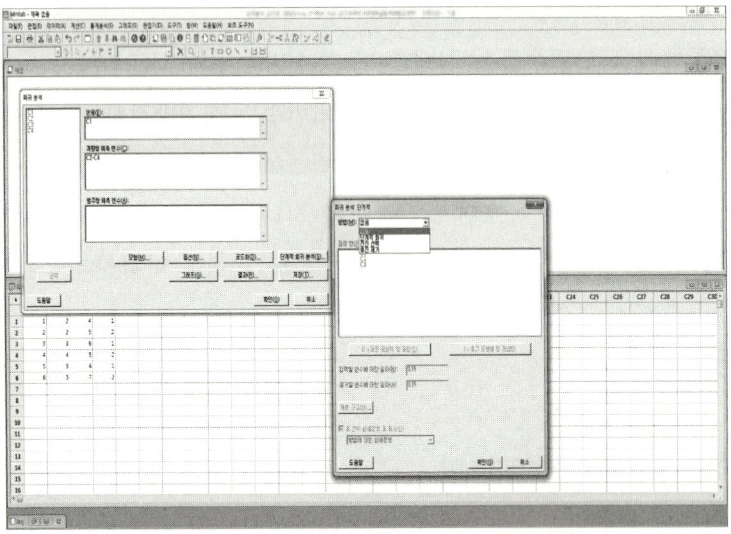

▌그림 2-4▐ 미니탭 중회귀분석 변수선택 절차

2) 다중공선성

독립변수들 간의 상관성인 다중공선성(multicollinearity)을 진단하기 위해서는 *VIF*(분산팽창계수, variance inflation factors)가 가장 많이 사용된다. *VIF* 값이 10 이상이면 해당 변수가 다른 변수들과 다중공선성이 존재하는 것으로 판단한다. 만약 5에서 10 사이이면 주의를 요한다.

$$VIF_i = \frac{1}{1 - R_i^2} \qquad (2 \cdot 23)$$

VIF_i는 i번째 독립변수의 VIF값을 의미한다. 그리고 R_i^2은 i번째 변수를 종속변수로 하고, 나머지 $k-1$개의 변수를 독립변수로 구한 중회귀모형의 결정계수값이다. 당연히 다중공선성은 독립변수들 간의 상관성을 파악하는 것이기 때문에 종속변수 y는 제외하고 계산된다.

3.4 중회귀모형의 정도와 잔차검토

1) 중회귀모형의 정도

단순회귀모형에서 같이 회귀방정식의 정도를 측정하는 방법으로 많이 사용되는 것은 결정계수(coefficient of determination) R^2과 잔차평균제곱 MS_E이다. R^2의 값이 1에 가까울수록 높은 정도를 갖는다. 또한 MS_E가 작을수록 회귀방정식의 정도가 좋고, 데이터의 산포가 작아진다.

2) 잔차검토

회귀모형이 잘 적합되었는지는 잔차를 이용하여 적합성을 검토한다. 잔차는 회귀모형 식 (2・11)에서 오차에 대한 추정값이다. 따라서 잔차의 검토는 오차에 대한 검토를 의미한다. 잔차로서 다음과 같은 가정을 검토할 수 있다.

① 오차의 정규성
② 오차의 등분산성
③ 오차의 독립성
④ 모형의 적합성

잔차는 다음과 같이 계산된다.

• 잔차(residual): i번째 관측값의 잔차 r_i,

$$r_i = y_i - \hat{y}_i \tag{2·24}$$

• 표준화 잔차(standardized residual): i번째 관측값의 표준화잔차 s_i,

$$s_i = \frac{r_i}{\sqrt{Var(r_i)}} \tag{2·25}$$

표준화 잔차는 잔차 r_i를 해당 표준편차의 추정치로 나눈 값이다. 일반적으로 2보다 크거나 또는 −2보다 작은 표준화 잔차는 큰 값으로 간주되며 비정상 관측치를 알려준다.

• 외적 스튜던트화 잔차(externally studentized residual 또는 studentized deleted residual): i번째 관측값의 표준화잔차 t_i,

$$t_i = \frac{y_i - \hat{y}_{(i)}}{\sqrt{Var(y_i - \hat{y}_{(i)})}} \tag{2·26}$$

여기서 $\hat{y}_{(i)}$는 i번째 관측값을 제외하고 구한 회귀모형에서 y_i의 추정값이다. 외적 스튜던트화 잔차가 큰 관측치(절대값이 2보다 큰 경우)는 이상값일 수 있다.

(1) 오차의 정규성

잔차도를 통하여 정규성을 검토하거나, 잔차의 정규확률도를 통하여 정규성을 검토할 수 있다. [그림 2-5]에서 대각선상으로 값들이 타점되어 정규성을 잘 따르는 것을 알 수 있다.

◆ 미니탭 분석 절차

① 메뉴: 통계분석 > 회귀분석 > 회귀분석 > 적합회귀모형

② 그래프 선택

③ 잔차그림에서 잔차의 정규확률도 선택

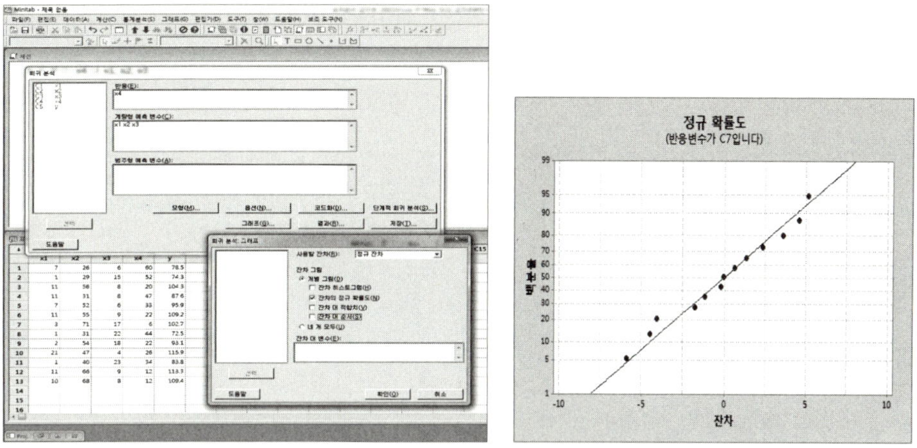

(a) 정규성 검토 절차 (b) 정규 확률도

그림 2-5 중회귀분석의 정규성검토 미니탭 절차 및 결과

(2) 잔차도

표준화 잔차 또는 외적 스튜던트화 잔차를 이용하여 잔차도를 그린 다음 모형의 적합성에 대하여 분석할 수 있다.

① [그림 2-6]의 (a)와 같이 원점 선을 기준으로 랜덤하게 흩여져 있고 특별한 패턴이 보이지 않기 때문에 모형의 형태가 적절하다고 할 수 있다.

② [그림 2-6]의 (b)는 왼쪽에서 오른쪽으로 갈수록 분산이 점점 커지는 것으로 보아, 등분산성 가정을 만족하지 않는 것을 알 수 있다. 가능한 해결책으로는 종속변수를 로그변환하는 방법, 가중최소자승법(weighted least square) 등을 사용하여 해결할 수 있다.

③ [그림 2-6]의 (c)는 잔차값들이 이차곡선의 형태를 보이기 때문에 현 모형의 형태는 부적절하다고 판단할 수 있다. 독립변수의 하나로써 이차항을 추가하여 해결할 수 있다.

④ [그림 2-6]의 (d)는 잔차값들이 이전 잔차값들의 값에 영향을 받아 시계열적인 추세를 보이고 있다.

⑤ [그림 2-6]의 (e)는 오차의 정규성 또는 불편성(unbiased)에 문제가 있는 경우이다.

⑥ [그림 2-6]의 (f)는 이상값이 존재할 때 나타난다. 통상적으로 외적 스튜던트

화 잔차의 절대값이 2보다 큰 경우 그 원인을 찾아 수정하거나 삭제하여야 한다.

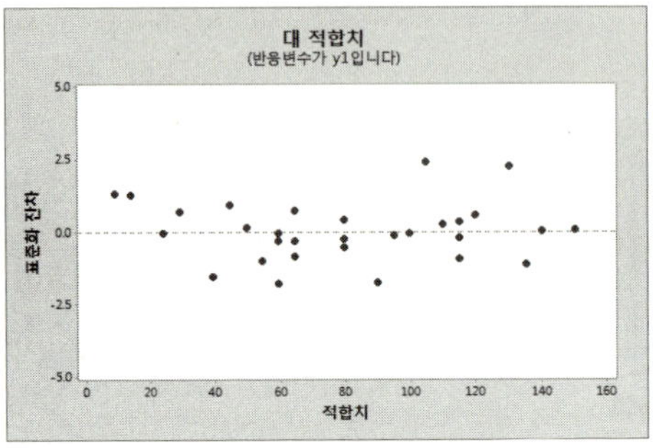

(a) 적절한 모형

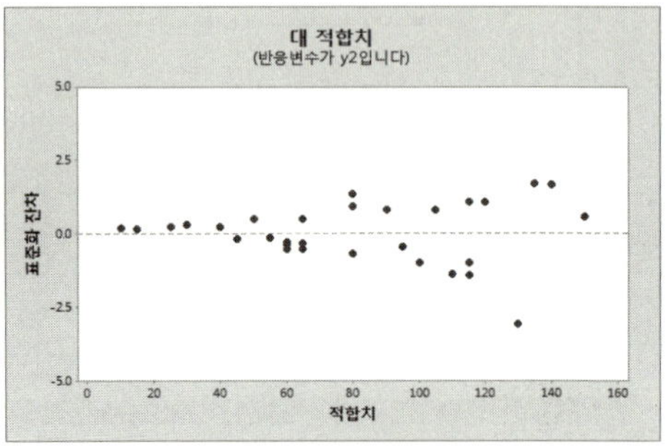

(b) 등분산성에 문제가 있을 경우

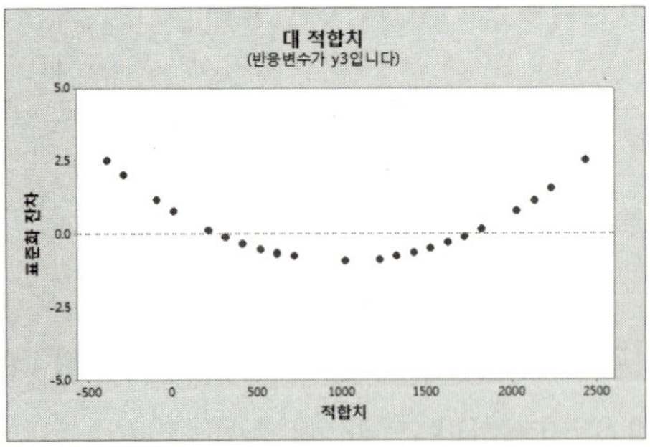

(c) 선형성에 문제가 있을 경우

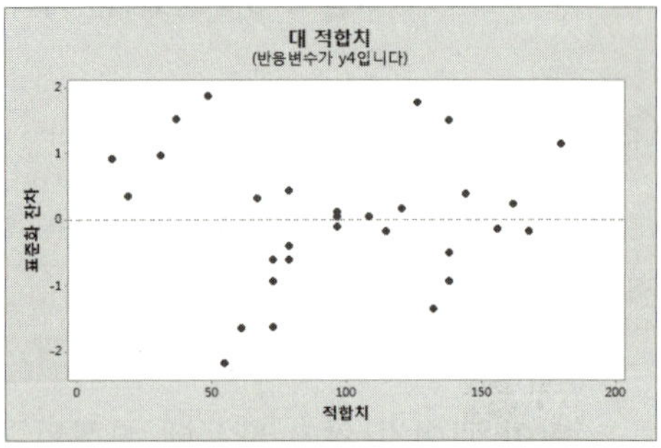

(d) 오차의 독립성에 문제가 있을 경우

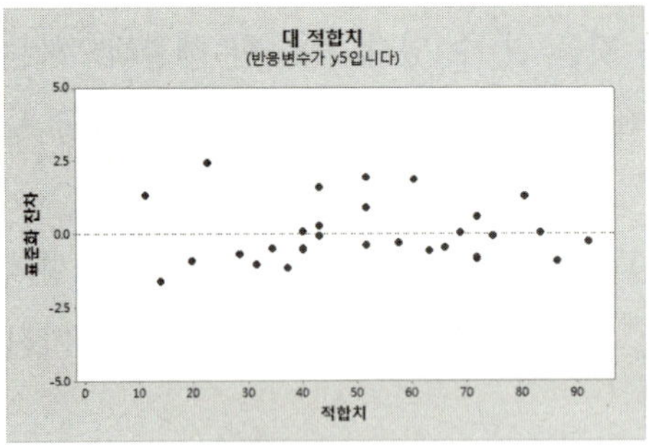

(e) 오차가 한쪽으로 치우칠 경우

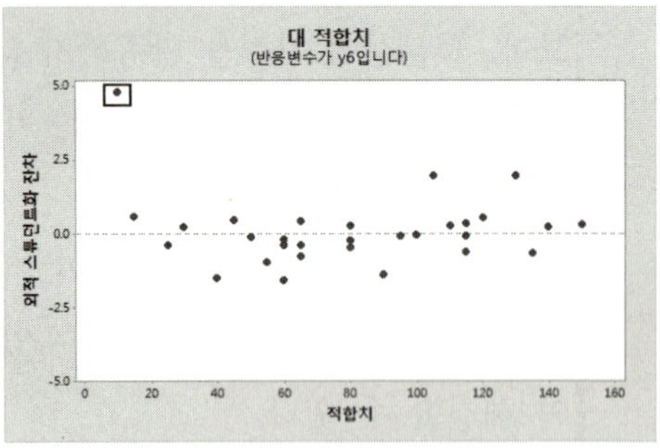

(f) 이상값이 존재할 경우

그림 2-6 잔차도

예제 2-4 >>>

다음은 Hald 자료이다. 이들 자료를 이용하여 아래 물음에 답하시오.

〈Hald 자료〉

x_1	x_2	x_3	x_4	y
7	26	6	60	78.5
1	29	15	52	74.3
11	56	8	20	104.3
11	31	8	47	87.6
7	52	6	33	95.9
11	55	9	22	109.2
3	71	17	6	102.7
1	31	22	44	72.5
2	54	18	22	93.1
21	47	4	26	115.9
1	40	23	34	83.8
11	66	9	12	113.3
10	68	8	12	109.4

(y: 시멘트에서 방출되는 열량; 4개의 독립변수: 시멘트 제조시의 주요 성분(%))

(1) 4개의 독립변수들의 다중공선성에 문제가 있는지 파악하시오.
(2) 4개의 독립변수들을 모두 포함한 중회귀모형을 구하시오.
(3) 단계별 선택으로 적절한 모형을 구하시오.
(4) (2)의 모형과 (3)의 모형에서 결정계수 R^2, 잔차평균제곱 MS_E를 비교하시오.
(5) (3)의 모형을 이용하여 잔차도를 그리고 해석하시오.

| 풀이 |

- 미니탭 분석 절차
  ① 메뉴: 통계분석> 회귀분석> 적합선그림
  ② 반응(Y)에 종속변수, 예측변수(x)에 독립변수를 선택한 후 확인

- 해설
  ① 미니탭 분석 결과를 보면 4개의 독립변수 모두 VIF값이 높아 다중공선성이 높은 것을 알 수 있다. VIF값이 가장 높은 x_4를 빼고 다시 다중공선성을 구하면 10 이하로 낮게 나타난다.

계수

항	계수	SE 계수	T-값	P-값	VIF
상수	62.4	70.1	0.89	0.399	
x1	1.551	0.745	2.08	0.071	38.50
x2	0.510	0.724	0.70	0.501	254.42
x3	0.102	0.755	0.14	0.896	46.87
x4	-0.144	0.709	-0.20	0.844	282.51

계수

항	계수	SE 계수	T-값	P-값	VIF
상수	48.19	3.91	12.32	0.000	
x1	1.696	0.205	8.29	0.000	3.25
x2	0.6569	0.0442	14.85	0.000	1.06
x3	0.250	0.185	1.35	0.209	3.14

② 아래의 분산분석 결과를 살펴보면 유의확률 p−값이 0.000으로 매우 낮게 나타나 회귀모형은 유의하다. 그러나 x_2, x_3, x_4의 각각의 유의확률 p−값은 0.501, 0.896, 0.844로 매우 높게 나타나 불필요한 독립변수가 추가되어 있는 것을 알 수 있다. 4개의 독립변수가 모두 포함된 회귀방정식은 다음과 같다.

$$\hat{y} = 62.4 + 1.551x_1 + 0.510x_2 + 0.102x_3 - 0.144x_4$$

분산 분석

출처	DF	Adj SS	Adj MS	F-값	P-값
회귀	4	2667.90	666.975	111.48	0.000
x1	1	25.95	25.951	4.34	0.071
x2	1	2.97	2.972	0.50	0.501
x3	1	0.11	0.109	0.02	0.896
x4	1	0.25	0.247	0.04	0.844
오차	8	47.86	5.983		
총계	12	2715.76			

모형 요약

S	R-제곱	R-제곱(수정)	R-제곱(예측)
2.44601	98.24%	97.36%	95.94%

회귀 방정식

y = 62.4 + 1.551 x1 + 0.510 x2 + 0.102 x3 - 0.144 x4

③ 단계별 선택 후의 분산분석 결과를 살펴보면 4개의 변수 중 유의한 변수는 x_1, x_2인 것을 알 수 있다. 유의확률 p−값이 0.000으로 매우 낮게 나타나 회귀모

형은 유의함을 알 수 있다. 2개의 독립변수로 구한 회귀방정식은 다음과 같다.

$$\hat{y} = 52.58 + 1.468\,x_1 + 0.6623\,x_2$$

분산 분석

출처	DF	Adj SS	Adj MS	F-값	P-값
회귀	2	2657.86	1328.93	229.50	0.000
x1	1	848.43	848.43	146.52	0.000
x2	1	1207.78	1207.78	208.58	0.000
오차	10	57.90	5.79		
총계	12	2715.76			

모형 요약

S	R-제곱	R-제곱(수정)	R-제곱(예측)
2.40634	97.87%	97.44%	96.54%

회귀 방정식

y = 52.58 + 1.468 x1 + 0.6623 x2

④ 2개 변수로 구한 회귀모형의 설명률은 97.87%로써 4개의 변수로 구한 것과 비교하면 큰 차이가 없는 것을 알 수 있다. 그리고 오차의 분산의 추정치는 $\hat{\sigma}^2 = MS_E = 5.79$이다.

⑤ 외적 스튜던트화 잔차를 사용하여 잔차도를 그리면 아래의 그림과 같다. 외적 스튜던트화 잔차값이 원점을 중심으로 고루 퍼져 있어 정규성, 독립성, 등분산성을 만족하고 있음을 알 수 있다.

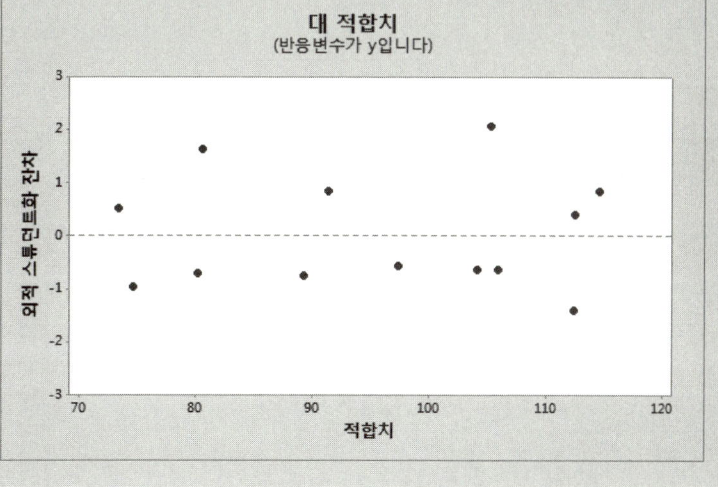

연습문제

1. 어떤 제품에서 품질특성인 원료(x)와 이 원료를 사용하여 생산된 제품의 특성(y)을 조사하였으니 다음의 20개 데이터가 얻어졌다.

x	y	x	y
30	35	35	33
40	47	31	35
25	27	38	40
32	40	27	30
45	50	42	40
33	36	36	38
40	43	31	35
26	28	42	45
32	35	33	36
42	46	36	40

1) 산점도를 그리고, 상관계수를 구하시오. 그리고 두 변수가 상관성이 있는지를 유의수준 5%에서 검정을 실시하시오.
2) 독립변수를 x, 종속변수를 y로 하여 회귀직선을 구하시오.
3) 위 회귀모형에서 오차의 분산은 얼마로 추정되는가?

| 풀이 |

1) ◆ 분석 결과

상관계수

Pearson 상관 계수	0.924
P-값	0.000

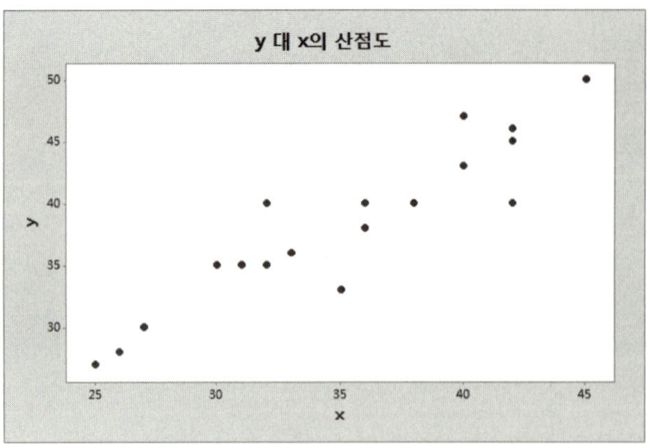

◆ 해설

두 변수가 상관성이 있는지를 유의성이 있는지에 대한 가설은 다음과 같다.

귀무가설: 두 변수의 상관계수는 0이다. (H_0: $\rho = 0$)

대립가설: 두 변수의 상관계수는 0이 아니다. (H_1: $\rho \neq 0$)

상관계수에 대한 통계적 유의성 검정 결과 유의확률 $p-$값이 0.000로 유의수준 보다 작으므로 귀무가설을 기각하게 되며, 두 변수 간에 상관관계가 존재함을 알 수 있다.

2) ◆ 분석 결과

회귀 분석: y 대 x

분산 분석

출처	DF	Adj SS	Adj MS	F-값	P-값
회귀	1	626.43	626.430	105.86	0.000
x	1	626.43	626.430	105.86	0.000
오차	18	106.52	5.918		
적합성 결여	11	63.35	5.759	0.93	0.559
순수 오차	7	43.17	6.167		
총계	19	732.95			

모형 요약

S	R-제곱	R-제곱(수정)	R-제곱(예측)
2.43264	85.47%	84.66%	82.31%

계수

항	계수	SE 계수	T-값	P-값	VIF
상수	3.39	3.40	1.00	0.332	
x	0.9931	0.0965	10.29	0.000	1.00

회귀 방정식

y = 3.39 + 0.9931 x

◆ 풀이

회귀추정식은 $\hat{y} = 3.39 + 0.993x$이다. 이때 결정계수는 0.855이며 회귀모형에 대한 F검정 결과 유의확률 $p-$값이 0.000으로 회귀식이 유의함을 알 수 있다. 따라서 추정된 회귀모형은 원료특성이 제품특성을 잘 설명함을 알 수 있다.

3) ◆ 풀이: $\hat{\sigma}^2 = MSE = 5.918$

2. 어떤 직물 처리액의 농도가 원래길이에 영향을 주어 직물길이가 늘어난다고 한다. 농도를 바꾸어 직물의 늘어난 길이를 측정하였더니 다음과 같았다.

농도와 신도 데이터

x: 농도(%)	10	12	14	16	18	20
y: 늘어난 길이(%)	20.0	15.6	13.7	15.2	17.4	19.8
	19.9	16.4	14.7	16.4	18.9	21.1
	20.8	18.3	15.8	15.6	16.3	20.1
	19.1	18.1	15.5	15.7	19.3	19.2

1) 산점도를 그리고, 상관계수를 구하시오.
2) 1차 선형회귀를 적합하시오.
3) 위의 1차 선형회귀 결과를 가지고 잔차 검토를 실시하시오.
4) 적절하다고 판단되는 차수의 곡선회귀를 적합시키시오.
5) 오차의 분산을 추정하시오.

| 풀이 |

1) ◆ 분석 결과

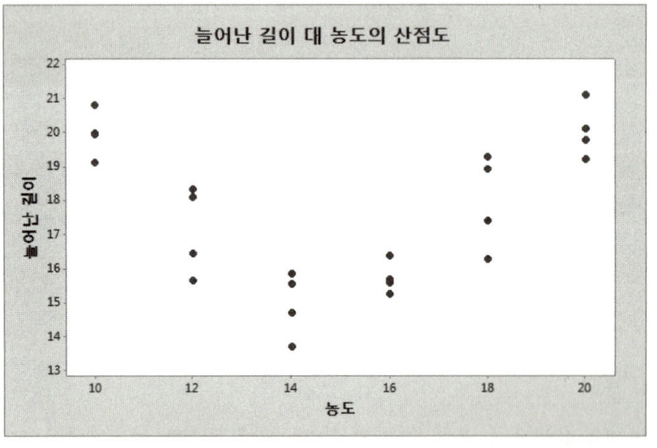

상관계수
Pearson 상관 계수 0.086
P-값 0.690

◆ 해설

산점도로부터 농도와 늘어난 길이의 관계식은 2차식이 적합할 것으로 추정된다. 피어슨 상관계수가 0.086으로 매우 작게 나타났는데 그 이유는 2차 상관계가 있기 때문이다.

2) ◆ 분석 결과

회귀 분석: 늘어난 길이 대 농도 (메뉴)

분산 분석

출처	DF	Adj SS	Adj MS	F-값	P-값
회귀	1	0.793	0.7925	0.16	0.690
농도	1	0.793	0.7925	0.16	0.690
오차	22	107.024	4.8647		
적합성 결여	4	89.423	22.3558	22.86	0.000
순수 오차	18	17.601	0.9778		
총계	23	107.816			

모형 요약

S	R-제곱	R-제곱(수정)	R-제곱(예측)
2.20561	0.74%	0.00%	0.00%

계수

항	계수	SE 계수	T-값	P-값	VIF
상수	16.82	2.03	8.29	0.000	
농도	0.053	0.132	0.40	0.690	1.00

회귀 방정식

늘어난 길이 = 16.82 + 0.053 농도

늘어난 길이의 잔차 대 적합치

◆ 해설

적합된 선형회귀모형은 $y = 16.82 + 0.053x$ 이다. 분산분석표에서 회귀모델에 대한 F-검정 결과 p-값은 0.690이며 유의수준 0.05에서 귀무가설이 채택되어 유의하지 않다. 결정계수 0.74%로 매우 낮은 수준임을 알 수 있다. 회귀모델의 설명력을 높이고 싶으면 모델 차수를 높이는 방법도 생각할 수 있다.

3) ◆ 분석 결과

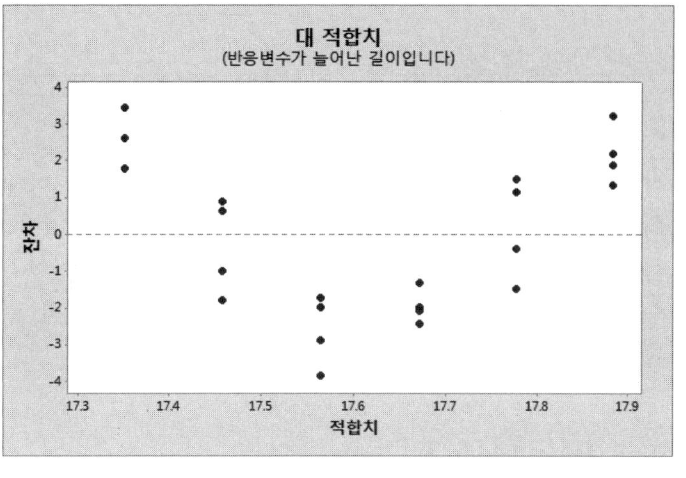

◆ 해설

적합지($\hat{y}_i$)와 잔차(r_i)의 잔차도를 살펴보면 2차 회귀모형이 적합함을 알 수 있다. 이상치가 존재하지 않기 때문에 정규잔차를 사용하여도 무방함을 알 수 있다.

4) ◆ 분석 결과

회귀 분석: 늘어난 길이 대 농도

메뉴

분산 분석

출처	DF	Adj SS	Adj MS	F-값	P-값
회귀	2	86.126	43.0631	41.69	0.000
농도	1	82.953	82.9531	80.31	0.000
농도*농도	1	85.334	85.3337	82.62	0.000
오차	21	21.690	1.0329		
적합성 결여	3	4.089	1.3631	1.39	0.277
순수 오차	18	17.601	0.9778		
총계	23	107.816			

모형 요약

S	R-제곱	R-제곱(수정)	R-제곱(예측)
1.01630	79.88%	77.97%	74.74%

계수

항	계수	SE 계수	T-값	P-값	VIF
상수	57.14	4.53	12.60	0.000	
농도	-5.616	0.627	-8.96	0.000	106.47
농도*농도	0.1890	0.0208	9.09	0.000	106.47

회귀 방정식

늘어난 길이 = 57.14 - 5.616 농도 + 0.1890 농도*농도

비정상적 관측치에 대한 적합치 및 진단

관측	늘어난 길이	적합치	잔차	표준화 잔차	
20	19.278	17.273	2.005	2.05	R

R 큰 잔차

늘어난 길이의 잔차 대 적합치

◆ 해설

적합된 2차 회귀모형은 $y = 57.14 - 5.616\,x + 0.1890\,x^2$이다. 분산분석표에서 회귀모델에 대한 F-검정 결과 p-값은 0.000이며 유의수준 0.05에서 귀무가설이 기각되어 유의하다. 적합성 결여 검정에 대한 p-값이 0.277이므로 유의수준 0.1에서 귀무가설(H_0: 모델은 적합하다)을 기각할 수 없다. 결정계수 79.88%로 높은 수준임을 알 수 있다.

5) $\hat{\sigma}^2 = MSE = 1.0329$

3. 어떤 공정에서 나오는 제품의 강도(kg/cm²)가 그 공정의 온도, 습도와 압력에 어떤 영향을 받는가를 조사하기 위하여 다음의 데이터를 얻었다.

공정온도(℃): x_1	공정습도(%): x_2	공정압력(psi): x_3	강도(kg/cm²): y
110	55	120	385.1
105	57	110	369.0
130	80	105	460.0
145	70	107	497.2
135	65	180	465.4
170	77	170	575.3
190	60	165	627.3
201	95	152	679.0
188	90	173	638.6
170	80	135	577.8
125	60	143	432.0
155	52	152	515.8
160	73	167	546.1
175	92	172	599.8

1) 중회귀방정식 $\hat{y}=\hat{\beta}_0+\hat{\beta}_1x_1+\hat{\beta}_2x_2+\hat{\beta}_3x_3$를 구하시오.

2) 분산분석표를 작성하고, R^2의 값을 구하시오.

3) 단계별회귀에 의하여 적절한 독립변수를 선택하고, 중회귀방정식을 다시 구하시오.

4) 위 1)의 결과와 비교하시오.

5) 3)의 모형에서, 공정온도 200℃, 공정습도 95%일 때 강도는 얼마로 추정되는가?

| 풀이 |

1) ◆ 분석 결과

계수

항	계수	SE 계수	T-값	P-값	VIF
상수	22.51	2.12	10.62	0.000	
온도	2.9810	0.0174	171.81	0.000	2.70
습도	0.5953	0.0301	19.80	0.000	1.82
압력	0.0091	0.0154	0.59	0.569	1.68

회귀 방정식

강도 = 22.51 + 2.9810 온도 + 0.5953 습도 + 0.0091 압력

◆ 해설

$\hat{y} = 22.51 + 2.981x_1 + 0.595x_2 + 0.009x_3$

2) ◆ 분석 결과

분산 분석

출처	DF	Adj SS	Adj MS	F-값	P-값
회귀	3	119585	39861.8	30175.87	0.000
온도	1	38993	38993.1	29518.25	0.000
습도	1	518	518.1	392.22	0.000
압력	1	0	0.5	0.35	0.569
오차	10	13	1.3		
총계	13	119599			

모형 요약

S	R-제곱	R-제곱(수정)	R-제곱(예측)
1.14934	99.99%	99.99%	99.98%

◆ 해설

유의수준 5%일 때 유의확률 $p-$값이 0.000으로 매우 작으므로 회귀선은 유의미함을 알 수 있다. 또한 $R^2 = 0.9999$이다.

3) ◆ 분석 결과

계수

항	계수	SE 계수	T-값	P-값	VIF
상수	23.17	1.75	13.25	0.000	
온도	2.9870	0.0135	220.95	0.000	1.74
습도	0.5916	0.0285	20.74	0.000	1.74

회귀 방정식

강도 = 23.17 + 2.9870 온도 + 0.5916 습도

◆ 해설

단계적 회귀에서 입력할 변수는 유의수준 $\alpha = 0.15$, 제거할 변수는 유의수준 $\alpha = 0.15$로 하였을 경우 온도와 습도만 선택되었다. 이때 중회귀방정식은 $\hat{y} = 23.17 + 2.987x_1 + 0.592x_2$이다.

4) ◆ 분석 결과

모형 요약

S	R-제곱	R-제곱(수정)	R-제곱(예측)
1.11469	99.99%	99.99%	99.98%

◆ 해설

압력변수를 제외하고 중회귀모형을 구하여도 결정계수 R^2이 거의 같으며 따라서 압력변수를 제외하여 강도를 추정하는데 아무런 문제가 없음을 알 수 있다.

5) ◆ 분석 결과: $\hat{y} = 23.17 + 2.987 \times 200 + 0.592 \times 95 = 676.779$

실무자 중심의 실험계획법

CHAPTER 03

실험계획법 개념

1. 실험계획법 소개
2. 실험계획의 기본원리
3. 실험계획법의 순서
4. 실험계획법의 분석원리
5. 실험계획법의 종류

Chapter

03 실험계획법 개념

1 실험계획법 소개

실험계획법(實驗計劃法, design of experiments: DOE)은 효율적으로 실험방법을 설계하고 결과를 분석하여 최적의 실험조건을 찾는 것을 목적으로 한다. 로널드 피셔(R.A. Fisher)가 1920년대에 농업 실험에서부터 시작하여 공학, 식품공학, 실험심리학, 의학뿐만 아니라 사회학에 널리 적용되고 있다. 실험실에서의 실험을 비롯하여 공장의 공정실험, 품질성능실험 등이 있으며, 자연을 대상으로 한 농작물실험, 환경실험 등에 이르기까지 실로 다양하다고 하겠다.

일반적으로 실험 프로세스는 [그림 3-1]과 같다.

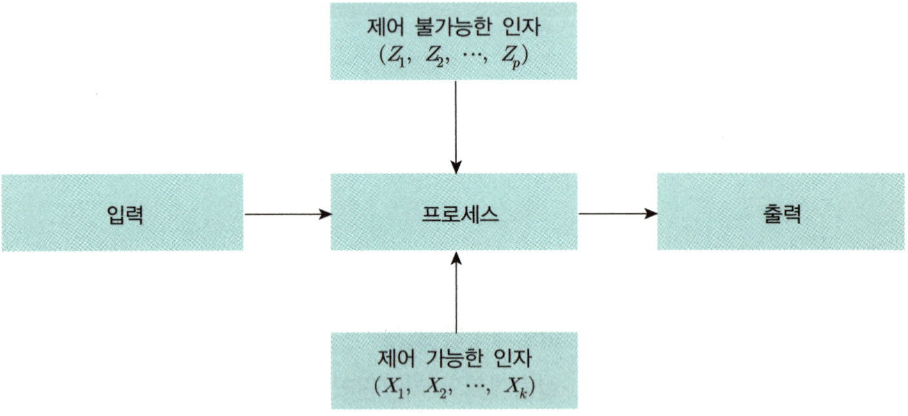

그림 3-1 실험 프로세스

① 특성값(characteristic value): 실험에서 얻어지는 데이터 형태의 출력값(결과값) 또는 반응변수(response variable)의 값

② 인자(factor): 특성값에 영향을 주는 변수들 중에서 실험에서 직접 다루어지는 변수

③ 수준(level): 인자의 실험조건
④ 수준수(level number): 인자의 실험조건의 수
⑤ 반복(replication): 동일한 실험조건에서 실시되어지는 여러 번의 실험

실험에 영향을 주는 원인 중에 실험에 직접 취급되는 원인을 인자(factor)라고 부른다. 그리고 인자의 조건을 인자의 수준(level)이라고 한다. 예를 들면 자동차 강판을 생산하는 제철소에서 용광로 온도가 철강 강도에 영향을 주는지를 알고 싶다고 하자. 이때 철강 강도는 특성값이 되며, 용광로 온도는 인자가 된다. 만약 1000℃, 1200℃에서 실험을 실시하였다고 한다면 1000℃, 1200℃라고 하는 값이 인자수준이다. 이때 인자의 수준수는 2이다.

전통적인 실험계획법에서는 제어 가능한 인자를 실험에서 취급하고 있다. 그 중 온도, 압력, 기계종류, 작업방법 등과 같이 기술적으로 수준이 지정되어지는 인자를 모수인자(fixed factor)라고 부른다. 반면 랜덤인자(random factor)는 선택할 수 있는 각각의 인자에서 수준수가 많아 그 중 몇 개의 수준을 랜덤하게 선택하는 인자로서 이때 각 수준은 기술적인 의미를 가지고 있지 못한다. 예를 들면 실험날짜를 3일 선택하여 실험했을 경우에 실험날짜는 변량인자가 되며 무수히 많은 날짜 중에서 임의로 선택된 3일은 아무런 기술적인 의미를 가지고 있지 못하다. 제9장에서 다른 인자들에 대해서도 소개한다.

특성값에 영향을 미치고 있는 원인(인자)을 찾아내는 것은 쉬운 일이 아니다. 특성값에 영향을 미치는 원인이 많은 데다가 동일한 조건하에서도 재료, 기계, 실험방법, 숙련도 등의 차이에서 발생하는 산포가 존재하며, 조절할 수 없는 환경조건의 변동, 표본오차(sampling error) 등에 의해서도 영향을 받기 때문이다. 실험에서 관심을 갖는 인자 외에 기타 원인들의 영향을 줄이기 위한 방법 중 하나가 실험 순서의 랜덤화이다. 랜덤화가 아닌 경우 그에 맞는 분석방법을 선택하는 등 상당한 주의를 요한다. 다음 절의 랜덤화의 원리에서도 설명된다.

실험계획법(design of experiments)이란 인자들을 이용하여 최소의 실험으로 특성값에 대한 최대의 정보를 얻을 수 있는가를 계획하는 것이다. 해결하고자 하는 문제를 정확히 이해하고, 특성값에 영향을 주는 인자를 선택하고, 선택되지 않은 인자의 영향을 최소화하기 위하여 실험을 어떻게 실시하여야 하고, 특성값은 어떻게

얻으며, 실험결과에 대해서는 최적의 분석방법을 선택한다. 실험자는 실험으로부터 유용한 데이터를 얻기 위하여 실험에 영향을 미치는 인자들을 잘 선택하여야 하고, 흥미영역에서 인자들의 수준을 어떻게 설계할 것인가에 대한 실험방법과 실험으로부터 얻어진 데이터 중에서 실험오차에 의한 부분과 데이터의 변동을 분석할 수 있어야 한다.

실험계획법의 목적을 정리하면 다음과 같다.

① 인자 추정 및 검정: 특성값과 인자의 관계를 알아낸다. 즉, 실험에 사용된 인자가 특성값에 영향을 주는지를 파악한다.

② 최적조건: 특성값을 가장 좋게 하는 인자의 최적조건을 구한다.

③ 인자 선별: 관심이 있는 인자가 많은 경우, 특성값에 영향을 주는 중요 인자를 선별한다.

④ 최적반응조건의 결정: 유의한 영향을 미치는 인자들이 어떠한 조건을 가질 때 가장 바람직한 특성값을 가질 것인가를 알아낸다.

⑤ 오차항의 추정: 기타 실험에 사용되지 않은 원인(인자)들은 어느 정도의 영향을 주고 있으며, 측정오차는 어느 정도인가를 알아낸다.

2 실험계획의 기본원리

실험계획 단계에서 사용되는 기본원리로서 다음의 다섯 가지가 있다. 이 기본원리는 실험의 정도를 높이고 분석이 용이한 실험계획을 설계할 때 사용된다.

2.1 랜덤화의 원리

실험계획에서 가장 중요한 원리로서 실험순서의 랜덤화이다. 모든 인자의 수준조합에서 실험의 순서는 완전히 랜덤하게 결정되어야 한다. 선택된 인자 외에 다른 원인들의 영향으로 실험결과가 편향되는 것을 막기 위함이다.

2.2 반복의 원리

동일한 조건에서 실험을 반복하여 실시함으로써 오차항의 자유도를 크게 하고 추정된 오차분산의 정밀도를 높여서 실험결과의 신뢰성을 높일 수 있다. 일반적으로 오차항의 자유도는 적어도 6 이상이 되게 하는 것이 좋다. 주의하여야 할 것은 같은 실험조건에서 연속적으로 반복하여 실험을 실시하면 안 된다. 반복을 포함한 실험 전체가 랜덤하게 배치되어야 한다. 그러나 반복을 많이 하면 실험횟수가 증가된다. 비용이 많이 소요되므로 적은 반복으로도 실험에서 정도 좋은 결과를 얻을 수 있는 실험계획법이 필요하다.

2.3 블록화의 원리

실험 전체가 시간적 또는 공간적으로 균일하게 실시되지 못할 때 사용된다. 시간적 또는 공간적으로 균일한 조건을 이루는 블록(block)으로 분할하고, 블록 내에 포함된 인자의 수준 조합은 완전히 랜덤하게 배치한다. 각 블록 내에서 실시된 실험은 실험환경이 균일하게 되어 정밀도가 높은 결과를 얻을 수 있다. 이 원리를 이용한 대표적인 실험계획법이 난괴법(randomized block design)이다. 대표적으로 실험날짜를 하나의 블록인자로 하여 실험을 실시할 수 있다.

2.4 교락의 원리

실험횟수가 많아지면 동일한 조건하에서 모든 실험을 실시하기가 힘들고, 랜덤으로 실험순서를 정하는 것이 곤란해진다. 물론 블록화의 원리를 사용할 수도 있지만 이때 블록(block)도 하나의 인자가 되어 실험횟수가 늘어난다. 실험횟수를 늘리지 않고 실험전체를 몇 개의 블록으로 나누어 배치시키는 방법으로써 동일 환경 내의 실험횟수를 적게 하도록 만들어진 방법이 교락법(confounding method)이다. 교락법은 구할 필요가 없는 2인자 교호작용이나 고차의 교호작용을 블록과 교락시키는 방법이다. 검출할 필요가 없는 요인이 블록의 효과와 교락하게 함으로써 실험의 효율을 높일 수 있다. 제7장에서 상세히 다루기로 한다.

2.5 직교화의 원리

인자들 간의 직교성을 갖도록 실험을 계획하여 데이터를 구하면, 같은 실험횟수라도 검출력이 더 좋은 검정, 정밀도가 높은 추정을 할 수가 있다. 고차의 교호작용을 구할 수 없는 단점도 있지만 실험횟수를 급격히 줄일 수 있는 장점이 있다. 제8장에서 상세히 다루기로 한다.

3 실험계획법의 순서

주제에 적합한 실험을 계획, 실시, 실험결과를 분석하여 결론에 도달하는 과정은 일반적으로 [그림 3-2]와 같은 순서를 따른다. 실험목적에 따라 다를 수 있으나

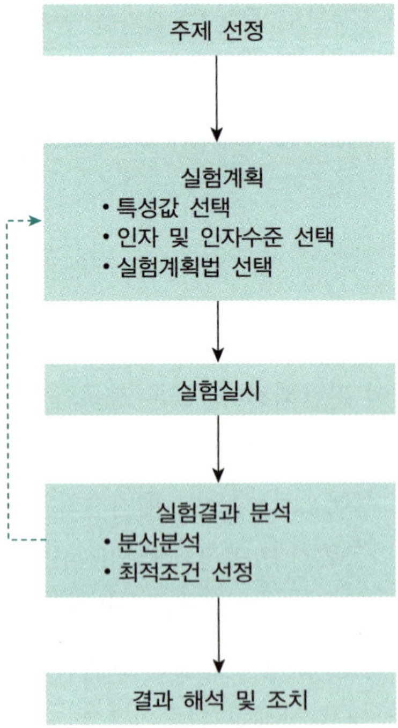

그림 3-2 실험계획법의 순서

대부분의 실험에 적용 가능할 것으로 생각된다.

3.1 주제선정

해결하여야 할 문제를 명확히 파악하고, 실험으로부터 얻고자 하는 목적을 명확히 설정하여야 한다. 실험의 목적이 명확하지 않으면 최적의 실험계획과 분석방법을 구할 수 없을 뿐더러 실험결과에 대한 해석에서도 많은 문제를 야기할 수 있다.

3.2 실험계획

1) 특성치의 선택

실험의 주제가 정해지면 그 목적을 달성하기 위하여 이에 가장 적합한 특성값을 선정하여야 한다. 특성값은 계수형(quantitative)일 수도 있고, 계량형(qualitative)일 수도 있다. 예를 들어 세 가지의 공정라인에서 나오는 제품의 성능을 검사한다고 하자. 성능을 생산량으로 정의하면 계량형이 되고, 불량의 개수로 정의하면 계수형이 된다. 어느 경우든 실험의 목적에 가장 적합한 측도로 정의하여야 한다.

그 다음으로 특성값을 얻을 때 사용되는 측정시스템이 적합한지를 검토하여야 한다. 측정시스템은 측정자 간에 차이가 있는지를 나타내는 재현성(reproducibility)과 시간에 따라 차이가 있는지를 나타내는 반복성(repeatability)으로 평가된다.

2) 인자 및 인자수준의 선택

인자는 계량인자(quantitative factor)와 계수인자(qualitative factor)로 나눌 수 있다. 계량인자는 온도, 압력, 습도 등과 같이 계량값으로 측정되는 인자이고 계수인자는 작업방법, 기계의 종류, 원료의 종류 등과 같이 계량값으로 측정되지 않는 인자를 말한다.

실험의 목적을 달성하기 위하여 특성값에 영향을 주는 인자는 모두 선택하여 주는 것이 바람직하다. 그러나 너무 많은 인자는 실험비용을 증가시키고, 실험횟수의 증가로 인하여 균일한 조건에서 실험을 실시하기 힘들 수도 있기 때문에 실험의 목적을 달성할 수 있는 범위에서 최소의 인자를 선택하는 것이 좋다.

인자가 선택되면 각 인자들에 대하여 인자의 수준과 수준수를 선택하여야 한다. 그 원칙은 다음과 같다.

① 각 인자의 흥미영역(region of interest)에서 수준을 결정한다. 인자의 흥미영역이란 실험자가 관심을 가지고 있고 인자수준이 변화할 수 있는 범위를 말한다. 기술적으로 또는 과거의 경험으로 볼 때 적용 불가능하거나 특성값이 명확하게 나쁠 것이라고 예상되는 인자의 수준은 흥미영역에 포함하지 않도록 한다.

② 수준수는 보통 2~5수준이 적절하다.

③ 인자의 수가 많으면 2~3수준으로 하는데, 직선적인 영향을 줄 때는 2수준, 곡선적인 영향을 줄 때는 3수준으로 하는 것이 좋다.

④ 현재 사용되고 있는 인자의 수준은 포함시키는 것이 좋으며 최적이라고 예상되는 수준도 포함시켜야 한다.

⑤ 계량인자인 경우 수준의 최대값과 최소값을 흥미영역의 최대값과 최소값으로 잡아주는 것이 좋으며, 그 중간 수준은 흥미영역을 등간격으로 나누어 잡아주는 것이 좋다.

⑥ 계수인자는 인자가 갖는 종류를 수준수로 잡아야 하는데, 가능하면 수준수를 작게 잡도록 한다.

3) 실험계획법 선택

인자와 인자의 수준이 정해지면 오차분산의 정밀도(실험결과의 신뢰성), 실험비용 등을 고려하여 반복수를 결정한다. 인자들의 수준조합과 반복수가 결정되면 총 실험횟수가 구해진다. 그 다음 단계로 실험 전체에 대하여 완전히 랜덤화된 실험순서를 설계한다.

만약 실험순서의 랜덤화가 곤란한 경우 블록화를 고려해야 하는지를 결정하고, 블록화를 해야 한다면 어떤 것을 블록으로 할 것인지 정한다. 이때 블록화의 원리, 교락의 원리, 직교배열의 원리가 고려될 것이다.

어떤 인자가 수준 변경이 곤란하거나 비용이 많이 든다면 분할법(split-plot design)을 사용하는 것이 바람직하다. 필요한 독자는 다른 문헌을 참고하면 좋겠다.

좀 더 구체적인 실험계획법은 3.5절(실험계획법의 종류)에서 설명하기로 한다.

3.3 실험의 실시

실험은 충분한 관리 속에서 진행되어야 한다. 실험에 선택된 인자들 이외의 다른 조건(특히 제어되지 않은 인자)들은 가능한 동일한 조건을 유지하도록 한다. 이를 위하여 실험방법에 대한 실험기준서를 작성하여 이를 충분히 숙지한 후에 실험을 실시하여 신뢰할 수 있는 자료를 얻을 수 있도록 한다.

실험결과는 특성값뿐만 아니라 실험에 관련된 자료(실험자, 실험날짜 및 시간, 측정장비, 기온 등)를 함께 기록해 두는 것이 좋다. 실험의 관리 상태를 검토하고, 재실험이나 반복실험, 특이한 자료(outlier) 등이 나왔을 때에 그 원인을 파악하는 데 도움이 된다.

3.4 실험결과 분석

1) 분산분석

실험결과는 그래프 분석을 통하여 인자 수준 간의 차이와 특성값의 변동 상황을 파악할 수 있다. 최적조건도 개략적으로 파악할 수도 있으며, 어떠한 통계적 분석방법이 좋은가를 알아낼 수도 있다.

그러나 통계적인 유의성을 검정하여 객관성을 확보하려면 분산분석 등 통계적인 분석을 실시하는 것이 바람직하다. 이런 통계적인 분석은 특성값이 어떤 실험설계에 의해 얻어졌는가에 따라 달라진다. 실험계획법에서는 주로 분산분석(analysis of variance: ANOVA)을 많이 사용한다.

분산분석은 모형(오차)에 대한 가정을 바탕으로 분석된다. 이런 가정 중 하나가 오차의 등분산성이다. 따라서 데이터분석 전에 R 관리도의 방법으로 데이터가 관리 상태에서 얻어졌는가, 오차가 등분산(equal variance)인가를 검토하는 것이 바람직하다.

2) 최적조건 선정

유의한 영향을 미치는 인자들이 가장 바람직한 특성값을 가지는 인자의 조건을 알아낸다. 모든 수준의 조합에서 특성값을 가장 좋게 하는 최적조건을 구할 뿐만 아니라 최적조건에서의 특성값을 추정하기도 한다.

실험에서 정하지 않은 수준이 최적수준일 수도 있다. 이 경우 추가적인 실험을 통하여 최적수준을 찾아낸다. 제10장의 반응표면 실험계획법(response surface analysis)에서 자세하게 다룬다.

3.5 결과해석 및 조치

결과분석을 가지고 관심을 가졌던 가설에 대한 실제적인 결론을 내리는 단계이다. 가장 먼저 검토하여야 할 것은 실험결과의 재현성이다. 필요하다면 확인실험을 실시한다. 실험결과의 해석은 실험에서 주어진 조건 내에서 이루어져야 한다. 실험조건 범위 밖에서 추측성 결론을 내려서는 안 된다.

그 다음으로 실험에서 구해진 최적조건에 대한 기술적·경제적 의미를 생각해야 한다. 실험결과로부터 최적조건이 구해지면 이 조건에서 특성값에 대한 추정을 실시하고 확인실험을 실시하여 실제로 얻어진 최적조건이 최적특성값을 주는지를 확인할 필요가 있다. 필요하면 반응표면실험계획법을 추가로 실시하여 보다 정교한 최적조건을 구하도록 한다.

실험은 몇 단계에 걸쳐 실시될 수도 있다. 인자가 많을 경우, 일부실시법 또는 직교배열표에 의한 실험을 실시하여 특성값에 영향을 크게 주는 인자를 선별한다. 두 번째 단계에서는 선별된 인자들에 대하여 좀 더 자세한 실험을 실시한다. 필요하면 반응표면실험계획법도 실시될 수 있다. 이처럼 실험을 여러 단계에 걸쳐서 반복하면 점차적으로 정교한 결과를 얻을 수 있다.

실험결과의 해석이 끝나면 반드시 적절한 조치를 취하도록 한다. 그 중 하나가 실험에서 구해진 최적조건을 바탕으로 새로운 작업표준을 만들어 일상작업으로 정착시키는 것이다. 이때 실험에서 구한 최적조건이 새로운 일상작업이 된다. 또한 최적조건이 계속 잘 유지될 수 있도록 사후관리를 하여야 한다.

4 실험계획법의 분석원리

실험계획법에서는 주로 분산분석(analysis of variance: ANOVA)을 사용한다. 인자가 하나인 일원배치법을 가지고 분산분석법 중 $F-$검정의 원리에 대하여 설명하도록 한다. 보다 자세한 것은 제4장에서부터 자세히 다룬다.

어떤 인자가 세 가지 수준을 가질 때 수준 간 평균차이를 비교하자. [그림 3-3]의 (a)와 같이 세 수준 간에 평균차이가 없으면 수준 간 분산(제곱합)이 수준 내 분산(제곱합)보다 작게 될 것이다. 반대로 세 수준 간에 평균차이가 있으면 수준 간 분산(제곱합)이 수준 내 분산(제곱합)보다 크게 될 것이다. 이때 수준 간 분산(제곱합)이 수준 내 분산(제곱합)보다 크면 클수록 차이가 있다고 더 강하게 주장을 할 수 있을 것이다.

분산분석은 각 수준 내의 분산(제곱합), 총평균과 각 집단의 평균의 차이에 의해 생긴 집단 간 분산(제곱합)의 비교를 통해 수준 간 평균차이가 있는가를 검정하는 방법이다. 즉,

$$\frac{\text{집단 간 분산(제곱합)}}{\text{집단 내 분산(제곱합)}} \approx F-\text{분포}$$

를 이용하여 평균차이가 있는지를 검정한다.

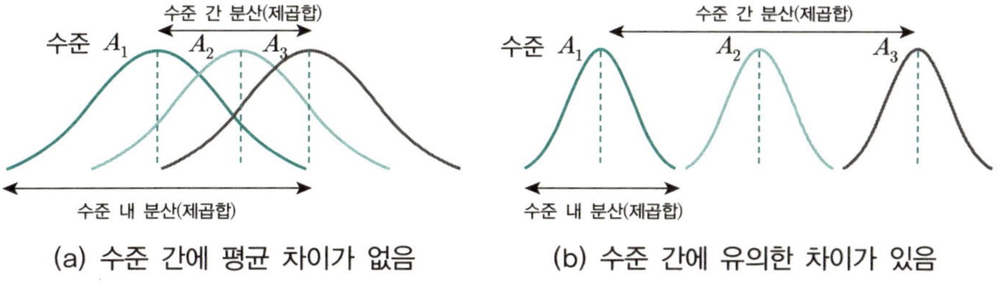

[그림 3-3] 집단 간 분산과 집단 내 분산

특성값의 제곱합을 총제곱합(total sum of squares: SS_T)이라고 부르는데, 이는 인자 A(만약 인자의 이름이 A인 경우)에 의하여 발생하는 제곱합(SS_A)과 오차

라는 요인의 제곱합(SS_E)으로 분해할 수 있다. [그림 3-4]와 같다. 여기서 요인 A에 의하여 발생되는 제곱합은 수준 차이에 의한 것이나 오차에 의한 제곱합은 그 원인을 알 수 없다.

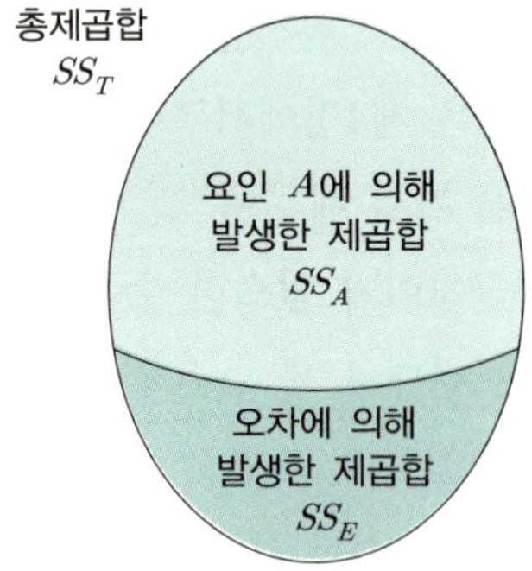

그림 3-4 일원배치법에서 총제곱합의 분해

각 제곱합들의 자유도를 각각 ϕ_A, ϕ_E로 나타내면

$$F_0 = \frac{SS_A / \phi_A}{SS_E / \phi_E}$$

가 크면 요인 A가 오차요인에 비해 통계적으로 유의한 영향을 준다고 말한다. 분산분석표를 작성하여 F검정하는 방법은 제4장에서 자세히 설명하기로 한다.

5 실험계획법의 종류

5.1 요인배치법(factorial design)

인자가 하나인 경우는 일원배치법(one-way factorial design), 인자가 둘인 경우는 이원배치법(two-way factorial design), 그리고 인자가 세 개인 경우는 삼원배치법(three-way factorial design)이라고 부르고, 인자의 수가 여러 개인 경우를 다원배치법(multi-way factorial design)이라고 부른다.

이를 일반화시켜 인자의 수가 n 이고 각 인자의 수준수가 k 인 실험계획법을 k^n 요인배치법(k^n factorial design)이라고 한다. 모든 인자 간의 수준의 조합에서 실험이 이루어지는 실험으로 실험이 반복되지 않으면 실험은 k^n 번 실시된다. 인자수가 n 개 있고 모든 인자가 2수준인 경우는 2^n형 요인배치법라고 한다. 모든 인자가 3수준인 경우는 3^n형 요인배치법이라 부른다. 만약 p 개의 인자는 2수준이고 q 개의 인자는 3수준이면 $2^p 3^q$형 요인배치법이 된다. 인자의 모든 조합에서 실험이 실시되며, 실험순서가 완전히 랜덤하게 실시되어야 한다. 교호작용 효과를 파악할 수 있지만 실험횟수가 많아지면 동일한 조건하에서 실험순서를 완전하게 랜덤하게 실시하기가 힘이 든다.

5.2 교락법(confounding method)

동일한 조건하에서 모든 실험을 랜덤하게 실시하기가 힘들 때, 실험을 랜덤하게 실시할 수 있는 시간적 또는 공간적으로 분할한다. 분할된 시간 또는 공간 내에서는 실험횟수가 적어 실험순서를 랜덤하게 할 수 있다. 이런 시간적 또는 공간적 분할을 블록(block)이라고 한다. 구할 필요가 없는 2인자 교호작용이나 고차의 교호작용을 블록과 교락시키는 방법으로, 검출할 필요가 없는 요인이 블록의 효과와 교락하게 됨으로써 실험의 효율을 높일 수 있다. 교락법은 검출할 필요가 없는 교호작용을 다른 요인(특히 블록과 교락시킴)과 교락하도록 배치하는 방법이다.

5.3 일부실시법(fractional factorial design)

일부실시법은 의미가 적은 고차의 교호작용을 희생시켜서 실험의 횟수를 줄일 때 사용된다. 불필요한 교호작용이나 고차의 교호작용은 구하지 않고 각 인자의 조합 중에서 일부만 선택하여 실험을 실시하는 방법이다. 교락법에서 검출할 필요가 없는 고차의 교호작용을 블록의 효과와 교락시켜 몇 개의 블록으로 나누는데, 일부실시법에서는 그 중 한 개의 블록만 선택하여 실험을 실시하게 된다. 일부실시법은 제

7장에서 자세히 다루며, 제8장의 직교배열법도 이에 속한다. 다만 제8장에서는 일부실시법의 개념을 모르고도 사용할 수 있어 편리하다. 라틴방격법(Latin square design)도 일부실시법이라고 할 수 있다.

5.4 분할법(split-plot design)

실험전체를 완전하게 램덤화하는 것이 곤란한 경우 실험전체를 랜덤화하지 않고 몇 단계로 나누어서 랜덤화하는 것이 분할법이다. 이원배치법을 예를 들어보자. A는 용광로 가열온도라고 하고 B는 원료의 종류라고 하자. 가열온도가 세 가지 수준이고, 원료의 종류가 4가지라고 하자. 가열온도는 수시로 바꾸기 곤란하므로 A에 대하여 랜덤화하고 다음에 B에 대하여 랜덤화한다고 하자. 즉 하나의 가열온도 수준에서 모든 원료에 대하여 실험을 끝마치고 다른 가열온도 수준으로 바꾸어 실험을 실시하면 훨씬 편리해진다. 좀 더 설명하면 A_1, A_2, A_3 중에서 하나를 랜덤하게 선택하여, 만약 A_2가 뽑혔으면 A_2에서 B_1, B_2, B_3, B_4를 랜덤하게 뽑아서 B 조건에서 모두 실험한다. 그 다음 A의 조건을 바꾸어 한 조건을 선택하고 B 조건에서 랜덤하게 모두 실험한다. 이런 과정을 거쳐 모든 조건에서 실험을 모두 실시한다. 이것은 A, B를 두 단계로 나누어 랜덤화한 것이다.

이와 같이 요인배치법에서 실험순서가 완전히 랜덤하게 정해지지 않고, 실험전체를 몇 단계로 나누어서 단계별로 랜덤화하는 실험계획법을 분할법이라고 부른다. 따라서 분할법은 실험순서를 정하는 방법에 있어서 요인배치법과 다르며 분석방법도 차이가 있다.

자세한 것은 다른 문헌을 참고하기 바란다.

5.5 직교배열법(orthogonal design)

많은 공산품의 경우 제품의 성능향상, 제품의 불량감소, 품질의 산포를 작게 하려면 실험에 고려되는 인자의 수가 많아진다. 인자의 수가 많을 경우에 실험횟수가 기하급수적으로 증가한다. 이때 2인자 또는 고차 교호작용을 검출하는 대신 실험횟수를 적게 할 필요가 있다. 실험횟수를 적게 하면서 실험계획을 간단히 짤 수 있도록 만들어 놓은 표가 직교배열표(tables of orthogonal arrays)이다. 이는 인자의 수가 많은 경우에도 크게 실험횟수를 증가시키지 않고 실험하는 일부실시법이다.

① 적은 실험횟수로 많은 인자를 실험할 수 있다. 또한 실험의 실시가 용이하다.
② 요인변동의 계산과 분산분석표의 작성이 용이하다.
③ 통계적인 이론을 잘 모르고도 일부실시법, 교락법 등의 배치를 쉽게 할 수 있다.

자세한 것은 제8장에서 다룬다.

5.6 로버스트 실험계획법(Robust design)

일본의 다구찌 박사가 제안한 실험계획법으로 파라미터 설계(parameter design), 허용차 설계(tolerance design) 등이 중심이 되는 실험계획법이다. 직교배열표를 광범위하게 사용한다. 제어가 불가능한 환경조건, 생산조건, 공정조건 등의 원인(잡음인자로 통칭)들을 실험계획에 포함시킨 것이 가장 큰 특징이다. 이런 잡음인자를 고려하여 산포를 작게 하는 인자들의 조건을 찾아감으로써 실환경에서도 강인한 최적조건을 유지할 수 있기 때문에 로버스트 실험계획법(Robust design)이라고 한다. 종래에는 계량치에 관한 실험계획법이 대부분이었으나, 다구찌 실험계획법에서는 계수치에 관한 특성치 분석이 가능한 실험계획법도 많이 사용되고 있다.

자세한 것은 제9장에서 다룬다.

5.7 반응표면계획법(response surface design)

인자들에 의한 특성값을 데이터의 곡면성으로 모형화하고 반응(특성값)을 최적화하는 인자를 설정하는데 사용된다. 반응표면분석을 위하여 많이 사용되는 실험계획법으로는 반응표면설계, 중심합성계획법 설계 및 Box-Behnken 설계 등이 있다.

일반적으로 반응표면분석을 통하여 얻고자 하는 것은 다음과 같은 것들이다.

① 인자들의 값의 변화에 따라 반응값(특성값)이 어떻게 달라지는가를 예측한다.
② 인자들의 어떠한 값에서 반응값(특성값)이 최적화(optimize)될 것인가를 찾아

낸다.

③ 가장 적은 수의 실험계획법이 무엇인가를 찾아내고, 데이터분석을 통하여 반응표면(fitted response surface)의 통계적인 성질을 규명한다.

자세한 것은 제10장에서 다룬다.

5.8 혼합물 실험계획법(mixture design)

어떤 특수한 형태의 조명탄(flare)을 만들어내기 위하여 4개의 혼합성분인 마그네슘(magnesium), 질산나트륨(sodium nitrate), 질산스트론튬(strontium nitrate), 접착제(binder)이 사용된다고 하자. 이때 4개의 성분은 혼합량이 문제가 되는 것이 아니고 각 성분의 혼합비율(mixing proportion)이 문제가 된다. 이와 같이 혼합물 실험계획법 인자(변수)들의 배합비율을 조사하는 실험계획으로, 인자들의 배합비의 합이 100%를 이루는 혼합물에 관한 실험이다. 이처럼 몇 개 성분의 혼합물(mixture)에 관한 실험에서 어떠한 성분이 관심이 있는 반응량에 유의한 영향을 미치며 반응을 최대 또는 최소로 만드는 최적혼합비율을 찾고자 하는 실험계획을 혼합물의 혼합비율에 관한 실험계획이라고 부른다. 자세한 것은 제11장에서 다룬다.

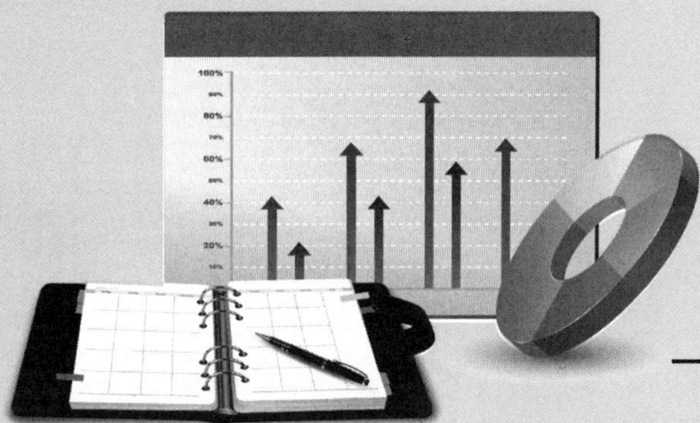

실무자 중심의 실험계획법

CHAPTER 04

일원배치법

Chapter

04 일원배치법

1 일원배치법 개념

일원배치법(one-way factorial design)은 특성치에 대하여 하나의 인자(factor) 영향을 조사하기 위하여 쓰이는 실험계획법이며, 반복수와 수준(level)수에 제한이 없다. 일반적으로 수준(level)의 수는 보통 3개 이상이다. 특성치에 다양한 인자들이 영향을 주고 있지만 그 중 알고 싶은 특정인자의 영향을 조사하고자 할 경우, 그리고 특성치에 영향을 주는 여러 인자에 대한 검증이 어느 정도 진척되고 이들 인자의 정해진 특성치에 큰 영향을 주리라고 예상되는 하나의 인자의 영향을 조사하고자 할 경우에 일원배치법이 주로 사용된다. 예를 들어 어떤 공정의 품질 특성치가 강도인데 이 강도에 영향을 주는 인자로 온도, 압력, 재료 성분이 등이 있으나 실제적으로 온도만이 영향을 준다고 생각되어지면 일원배치법을 사용하여 분석할 수 있을 것이다. 인자의 수준(level) 또는 처리수준의 선택에는 두 가지 방법이 있다. 하나는 실험자가 스스로 적절한 실험수준을 선택하는 것이고, 이때 인자를 모수인자(fixed factor) 또는 고정인자라고 부르고, 대응되는 모형을 모수모형(fixed model) 또는 고정모형이라 부른다. 다른 하나는 특정범위 내에서 임의로 선택되는 경우인데, 이때 인자는 변량인자(random factor)라 하며, 대응되는 모형을 변량모형(random model)이라 한다.

일원배치법의 주요 특징은 다음과 같다.

① 처리(treatments)의 반복수와 수준수에 제한이 없다.

② 반복수가 모든 수준에서 같지 않아도 되기 때문에 결측치(missing value)가 있어도 분석이 용이하다.

③ 처리를 실험단위에 배치하는 순서 또는 실험실시의 순서를 완전랜덤화하여 랜덤한 순서로 실시한다. 이것으로 실험자는 회피할 수 없는 외부 인자들의 영향을 어느 정도 상쇄시킬 수 있다.

2 구조모형

인자 A가 모수(제어)인자이고 수준이 $l(i=1\sim l)$개이며, 반복수가 동일하게 $m(j=1\sim m)$이라고 하면 일원배치법의 데이터의 구조는 [표 4-1]과 같이 나타낼 수 있다.

표 4-1 일원배치법의 데이터 배열

	인자의 수준(l)				
	A_1	A_2	$\cdots$	A_l	
실험의 반복(m)	x_{11} x_{12} $\vdots$ x_{1m}	x_{21} x_{22} x_{2m}	$\cdots$ $\cdots$ $\cdots$	x_{l1} x_{l2} x_{lm}	
합계	$T_{1\cdot}$	$T_{2\cdot}$	$\cdots$	$T_{l\cdot}$	T
평균	$\bar{x}_{1\cdot}$	$\bar{x}_{2\cdot}$	$\cdots$	$\bar{x}_{l\cdot}$	$\bar{\bar{x}}$

[표 4-1]에서 각 수준의 합($T_{i.}$), 평균($\bar{x}_{i.}$), 총합(T), 총평균($\bar{\bar{x}}$), 수정항(CT)에 대해서 계산해보면 식 (4·1)과 같다.

$$T_{i.}=\sum_{j=1}^{m}x_{ij}$$

$$\bar{x}_{i.}=\frac{T_{i.}}{m}=\frac{\sum_{j=1}^{m}x_{ij}}{m}$$

$$T=\sum_{i=1}^{l}\sum_{j=1}^{m}x_{ij} \tag{4·1}$$

$$\bar{\bar{x}}=\frac{T}{lm}$$

$$CT=\frac{T^2}{lm}$$

l개의 수준 간에 효과의 차이가 있는지를 분석하기 위하여 [표 4-1]의 데이터를 통계적으로 검정하기 위해서는 각 수준에 대한 모집단 모형이 필요하다. 이제 i 수준의 실험에서 얻어질 반응치들을 평균(μ_i), 공통분산(σ_E^2)을 갖는 정규모집단으로부터의 확률표본으로 가정하고, 평균(mean)을 이용한 가설을 생각해보면

$$H_0:\ \mu_1 = \mu_2 = \cdots = \mu_l$$

$$H_1:\ \text{최소한 하나의 } \mu_i \text{가 같지는 않다.} \qquad (4 \cdot 2)$$

위의 모집단의 가정에 의하여 x_{ij}는 다음과 같이 표시될 수 있다.

$$x_{ij} = \mu_i + e_{ij} \qquad (4 \cdot 3)$$

여기서 $i=1,\ 2, \cdots,\ l,\ j=1,\ 2,\ \cdots,\ m$이며, $e_{ij} \sim N(0,\ \sigma_E^2)$이고 서로 독립이다.

i 수준의 평균(μ_i)과 총평균(μ)의 차이를 처리의 주효과(a_i)로 표현하면 $a_i = \mu_i - \mu$가 되고 이것을 식 (4・3)에 대입하면 $x_{ij} = \mu_i + e_{ij} = \mu + a_i + e_{ij}$가 된다. 따라서 일원배치법의 데이터 구조모형은 데이터의 가정과 오차의 특성에 따라 데이터를 요인의 효과와 오차항으로 나타낸 식으로 식 (4・4)로 정의할 수 있다. 오차항은 정규성, 독립성, 불편성, 등분산성을 가정한다.

$$x_{ij} = \mu + a_i + e_{ij} \qquad (4 \cdot 4)$$

여기서 $i = 1, 2, \cdots, l,\ j = 1, 2, \cdots, m$이며,

μ: 전체 모평균,

a_i : A_i 수준의 효과로 $\sum_{i=1}^{l} a_i = 0$

e_{ij}: 서로 독립인 오차항으로 $N(0,\ \sigma_E^2)$를 따른다.

3 분산분석

분산분석은 특성치의 산포를 제곱의 합으로(sum of square)으로 나타내고, 그 제곱의 합을 요인마다 분해한 다음 오차에 비해 특히 큰 영향을 주는 요인이 무엇인가를 찾아내는 방법이다. 데이터의 총변동은 급간변동(또는 처리 간 변동 또는 수준 간 변동)과 급내변동(또는 오차변동 또는 잔차변동)으로 분해하여 분석한다. 그리고 실험한 데이터를 분석하기 위하여 분산분석표를 만들고, 분산분석표는 변동, 자유도, 분산, F_0, p−값 순으로 계산한다.

3.1 변동의 분해

식 (4・3)의 데이터 구조모형을 이용하여 데이터 x_{ij}와 총평균값 $\overline{\overline{x}}$의 총편차를 둘로 분해한다면 다음과 같이 분해할 수 있다.

총편차=(A_i에 기인하는 급간편차)+(잔차의 급내편차)

$$x_{ij} - \overline{\overline{x}} = (\overline{x}_{i\cdot} - \overline{\overline{x}}) + (x_{ij} - \overline{x}_{i\cdot}) \qquad (4 \cdot 5)$$

여기서 lm개의 데이터에 대한 합, 즉 편차의 합은 0이 되므로 식 (4・5)의 양변을 동시에 제곱하여 더하면 다음과 같이 식 (4・6)이 만들어진다.

$$\sum_i \sum_j (x_{ij} - \overline{\overline{x}})^2 = \sum_i \sum_j [(\overline{x}_{i.} - \overline{\overline{x}})^2 + (x_{ij} - \overline{x}_{i.})]^2 \qquad (4 \cdot 6)$$

$$= \sum_i \sum_j^{2} (x_{ij} - \overline{x}_{i.})^2 + \sum_i \sum_j (\overline{x}_{i.} - \overline{\overline{x}})^2 + 2\sum_i \sum_j (x_{ij} - \overline{x}_{i.})(\overline{x}_{i.} - \overline{\overline{x}})$$

그리고 우변의 세 번째 항은 편차의 합이므로 0이 됨을 알 수 있다. 따라서 총변동은 식 (4・7)과 같이 만들어진다.

$$\sum_i \sum_j (x_{ij} - \overline{\overline{x}})^2 = \sum_i (x_{i\cdot} - \overline{\overline{x}})^2 + \sum_i \sum_j (x_{ij} - \overline{x}_{i\cdot})^2 \qquad (4 \cdot 7)$$

여기서 좌변을 총제곱합 또는 총변동이라 부르고 SS_T로 표현한다. 식 (4・7)의 우변의 첫 번째 항은 A에 의한 변동으로 SS_A로 나타내고, 우변의 두 번째 항은 오차 또는 잔차변동으로 SS_E로 표현한다. 따라서

$$SS_T = SS_A + SS_E \tag{4・8}$$

의 관계가 성립하고, 총변동은 인자 A에 의한 변동과 잔차변동으로 분할되었다고 할 수 있다. 실제 데이터로부터 SS_T, SS_A, SS_E를 계산할 때에는 다음의 간편 계산법을 사용하며, 이때 식 (4・1)에서 구한 수정항(CT)을 이용하면 간단하다.

$$SS_T = \sum_i \sum_j x_{ij}^2 - CT \tag{4・9}$$

$$SS_A = \sum_i \frac{T_{i.}^2}{m} - CT \tag{4・10}$$

$$SS_E = SS_T - SS_A \tag{4・11}$$

3.2 자유도 계산

변동의 자유도(degree of freedom, ϕ로 표기)는 제곱을 한 편차의 개수에서 편차들의 선형제약조건의 수를 뺀 것으로 정의된다. 이에 따라 총변동 SS_T의 자유도는 lm개의 편차제곱합이 있고 선형제약 조건으로 $\sum_i \sum_j (x_{ij} - \overline{\overline{x}}) = 0$이 한 개 있어 ϕ_T의 자유도는

$$\phi_T = lm - 1 \tag{4・12}$$

SS_A의 자유도는 l개의 편차제곱합이 있고 선형제약 조건으로 $\sum_{i=1}^{l} (\overline{x}_{i.} - \overline{\overline{x}}) = 0$이 성립하므로 ϕ_A의 자유도는

$$\phi_A = l - 1 \tag{4・13}$$

그리고 SS_E의 자유도는 lm개의 편차제곱합이 있고 선형제약 조건으로 $\sum_{j=1}^{m}(\overline{x}_{ij}-\overline{x}_{i\cdot})=0$이 성립하므로 ϕ_E의 자유도는

$$\phi_E = l(m-1) \tag{4・14}$$

총제곱합의 자유도 ϕ_T는 총변동이 원인별로 분할되는 것과 마찬가지로 처리제곱합의 자유도 ϕ_A와 잔차제곱합의 자유도 ϕ_E로 분할됨을 알 수 있다. 다음의 식이 성립한다.

$$\phi_T = \phi_A + \phi_E \tag{4・15}$$

3.3 분산의 기대값

평균제곱(mean square: MS)은 자유도 1개당 제곱합이므로 인자 A와 잔차에 대한 평균제곱은 SS_A와 SS_E를 각각의 자유도로 나누어서 다음과 같이 구해진다.

$$MS_A = \frac{SS_A}{l-1} \tag{4・16}$$

$$MS_E = \frac{SS_E}{l(m-1)} \tag{4・17}$$

인자 A의 평균제곱 MS_A와 잔차의 평균제곱 MS_E의 기대값은 다음과 같이 알려져 있다. 유도 과정은 생략한다.

$$E(MS_A) = \sigma_E^2 + \sum_{i=1}^{l}\frac{a_i^2}{(l-1)} = \sigma_E^2 + m\sigma_A^2 \tag{4・18}$$

$$E(MS_E) = \sigma_E^2 \tag{4・19}$$

3.4 분산분석표와 F검정

일원배치법은 A 인자의 각 수준에 대한 평균이 같은지 다른지를 검정한다.

귀무가설(null hypothesis: H_0)은 '수준 간 평균이 모두 같다'이고, 대립가설(alternative hypothesis: H_1)은 '수준 간 평균 차이가 있다' 이다. 이를 수식으로 나타내면 (식 4·2)와 같다.

$$H_0 : \mu_1 = \cdots = \mu_i \ (\mu_i \text{는 } A_i \text{의 평균})$$

$$H_1 : \text{최소한 하나의 } \mu_i \text{가 같지는 않다.}$$

유의수준(significant level, α)은 일반적으로 0.05(5%)를 사용한다. 분산비 F_0는 동일한 모분산 σ_E^2을 갖는 모집단으로부터 독립된 2개의 분산비를 나타내고 있으므로 통계량 F_0는 자유도 ϕ_A, ϕ_E를 갖는 F분포를 따르고 있음을 알 수 있다. 따라서 가설검정은 다음과 같이 판정한다.

$$F_0 = \frac{MS_A}{MS_E} > F_\alpha(\phi_A, \phi_E) \text{ 이면 } H_0(\text{귀무가설}) \text{ 기각}$$

$$F_0 = \frac{MS_A}{MS_E} < F_\alpha(\phi_A, \phi_E) \text{ 이면 } H_0(\text{귀무가설}) \text{ 채택}$$

H_0(귀무가설)이 5%에서 기각되었을 경우 "유의하다"라고 한다. 지금까지의 분산분석 절차를 [표 4-2]와 같이 분산분석표로 정리하여 나타낼 수가 있다.

표 4-2 일원배치의 분산분석표

요인	제곱합	자유도	평균제곱	F_0	기각역
A	SS_A	$l-1$	MS_A	$\frac{MS_A}{MS_E}$	$F(\phi_A, \phi_E; \alpha)$
E	SS_E	$l(m-1)$	MS_E		
T	SS_T	$lm-1$			

[표 4-2]의 분산분석표는 F검정을 실시하여 F_0의 값을 구하기 위한 표이며, F검정 결과 인자의 수준 간에 유의차가 있으면 인자 최적수준을 찾는다.

3.5 분산분석 후의 추정

1) 모평균의 신뢰구간 추정

수준 A_i에서의 모평균 $\mu_i = \mu + a_i$의 추정값은 수준 A_i에서의 특성치들의 평균인 $\bar{x}_{i\cdot}$가 적절하다. 또한 일원배치법의 구조모형으로부터 $\bar{x}_{i\cdot}$의 분포는 $N(\mu, \sigma_E^2/m)$임을 알 수 있다. 여기서 오차의 분산 σ_E^2은 미지이기 때문에 σ_E^2의 불편 추정값인 MS_E로 추정을 하면 인자 A의 i번째 수준에서의 모평균의 $100(1-\alpha)\%$ 신뢰구간은

$$\bar{x}_{i\cdot} \pm t_{\alpha/2}(\phi_E)\sqrt{\frac{MS_E}{m}} \tag{4·20}$$

로 주어진다.

2) 모평균차의 신뢰구간 추정

모평균의 차이$(\mu_i - \mu_j)$의 추정값은 수준 A_i와 A_j에서의 특성값들의 평균의 차이인 $(\bar{x}_{i\cdot} - \bar{x}_{j\cdot})$가 적절하다. 또한 일원배치법의 구조모형으로부터 $(\bar{x}_{i\cdot} - \bar{x}_{j\cdot})$의 분포는 $N(\mu_i - \mu_j,\ 2\sigma_E^2/m)$임을 알 수 있다. 여기서 오차의 분산 σ_E^2은 미지이기 때문에 σ_E^2의 불편추정량인 MS_E로 추정하면 $100(1-\alpha)\%$ 신뢰구간은

$$(\mu_i - \mu_j) = (\bar{x}_{i\cdot} - \bar{x}_{j\cdot}) \pm t_{\alpha/2}(\phi_E)\sqrt{\frac{2MS_E}{m}} \tag{4·21}$$

로 주어진다.

예제 4-1 >>>

반도체를 만드는 회사에서 하나의 Wafer 내에 1,000개의 Chip이 생산되는 제품이 있다. Etching 공정을 진행한 후 Etching Depth를 측정하는데 하나의 Wafer 내에서의 산포가 있는 것으로 알고 있다. 공정 엔지니어는 하나의 Wafer 내에서 각 위치별로 얼마만큼 차이가 있는지 알아보기 위하여 하나의 Wafer 내에 A_1, A_2, A_3, A_4, A_5 각 5개 구역을 정한 뒤 각각 아래와 같은 데이터를 얻었다. Wafer의 위치별로 Etching Depth의 차이가 있는지 분석해보고자 한다. (유의수준 $\alpha = 0.05$)

	인자의 수준				
	A_1	A_2	A_3	A_4	A_5
반복 실험	16.5	15.3	19.0	17.1	15.1
	18.0	14.8	18.4	16.3	14.9
	14.1	16.1	15.3	18.4	14.6
	17.8	14.2	17.3	16.9	14.2

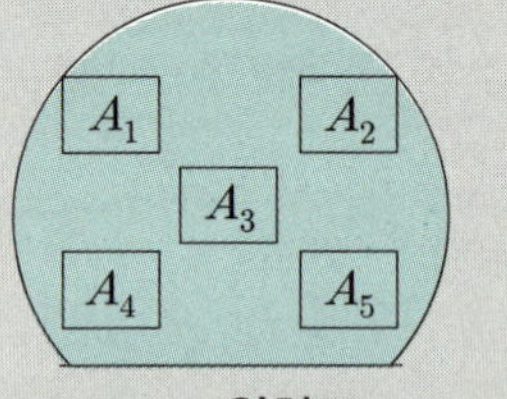

Wafer 위치도

- 미니탭을 활용한 분산분석의 분석 절차
  - ① 실제문제 기술: 실제문제를 명확히 기술
  - ② 가설설정: 가설설정(귀무가설: H_0, 대립가설: H_1)
  - ③ 기본가정 확인: 출력변수의 독립성, 정규성, 모집단의 분산은 인자의 모든 수준에서 동일성 확인(등분산성)
  - ④ 데이터의 분석
    - 워크시트에 실험 데이터 입력
    - 분산분석표 작성
    - p-값 해석: p-값$<\alpha$, 귀무가설을 기각한다.
    - 모형의 타당성 검정: 모형의 타당성 검정(잔차분석)
  - ⑤ 실질적 결론 도출: 통계적 결론을 실질적 결론으로 해석한다.

상기 문제에 따른 가설설정을 하면 다음과 같다.

H_0 : $\mu_1 = \mu_2 = \mu_3 = \mu_4 = \mu_5$

H_1: 적어도 한 군데 위치에서의 Eatching Depth의 평균은 다르다.

그리고 기본 가정인 data의 정규성 및 등분산을 검정한다. 여기에서는 정규성과 등분산은 뒤에 확인하도록 한다.

| 풀이 |

1) 데이터 입력(워크시트):

* 미니탭의 데이터 입력방법에는 2가지가 있다.

① 열입력(ⓐ)과 횡입력(ⓑ)이 있다.

② 열입력(ⓐ) 데이터를 분석할 때에는 일원배치 메뉴의 ⓒ에서 "반응 데이터가 모든 요인 수준에 별도의 열에 있음"을 클릭해서 진행하고 횡입력(ⓑ)데이터를 분석할 때에는 "반응 데이터가 각 요인 수준에 별도의 열에 있음"을 클릭하고 진행한다.

ⓑ (C1–C5), ⓐ (C7-T, C8)

↓	C1	C2	C3	C4	C5	C6	C7-T	C8
	A1	A2	A3	A4	A5		수준	실험값
1	16.5	15.3	19.0	17.1	15.1		A1	16.5
2	18.0	14.8	18.4	16.3	14.9		A1	18.0
3	14.1	16.1	15.3	18.4	14.5		A1	14.1
4	17.8	14.2	17.3	16.9	14.2		A1	17.8
5							A2	15.3
6							A2	14.8
7							A2	16.1
8							A2	14.2
9							A3	19.0
10							A3	18.4
11							A3	15.3
12							A3	17.3
13							A4	17.1
14							A4	16.3
15							A4	18.4
16							A4	16.9
17							A5	15.1
18							A5	14.9
19							A5	14.5
20							A5	14.2

2) 미니탭 분석

◆ 메뉴

① **통계분석 > 분산분석 > 일원분산분석**

- 반응변수: 실험값(y)
- 요인: 수준

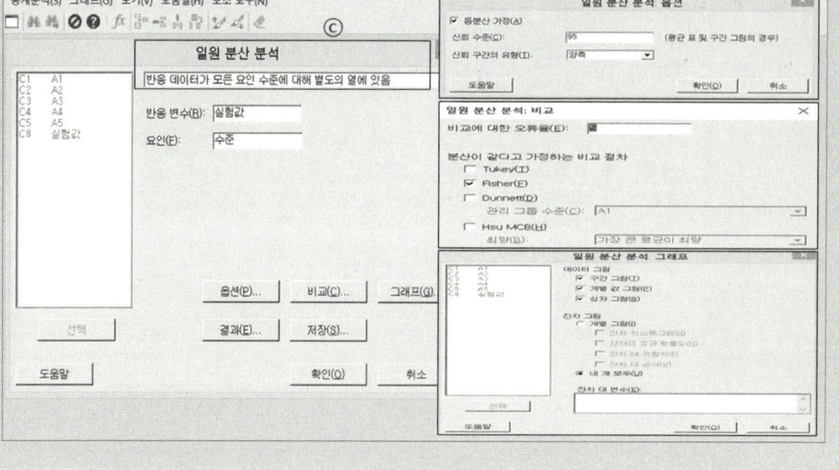

② 옵션 선택:

• 등분산 가정: 등분산 검정 참조(3) 미니탭 등분산 검정)

③ 비교 선택: 비교절차에서 Fisher(F)를 클릭

* Fisher의 개별 오류율은 모든 수준별 평균 간의 차이를 비교하며, 개별 오류율을 사용한다.

④ 그래프 선택 후 자료 입력

• 데이터 그림: 구간/상자 그림

• 잔차 그림: 네 개 모두(U) 선택 후 확인

◆ 미니탭 분석 결과

[분산분석]

방법

귀무 가설	모든 평균이 동일합니다.
대립 가설	평균이 모두 같지 않음
유의 수준	α = 0.05

분석을 위해 분산이 같다고 가정되었습니다.

분산 분석

출처	DF	Adj SS	Adj MS	F-값	P-값
수준	4	25.34	6.336	4.25	0.017
오차	15	22.38	1.492		
총계	19	47.72			

• 해설: Etching Depth에 대한 F검정 결과 p-값이 0.017이다.

유의수준($\alpha = 0.05$)에서 귀무가설(H_0)은 기각된다.

H_0: $\mu_1 = \mu_2 = \mu_3 = \mu_4 = \mu_5$

H_1: 적어도 한 군데 위치에서의 Eatching Depth의 평균은 다르다.

즉, 위치별로 Eatching Depth의 평균은 모두 같다고 할 수 없다.

[수준별 모평균 95% 신뢰구간]

평균

수준	N	평균	표준 편차	95% CI
A1	4	16.600	1.794	(15.298, 17.902)
A2	4	15.100	0.804	(13.798, 16.402)
A3	4	17.500	1.627	(16.198, 18.802)
A4	4	17.175	0.885	(15.873, 18.477)
A5	4	14.675	0.403	(13.373, 15.977)

합동 표준 편차 = 1.22134

대부분의 일원배치분석은 유의차 검정 및 신뢰구간을 구하는 것까지 진행한다.

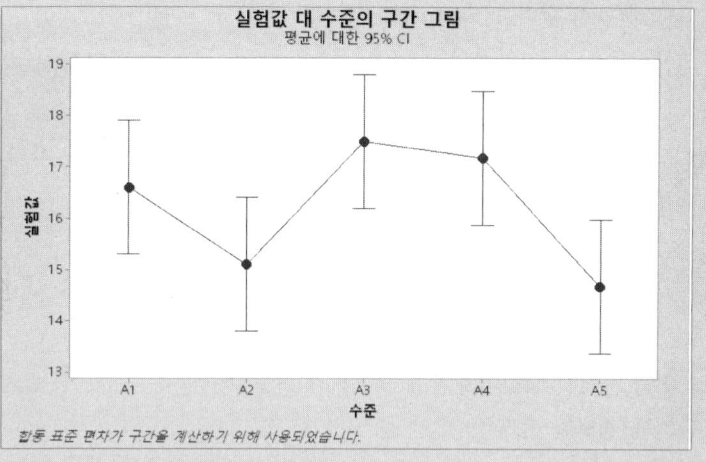

• 해설: 95% 신뢰구간에서 굵은 점은 평균값이다. A_3 수준에서 반응평균이 가장 높고 A_5 수준에서 가장 낮다.

[각 수준 간 모평균 차에 대한 신뢰구간]

Fisher LSD 방법 및 95% 신뢰 구간을 사용한 그룹화 정보

수준	N	평균	그룹화		
A3	4	17.500	A		
A4	4	17.175	A		
A1	4	16.600	A	B	
A2	4	15.100		B	C
A5	4	14.675			C

문자를 공유하지 않는 평균들은 유의하게 서로 다릅니다.

[Fisher 개별 95% 신뢰구간]

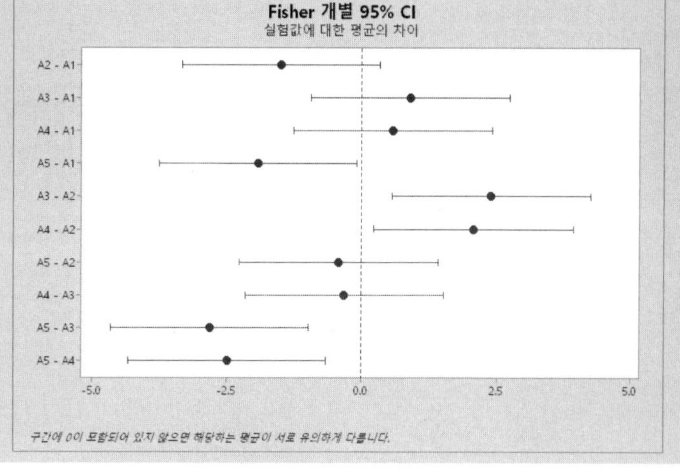

• 해설: 10개 쌍의 모평균 차에 대한 신뢰구간 중 $A_2 - A_1$, $A_3 - A_1$, $A_4 - A_1$, $A_5 - A_2$, $A_4 - A_3$ 5개의 95% 신뢰구간에 0이 포함되어 이것은 각각 통계적으로 차이가 없음을 의미한다. 나머지 5개 쌍에 대한 신뢰구간들은 0을 포함하고 있지 않으므로 통계적으로 유의한 차가 있다. 결론적으로 위치에 따라 Ectching Depth의 평균 차이가 있음을 알 수 있다.

3) 등분산 검정 미니탭 분석

실험을 실시한 실험 데이터의 등분산성을 검토하는 것은 수준이 같은 조건에서 실험 결과치가 너무 차이가 나게 되면 실험의 결과를 의심해 볼 필요가 있다. 그래서 기본적으로 같은 조건에선 실험결과치의 분산이 같다고 가정한다. 대개 반복이 있는 실험에서는 등분산 검토가 유용하다.

◆ 메뉴

① 통계분석>분산분석>등분산 검정
- 반응변수: 실험값(y)
- 요인: 수준

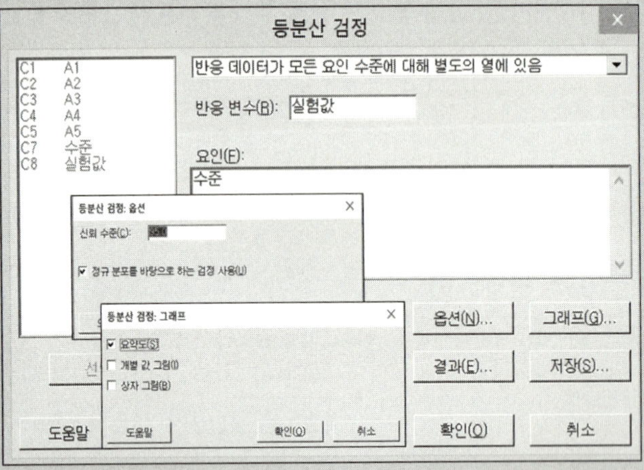

② 옵션 선택: 정규분포를 바탕으로 하는 검정 클릭

③ 그래프 선택: 요약도 클릭

◆ 미니탭 분석 결과:

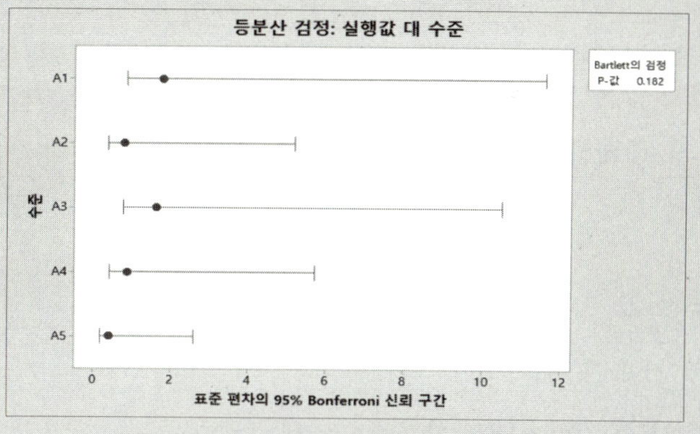

• 해설: Bartlett의 검정은 실험결과가 정규분포(normal distribution)라 가정하여 검정한다. Bartlett's Test 결과 $p-$값이 0.182로 유의수준 0.05보다 크므로 위치 A_1, A_2, A_3, A_4, A_5 분산은 다르다고 할 수 없다. 즉 등분산성을 가지고 있다.

4 반복수가 같지 않은 일원배치법

앞부분에서 각 수준 간 반복수가 일정한 m인 경우를 고려하여 분석하였다. 그러나 실제 일원배치법을 진행하다보면 다음의 이유에서와 같이 각 수준마다 반복수가 일정하지 않은 경우가 있다.

① 어떤 수준의 실험에서 실험자의 실수로 측정에 실패하거나 결측치(missing value)가 나타나 같은 수의 시료를 얻지 못한 경우

② 특정 수준의 실험에서 더 높은 정도(precision)를 얻기 위해서 다른 수준보다 더 많이 실험을 한 경우이다.

4.1 구조모형

A_i수준에서의 반복수가 m_i라고 하고, 총실험횟수를 N이라고 하면

$$N = m_1 + m_2 + \cdots + m_l \tag{4·22}$$

반복수가 같지 않은 일원배치법의 구조모형과 분산은 반복수 m 대신 i수준에서의 반복수 m_i를 대체한 것을 빼고 기본적으로 반복수가 같은 경우와 동일하다.

$$x_{ij} = \mu + a_i + e_{ij} \tag{4·23}$$

여기서 $i = 1, 2, \cdots, l,\ j = 1, 2, \cdots, m_i$이며

μ: 전체 모평균,

a_i : A_i수준의 효과로 $\sum_{i=1}^{l} m_i a_i = 0$,

e_{ij} : 서로 독립인 오차항으로 $N(0,\ \sigma_E^2)$를 따른다.

4.2 분산분석

1) 변동의 분해

반복수가 일정한 경우에서의 수정항 CT가 다음과 같이 변경된다.

$$CT = \frac{T^2}{N}$$

반복수가 같은 일원배치법과 동일한 방법으로 SS_T, SS_A, SS_E의 계산식을 정리하면 다음과 같다. 인자 A의 변동 계산이 차이가 난다.

$$SS_T = \sum_i \sum_j x_{ij}^2 - CT$$

$$SS_A = \sum_i \frac{T_{i.}^2}{m_i} - CT$$

$$SS_E = SS_T - SS_A$$

2) 자유도 계산

ϕ_T(총변동의 자유도) $= N - 1$

ϕ_A (A변동의 자유도) $= l-1$

ϕ_E(오차변동의 자유도) $= \phi_T - \phi_A = N - l$

3) 분산분석표와 F 검정

반복수가 같지 않은 경우의 F검정은 반복수가 동일한 경우와 같은 방법으로 실시하면 된다. 분산분석표는 [표 4-3]과 같다.

표 4-3 반복이 같지 않은 일원배치법의 분산분석표

요인	제곱합	자유도	평균제곱	F_0	기각역
A	SS_A	$l-1$	MS_A	$\frac{MS_A}{MS_E}$	$F(\phi_A, \phi_E; \alpha)$
E	SS_E	$N-1$	MS_E		
T	SS_T	$N-1$			

예제 4-2

스마트폰을 만드는 회사에서 스마트폰 단말기 색상에 대한 선호도를 알아보기 위하여 4가지 색상에 대한 선호도를 점수로 환산한 데이터이다. 각 색상별 선호도 측정에 대한 반복수는 동일하지 않다. 색상에 따른 소비자의 선호도가 차이가 있는지 분산분석을 실시하고 추정을 해보자. (색상별 수준: A_1: 빨강, A_2: 백색, A_3: 회색, A_4: 검정)

	인자의 수준			
	A_1	A_2	A_3	A_4
반복 실험	23	30	18	31
	23	28	14	27
	18	32	20	26
	15	30		28
				30

| 풀이 |

1) 데이터 입력(워크시트): 각 열에 실험값, 인자의 수준 입력

↓	C1	C2	C3	C4	C5	C6-T	C7	C8
	A1	A2	A3	A4		색상	선호도	
1	23	30	18	31		A1	23	
2	23	28	14	27		A1	23	
3	18	32	20	26		A1	18	
4	15	30		28		A1	15	
5				30		A2	30	
6						A2	28	
7						A2	32	
8						A2	30	
9						A3	18	
10						A3	14	
11						A3	20	
12						A4	31	
13						A4	27	
14						A4	26	
15						A4	28	
16						A4	30	

2) 미니탭 분석

◆ 메뉴

① 통계분석> 분산분석> 일원분산분석

- 반응변수: 선호도
- 요인: 색상

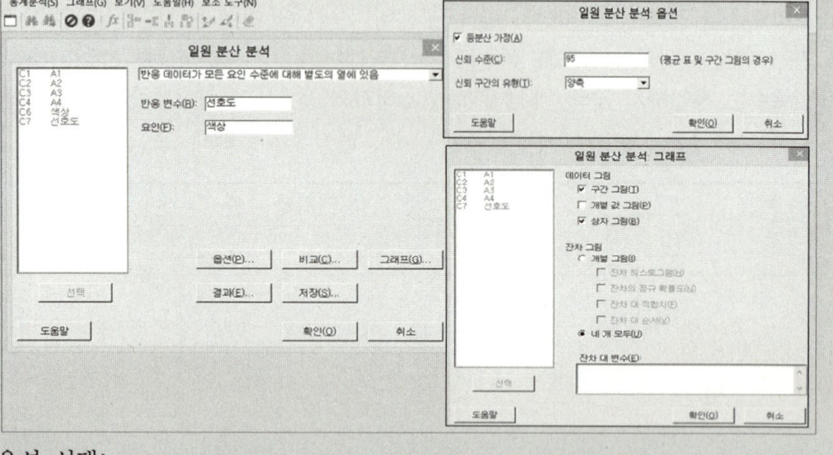

② 옵션 선택:

- 등분산 가정: 등분산 검정(3)미니탭 등분산 검정)

③ 그래프 선택 후 자료 입력

- 데이터 그림: 구간/상자 그림
- 잔차 그림: 네 개 모두(U) 선택 후 확인

◆ 미니탭 분석 결과

[분산분석]

방법

귀무 가설　모든 평균이 동일합니다.
대립 가설　평균이 모두 같지 않음
유의 수준　α = 0.05

분석을 위해 분산이 같다고 가정되었습니다.

분산 분석

출처	DF	Adj SS	Adj MS	F-값	P-값
색상	3	441.32	147.107	19.48	0.000
오차	12	90.62	7.551		
총계	15	531.94			

• 해설: 색상 선호도에 대한 F검정 결과 $p-$값이 0.000이다. 유의수준($\alpha = 0.05$)에서 귀무가설(H_0)은 기각된다. 결론적으로 색상별로 선호도의 차이가 있다고 볼 수 있다.

[수준별 모평균 95% 신뢰구간]

평균

색상	N	평균	표준 편차	95% CI
A1	4	19.75	3.95	(16.76, 22.74)
A2	4	30.000	1.633	(27.006, 32.994)
A3	3	17.33	3.06	(13.88, 20.79)
A4	5	28.400	2.074	(25.722, 31.078)

합동 표준 편차 = 2.74798

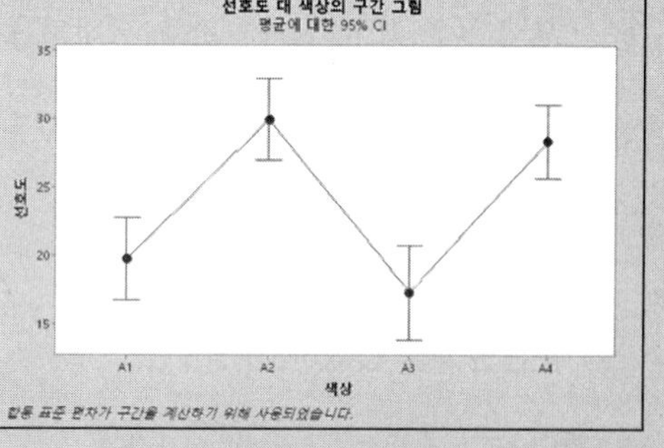

• 해설: 스마트폰의 색상은 선호도에 영향을 주는 인자이다. A_2(빨강색)일 때 스마트폰의 선호도가 30.00으로 가장 높다.

연습문제

1. 하기 표는 리모콘 버튼의 반응 민감도에 영향을 주는 전류량(A) 4개의 수준(A_1, A_2, A_3, A_4)에 대한 시험 결과이다. 데이터를 바탕으로 다음 물음에 답하시오. (유의수준 $\alpha = 0.05$)

반응 민감도

A_1	A_2	A_3	A_4
18.2	18.6	19.3	18.9
18.0	18.8	19.4	18.9
18.4	18.7	19.8	18.6

1) 가설(H_0, H_1)을 설정하고 기각역을 기술하시오.

| 풀이 |

① 가설의 설정

H_0: 전류량(A) 간의 평균반응 민감도에는 차이가 없다.

H_1: 전류량(A) 간의 평균 민감도에는 최소한 하나 이상의 차이가 있다.

② 임계치 및 기각 영역

- 임계치: $F_{0.05}(3,\ 8) = 4.07$
- 기각 영역: $F_c > 4.07$

2) 분산분석을 진행하시오.

| 풀이 |

◆ 미니탭 분석 결과

분산 분석

출처	DF	Adj SS	Adj MS	F-값	P-값
전류량(A)	3	2.5800	0.86000	22.93	0.000
오차	8	0.3000	0.03750		
총계	11	2.8800			

- 해설: 전류량(A)에 대한 p-값이 각각 0.000이다(p-값<0.05이면 귀무가설은 기각된다). 즉, 전류량은 반응 민감도에 유의한 영향을 주는 인자이다.

3) 전류량(A)의 수준에서 반응 민감도의 모평균의 95% 신뢰구간을 구하시오.

| 풀이 |

◆ 미니탭 결과

평균

전류량(A)	N	평균	표준 편차	95% CI
A1	3	18.200	0.200	(17.942, 18.458)
A2	3	18.7000	0.1000	(18.4422, 18.9578)
A3	3	19.500	0.265	(19.242, 19.758)
A4	3	18.800	0.173	(18.542, 19.058)

합동 표준 편차 = 0.193649

2. 어떤 원사의 생산 공정에서 반응온도가 생산되는 원사제품의 강도에 영향을 주는 것으로 생각되는 반응온도의 변화에 따라서 강도가 어떤 변화를 하고, 또한 어떤 온도의 수준에서 가장 높은 강도를 주는가를 알아보기 위한 실험을 하였다. 반응 온도를 인자로 4개 수준(A_1: 60℃, A_2: 65℃, A_3: 70℃, A_4: 75℃)을 취하고 각 온도에서 3회씩 반복하여 전체 12회 실험을 랜덤한 순서로 행하였다.
그 결과로 아래 표와 같은 데이터를 얻었다.

반응온도(℃)

A_1	A_2	A_3	A_4
8.2	8.6	9.3	8.9
8.0	8.8	9.4	8.9
8.4	8.7	9.8	8.6

1) 분산분석을 진행하시오.

| 풀이 |

◆ 미니탭 분석 결과

분산 분석

출처	DF	Adj SS	Adj MS	F-값	P-값
A(반응온도)	3	2.5800	0.86000	22.93	0.000
오차	8	0.3000	0.03750		
총계	11	2.8800			

• 해설: 반응온도(A)에 대한 p-값이 0.000이다(p-값<0.05이면 귀무가설은 기각된다). 즉 반응온도는 강도에 유의한 영향을 주는 인자이다.

2) 강도가 가장 높은 반응온도(A) 수준을 구하고, 반응온도(A)의 각 수준에서 강도의 모평균 95% 신뢰구간을 구하시오.

| 풀이 |

◆ 미니탭 그래프 분석

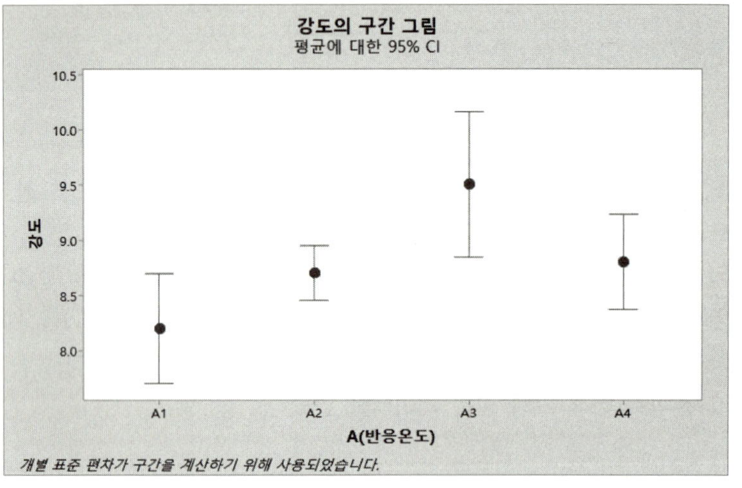

• 해설: 수준별 평균에 대한 95% 신뢰구간을 보면 A_3 수준(70℃)에서 강도가 가장 높다.

◆ 미니탭 결과(평균에 대한 95% 신뢰구간)

평균

A(반응온도)	N	평균	표준 편차	95% CI
A1	3	8.200	0.200	(7.942, 8.458)
A2	3	8.7000	0.1000	(8.4422, 8.9578)
A3	3	9.500	0.265	(9.242, 9.758)
A4	3	8.800	0.173	(8.542, 9.058)

합동 표준 편차 = 0.193649

3. S사에 사무용품을 납품하는 3개의 업체(A_1, A_2, A_3)가 있다. 다음은 S사에서 동일양의 사무용품을 주문하였을 때 배달에 소요되는 시간을 측정한 자료이다. A_1 업체는 정도를 높이기 위해 반복수를 많이 하였다.

배달시간(s)

A_1	A_2	A_3
84.5	87.5	89.5
83.0	86.5	89.0
84.0	87.0	90.5
83.5		
84.0		

1) 업체별로 배달 소요시간에 대한 차이가 있다고 할 수 있는가?

| 풀이 |

◆ 미니탭 분석 결과

분산 분석

출처	DF	Adj SS	Adj MS	F-값	P-값
업체별(A)	2	66.715	33.3576	89.95	0.000
오차	8	2.967	0.3708		
총계	10	69.682			

• 해설: 업체별(A)로 F-검정 결과 p-값이 각각 0.000이다(p-값<0.05이면 귀무가설은 기각된다). 즉 업체별로 배달시간의 차이는 있다.

2) 업체별 배달시간 차이에 따른 95% 신뢰구간을 구하고, 그래프로 표시하시오.

| 풀이 |

◆ 미니탭 결과(평균에 대한 95% 신뢰구간)

평균

업체별(A)	N	평균	표준 편차	95% CI
A1	5	83.800	0.570	(83.172, 84.428)
A2	3	87.000	0.500	(86.189, 87.811)
A3	3	89.667	0.764	(88.856, 90.477)

◆ 미니탭 그래프 분석

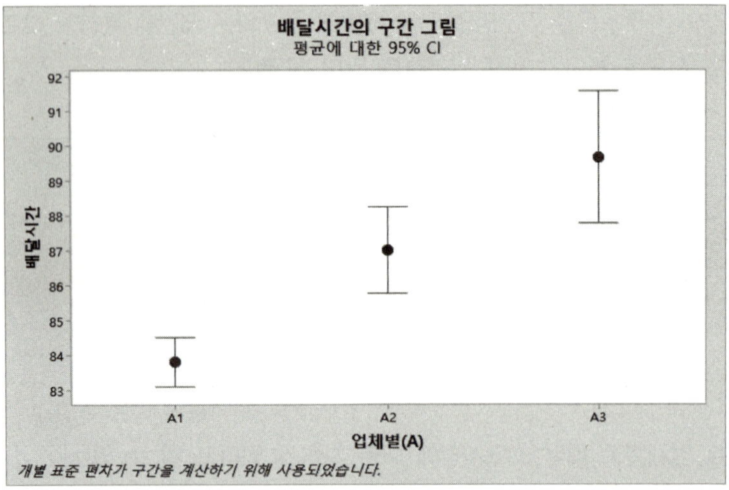

• 해설: 수준별 평균에 대한 95% 신뢰구간을 보면 A_1 수준에서 배달시간이 가장 적다.

4. 여러 명의 분석공정에서 랜덤으로 4명(A_1, A_2, A_3, A_4)을 뽑아 어떤 표준 시약을 동일 장치로 4회씩 반복하여 분석하도록 하였다. 분석한 결과 다음의 데이터를 얻었다.

A_1	A_2	A_3	A_4
81.0	80.4	79.8	79.4
80.5	80.1	79.2	78.9
80.0	80.6	80.5	78.7
79.7	80.9	80.4	80.0

1) 측정자(A)는 모수인자인가, 변량인자인가?

| 풀이 |

여러 명의 계측자 중 랜덤하게 4명만 선정하였으므로 변량인자이다.

2) 각 측정자별 분석결과에 차이가 있다고 볼 수 있는가?

| 풀이 |

◆ 미니탭 분석 결과

분산 분석

출처	DF	Adj SS	Adj MS	F-값	P-값
측정자(A)	3	2.5800	0.86000	22.93	0.000
오차	8	0.3000	0.03750		
총계	11	2.8800			

- 해설: 측정자별(A)로 F-검정 결과 p-값이 각각 0.000이다(p-값<0.05이면 귀무가설은 기각된다). 즉 측정자별로 측정값의 차이가 있다.

3) 측정자 간 산포의 크기를 나타내는 σ_A^2를 점추정하시오.

| 풀이 |

$$\sigma_A^2 = \frac{MS_A - MS_E}{r} = \frac{0.86 - 0.037}{4} = 0.20575$$

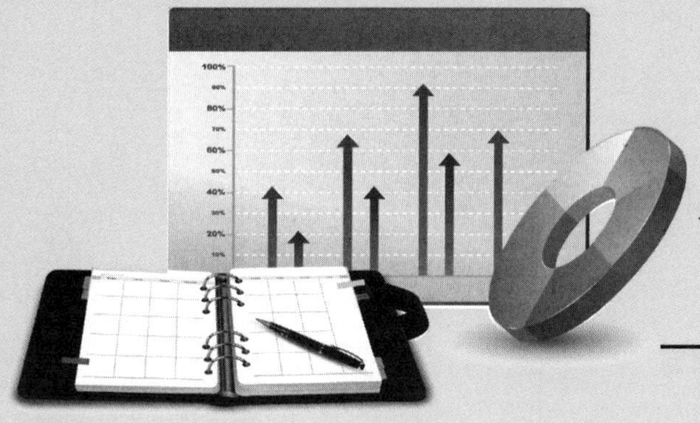

실무자 중심의 실험계획법

CHAPTER 05

이원배치법

1. 반복이 없는 이원배치법
2. 반복이 있는 이원배치법

Chapter

05 이원배치법

1 반복이 없는 이원배치법

1.1 반복이 없는 이원배치법의 개념

이원배치법(two way factorial design)은 관심 있는 실험 특성치 두 개의 인자 영향을 조사하기 위하여 쓰이는 실험계획법이다. 이원배치법에서 교호작용이 없다고 판단이 되면 반복이 없는 실험을 하고, 교호작용이 있다고 판단이 되면 반복이 있는 실험을 진행한다. 이 절에서는 반복이 없는 이원배치법에서 인자의 수준을 조합한 모든 조건에서 실험의 반복을 행하지 않는 경우에 대해서 살펴보고자 한다.

1.2 모수 모형의 데이터 구조

인자 A, B가 모수(제어)인자이고, A인자의 수준수가 l이고 B인자의 수준수가 m인 반복이 없는 이원배치 실험에서 얻은 $N=lm$개의 데이터의 구조는 [표 5-1]과 같이 나타낼 수 있다.

▌표 5-1 ▌반복이 없는 이원배치법의 데이터 배열

$B \backslash A$	A_1	A_2	$\cdots$	A_l	$T_{\cdot j}$	$\bar{x}_{\cdot j}$
B_1	x_{11}	x_{21}	$\cdots$	x_{l1}	$T_{\cdot 1}$	$\bar{x}_{\cdot 1}$
B_2	x_{12}	x_{22}	$\cdots$	x_{l2}	$T_{\cdot 2}$	$\bar{x}_{\cdot 2}$
$\vdots$			$\vdots$		$\vdots$	$\vdots$
B_m	x_{1m}	x_{2m}	$\cdots$	x_{lm}	$T_{\cdot m}$	$\bar{x}_{\cdot m}$
$T_{i\cdot}$	$T_{1\cdot}$	$T_{2\cdot}$	$\cdots$	$T_{l\cdot}$	T	
$\bar{x}_{i\cdot}$	$\bar{x}_{1\cdot}$	$\bar{x}_{2\cdot}$	$\cdots$	$x_{l\cdot}$		$\bar{\bar{x}}$

여기서 $T_{i\cdot} = \sum_{j=1}^{m} x_{ij},\ \overline{x}_{i\cdot} = \frac{T_{i\cdot}}{m},\ i = 1, 2, \cdots, l$

$T_{\cdot j} = \sum_{i=1}^{l} x_{ij},\ \overline{x}_{\cdot j} = \frac{T_{\cdot j}}{m},\ j = 1, 2, \cdots, m$

반복이 없는 이원배치법의 모수모형 데이터 구조식은 다음과 같다.

$$x_{ij} = \mu + a_i + b_j + e_{ij} \qquad (5 \cdot 1)$$

여기서 $i = 1, 2, \cdots, l.\ \ j = 1, 2, \cdots, m$

μ=실험전체의 모평균

a_i : A_i수준의 효과, $\sum_{i=1}^{l} a_i = 0$

b_i : B_j수준의 효과, $\sum_{j=1}^{m} b_j = 0$

e_{ij} : $A_i B_j$수준의 실험오차, $e_{ij} \sim N(0, \sigma_E^2)$이다.

1) 분산분석

(1) 변동 분해

데이터 x_{ij}는 이원배치법 데이터 배열과 데이터 구조식에 의해서 다음과 같이 표현된다.

$$x_{ij} - \overline{\overline{x}} = (\overline{x}_{i\cdot} - \overline{\overline{x}}) + (\overline{x}_{\cdot j} - \overline{\overline{x}}) + (x_{ij} - \overline{x}_{i\cdot} - \overline{x}_{\cdot j} + \overline{\overline{x}})$$

여기서 양변 제곱 후 모든 i 와 j 에 대해서 합하면

$$\sum_{i=1}^{l}\sum_{j=1}^{m} (x_{ij} - \overline{\overline{x}})^2$$
$$= \sum_i\sum_j (\overline{x}_{i\cdot} - \overline{\overline{x}})^2 + \sum_i\sum_j (\overline{x}_{\cdot j} - \overline{\overline{x}})^2 + \sum_i\sum_j (x_{ij} - \overline{x}_{i\cdot} - \overline{x}_{\cdot j} + \overline{\overline{x}})^2$$

즉, $SS_T = SS_A + SS_B + SS_E$이 된다.

여기서 SS_T: 총변동, SS_A: A의 변동, SS_B : B의 변동, SS_E : 오차변동이다.

① 총변동: $$SS_T = \sum_{i=1}^{l}\sum_{j=1}^{m}(x_{ij} - \bar{\bar{x}})^2 = \sum_{i}\sum_{j} x_{ij}{}^2 - CT \qquad (5 \cdot 2)$$

여기서 CT: 수정항으로 $CT = \dfrac{T^2}{lm}$이다.

② A인자 변동: $$SS_A = \sum_{i=1}^{l}\sum_{j=1}^{m}(\bar{x}_{i\cdot} - \bar{\bar{x}})^2 = \sum_{i=1}^{l}\frac{T_{i\cdot}{}^2}{m} - CT \qquad (5 \cdot 3)$$

③ B인자 변동: $$SS_B = \sum_{i=1}^{l}\sum_{j=1}^{m}(\bar{x}_{\cdot j} - \bar{\bar{x}})^2 = \sum_{j=1}^{l}\frac{T_{\cdot j}{}^2}{l} - CT \qquad (5 \cdot 4)$$

④ 오차변동: $$SS_E = \sum_{i}\sum_{j}(x_{ij} - \bar{x}_{i\cdot} - \bar{x}_{\cdot j} + \bar{\bar{x}})^2$$

$$= SS_T - SS_A - SS_B \qquad (5 \cdot 5)$$

(2) 자유도 계산

변동의 자유도(degree of freedom, ϕ로 표기)는 제곱을 한 편차의 개수에서 편차들의 선형제약조건의 수를 뺀 것으로 정의된다. 이에 따라 총변동 SST의 자유도는 lm개의 편차제곱합이 있고 선형제약 조건으로 $\sum_{i}\sum_{j}(x_{ij} - \bar{\bar{x}}) = 0$이 한 개 있어 ϕ_T의 자유도는

$$\phi_T = lm - 1 \qquad (5 \cdot 6)$$

SS_A의 자유도는 l개의 편차제곱합이 있고 선형제약 조건으로 $\sum_{i=1}^{l}(\bar{x}_{i\cdot} - \bar{\bar{x}}) = 0$이 성립하므로 ϕ_A의 자유도는

$$\phi_A = l - 1 \qquad (5 \cdot 7)$$

SS_B의 자유도는 m개의 편차제곱합이 있고 선형제약 조건으로 $\sum_{j=1}^{m}(\bar{x}_{\cdot j} - \bar{\bar{x}}) = 0$ 이 성립하므로 ϕ_B의 자유도는

$$\phi_B = m - 1 \tag{5・8}$$

그리고 SS_E의 자유도는 lm개의 편차제곱합이 있고 선형제약 조건으로 l개의 $\sum_{j}^{m}(x_{ij} - \bar{x}_{i\cdot} - \bar{x}_{\cdot j} + \bar{\bar{x}}) = 0$이 있고, m개의 $\sum_{i}^{m}(x_{ij} - \bar{x}_{i\cdot} - \bar{x}_{\cdot j} + \bar{\bar{x}}) = 0$이 성립하므로 ϕ_E의 자유도는

$$\phi_E = lm - (l + m - 1) = (l-1)(m-1) \tag{5・9}$$

총제곱합의 자유도 ϕ_T는 총변동이 원인별로 분할되는 것과 마찬가지로 A인자 편차의 자유도 ϕ_A, B인자 편차의 자유도 ϕ_B, 잔차제곱합의 자유도 ϕ_E로 분할됨을 알 수 있다. 다음의 식이 성립한다.

$$\phi_T = \phi_A + \phi_B + \phi_E \tag{5・10}$$

(3) 분산분석표와 F 검정

이원배치법은 A인자와 B인자의 각 수준에서 특성치의 평균치가 같은지 다른지를 검정한다. 각 수준에서 각각의 주효과를 $a_i(i = 1, 2, \cdots, l.)$, $b_i(j = 1, 2, \cdots, m.)$라 할 때 귀무가설(null hypothesis: H_0)은 '수준 간 평균이 같다'이고, 대립가설(alternative hypothesis: H_1)은 '수준 간 평균 차이가 있다'이다.

이를 수식으로 나타내면 다음과 같다.

- A인자: H_0: $a_1 = \cdots = a_l = 0$ (H_0: $\sigma_A^2 = 0$)

  H_1: 최소 하나의 a_i는 0이 아니다. (H_1: $\sigma_A^2 > 0$)
- B인자: H_0: $b_1 = \cdots = b_m = 0$ (H_0: $\sigma_B^2 = 0$)

  H_1: 최소 하나의 b_j는 0이 아니다. (H_1: $\sigma_B^2 > 0$)

분산비 F_0는 동일한 모분산 σ_E^2을 갖는 모집단으로부터 독립된 2개의 분산비를 나타내고 있으므로 통계량 F_0는 자유도 ϕ_A, 또는 ϕ_B, ϕ_E를 갖는 F 분포를 따르고 있음을 알 수 있다. 가설검정은 다음과 같다.

$F_0 = \dfrac{MS_A}{MS_E} > F_\alpha(\phi_A, \phi_E)$이면 A인자의 H_0를 기각

$F_0 = \dfrac{MS_B}{MS_E} > F_\alpha(\phi_B, \phi_E)$이면 B인자의 H_0를 기각

H_0(귀무가설)가 5%에서 두 귀무가설이 모두 기각되었을 경우 모평균 값이 하나 이상 차이가 있다는 의미가 되며, 각 "A인자, B인자는 유의하다"라고 말한다. 지금까지의 분산분석 절차를 [표 5-2]와 같이 분산분석표로 정리하여 나타낼 수가 있다.

표 5-2 반복이 없는 이원배치법의 분산분석표

요인	제곱합	자유도	평균제곱	F_0	기각역
A	SS_A	$l-1$	MS_A	$\dfrac{MS_A}{MS_E}$	$F_\alpha(\phi_A, \phi_E)$
B	SS_B	$m-1$	MS_B	$\dfrac{MS_B}{MS_E}$	$F_\alpha(\phi_B, \phi_E)$
E	SS_E	$(l-1)(m-1)$	MS_E		
T	SS_T	$lm-1$			

2) 분산분석 후의 추정

F검정을 실시하고 각 인자의 수준 간의 유의차가 있다고 분석이 되면 각 인자에 대한 추정을 실시해 인자 A, B의 모평균의 추정, 모평균 차의 신뢰구간 추정, 2인자 수준을 조합한 조건에서의 모평균의 신뢰구간을 추정해 보아야 한다.

(1) 모평균 추정

① A인자의 모평균 신뢰구간 추정

수준 A_i에서의 데이터 평균값 $\bar{x}_{i.}$를 구하면

$$\bar{x}_{i.} = \mu + a_i + \bar{e}_{i.}$$

$\mu(A_i)$의 점추정값은 $\hat{\mu}(A_i) = \widehat{\mu + a_i} = \bar{x}_{i.}$이며, $\bar{x}_{i.}$의 분산을 구하면

$$Var(\bar{x}_{i.}) = Var(\mu + a_i + \bar{e}_{i.}) = Var(\bar{e}_{i.}) = \frac{\sigma_E^2}{m} \qquad (5 \cdot 11)$$

가 된다. 따라서 $\mu(A_i)$의 $100(1-\alpha)\%$ 신뢰구간은 다음과 같다.

$\mu(A_i)$: $\bar{x}_{i.} \pm t_{\alpha/2}(\phi_E)\sqrt{Var(\bar{x}_{i.})}$ 가 되는데 $Var(\bar{x}_i)$의 추정값은 식 (5・11)로부터 $\widehat{Var}(\bar{x}_{i.}) = \frac{\hat{\sigma}_E^2}{m} = \frac{MS_E}{m}$ 이므로 이를 대입하면

$$\mu(A_i) : \bar{x}_{i.} \pm t_{\alpha/2}(\phi_E)\sqrt{\frac{MS_E}{m}} \qquad (5 \cdot 12)$$

를 얻게 된다.

② B인자의 모평균 신뢰구간 추정

수준 B_j에서의 데이터 평균값 $\bar{x}_{.j}$는

$$\bar{x}_{.j} = \mu + b_j + \bar{e}_{.j}$$

따라서 A인자와 같은 방법으로 $\hat{\mu}(B_j)$의 $100(1-\alpha)\%$ 신뢰구간을 구하면 다음과 같다.

$$\mu(B_j) : \bar{x}_{.j} \pm t_{\alpha/2}(\phi_E)\sqrt{\frac{MS_E}{l}} \qquad (5 \cdot 13)$$

(2) 모평균 차의 신뢰구간 추정

① A인자의 수준 간의 모평균 차의 신뢰구간 추정

두 개의 수준 A_i, A_j의 평균값을 구해 그 차를 구하면 다음과 같다.

$$\begin{aligned}\overline{x}_{i\cdot} - \overline{x}_{j\cdot} &= (\mu + a_i + \overline{e}_{i\cdot}) - (\mu + a_i + \overline{e}_{j\cdot}) \\ &= a_i - a_j + (\overline{e}_{i\cdot} - \overline{e}_{j\cdot})\end{aligned}$$

여기서 기대값을 취하면 $E(\overline{x}_{i\cdot} - \overline{x}_{j\cdot}) = a_i - a_j$이 된다. 따라서 점추정값과 분산은 다음과 정리할 수 있다.

$$\hat{a}_i - \hat{a}_j = \overline{x}_{i\cdot} - \overline{x}_{j\cdot}$$

$$Var(\overline{x}_{i\cdot} - \overline{x}_{j\cdot}) = \frac{\sigma_E^2}{m} + \frac{\sigma_E^2}{m} = \frac{2\sigma_E^2}{m} \qquad (5 \cdot 14)$$

가 된다. 따라서 $\mu(A_i) - \mu(A_j)$의 $100(1-\alpha)\%$ 신뢰구간은 다음과 같다. $\mu(A_i) - \mu(A_j) : (\overline{x}_{i\cdot} - \overline{x}_{j\cdot}) \pm t_{\alpha/2}(\phi_E)\sqrt{Var(\overline{x}_{i\cdot} - \overline{x}_{j\cdot})}$가 되는데 식 (5・14)로부터 $Var(\overline{x}_{i\cdot} - \overline{x}_{j\cdot}) = 2\frac{\hat{\sigma}_E^2}{m} = 2\frac{MS_E}{m}$ 이므로 이를 대입하면

$$\mu(A_i) - \mu(A_j) : (\overline{x}_{i\cdot} - \overline{x}_{j\cdot}) \pm t_{\alpha/2}(\phi_E)\sqrt{\frac{2MS_E}{m}} \qquad (5 \cdot 15)$$

② B인자의 수준 간의 모평균 차의 신뢰구간 추정

A인자 구할 때와 같은 방법으로 B인자의 p수준과 q수준 간의 모평균 값 차이의 $100(1-\alpha)\%$의 신뢰구간은

$$\mu(B_p) - \mu(B_q) : (\overline{x}_{\cdot p} - \overline{x}_{\cdot q}) \pm t_{\alpha/2}(\phi_E)\sqrt{\frac{2MS_E}{l}} \qquad (5 \cdot 16)$$

(3) 2인자 수준을 조합한 조건에서의 모평균의 신뢰구간 추정

A인자의 i수준과 B인자의 j수준에서의 모평균의 점 추정값은

$$\hat{\mu}(A_iB_j)=\widehat{\mu+a_i+b_j}=\widehat{\mu+a_i}+\widehat{\mu+b_j}-\mu=\bar{x}_{i\cdot}+\bar{x}_{\cdot j}-\bar{\bar{x}} \qquad (5\cdot17)$$

이에 대한 추정값의 분산은 다음과 같다.

$$Var(\bar{x}_{i\cdot}+\bar{x}_{\cdot j}-\bar{\bar{x}})=\frac{\sigma_E^2}{\eta_e}=E\left(\frac{MS_E}{\eta_e}\right) \qquad (5\cdot18)$$

여기서 η_e를 이원배치법의 유효반복수(effective of number of replication)라 부르며, 구하는 공식은 다음과 같다.

$\eta_e=\dfrac{\text{총실험횟수}}{\text{유의한 요인의 자유도의 합}+1}$이다. 이 공식을 사용해서 반복이 없는 이원배치법에서 A, B가 유의하다면 다음과 같이 구한다.

$$\eta_e=\frac{lm}{\phi_A+\phi_B+1}=\frac{lm}{(l-1)+(m-1)+1}=\frac{lm}{l+m-1}$$

따라서 $\mu(A_iB_j)$의 $100(1-\alpha)\%$ 신뢰구간은 다음과 같다.

$$\mu(A_iB_j):\ (\bar{x}_{i\cdot}+\bar{x}_{\cdot j}-\bar{\bar{x}})\pm t_{\alpha/2}(\phi_E)\sqrt{\frac{MS_E}{\eta_e}} \qquad (5\cdot19)$$

예제 5-1 >>>

Epoxy를 생산하는 한 회사에서 Holder Attach의 탈거력을 개선하기 위하여 탈거력에 영향을 주는 것으로 생각되는 온도와 시간을 인자로 취하여 반복이 없는 이원배치의 실험을 하였다.

각 인자의 수준은 다음과 같다.

A인자: 온도(℃) A_1: 90, A_2: 100, A_3: 110, A_4: 120
B인자: 시간(s) B_1: 70, B_2: 110, B_3: 140

실험은 12회 랜덤으로 진행하였고, 실험데이터는 아래와 같다. 분산분석을 실시하고 추정을 실시한 후 분석결과를 해석하시오.

B인자 \ A인자	A_1	A_2	A_3	A_4
B_1	2.5	2.6	4.4	4.6
B_2	3.8	3.8	4.8	5.0
B_3	4.4	4.2	5.2	5.8

| 풀이 |

1) 데이터 입력(워크시트): 데이터는 가능하면 열 입력으로 한다.

다음과 같이 C1 열에 A인자, C2 열에 B인자, C3 열에 데이터(탈거력)를 입력한다.

+	C1-T	C2-T	C3	C4	C5
	A	B	탈거력		
1	A1	B1	2.5		
2	A1	B2	3.8		
3	A1	B3	4.4		
4	A2	B1	2.6		
5	A2	B2	3.8		
6	A2	B3	4.2		
7	A3	B1	4.4		
8	A3	B2	4.8		
9	A3	B3	5.2		
10	A4	B1	4.6		
11	A4	B2	5.0		
12	A4	B3	5.8		

2) 미니탭 분석

◆ 메뉴

① 통계분석>분산분석>균형분산분석

• 반응변수: 실험값(탈거력)

• 모형: A, B인자 입력 후 확인

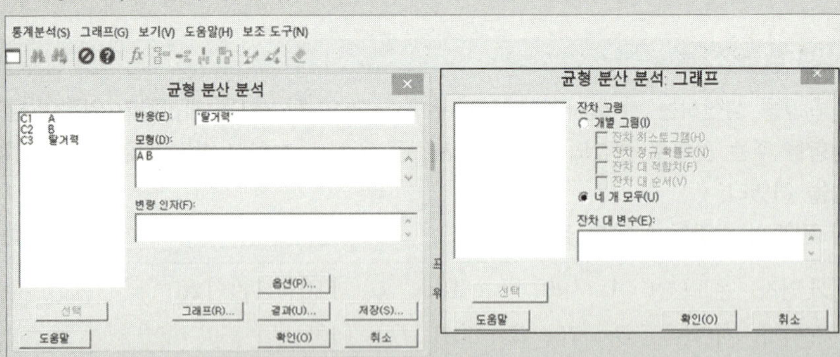

② 그래프 선택 후 자료 입력

• 잔차 그림: 네 개 모두(U) 선택 후 확인

◆ 미니탭 분석 결과

[분산분석]

탈거력에 대한 분산 분석

출처	DF	SS	MS	F	P
A	3	6.1892	2.06306	24.35	0.001
B	2	3.8317	1.91583	22.61	0.002
오차	6	0.5083	0.08472		
총계	11	10.5292			

모형 요약

S	R-제곱	R-제곱(수정)
0.291071	95.17%	91.15%

평균

A	N	탈거력
A1	3	3.56667
A2	3	3.53333
A3	3	4.80000
A4	3	5.13333

B	N	탈거력
B1	4	3.525
B2	4	4.350
B3	4	4.900

• 해설:

① 분산분석 결과 p−값이 A, B인자 각각 0.001, 0.002이므로 유의하다. (p−값<0.05이면 귀무가설 기각). 즉 온도와 시간은 탈거력에 유의하게 영향을 주는 인자이다.

② 각 수준별 평균반응은 다음과 같다.

온도: $A_1 = 3.57$, $A_2 = 3.53$, $A_3 = 4.80$, $A_4 = 5.13$

시간: $B_1 = 3.53$, $B_2 = 4.35$, $B_3 = 4.90$

3) 구간그림 미니탭 분석

◆ 메뉴

① **통계분석 > 분산분석 > 구간그림**

• 단일 Y: 그룹 표시

◆ 미니탭 분석 결과

[구간그림]

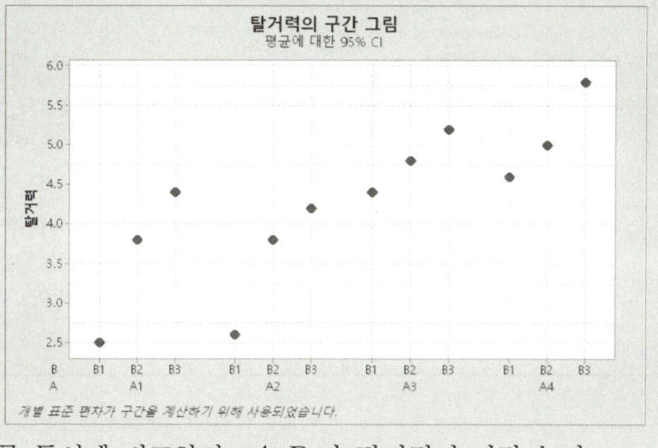

• 해설: 전체를 동시에 비교하면, A_4B_3가 탈거력이 가장 높다.

4) 주효과도 미니탭 분석

◆ 메뉴

① 통계분석 > 분산분석 > 주효과도

- 반응값: 탈거력(y)
- 요인: A, B 입력

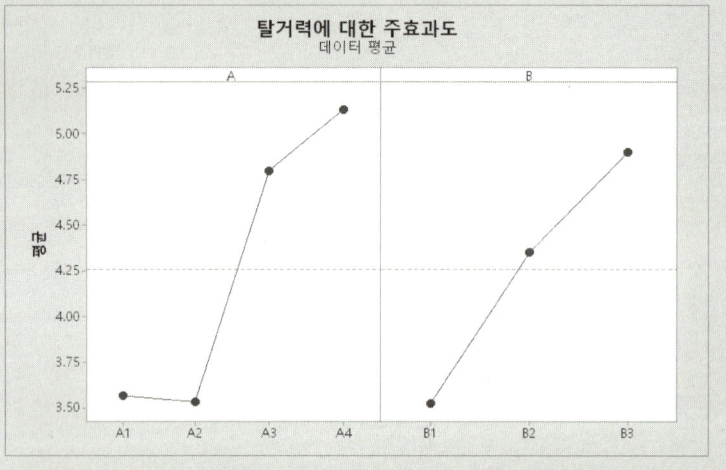

- 해설: 가운데 중심선은 총평균이고, 각 점은 수준에서의 평균을 뜻한다. 여기서 A_4, B_3에서 주효과가 가장 크다.

1.3 난괴법

1) 난괴법이란

농사 시험에서 유래한 난괴법(randomized block design)은 블록화를 통하여 관심 있는 요인의 수준 간 효과 차이를 더욱 확실히 알고자 하는 데 이용된다. [그림 5-1]의 (a)와 같이 4개의 밭에 A, B, C, D 4개의 품종을 각각 배치할 경우, 밭의 차이(변량인자)와 품종의 차이(모수인자)가 교락되어 품종의 차이가 미치는 영향을 파악하기가 곤란하다.

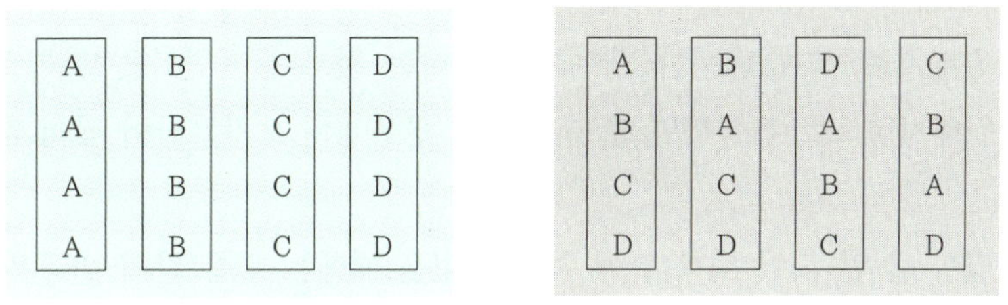

(a) 모수인자와 변량인자가 교락된 배치법 (b) 난괴법의 랜덤화

그림 5-1 난괴법의 랜덤화

따라서 이 경우 밭의 차이, 즉 변량인자로 [그림 5-1]의 (b)와 같이 블록을 형성하여 배치할 경우 밭의 차이와 상관없이 품종의 차이를 파악할 수 있다. 즉, 특정 잡음 인자가 실험에 영향을 미칠 것으로 예상되어지면 이 인자를 블록으로 형성하여 차단함으로써 실험의 정도를 높일 수 있다. 예를 들면, [표 5-3]과 같이 밭에서 콩의 수확량에 미치는 비료에 관한 실험을 하는 경우에 밭의 토양이 다를 것으로 예상되는 m개의 블록으로 층별하고 각 블록을 l개의 농지로 나누어, 시험하려는 비료의 종류 A_1, $A_2, \cdots, A_l$을 각 블록마다 각 구획에 랜덤하게 배치하는 것이 좋은 방법이다. 여기에서 토질인 블록(B)은 변량인자이고 비료의 종류(A)는 모수인자이다.

표 5-3 랜덤화 블록 계획의 예

구분		비료의 종류		
		A_1	A_2	A_3
토질(block)	B_1(보통흙)	콩수확량$_{11}$	콩수확량$_{21}$	콩수확량$_{31}$
	B_2(진흙)	콩수확량$_{12}$	콩수확량$_{22}$	콩수확량$_{32}$
	B_3(모래흙)	콩수확량$_{31}$	콩수확량$_{32}$	콩수확량$_{33}$

이와 같이 난괴법으로 실험을 하면 토질이 콩수확량에 미치는 영향을 서로 상쇄시켜 제거하고, 순수한 비료효과만 비교할 수 있게 된다. 이때 블록 내의 실험단위는 동질적이고, 블록 간의 실험단위 간에는 서로 이질적이다. 난괴법을 고려할 때 특히 주목해야 하는 사실은 블록요인은 단순히 처리요인, 즉 관심요인의 효과를 더

잘 알기 위하여 삽입된다는 점이다. 난괴법의 주요 특징은 다음과 같다.

① 일원배치로 하여 단순한 반복실험을 하는 것보다는 반복을 블록으로 나누어 이원배치법으로 진행하면 층별이 잘된 경우에는 오차분산이 작아져 정도가 높다.

② 층별이 잘 안 되어 블록 간에 차이가 없을 때에는 블록 간의 변동을 오차 항에 풀링(pooling)하여 일원배치법과 동일하게 해석한다.

③ 각 블록 내에서 실험의 단위는 동일하게 구성하고, 블록 간은 서로 다르게 구성된다.

2) 데이터 구조식

난괴법에서의 데이터 구조식은 두 개가 모두 모수인자인 이원배치와 동일하나 b_j가 확률변수가 되므로 다음과 같이 표현될 수 있다.

$$x_{ij} = \mu + a_i + b_j + e_{ij} \qquad (5 \cdot 20)$$

여기서 $i = 1, 2, \cdots, l,\ j = 1, 2, \cdots, m$

a_i : A_i수준의 효과, $\sum_{i=1}^{l} a_i = 0$

b_j: 블록 B_j의 효과, $\sum_{j=1}^{m} b_j \neq 0,\ b_j \sim N(0,\ \sigma_B^2)$이고 서로 독립

e_{ij} : 실험오차, $e_{ij} \sim N(0,\ \sigma_E^2)$이고 서로 독립

3) 분산분석

난괴법에서의 분산분석은 변동, 자유도, 분산의 계산식이 모수모형일 때와 동일하다.

4) 분산분석 후의 추정

A, B가 모두 모수인자인 경우와 난괴법의 차이는 분산분석 후의 추정에 있다. 난괴법의 경우에 있어서는 인자 B가 변량인자이므로 인자 B의 모평균 신뢰구간 추정

은 의미가 없으며, B의 산포를 구하기 위한 σ_B^2의 점추정 값을 구하면 된다.

(1) 변량인자 B의 모분산(σ_B^2) 추정

[표 5-2]의 분산분석표에서 인자 B의 분산의 기대값을 구한 후 변량인자 모분산(σ_B^2)을 추정할 수 있다.

$$E(MS_B) = \sigma_E^2 + l\sigma_B^2, \text{ 단 } \sigma_E^2 = MS_E$$

$$\hat{\sigma}_B^2 = \frac{MS_B - MS_E}{l} \qquad (5 \cdot 21)$$

(2) 모수인자 A에 대한 모평균 신뢰구간 추정

식 (5・20)의 데이터의 구조식으로부터

$$\bar{x}_{i\cdot} = \mu + a_i + \bar{b} + \bar{e}_{i\cdot} \text{ (여기서 } \bar{b} \neq 0)$$

따라서 $\bar{x}_{i\cdot}$의 분산은 다음과 같이 구해진다.

$$\begin{aligned} Var(\bar{x}_{i\cdot}) &= Var(\mu + a_i + \bar{b} + \bar{e}_{i\cdot}) \\ &= Var(\bar{b}) + Var(\bar{e}_{i\cdot}) \\ &= \frac{\sigma_B^2}{m} + \frac{\sigma_E^2}{m} \end{aligned}$$

여기에 σ_B^2, σ_E^2의 추정값을 대입하면

$$\widehat{Var(\bar{x}_{i\cdot})} = \frac{1}{m}\left(\frac{MS_B - MS_E}{l}\right) + \frac{1}{m}MS_E = \frac{MS_B + (l-1)MS_E}{lm}$$

따라서 $100(1-\alpha)\%$의 $\mu(A_i)$에 대한 신뢰한계는 다음과 같다.

$$\mu(A_i):\ \bar{x}_{i\cdot} \pm t_{\alpha/2}(\phi_E^*)\sqrt{\frac{MS_B + (l-1)MS_E}{lm}} \qquad (5 \cdot 22)$$

$$(\text{여기서 } \phi_E^* = \frac{[MS_B + (l-1)MS_E]^2}{\frac{MS_B^2}{\phi_B} + \frac{[(l-1)MS_E]^2}{\phi_E}} \text{ (Satterthwaite 자유도))}$$

식 (5·22)에서 Satterthwaite의 자유도로 구한 값 ϕ_E^*가 일반적으로 정수가 아니므로 $t_{\alpha/2}(\phi_E^*)$ 값을 t분포표에서 찾는데 선형보간법(linear interpolation method)을 이용한다.

예제 5-2 >>>

플라스틱 제품의 강도에 대한 영향을 조사할 목적으로, 랜덤하게 4일간(B_1, B_2, B_3, B_4)을 택하고, 각 일마다 마지막 공정에서의 가열온도 A를 A_1=70℃, A_2=80℃, A_3=90℃로 랜덤하게 변화시켜 실험한 후 제품강도를 측정한 결과 다음과 같았다. 실험을 통해 결정하고자 하는 문제는 공정의 온도조건이다. 여기서 A(온도)는 모수이고 B(실험일)는 변량인자이며 반복이 없는 이원배치법으로 난괴법 실험이 되었다. 분산분석을 하고 분석을 통하여 최적인 공정온도 조건을 선택하고자 한다. 유의수준(α)은 0.01이다.

온도 실험일 / 가열온도	B_1	B_2	B_3	B_4	$T_{i\cdot}$	$\bar{x}_{i\cdot}$
A_1	98.0	99.0	98.6	97.6	393.2	98.3
A_2	97.7	98.0	98.2	97.3	391.2	97.8
A_3	96.5	97.9	96.9	96.7	388.0	97.0
$T_{\cdot j}$	292.2	294.9	293.7	291.6	1172.4	
$\bar{x}_{\cdot j}$	97.4	98.3	97.9	97.2		97.7

| 풀이 |

1) 데이터 입력(워크시트): 다음과 같이 C1 열에 A인자, C2 열에 B인자, C3 열에 데이터(y)를 입력한다.

↓	C1	C2	C3	C4
	A	B	y	
1	1	1	98.0	
2	1	2	99.0	
3	1	3	98.6	
4	1	4	97.6	
5	2	1	97.7	
6	2	2	98.0	
7	2	3	98.2	
8	2	4	97.3	
9	3	1	96.5	
10	3	2	97.9	
11	3	3	96.9	
12	3	4	96.7	

2) 미니탭 분석

◆ 메뉴

① **통계분석>분산분석>일반선형모형**

- 반응: y
- 요인: A(온도), B(실험일)
- 공변량(C):

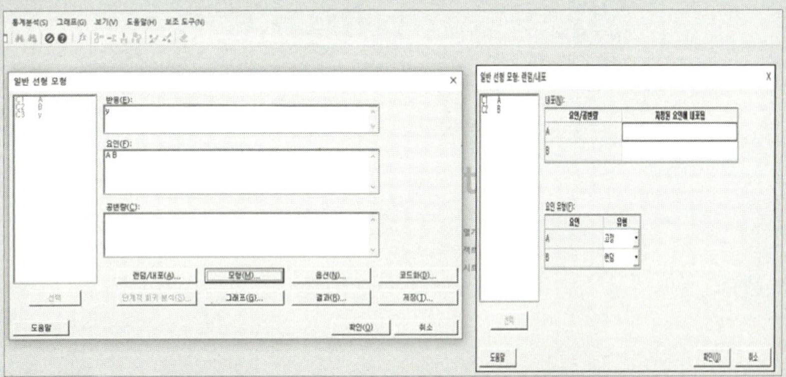

② 「랜덤/내포(A)」: A(고정), B(랜덤), 변량인자 클릭 후 확인

(참조: **분산분석>균형분산분석**으로 구해도 결과는 동일)

◆ 미니탭 실행 결과

[분산분석]

요인 정보

요인	유형	수준	값
A	고정	3	1, 2, 3
B	랜덤	4	1, 2, 3, 4

분산 분석

출처	DF	Adj SS	Adj MS	F-값	P-값
A	2	3.4400	1.72000	18.43	0.003
B	3	2.2200	0.74000	7.93	0.016
오차	6	0.5600	0.09333		
총계	11	6.2200			

- 해설:
  - A(온도)는 모수인자이고, B(실험일)는 변량인자인 난괴법 실험이다.
  - 분산분석 결과 A(온도)는 유의수준($\alpha = 0.05$)에서 귀무가설이 기각된다. 즉 온도는 실험결과에 영향을 준다.

3) 주효과도(A) 미니탭 분석

◆ 메뉴

① **통계분석 > 분산분석 > 요인그림(A)**

- 반응변수: y
- 선택됨(S): A
- 그래프에서: 주효과도 클릭 후 확인

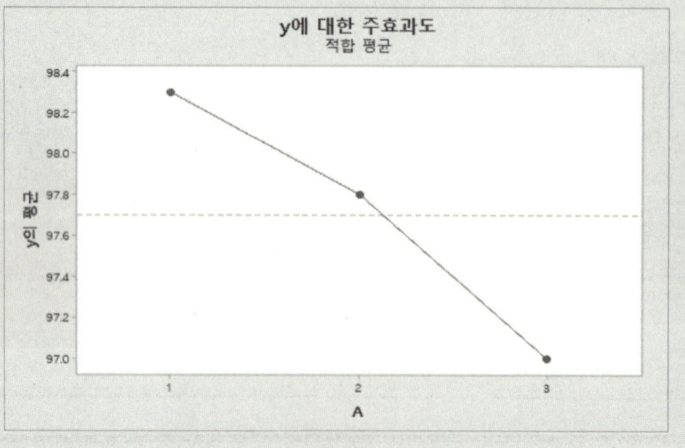

- 해설: 주효과도로부터 공정온도가 A_1(70)일 때 플라스틱 강도가 가장 크다.

2 반복이 있는 이원배치법

2.1 반복이 있는 이원배치법 개념

이원배치법(two way factorial design)은 관심 있는 실험 특성치 두 개의 인자 영향을 조사하기 위하여 쓰이는 실험계획법이다. 반복이 없는 이원배치법과 달리 반복이 있는 이원배치법을 진행하게 되면 A, B 두 인자 간에 조합에 의한 교호작용효과를 구할 수 있다. 이와 같이 반복이 있는 이원배치법의 특징은 2인자 교호작용의 효과를 검토하는 것으로, 이원배치법은 최소한 2회 이상 반복실험을 해야 한다. 기본적으로는 반복실험횟수는 같게 한다. 그리고 결측치가 있으면 결측치를 보정한다. 실험계획법의 기본 원리인 반복의 원리를 이용하여 실험하면 반복이 없는 경우에 비하여 다음과 같은 이점이 있다.

① 인자의 교호작용(interaction effect)을 실험오차와 분리하여 구할 수 있다.
② 교호작용을 분리하여 검출할 수 있으므로 인자효과(주효과: main effect)에 대한 검출력(test of power)이 좋아지고 실험오차를 구할 수 있다.
③ 실험의 재현성과 관리 상태를 검토할 수 있다.
④ 수준수가 적더라도 반복수의 크기를 조절하여 검출력을 높일 수 있다.
⑤ 반복측정하면 할수록 실험오차를 줄일 수 있다.
⑥ 결측치가 있는 경우에는 결측치의 수만큼 오차항의 자유도와 총변동의 자유도에서 공제한다.

반복이 있는 이원배치법에서는 실험의 랜덤화(randomization)에 특히 유의하여야 한다. 2인자 A, B의 각 수준수가 l, m이고 반복수가 r회라고 하면, 랜덤화의 원칙은 lmr회의 모든 실험을 랜덤하게 하는 것이다. 그렇지 않으면 분할법으로 분석하여야 한다. 이원배치법은 2인자 A, B에 관한 실험인데 A, B 모두가 모수인자인 모수모형과 1인자 모수, 1인자 변량인 혼합모형이 있다. 2인자 모두 변량인자인 경우에는 거의 사용하지 않는다.

1) 교호작용(interaction effect)

교호작용 효과는 2인자 이상의 특정한 인자수준의 조합에서 일어나는 효과로써 하나의 인자에 의해서 다른 인자가 영향을 받는 것이다. 예를 들면 인자 A의 효과가 인자 B의 수준의 변화에 따라 변화하는 경우에 두 인자 간에 교호작용이 존재한다고 하며, $A \times B$로 표기한다. 교호작용의 유무는 [그림 5-2]와 같이 나타낸다.

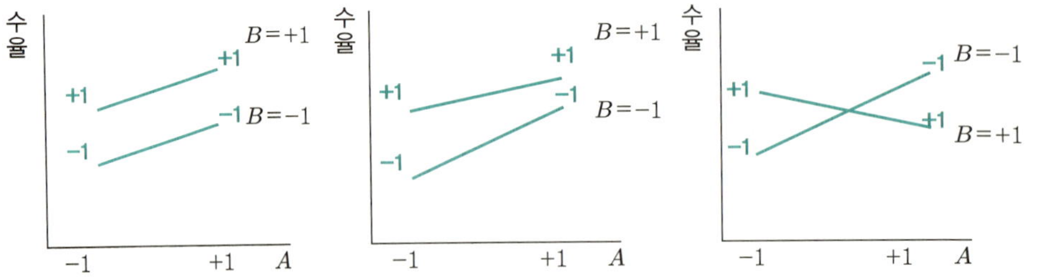

(a) 교호작용이 없음 (b) 교호작용이 있음 (c) 교호작용이 매우 큼

그림 5-2 교호작용의 유무

요인효과로부터 주효과, 교호효과 작용의 유의성을 판단하는 지표로 다음을 고려하여 판단할 수 있다.

① 교호작용이 없을 경우에는 상대인자의 각 수준에 대응되는 출력변수의 변화가 평행하게 나타난다.

② 교호작용이 있을 경우는 상대인자의 각 수준에 대응되는 출력변수의 변화가 교차하거나 평행이 아닌 형태로 나타난다.

교호작용 $A \times B$가 유의한 경우에는 일반적으로 A, B의 각 수준의 모평균을 추정하는 것은 의미가 적으며, 수준의 조합 A_iB_j에서 모평균을 추정하는 것이 실제로 의미가 크므로, 그 조합의 효과를 각 조합에 관하여 구한 후에 최적조건을 구해야 한다.

2) 등분산의 검토

반복이 있는 이원배치법에서는 A, B인자의 조합조건마다 실험오차가 등분산 인지를 검토하여야 한다. 만약 등분산의 가정이 성립되지 않으면 분산분석표에서 F 검정의 타당성을 보증할 수 없다. 그리고 등분산의 가정이 성립된다면 일반적으로 실험 전체가 관리 상태에 있다고 말할 수 있다.

2.2 모수모형의 데이터 구조

인자 A, B가 모수(제어)인자이고 반복이 있는 이원배치 실험의 데이터 배열은 [표 5-4]와 같이 나타낼 수 있다. 여기에서 각 인자의 합과 평균은 다음과 같이 계산할 수 있다.

$$T_{i..} = \sum_{j=1}^{m}\sum_{k=1}^{r} x_{ijk}, \quad \bar{x}_{i..} = \frac{T_{i..}}{mr}, \; i = 1, 2, \cdots, l$$

$$T_{.j.} = \sum_{i=1}^{l}\sum_{k=1}^{r} x_{ijk}, \quad \bar{x}_{.j.} = \frac{T_{.j.}}{lr}, \; i = 1, 2, \cdots, m$$

$$T = \sum_{j=1}^{l} T_{.j.}, \quad \bar{x} = \frac{T}{lmr}$$

[표 5-4] 반복이 있는 이원배치법의 데이터 배열

B \ A	A_1	A_2	$\cdots$	A_l	$T_{\cdot j \cdot}$	$\bar{x}_{\cdot j \cdot}$
B_1	x_{111} x_{112} $\vdots$ x_{11r}	x_{211} x_{212} $\vdots$ x_{21r}	$\cdots$ $\cdots$ $\vdots$ $\cdots$	x_{l11} x_{l12} $\vdots$ x_{l1r}	$T_{\cdot j \cdot}$	$\bar{x}_{\cdot 1 \cdot}$
B_2	x_{121} x_{122} $\vdots$ x_{121r}	x_{221} x_{222} $\vdots$ x_{22r}	$\cdots$ $\cdots$ $\vdots$ $\cdots$	x_{l21} x_{l22} $\vdots$ x_{l2r}	$T_{\cdot 2 \cdot}$	$\bar{x}_{\cdot 2 \cdot}$
$\vdots$			$\vdots$		$\vdots$	$\vdots$
B_m	x_{1m1} x_{1m2} $\vdots$ x_{1mr}	x_{2m1} x_{2m2} $\vdots$ x_{2mr}	$\cdots$ $\cdots$ $\vdots$ $\cdots$	x_{lm1} x_{lm2} $\vdots$ x_{lmr}	$T_{\cdot m \cdot}$	$\bar{x}_{\cdot m \cdot}$
$T_{i..}$	$T_{1..}$	$T_{2..}$	$\cdots$	$T_{l..}$	T	
$\bar{x}_{i..}$	$\bar{x}_{1..}$	$\bar{x}_{2..}$	$\cdots$	$\bar{x}_{l..}$		$\bar{\bar{x}}$

A_iB_j 수준에서 r개 데이터의 합은 아래와 같이 구한다.

$$T_{ij\cdot} = \sum_{k=1}^{r} x_{ijk}$$

표 5-5 $T_{ij\cdot}$

B \ A	A_1	A_2	$\cdots$	A_l
B_1	$T_{11\cdot}$	$T_{21\cdot}$	$\cdots$	$T_{l1\cdot}$
B_2	$T_{12\cdot}$	$T_{22\cdot}$	$\cdots$	$T_{l2\cdot}$
$\vdots$	$\vdots$			
B_m	$T_{1m\cdot}$	$T_{2m\cdot}$	$\cdots$	$T_{lm\cdot}$

데이터 구조식은 A인자의 i번째 수준효과 a_i와 인자 B의 j번째 수준효과 b_j로 설명하고, 인자 A, B 간의 교호작용 효과를 $(ab)_{ij}$라고 한다면 반복이 있는 이원배치법의 모수모형 데이터 구조식은 다음과 같다.

$$x_{ijk} = \mu + a_i + b_j + (ab)_{ij} + e_{ijk} \qquad (5 \cdot 23)$$

여기서 $i = 1, 2, \cdots, l \quad j = 1, 2, \cdots, m \quad k = 1, 2, \cdots, r$

μ: 실험전체의 모평균

a_i : A_i 수준의 효과, $\sum_{i=1}^{l} a_i = 0, \quad \sigma_A^2 = \frac{\sum_{i=1}^{l} a_i^2}{l-1}$

b_i : B_i 수준의 효과, $\sum_{j=1}^{m} b_i = 0, \quad \sigma_B^2 = \frac{\sum_{j=1}^{m} b_j^2}{m-1}$

$(ab)_{ij}$: AB_{ij} 교호작용효과

$$\sum_i (ab)_{ij} = \sum_j (ab)_{ij} = \sum_i \sum_j (ab)_{ij} = 0$$

$$\sigma_{A \times B}^2 = \frac{\sum_i \sum_j (ab)_{ij}^2}{(l-1)(m-1)}$$

e_{ij} : $A_i B_j$ 수준의 실험오차, $e_{ij} \sim N(0, \sigma_e^2)$, $E(e_{ijk}) = 0$

1) 분산분석

(1) 변동 분해

데이터 x_{ijk}는 반복이 있는 이원배치법 데이터 배열과 데이터 식 (5·23) 구조식에 의해서 다음과 같이 표현된다.

$$(x_{ijk} - \overline{\overline{x}}) = (\overline{x}_{i..} - \overline{\overline{x}}) + (x_{.j.} - \overline{\overline{x}}) + (\overline{x}_{ij.} - \overline{x}_{i..} - \overline{x}_{.j.} + \overline{\overline{x}}) + (x_{ijk} - \overline{x}_{ij.})$$

여기서 양변을 제곱 후 모든 i, j, k에 대해서 합하면

$$\sum_{i=1}^{l}\sum_{j=1}^{m}\sum_{k=1}^{r}(x_{ijk} - \overline{\overline{x}})^2 = \sum_i\sum_j\sum_k(\overline{x}_{i..} - \overline{\overline{x}})^2 + \sum_i\sum_j\sum_k(\overline{x}_{.j.} - \overline{\overline{x}})^2 + \sum_i\sum_j\sum_k(x_{ij.} - \overline{x}_{i..} - \overline{x}_{.j.} + \overline{\overline{x}})^2 + \sum_i\sum_j\sum_k(x_{ijk} - \overline{x}_{ij.})^2$$

$SS_T = SS_A + SS_B + SS_{A\times B} + SS_E$이 된다.

여기서 SS_T: 총변동, SS_A: A의 변동, SS_B : B의 변동,

$SS_{A\times B}$: A와 B의 교호작용의 변동, SS_E: 오차변동이다.

여기서 수정항(CT)을 이용하여 전체의 변동식을 구하면 다음과 같다.

① 총변동

$$SS_T = \sum_{i=1}^{l}\sum_{j=1}^{m}\sum_{k=1}^{r}(x_{ijk} - \overline{\overline{x}})^2 = \sum_i^{l}\sum_j^{m}\sum_k^{r} x_{ijk}^2 - CT \qquad (5\cdot 24)$$

(여기서 CT: 수정항으로 $CT = \dfrac{T^2}{lmr}$)

② A인자의 변동

$$SS_A = \sum_{i=1}^{l}\sum_{j=1}^{m}\sum_{k=1}(\overline{x}_{i..} - \overline{\overline{x}})^2 = \sum_{i=1}^{l}\frac{T_{i..}^2}{mr} - CT \qquad (5\cdot 25)$$

③ B인자의 변동

$$SS_B = \sum_{i=1}^{l}\sum_{j=1}^{m}\sum_{k}^{r}(\bar{x}_{.j.} - \bar{\bar{x}})^2 = \sum_{j=1}^{l}\frac{T_{.j.}^2}{lr} - CT \qquad (5 \cdot 26)$$

④ A, B 간의 급간변동

$$SS_{AB} = \sum_{i=1}^{l}\sum_{j=1}^{m}\sum_{k}^{r}(\bar{x}_{ij.} - \bar{\bar{x}})^2 = \sum_{j=1}^{l}\frac{T_{ij.}^2}{r} - CT^2 \qquad (5 \cdot 27)$$

⑤ A와 B의 교호작용 변동

$$SS_{A\times B} = \sum_{i=1}^{l}\sum_{j=1}^{m}\sum_{k}^{r}(\bar{x}_{ij.} - \bar{x}_{i..} - \bar{x}_{.j.} + \bar{\bar{x}})^2$$
$$= SS_{AB} - SS_A - SS_B \qquad (5 \cdot 28)$$

⑥ 잔차변동

$$SS_E = \sum_{i}\sum_{j}\sum_{k}(x_{ijk} - \bar{x}_{ij.})^2 = SS_T - SS_{AB}$$
$$= SS_T - SS_A - SS_B - SS_{A\times B} \qquad (5 \cdot 29)$$

(2) 자유도 계산

각 변동의 자유도(degree of freedom, ϕ로 표기)는 제곱을 한 편차의 개수에서 편차들의 선형제약조건의 수를 뺀 것으로 정의된다. 각 변동의 자유도는 다음과 같다.

① 총변동의 자유도: $\phi_T = lmr - 1$

② 인자 A변동의 자유도: $\phi_A = l - 1$

③ 인자 B변동의 자유도: $\phi_B = m - 1$

④ AB 간 변동의 자유도: $\phi_{AB} = lm - 1$

⑤ 교호작용 $A\times B$ 변동의 자유도: $\phi_{A\times B} = \phi_{AB} - \phi_A - \phi_B$
$= (l-1)(m-1)$

⑥ 잔차변동의 자유도: $\phi_E = \phi_T - \phi_{AB} = lm(r-1)$

여기서 SS_T의 자유도는 SS_A, SS_B, $SS_{A\times B}$, SS_E의 자유도의 합으로 분할됨을 알 수 있고, 평균제곱 MS_A, MS_B, $MS_{A\times B}$, MS_E는 제곱합 SS_A, SS_B, $SS_{A\times B}$, SS_E를 각각의 자유도로 나누어준 값이다.

(3) 분산분석표와 F 검정

가설검정에 대한 기각역은 다음과 같다.

$F_0 = \dfrac{MS_A}{MS_E} > F_\alpha(\phi_A, \phi_E)$: 인자 A가 특성값에 유의한 영향을 준다.

$F_0 = \dfrac{MS_B}{MS_E} > F_\alpha(\phi_B, \phi_E)$: 인자 B가 특성값에 유의한 영향을 준다.

$F_0 = \dfrac{MS_{A\times B}}{MS_E} > F_\alpha(\phi_{A\times B}, \phi_E)$: 두 인자 A, B 사이에 교호작용이 존재한다.

이상을 결과를 요약하면 반복이 있는 이원배치법의 분산분석표는 다음과 같다.

표 5-6 반복이 있는 이원배치법의 분산분석표

요인	제곱합	자유도	평균제곱	F_0	기각역
A	SS_A	$l-1$	MS_A	$\dfrac{MS_A}{MS_E}$	$F_\alpha(\phi_A, \phi_E)$
B	SS_B	$m-1$	MS_B	$\dfrac{MS_B}{MS_E}$	$F_\alpha(\phi_B, \phi_E)$
$A\times B$	$SS_{A\times B}$	$(l-1)(m-1)$	$MS_{A\times B}$	$\dfrac{MS_{A\times B}}{MS_E}$	$F_\alpha(\phi_{A\times B}, \phi_E)$
E	SS_E	$lm(r-1)$	MS_E		
T	SS_T	$lmr-1$			

분산분석표에서 F검정을 한 결과 교호작용이 유의하지 않을 때에는 유의하지 않은 교호작용을 오차항에 풀링시켜 새로운 오차항을 만든다. 이와 같이 유의하지 않은 교호작용의 변동과 자유도를 오차항에 있는 변동과 자유도에 더하는 것을 오차항으로 부터의 풀링(pooling)이라고 한다. 풀링을 하게 되면 오차의 분산이 다시 계

산되어진다.

2) 분산분석 후의 추정

반복이 있는 이원배치법의 경우는 반복이 없는 경우의 확장이므로 앞에서 다룬 반복이 없는 이원배치법 분산분석 후의 추정과 거의 동일하다.

(1) 모평균 추정

① A인자의 모평균 신뢰구간 추정

수준 A_i에서의 $100(1-\alpha)\%$ 신뢰구간은

$$\mu(A_i): \ \overline{x}_{i..} \pm t_{\alpha/2}(\phi_E)\sqrt{\frac{MS_E}{mr}} \qquad (5 \cdot 30)$$

② B인자의 모평균 신뢰구간 추정

수준 B_j에서의 $100(1-\alpha)\%$ 신뢰구간은

$$\mu(B_j): \ \overline{x}_{.j.} \pm t_{\alpha/2}(\phi_E)\sqrt{\frac{MS_E}{lr}} \qquad (5 \cdot 31)$$

(2) 2인자를 조합한 조건에서의 모평균의 신뢰구간 추정

① 교호작용이 무시되지 않는 경우

교호작용이 무시되지 않은 경우의 $\mu(A_iB_j)$는 $\mu + a_i + b_j + (ab)_{ij}$.이다. 이것의 점추정값은 $\overline{x}_{ij.}$이고, 구조식 (5·23)으로부터 $\overline{x}_{ij.} = \mu + a_i + b_j + (ab)_{ij} + \overline{e}_{ij.}$가 된다. 여기에서 $\overline{x}_{ij.}$의 기대값과 분산은 다음과 같다.

$$E(\overline{x}_{ij.}) = \mu + a_i + b_j + (ab)_{ij}$$

$$Var(\overline{x}_{ij.}) = \frac{{\sigma_E}^2}{r} = E\left(\frac{MS_E}{r}\right)$$

따라서 $\mu(A_iB_j)$의 신뢰수준 $100(1-\alpha)\%$의 신뢰구간은 다음과 같다.

$$\mu(A_iB_j):\ \bar{x}_{ij.} \pm t_{\alpha/2}(\phi_E)\sqrt{\frac{MS_E}{r}} \qquad (5 \cdot 32)$$

② 교호작용이 무시되는 경우

교호작용이 무시되는 경우는 구하고자 하는 모수는 $(ab)_{ij}$가 무시되므로 A인자의 i수준과 B인자의 j수준에서 $\mu(A_iB_j)$는 $\mu+a_i+b_j$이다. 데이터의 구조식 (5·23)으로부터

$$\bar{x}_{ij.} = \mu + a_i + b_j + (ab)_{ij} + \bar{e}_{ij.} \qquad (5 \cdot 33)$$

$$\bar{x}_{i..} = \mu + a_i + \bar{e}_{i..} \qquad (5 \cdot 34)$$

$$\bar{x}_{.i.} = \mu + b_j + \bar{e}_{.j.} \qquad (5 \cdot 35)$$

$$\bar{\bar{x}} = \mu + \bar{e} \qquad (5 \cdot 36)$$

이 된다. 식 (5·34), (5·35), (5·36)으로부터 각 기대값은 $E(\bar{x}_{i..}) = \mu + a_i$, $E(\bar{x}_{.i.}) = \mu + b_j$, $E(\bar{\bar{x}}) = \mu$가 되므로 $\mu+a_i+b_j$의 점추정값은

$$\widehat{\mu+a_i+b_j} = \widehat{\mu+a_i} + \widehat{\mu+b_j} - \hat{\mu} = \bar{x}_{i..} + \bar{x}_{.j.} - \bar{\bar{x}} \qquad (5 \cdot 37)$$

이 된다. 추정값의 분산은

$$Var(\bar{x}_{i..} + \bar{x}_{.j.} - \bar{\bar{x}}) = \frac{{\sigma_E}^2}{\eta_e} = E\left(\frac{MS_E}{\eta_e}\right)$$

여기서 $\eta_e\left(\eta_e = \dfrac{lmr}{l=m-1}\right)$는 유효반복수이며, 수준의 $\mu(A_iB_j)$의 신뢰수준 $100(1-\alpha)\%$의 신뢰구간은 다음과 같다.

$$\mu(A_iB_j):\ (\bar{x}_{i..} + \bar{x}_{.j.} - \bar{x}) \pm t_{\alpha/2}(\phi_E)\sqrt{\frac{MS_E}{\eta_e}} \qquad (5 \cdot 38)$$

예제 5-3

E사 천안 공장은 스마트폰에 들어가는 FPC를 생산하는 기업으로 갤럭시 모델에 들어가는 FPC의 불량률이 높아서 원인 분석 결과 타발 공정에서 TOP 형상불량이 전체 불량의 70% 이상을 점유하여 이를 개선하기로 하였다. TOP 형상불량과 관련된 인자로 가이드 핀 개수와 피딩 속도가 확인되고 이것이 불량률에 어떤 영향을 미치는지 알아보기 위하여 가이드 핀의 개수(A) 3수준과 피딩 속도(B) 3수준으로 잡고 각 2회 반복실험을 하였다.

각 인자의 수준은 다음과 같다.

> A인자: 가이드 핀 개수(ea) A_1: 2, A_2: 3, A_3: 4
>
> B인자: 피딩 속도(rpm) B_1: 20, B_2: 40, B_3: 60

실험데이터는 다음과 같다. 분산분석을 실시하고 추정을 실시한 후 분석 결과를 해석하시오. (유의수준 $\alpha = 0.05$)

불량률 데이터

	A_1	A_2	A_3	$T_{.j.}$	$\bar{x}_{.j.}$
B_1	2.5 2.3	2.5 2.3	1.0 1.2	11.8	2.0
B_2	3.4 3.5	4.1 4.5	2.5 2.6	20.6	3.4
B_3	8.9 9.1	7.0 7.5	4.9 4.8	42.2	7.0
$T_{i..}$ $\bar{x}_{i..}$	29.7 4.9	27.9 4.7	17.0 2.8	74.6	 12.4

| 풀이 |

1) 데이터 입력(워크시트): 하기 그림과 같이 C1 열에 A인자, C2 열에 B인자, C3 열에 데이터(defect)를 입력한다.

↓	C1-T	C2-T	C3	C4	C5
	A	B	defect		
2	A1	B1	2.3		
3	A1	B2	3.4		
4	A1	B2	3.5		
5	A1	B3	8.9		
6	A1	B3	9.1		
7	A2	B1	2.5		
8	A2	B1	2.3		
9	A2	B2	4.1		
10	A2	B2	4.5		
11	A2	B3	7.0		
12	A2	B3	7.5		
13	A3	B1	1.0		
14	A3	B1	1.2		
15	A3	B2	2.5		
16	A3	B2	2.6		
17	A3	B3	4.9		
18	A3	B3	4.8		

2) 미니탭 분석

◆ 메뉴

① **통계분석>분산분석>균형분산분석**

- 반응(E): defect
- 모형: 주효과 A, B와 교호효과 A^*B 입력

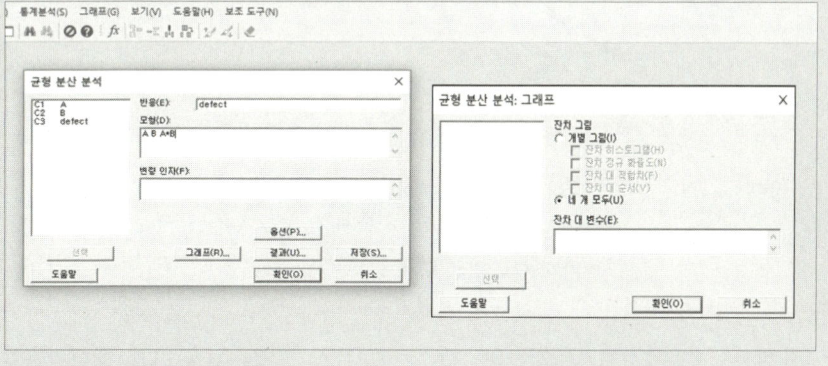

② 그래프 선택 후 자료 입력

- 잔차 그림: 네 개 모두(U) 선택 후 확인

◆ 미니탭 분석 결과

[분산분석]

defect에 대한 분산 분석

출처	DF	SS	MS	F	P
A	2	15.741	7.8706	236.12	0.000
B	2	81.564	40.7822	1223.47	0.000
A*B	4	6.939	1.7347	52.04	0.000
오차	9	0.300	0.0333		
총계	17	104.544			

- 해설: A, B, $A*B$ 모두 p-값이 0.00이므로 매우 유의하다. (p-값<0.05이면 귀무가설 기각) 즉 불량률에 주효과(A, B)와 교호효과($A*B$) 모두 유의하게 영향을 미친다. 특히 교호작용이 유의하므로 최적값 구할 시에 교호작용에서 구하여야 한다. 불량률(defect)이 최소화되기 위한 실험인자 조합을 찾으려면 A와 B의 모든 실험조합에서 반응값을 추정해보고 최적실험조건을 찾아야 한다. 뒤에 나오는 6) 교호효과 미니탭 분석에서 A_3B_1가 최적조건이 된다.

[잔차분석]

실험이 제대로 되었는지 한눈에 검토하며, 중요한 실험에서는 검토를 진행해야 한다. 특히 반복이 있는 이원배치법에서는 확인을 해야 한다.

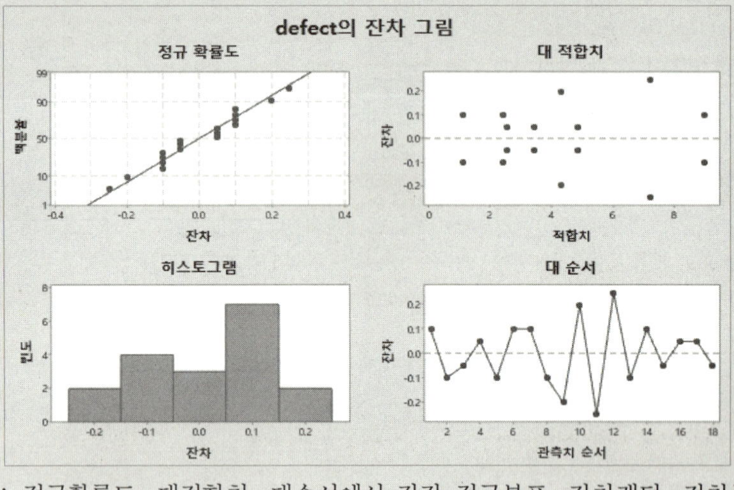

- 해설: 정규확률도, 대적합치, 대순서에서 각각 정규분포, 잔차랜덤, 잔차독립을 만족하므로 이 실험모형은 적합하다고 할 수 있다.

3) 등분산 검정 미니탭 분석: 반복이 있는 실험에서 등분산 검토가 유용하다.

◆ 메뉴

① **통계분석>분산분석>등분산 검정**

- 반응변수: defect

• 요인: A, B

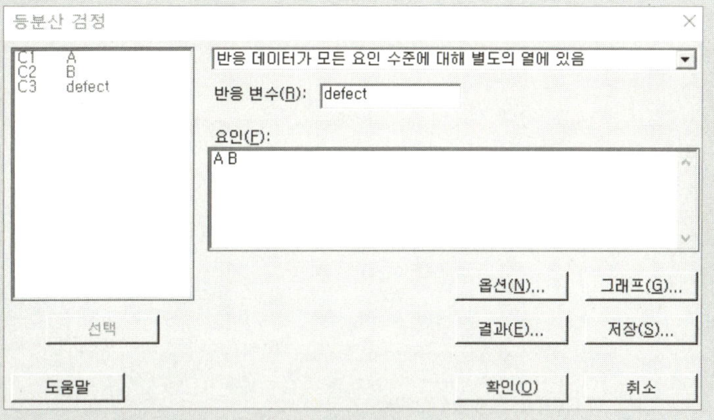

• 옵션(N): "정규분포 검정"을 클릭하면 "Bartlett 검정" 실시
• 그래프(G): 요약도, 개별상자 클릭

◆ 미니탭 분석 결과

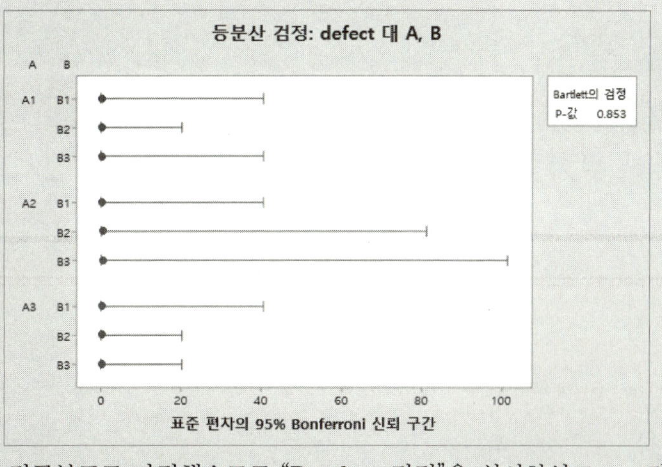

• 해설: 정규분포로 가정했으므로 "Bartlett 검정"을 실시하였고, p-값이 0.851로 유의하지 않다(p-값>0.05, 귀무가설 채택). 즉 등분산을 만족한다.

4) 구간그림 미니탭 분석

◆ 메뉴

① **통계분석>분산분석>구간그림**

• 단일(Y): 그룹표시
• 그래프 변수(G): defect
• 그룹화에 대한 범주형 변수: A, B 클릭 후 확인

◆ 미니탭 분석 결과

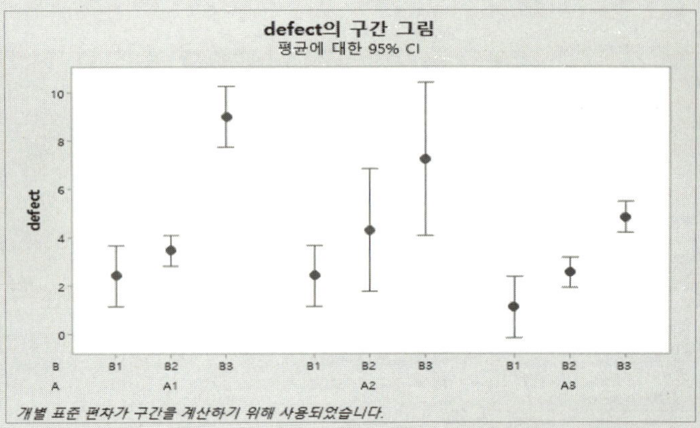

• 해설: A_3B_1이 불량률(defect)이 가장 낮고 산포도 적다.

5) 주효과도 미니탭 분석

◆ 메뉴

① 통계분석>분산분석>주효과도

• 반응(R): defect

• 요인: A, B 클릭 후 확인

◆ 미니탭 분석 결과

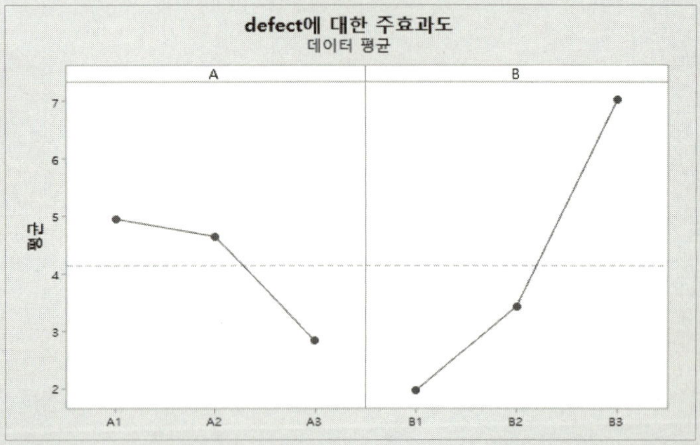

• 해설: 가운데 중심선은 총평균이고, 각 점은 수준에서의 평균을 뜻한다. A_3, B_1에서 불량률(defect)이 가장 낮다. 교호작용이 유의하므로 교호작용을 통해서 판단하도록 한다.

6) 교호효과 미니탭 분석

◆ 메뉴

① 통계분석 > 분산분석 > 교호작용도

• 반응(R): defect

• 요인: A, B 클릭 후 확인

◆ 미니탭 분석 결과

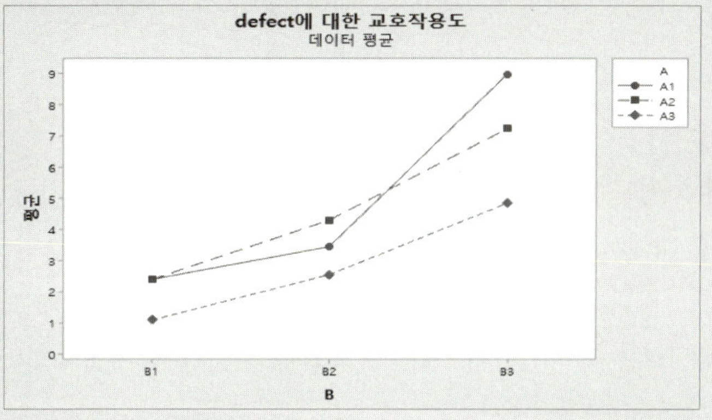

• 해설: A_3B_1에서 불량률(defect)이 가장 낮을 것으로 판단된다.

2.3 혼합모형

통계모형은 요인수준을 어떻게 선택하느냐에 따라 고정모형(fixed model), 변량모형(random model), 혼합모형(mixed model)의 세 가지로 구분된다. 즉 어떤 특성값이 영향을 미치는 2개의 요인 중에서 하나는 고정요인이고 다른 하나는 변량요인인 모형이 혼합모형이다. 요인 수준 또는 처리 수준의 선택에는 두 가지 방법이 있다. 하나는 실험자가 스스로 적절한 실험수준을 선택하는 것이고 다른 하나는 특정범위 내에서 임의로 선택되는 경우이다. 고정요인은 온도, 압력, 벼 품종의 종류 등과 같이 요인 수준이 고정되어 있고, 각각의 수준이 기술적인 의미를 갖는다. 반면에 변량요인은 원자재 로트, 실험일, 작업자 등과 같이 요인 수준이 많은 수준 중에서 랜덤하게 선택되는 경우로 기술적인 의미를 갖지 못한다. 따라서 고정요인의 경우는 수준효과와 최적조건을 구하는 데 관심이 있지만, 변량요인의 경우에는 주로 수준 간의 산포의 크기인 분산성분에 관심이 있다.

1) 구조모형

A는 모수인자, B는 변량인자이므로 데이터의 구조식은 다음과 같이 정리될 수 있다.

$$x_{ijk} = \mu + a_i + b_j + (ab)_{ij} + e_{ijk} \tag{5·39}$$

$$e_{ijk} \sim N(0, \sigma_E^2),\ \ b_j \sim N(0, \sigma_E^2):\ \text{서로 독립}$$

2) 분산분석

혼합모형이나 고정모형은 변동이나 자유도를 구하는 데에는 차이가 없으나, 평균제곱의 기대값에 대해서는 차이가 있으므로 이 차이로 인하여 분산분석표에서 F검정에 다른 점이 나타나게 된다.

A는 모수인자, B는 변량인자이므로 각 조건과 식을 나타내면

$$\sum_{i=1}^{l} a_i = 0$$

$$\sum_{i=1}^{l} b_j \neq 0$$

$$\sum_{i=1}^{l} (ab)_{ij} = 0,\ j = 1, 2, \cdots, m$$

$$\sum_{i=1}^{l} (ab)_{ij} \neq 0,\ j = 1, 2, \cdots, l$$

주효과 및 교호작용의 변동식은

$$\sigma_A^2 = \frac{\sum_{i=1}^{l} a_i^2}{l-1}$$

$$\sigma_B^2 = E\left[\frac{\sum_{j=1}^{m} (b_j - \bar{b})^2}{m-1}\right]$$

$$\sigma_{A\times B}^2 = E\left[\frac{\sum_{i=1}^{l}\sum_{j=1}^{m}[(ab)_{ij}]^2}{(l-1)(m-1)}\right] = E\left[\frac{m\sum_{i=1}^{l}[(\overline{ab})_{i.}]^2}{(l-1)}\right]$$

상기 조건과 식을 이용해서 평균제곱의 기대값을 구하면 다음과 같은 결과를 얻게 된다(증명은 생략).

$$E(MS_A) = \sigma_E^2 + r\sigma_{A\times B}^2 + mr\sigma_A^2 \tag{5·40}$$

$$E(MS_B) = \sigma_E^2 + lr\sigma_B^2 \tag{5·41}$$

$$E(MS_{A\times B}) = \sigma_E^2 + r\sigma_{A\times B}^2 \tag{5·42}$$

$$E(MS_E) = \sigma_E^2 \tag{5·43}$$

여기에서 다른 것은 모수모형과 동일하나 식 (5·40)의 $E(MS_A)$만 차이가 있다. 여기에서 가설검정

$$H_0: \sigma_A^2 = 0$$

$$H_1: \sigma_A^2 > 0 \text{라 하면}$$

위 가설검정에 대한 기각역은 다음과 같다.

$F_0 = \dfrac{MS_A}{MS_{A\times B}}$, F_0는 자유도$(\phi_A, \phi_{A\times B})$인 F분포를 따른다고 알려져 있으므로 기각역은 $F_0 = \dfrac{MS_A}{MS_{A\times B}} > F_\alpha(\phi_A, \phi_{A\times B})$로 주어진다.

이상의 결과를 요약하면 반복이 있는 이원배치법의 분산분석표는 [표 5-7]과 같다.

표 5-7 반복이 있는 이원배치법의 분산분석표(혼합모형)

요인	제곱합	자유도	평균제곱	기대값	F_0	기각역
A	SS_A	$l-1$	MS_A	$\sigma_E^2 + r\sigma_{A\times B}^2 + mr\sigma_A^2$	$\dfrac{MS_A}{MS_E}$	$F_\alpha(\phi_A, \phi_E)$

B	SS_B	$m-1$	MS_B	$\sigma_E^2 + lr\sigma_B^2$	$\frac{MS_B}{MS_E}$	$F_\alpha(\phi_B, \phi_E)$
$A\times B$	$SS_{A\times B}$	$(l-1)(m-1)$	$MS_{A\times B}$	$\sigma_E^2 + r\sigma_{A\times B}^2$	$\frac{MS_{A\times B}}{MS_E}$	$F_\alpha(\phi_{A\times B}, \phi_E)$
E	SS_E	$lm(r-1)$	MS_E	σ_E^2		
T	SS_T	$lmr-1$				

지금까지 설명한 혼합모형의 분산분석 방법은 교호작용 효과를 모수인자의 수준에 대하여 더하면 값이 0이 된다는 전제조건을 갖는다. 이와 같은 혼합모형 분산분석 방법을 제약이 있는 모형의 분산분석이라 한다.

반면 이러한 전제조건이 없는 모형을 제약이 없는 모형이라고 한다. 즉 제약이 있는 모형의 전제조건에서

$\sum_{i=1}^{l}(ab)_{ij} = 0,\ j=1,2,\cdots,m$와 $\sum_{i=1}^{l}(ab)_{ij} \neq 0,\ j=1,2,\cdots,l$을 갖지 않게 되는 것을 제약이 없는 혼합모형이라고 한다.

예제 5-4 >>>

어떤 화학제품의 불순물에 대한 영향을 조사하기 위하여 원료 B의 수준은 모든 로트에서 랜덤으로 3로트 택하고, 첨가량 A는 A_1, A_2, A_3 3수준으로 하였다. 모든 조건에서 반복 2회의 실험전체 18회를 랜덤화하여 실험을 행한 결과 다음과 같은 자료를 얻었다. 분산분석표를 작성하고 각 요인과 상호작용의 영향을 분석하고, 불순물이 최소가 되는 수준을 구하여라.

화학제품 불순물 양

	B_1	B_2	B_3
A_1	1.0 0.3	3.1 2.6	1.3 1.9
A_2	4.2 3.3	6.1 5.3	3.1 4.1
A_3	5.3 6.2	6.6 7.1	6.0 6.4

| 풀이 |

1) 데이터 입력(워크시트): 아래 그림과 같이 C1 열에 A인자, C2 열에 B인자 C3 열에 데이터(불순물)를 입력한다.

↓	C1-T	C2-T	C3
	A	B	불순물
1	A1	B1	1.0
2	A1	B1	0.3
3	A1	B2	3.2
4	A1	B2	2.6
5	A1	B3	1.3
6	A1	B3	1.9
7	A2	B1	4.2
8	A2	B1	3.3
9	A2	B2	6.1
10	A2	B2	5.3
11	A2	B3	3.1
12	A2	B3	4.1
13	A3	B1	5.3
14	A3	B1	6.2
15	A3	B2	6.6
16	A3	B2	7.1
17	A3	B3	6.0
18	A3	B3	6.4

2) 미니탭 분석

◆ 메뉴

① 통계분석>분산분석>일반선형모형>일반선형모형 적합

- 반응(E): 불순물
- 요인: 각 인자명 입력

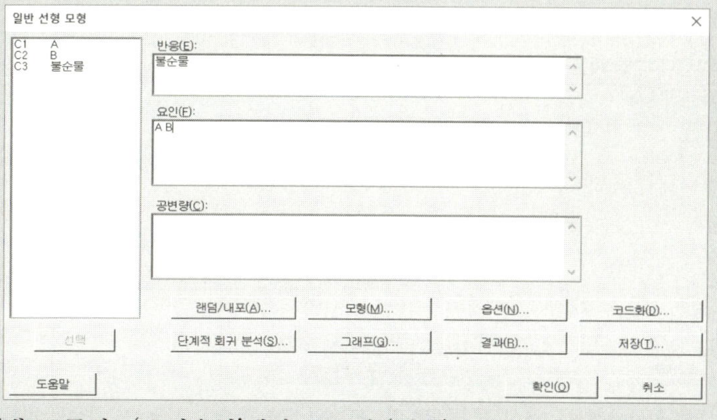

② 랜덤/내포 클릭: '요인유형'에서 로트에 '랜덤'지정

③ 모형 클릭:

- 요인 및 공변량에서 '첨거제'와 '로트'를 각각 지정

• 모형 안의 항에 교호작용 '첨가제*로트'를 추가

◆ 미니탭 분석 결과

[분산분석]

요인 정보

요인	유형	수준	값
A	고정	3	A1, A2, A3
B	랜덤	3	B1, B2, B3

분산 분석

출처	DF	Adj SS	Adj MS	F-값	P-값
A	2	62.621	31.3106	79.16	0.001
B	2	10.234	5.1172	12.94	0.018
A*B	4	1.582	0.3956	1.46	0.292
오차	9	2.440	0.2711		
총계	17	76.878			

• 해설: 주효과 값은 $A(p=0.001)$, $B(p=0.018)$이므로 모두 유의하나(만약 p-값<0.05이면 귀무가설 기각), 교호효과$(A^*B)(p=0.292)$는 유의하지 않다. 즉 두 요인 사이에 상호작용이 유의하지 않음을 알 수 있다.

미니탭에서 분석된 변량인자 B의 F_0값이 이론적인 계산 결과와 약간의 차이가 있으며, 이것은 미니탭에서는 제약이 없는 모형을 사용하고 있기 때문이다. 제약이 없는 경우 변량인자 B의 F_0값은 다음과 같이 계산되어진다.

$$F_0 = \frac{MS_B}{MS_{A\times B}} = \frac{5.1172}{0.3956} = 12.94$$

[제약이 있는 모형의 경우 미니탭에서 사용방법]

미니탭에서 통**계분석>분산분석>균형분산분석**으로 할 수 있다.

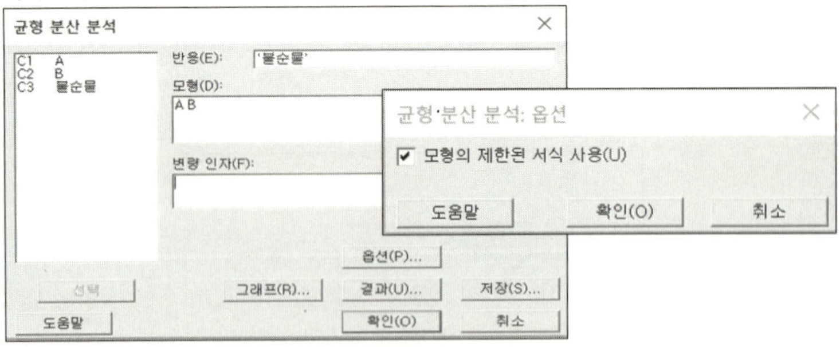

균형분산분석에서 '옵션'을 클릭하여 '모형의 제한된 형식 사용'을 지정할 경우 **제약이 있는 모형**을 사용하여 분석을 할 수 있다.

위 분산분석 결과에서 교호작용이 유의하지 않으므로 오차에 풀링한 결과는 다음과 같다.

◆ 미니탭 분석 결과:

[분산분석]

분산 분석

출처	DF	Adj SS	Adj MS	F-값	P-값
A	2	62.621	31.3106	101.20	0.000
B	2	10.234	5.1172	16.54	0.000
오차	13	4.022	0.3094		
적합성 결여	4	1.582	0.3956	1.46	0.292
순수 오차	9	2.440	0.2711		
총계	17	76.878			

• 해설: 주효과 값은 $A(p=0.000)$, $B(p=0.000)$이므로 모두 유의함을 알 수 있다.

혼합모형 분산분석에는 두 가지 방법 모두 사용이 가능하지만 혼란을 줄이기 위하여 분산분석 후에 분석을 위한 가정을 밝히는 것이 좋겠다.

3) 주효과도 미니탭 분석

◆ 메뉴

① 통계분석 > 분산분석 > 일반선형모형 > 요인그림

• 반응변수: 불순물

◆ 미니탭 분석 결과

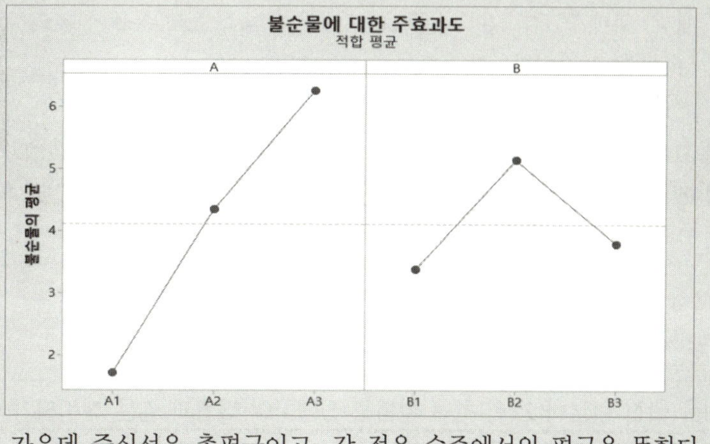

• 해설: 가운데 중심선은 총평균이고, 각 점은 수준에서의 평균을 뜻한다. 첨가량 A_1에서 불순물이 최소가 됨을 알 수 있다.

연습문제

1. 화학공장에서 제품의 수율에 관한 영향을 조사할 목적으로 반응온도(A)를 4수준, 촉매량(B)을 3수준으로 $4 \times 3 = 12$회의 반복이 없는 이원배치의 랜덤 실험을 하였다.

	A_1	A_2	A_3	A_4
B_1	89.0	87.6	88.0	88.6
B_2	88.2	87.3	88.7	88.2
B_3	87.9	86.7	86.5	86.9

1) 각 요인의 변동을 계산하고 분산분석표를 작성하고 해석하시오.

| 풀이 |

◆ 미니탭 분석 결과

수율에 대한 분산 분석

출처	DF	SS	MS	F	P
A	3	2.087	0.6956	3.33	0.098
B	2	3.920	1.9600	9.38	0.014
오차	6	1.253	0.2089		
총계	11	7.260			

• 해설: A, B의 p-값이 각각 0.098, 0.014므로 반응온도 A는 유의수준 0.1에서, 촉매량 B는 유의수준 0.05에서 통계적으로 수율에 유의하게 영향을 주는 실험 인자이다.

2. 어떤 고무회사에서 방진 고무의 압축률(망소 특성)을 최적화하기 위해서 압축률(망소 특성)에 영향을 미칠 것으로 예상되는 온도(A)와 압력(B)을 인자로 취하여 반복이 없는 이원배치의 실험을 하였다. 각 인자의 수준은 다음과 같다.

• 반응온도(A): A_1(50℃), A_2(55℃), A_3(60℃), A_4(65℃)
• 압력(B): B_1(5kg), B_2(7kg), B_3(8kg)

실험은 완전 랜덤화(12회)하여 실험을 진행하여 다음과 같은 데이터가 얻어졌다. 분산분석을 하고 필요한 추정을 실시한 후에 분석결과를 해석하시오.

압축률

	A_1	A_2	A_3	A_4	T_{Bj}
B_1	2	3	4	6	15
B_2	2	6	5	7	20
B_3	5	5	6	9	25
T_{Ai}	9	14	15	22	$T=60$

1) 각 요인의 변동을 계산하고 분산분석표를 작성하고 해석하시오.

| 풀이 |

◆ 미니탭 분석 결과

압축율에 대한 분산 분석

출처	DF	SS	MS	F	P
A	3	28.667	9.5556	11.86	0.006
B	2	12.500	6.2500	7.76	0.022
오차	6	4.833	0.8056		
총계	11	46.000			

• 해설: A, B의 p-값이 각각 0.006, 0.022이므로 (p-값<0.05이면 귀무가설 기각) 유의하다. A와 B는 통계적으로 압축률에 유의하게 영향을 주는 실험 인자이다.

2) 압력을 x축으로 하고 압축률을 y축으로 하여 그래프를 그리고 경향을 확인해보라. (산점도)

| 풀이 |

◆ 미니탭 그래프 분석

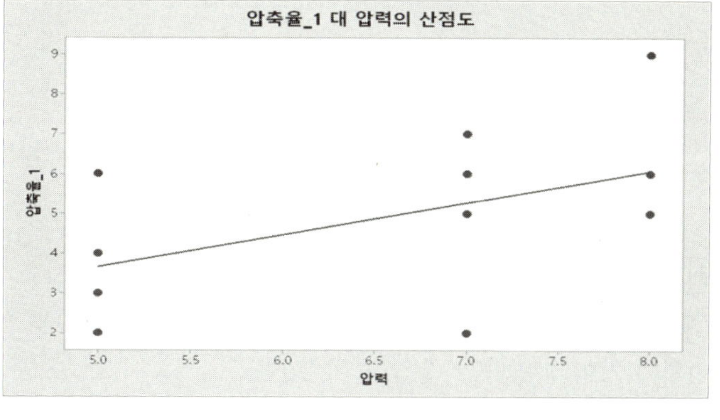

• 해설: 그래프 분석 결과 압력이 커질수록 압축률의 평균이 더 커진다.

3. 어떤 화학제품의 불순물에 대한 영향을 조사하기 위하여 원료의 모든 로트 B를 경제성을 고려하여 랜덤으로 4로트를 택하고, 첨가량 A를 A_1, A_2, A_3, A_4 4수준으로 변화시켜 전체 실험을 랜덤하게 실험하여 다음과 자료를 얻었다.

	A_1	A_2	A_3	A_4	T_{Bj}
B_1	1.3	5.8	3.2	4.2	14.5
B_2	7.5	11.4	7.2	8.5	34.6
B_3	11.5	13.7	12.4	13.1	50.7
B_4	14.2	15.3	16.1	15.5	61.1
T_{Ai}	34.5	46.2	38.9	41.3	T=576.7

1) 로트인자 B는 모수인자인가? 아니면 변량인자인가?

| 풀이 |

인자 B(로트인자)는 많은 수의 로트 중 4개를 선택하였으므로 변량인자이다. 16회의 실험을 랜덤하게 하였으므로 집단인자로 볼 수 있다.

2) 분산분석을 진행하시오.

| 풀이 |

◆ 미니탭 분석 결과

요인 정보

요인	유형	수준	값
A	고정	4	A1, A2, A3, A4
B	고정	4	B1, B2, B3, B4

불순물에 대한 분산 분석

출처	DF	SS	MS	F	P
A	3	16.400	5.467	6.27	0.014
B	3	316.205	105.402	120.92	0.000
오차	9	7.845	0.872		
총계	15	340.450			

• 해설: A, B의 p−값이 각각 0.014, 0.000이므로 유의하다. 여기서 로트인자(B)가 통계적으로 불순물의 영향을 주는 유의한 인자이므로 로트별로 품질 특성치에 차이가 있다는 것을 볼 수 있다.

4. 어떤 신약 제조공정에서 약품의 수율(%)에 영향을 미칠 것으로 판단되는 반응온도 (A)와 원료(B)를 인자로 하여 반복이 없는 실험을 한 결과 다음의 데이터를 얻었다. 다음 각 물음에 답하시오.

	A_1	A_2	A_3	T_{Bj}
B_1	$y(12.75)$	16	20	48.75
B_2	3	12	10	25
B_3	2	1	9	12
T_{Ai}	17.75	29	39	$T' = 85.75$

1) 결측치에 대한 추정값을 구하라.

| 풀이 |

$$y = \frac{(3 \times 5 + 3 \times 36 - 73)}{2 \times 2} = 12.75$$

2) 분산분석을 작성하고, 유의수준(α) 0.05로 검정하시오.

| 풀이 |

◆ 미니탭 분석 결과

수율에 대한 분산 분석

출처	DF	SS	MS	F	P
A(반응온도)	2	75.35	37.674	4.47	0.095
B(원료)	2	231.51	115.757	13.74	0.016
오차	4	33.69	8.424		
총계	8	340.56			

• 해설:

① 인자 A의 p−값이 0.095이므로 기각할 수 없다. 유의하지 않다.

② 인자 B의 p−값이 0.016이므로 기각한다. 유의하다.

5. 합금의 내산성을 증가시키기 위해서 첨가제(4수준)와 표면처리(2수준)의 2개 인자에 대한 16회의 반복이 있는 이원배치실험을 랜덤하게 실시하여 다음의 실험 데이터를 얻었다.

	A_1	A_2	A_3	A_4
B_1	4.2 4.3	4.0 3.9	3.8 3.7	3.8 3.7
B_2	4.1 4.2	4.5 4.3	3.9 4.0	4.0 3.9

1) 등분산의 가정을 검토하시오.

| 풀이 |

◆ 미니탭 분석 결과

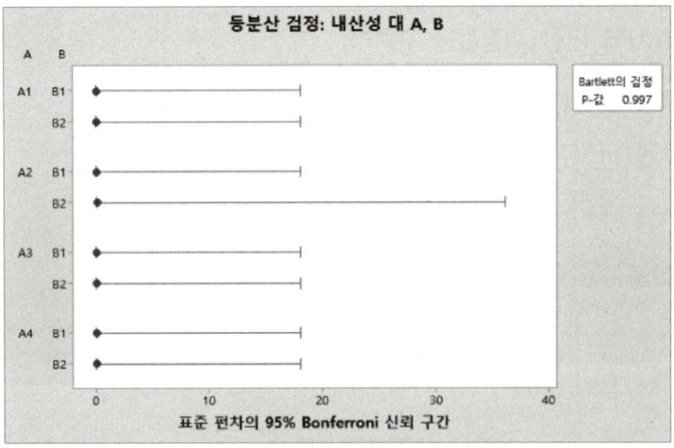

• 해설: 등분산 검정 결과 Bartlett의 p−값이 0.997로 유의수준(α) 0.05보다 크며 귀무가설(H_0)을 기각하지 않으므로 등분산성이다.

2) 분산분석을 진행하고 결과를 설명하시오.

| 풀이 |

◆ 미니탭 분석 결과

내산성에 대한 분산 분석

출처	DF	SS	MS	F	P
A(첨가제)	3	0.45687	0.152292	22.15	0.000
B(표면처리)	1	0.14062	0.140625	20.45	0.002
A(첨가제)*B(표면처리)	3	0.15188	0.050625	7.36	0.011
오차	8	0.05500	0.006875		
총계	15	0.80437			

• 해설: 주효과 A, B의 p−값이 각각 0.000, 0.002이므로 유의하다. 주효과 A와 B, 교호효과 모두 통계적으로 반응에 유의한 영향을 주는 실험 인자이다.

3) 첨가제(A)의 3수준에서의 내산성에 대한 95% 신뢰구간을 구하시오.

| 풀이 |

- 미니탭 그래프 분석

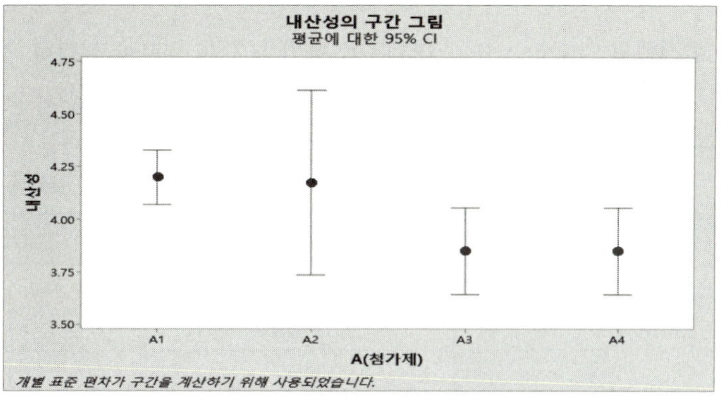

그룹: A(첨가제) = A3
95% 중위수에 대한 신뢰 구간
추정치 = 3.85
구간 = (3.64457, 4.05543)
N = 4

4) 내산성을 최대로 하는 A_iB_j의 조건을 구하고, 이 조건에서의 내산성의 95% 신뢰구간을 구하시오.

| 풀이 |

- 미니탭 그래프 분석

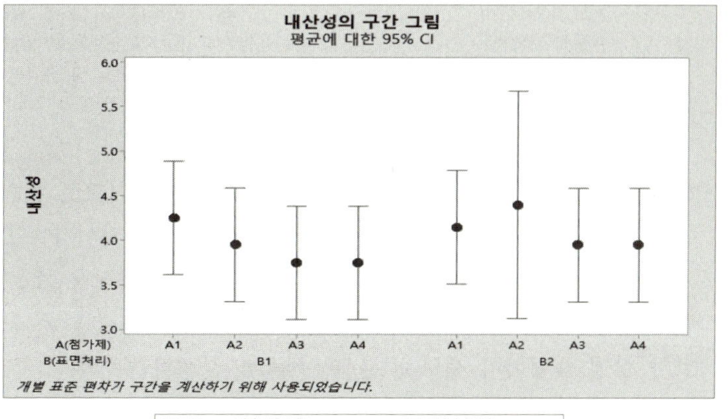

그룹: A(첨가제) = A2, B(표면처리) = B2
95% 중위수에 대한 신뢰 구간
추정치 = 4.4
구간 = (3.12938, 5.67062)
N = 2

• 해설: 상기 구간그림 그래프에서 내산성이 최대가 되는 개별 실험인자 수준의 조합 A_2B_2에서 최대가 되며(추정치: 4.4) 이때의 95% 신뢰구간은(3.129, 5.671)이다.

6. Press 진행시 Cushion Pad 재사용을 통한 부자재 재료비 절감을 위해서 관련이 있는 2개의 인자인 Cushion Pad 수량(A) 2수준과 Press 압력(B) 2수준으로 반복 2회 실험을 진행하여 나온 데이터는 다음과 같다.

적층 후 두께(Cpk)

	A_1	A_2
B_1	1.75 1.69	1.89 1.81
B_2	1.47 1.31	1.72 1.67

1) 분산분석을 진행하시오. Cushion Pad 수량(A)과 Press 압력(B)은 적층 후 두께 변화에 영향을 준다고 할 수 있는가?

| 풀이 |

◆ 미니탭 분석 결과

적층 두께 변화(Cpk)에 대한 분산 분석

출처	DF	SS	MS	F	P
A(Cushion Pad)	1	0.09461	0.094613	19.87	0.011
B(프레스 압력)	1	0.11761	0.117613	24.70	0.008
A(Cushion Pad)*B(프레스 압력)	1	0.01531	0.015312	3.22	0.147
오차	4	0.01905	0.004763		
총계	7	0.24659			

• 해설: 주효과 A, B의 $p-$값이 각각 0.011, 0.008이므로 유의하다. A와 B는 통계적으로 반응에 유의한 영향을 주는 실험 인자이다. 그러나 교호작용 AB의 $p-$값이 0.147이므로 유의하지 않다. 즉 교호작용 AB는 유의한 영향을 준다고 할 수 없다. 상기 분산분석표에서 유의하지 않은 교호작용 AB는 오차 항에 풀링하여 새로운 분산분석표를 작성할 수 있다.

- 미니탭 분석 결과(풀링)

적층 두께 변화(Cpk)에 대한 분산 분석

출처	DF	SS	MS	F	P
A(Cushion Pad)	1	0.09461	0.094613	13.77	0.014
B(프레스 압력)	1	0.11761	0.117613	17.11	0.009
오차	5	0.03436	0.006872		
총계	7	0.24659			

- 해설: 유의하지 않은 교호작용 AB를 오차항에 풀이하여 다시 분산분석을 한 결과 주효과 A, B의 $p-$값은 각각 0.014, 0.009이므로 유의하다.

3) Cushion Pad 수량(A) 2수준에서의 두께 변화의 산포에 대한 95% 신뢰구간을 구하시오.

| 풀이 |

- 미니탭 그래프 분석

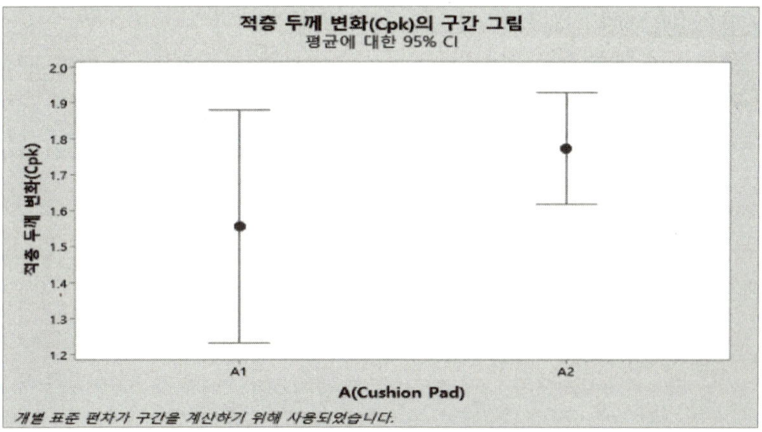

그룹: A(Cushion Pad) = A2
95% 중위수에 대한 신뢰 구간
추정치 = 1.7725
구간 = (1.61747, 1.92753)
N = 4

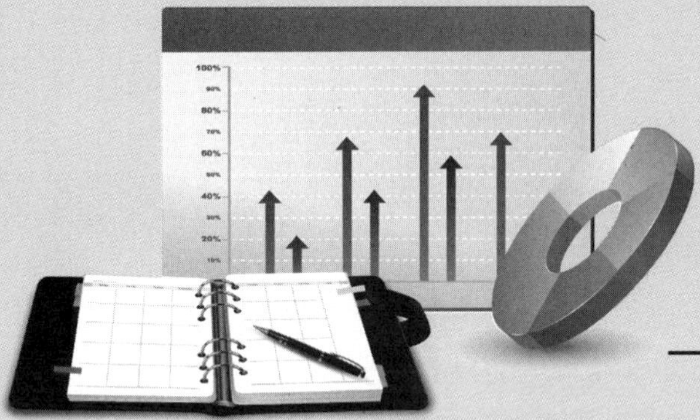

실무자 중심의 실험계획법

CHAPTER 06

요인배치법

1 k^n 요인배치법의 개념

2. 2^2 요인배치법

3. 2^3 요인배치법

Chapter 06 요인배치법

1 k^n 요인배치법의 개념

요인실험법(factorial experiment)은 인자의 각 수준의 모든 조합에 대하여 실험을 행하는 실험계획법으로 주효과와 교호작용의 효과를 파악할 수 있으며, 정의된 실험영역 내의 모든 가능한 수준에서 출력(반응)값을 추정할 수 있다. 여기서 인자의 효과란 인자의 수준의 변화에 따라 발생되는 반응치의 변화로 정의하는데 실험에 관심 있는 주요 인자를 주효과라고 부르고, 두 개 이상의 관련 인자 중 인자 A의 효과가 인자 B의 수준에 따라 달라지면 인자 A와 B 사이에 교호작용이 있으며 이를 교호작용효과라고 말한다.

일반적으로 요인실험은 통상 k^n으로 나타낸다. 이는 인자의 수가 n개이고 각 인자의 수준수가 k인 실험계획법으로 모든 인자 간 수준의 조합에서 실험이 이루어진다. 요인실험법은 인자 각 수준의 모든 조합에 대하여 실험을 진행하므로 다수의 교호작용효과와 주효과를 쉽게 구할 수 있는 반면에 실험인자수가 많아지면 실험 횟수가 급격히 증가하여 실험의 효율성이 떨어지는 단점이 있다. 예를 들면 6개의 실험인자로 인자별 3수준으로 실험을 진행하면 $3 \times 3 \times 3 \times 3 \times 3 \times 3 = 729$회라는 많은 횟수의 실험을 실시하여야 하므로 동일 환경에 대한 실험의 제약뿐만 아니라 시간과 경제성에 있어서도 문제가 있어 효율성이 떨어진다. 그런데 일반적인 실험자의 경우 이전 실험에 의한 경험 및 직관을 가지고 어느 정도 최적의 실험 영역에 대한 정보를 가지고 있을 경우 인자의 수준을 2나 3으로 줄여서 진행하면 상대적으로 적은 실험을 통하여 인자에 대한 모든 정보를 얻을 수 있으므로 효과적이다. k^n 요인실험에서는 2수준계인 2^n과 3수준계인 3^n 요인실험이 많이 사용된다. 여기서는 2수준계의 요인실험에 대해서만 설명한다.

1.1 주효과와 교호작용

주효과(main effect)는 실험인자 하나의 효과를 말하며, 하나의 실험인자가 수준이 변할 때 반응에 영향을 주는 정도의 크기를 정량적으로 표현한 것이다. 주효과가 크다는 것은 해당 실험인자는 반응값에 유의미한 변화를 일으킬 가능성이 크며 반응값을 개선하고자 할 때 중요한 인자로 다루어야 할 인자이다. 교호작용(interaction effect)은 제5장에서 다룬 바와 같이 특정인자의 수준이 변할 때 다른 인자가 이 수준변화에 영향을 받아 반응에 유의하게 영향을 주는 것을 말한다. 이원배치 실험에서 교호작용은 실험을 반복할 때만 구할 수 있다.

1.2 풀링

분산분석표에서 통계적으로 유의하지 않은 교호작용을 오차항에 넣어서 새로운 오차항으로 만드는 과정을 '풀링(pooling)한다'라고 말한다. 그리고 풀링된 인자의 효과는 오차항에 포함되어 분산분석이 수행된다. 풀링할 때에는 원칙적으로 주효과는 풀링하지 아니하고 교호작용만이 풀링의 대상이 된다. 그리고 실험의 목적을 고려하여 교호작용 여부가 중요한 실험에 있어서는 비록 유의하지 않더라도 풀링하지 않는다. 일반적인 교호작용의 오차항 풀링 기준은 다음과 같다.

① 최고차 항을 우선적으로 풀링
② 기술적으로 의미없는 교호작용을 풀링
③ 교호작용의 효과가 적은 것을 우선적으로 풀링
④ 주효과는 풀링시키지 않음(스크리닝 단계는 예외)

1.3 미니탭을 활용한 요인배치법의 분석절차

현장에서 많이 사용하는 요인배치법을 미니탭을 이용하여 분석할 때 다음 순서를 통해서 진행할 수 있다.

① 실험계획법 설계
- 인자 및 수준 결정: Input 요소와 수준수, 반복수, 중심점/블록의 개수를 정하고, 실행할 수 있는 실험의 수를 결정한다.

- 요인배치 실험계획법을 만든다: 처음 만들 때는 요인생성 설계를 사용하고, 이미 만들어진 실험계획표를 사용할 때에는 사용자 요인 설계 정의를 이용한다.

② 실험 진행 및 데이터 입력
- 실험의 실시: 표준 또는 랜덤화된 순서에 의한 실험 수행

③ 실험(요인)분석
- 효과분석: 주효과와 교호효과 Plot을 이용하여 경향 확인
- 완전모형분석: Full Model의 ANOVA Table 작성
- 축소모형분석: 유의하지 않은 항을 제거(풀링 이용)
- 잔차분석: 모형의 적합성 확인

④ 최적조건 도출
- 결론과 제안: 프로세스 용어로 실질적인 해석(최적화)

2 2^2요인배치법

2.1 반복이 없는 2^2요인배치법

이 실험은 인자가 A, B로 2인자이며, 각 인자의 수준수가 2인 실험이다. 제5장의 반복이 없는 이원배치법과 동일하다. 각각의 수준은 A_1, A_2, B_1, B_2로 표현하며, 요인실험에서는 2수준이면 (0, 1) 또는 (−1, +1)로 표현한다. 특별한 의미는 없지만 요인실험에서의 데이터를 x 대신 y로 나타내기로 한다.

1) 구조식 및 데이터 배열

반복이 없는 구조식은 다음과 같이 표현한다.

$$y_{ij} = \mu + a_i + b_j + (ab)_{ij} + e_{ij} \qquad (6 \cdot 1)$$

여기서 $i, j = 0,1$, $e_{ij} \sim N(0, \sigma_E^{\ 2})$이고 서로 독립이다.

식 (6・1)에서 A_i, B_j 수준에서의 효과 a_i, b_j 는 검출되나, 교호작용효과 $(ab)_{ij}$ 는 반복을 하지 않아 오차를 포함하고 있으므로 검출할 수 없다. 그러므로 구조식을 다시 표현하면 다음과 같다.

$$y_{ij} = \mu + a_i + b_j + e_{ij} \tag{6・2}$$

2수준계 실험에서는 수준이 두 개뿐이므로 $y_{ij} = a^i b^j$ 로 정의하면 모든 데이터는 다음과 같이 표현된다.

$$y_{00} = a^0 b^0 = (1), \quad y_{01} = a^0 b^1 = b,$$
$$y_{10} = a^1 b^0 = a, \quad y_{11} = a^1 b^1 = ab$$

여기서 $y_{00} = a^0 b^0$ 는 1이 아닌 (1)로 나타내어 숫자 1과 구별하며, 두 인자 모두 낮은 수준에서 실험이 이루어진다는 것을 나타낸다.

2^2 요인실험에서는 각 수준조합에서 실시된 실험결과 데이터를 각각 다음과 같이 나타낼 수 있다.

$$A_0B_0 \Rightarrow (1), \quad A_0B_1 \Rightarrow b, \quad A_1B_0 \Rightarrow a, \quad A_1B_1 \Rightarrow ab$$

이를 이용해서 정리한 데이터 배열은 다음과 같다.

표 6-1 2^2 요인실험의 데이터 배열

	A_0	A_1	$T_{.j}$
B_0	y_{00} 또는 (1)	y_{10} 또는 a	$T_{.0}$
B_1	y_{01} 또는 b	y_{11} 또는 ab	$T_{.1}$
$T_{i.}$	$T_{0.}$	$T_{1.}$	T

2) 주효과 및 교호작용효과 계산

2수준 실험에서 주효과는 실험인자의 높은 수준에서 측정된 반응 평균값에서 실험인자의 낮은 수준에서 측정된 반응평균값을 뺀 값이다. [표 6-1]에서 주효과 및 교호작용효과를 다음과 같이 정의할 수 있다.

$$A\text{효과} = \frac{1}{2}(y_{11} + y_{10} - y_{01} - y_{00}) = \frac{1}{2}(ab + a - b - (1))$$

$$= \frac{1}{2} \text{〔(}A\text{의 인자 수준 1의 데이터의 합)}-$$

$$\text{(}A\text{의 인자 수준 0의 데이터의 합)〕} \qquad (6 \cdot 3)$$

$$B\text{효과} = \frac{1}{2}(y_{11} + y_{01} - y_{10} - y_{00}) = \frac{1}{2}(ab + b - a - (1))$$

$$= \frac{1}{2} \text{〔(}B\text{의 인자 수준 1의 데이터의 합)}-$$

$$\text{(}B\text{의 인자 수준 0의 데이터의 합)〕} \qquad (6 \cdot 4)$$

$$AB\text{효과} = \frac{1}{2}(y_{11} + y_{00} - y_{10} - y_{01}) = \frac{1}{2}(ab + (1) - a - b)$$

$$= \frac{1}{2} \text{〔(두 인자 수준의 합이 짝수인 데이터의 합)}-$$

$$\text{(두 인자 수준의 합이 홀수인 데이터의 합〕} \qquad (6 \cdot 5)$$

3) 분산분석

변동의 계산은 일원 및 이원배치법과 동일하나 요인실험의 특성상 각 인자 및 교호작용의 변동을 간편하게 구할 수 있다. 2^2형 요인실험에서 변동의 계산은 다음과 같다.

① 수정항: $$CT = \frac{T^2}{2^2} \qquad (6 \cdot 6)$$

② 총변동: $$SS_T = \sum_{i=1}^{2}\sum_{j=1}^{2} y_{ij}^2 - CT \qquad (6 \cdot 7)$$

③ 인자 A변동: $$SS_A = \sum_{i=1}^{2} \frac{T_{i.}^2}{2} - CT \qquad (6 \cdot 8)$$

$$= \frac{1}{2}(T_{0.}^2 + T_{1.}^2) - \frac{1}{4}(T_{0.} + T_{1.})^2$$

$$= \frac{1}{4}(T_{1.} - T_{0.})^2$$

④ 인자 B변동: $$SS_B = \frac{1}{4}(T_{\cdot 1} - T_{\cdot 0})^2 \quad (6 \cdot 9)$$

⑤ 교호작용 $A \times B$변동: $$SS_{A \times B} = SS_{AB} - SS_A - SS_B = SS_T - SS_A - SS_B \quad (6 \cdot 10)$$

⑥ 총변동: $$SS_T = SS_A + SS_B + SS_{A \times B} \quad (6 \cdot 11)$$

이를 이용하여 분산분석표를 작성하면 [표 6-2]와 같다.

표 6-2 반복이 없는 2^2 요인실험의 분산분석표

요인	변동(SS)	자유도(ϕ)	분산(MS)	F_0
A	SS_A	1	MS_A	MS_A/MS_E
B	SS_B	1	MS_B	MS_B/MS_E
E(또는 $A \times B$)	SS_E	1	MS_E	
계	SS_T	3		

예제 6-1 >>>

다음의 2^2 요인실험에서 다음과 같은 반응값을 얻었을 때 주효과와 교호작용효과를 계산해보자.

A(반응온도)	B(농도)	반응값(수율)
0	0	60
1	0	72
0	1	52
1	1	83

| 풀이 |

① 반응온도(A)효과 $= \frac{1}{2}$[(1의 합) − (0의 합)]

$$= \frac{1}{2}[(83+72)-(52+60)] = 21.5$$

② 농도(B)효과 $= \frac{1}{2}[(52+83)-(60+72)] = 1.5$

③ 교호작용($A \times B$)효과는 각 인자의 열의 곱으로 계산되므로 다음과 같이 교호작용 효과의 수준이 표시되어진다.

A(반응온도)	B(농도)	$A \times B$
0	0	1
1	0	0
0	1	0
0	0	0

상기 $A \times B$열을 이용해서 교호작용효과를 구한다.

그러므로 교호작용효과$= \frac{1}{2}$[(1의 합) − (0의 합)]

$$= \frac{1}{2}[(60+83) - (52+72)] = 9.5$$

• 해설: 반응온도는 수율에 큰 영향(21.5)을 주지만 농도는 거의 영향(1.5)을 미치지 않는다. 오히려 교호작용에 의한 효과(9.5)가 농도에 의한 주효과보다 더 큼을 알 수 있다.

2.2 반복이 있는 2^2요인배치법

1) 구조식 및 데이터 배열

인자가 A, B로 2인자이며, 각 인자의 수준수가 2인실험으로 반복이 r회 있는 데이터의 구조식은 다음과 같다. 제5장의 반복이 있는 이원배치법과 동일하다.

$$y_{ijk} = \mu + a_i + b_j + (ab)_{ij} + e_{ijk} \qquad (6 \cdot 12)$$

$(i, j = 1, 2,\ k = 1, 2, \cdots, r,\ e_{ij} \sim N(0,\ \sigma_E^2)$이고 서로 독립

반복이 r회 있는 2^2요인배치법에서는 교호작용$(ab)_{ij}$와 오차항 e_{ijk}를 완전히 분리하여 검출할 수 있으며, 실험의 데이터 배열은 다음과 같다.

표 6-3 반복이 있는 2^2요인실험의 데이터 배열

	A_0		A_1		합계
B_0	y_{001} y_{002} ⋮ y_{00r}	$T_{00\cdot}$	y_{101} y_{102} ⋮ y_{10r}	$T_{10\cdot}$	$T_{\cdot 0 \cdot}$
B_1	y_{011} y_{012} ⋮ y_{01r}	$T_{01\cdot}$	y_{111} y_{112} ⋮ y_{11r}	$T_{11\cdot}$	$T_{\cdot 1 \cdot}$
합계	$T_{0\cdot\cdot}$		$T_{1\cdot\cdot}$		T

2) 주효과 및 교호작용효과 계산

$$A = \frac{1}{2r}(T_{11\cdot} + T_{10\cdot} - T_{01\cdot} - T_{00\cdot}) = \frac{1}{2r}(ab + a - b - (1)) \tag{6・13}$$

$$B = \frac{1}{2r}(T_{11\cdot} + T_{01\cdot} - T_{10\cdot} - T_{00\cdot}) = \frac{1}{2r}(ab + b - a - (1)) \tag{6・14}$$

$$AB = \frac{1}{2r}(T_{11\cdot} + T_{00\cdot} - T_{10\cdot} - T_{01\cdot}) = \frac{1}{2r}(ab + (1) - a - b) \tag{6・15}$$

3) 분산분석

반복이 있는 2^2형 요인실험에서 변동의 계산은 다음과 같다.

① 수정항: $$CT = \frac{T^2}{2^2 r} \tag{6・16}$$

② 총변동: $$SS_T = \sum_{i=0}^{1}\sum_{j=0}^{1}\sum_{k=1}^{r} y_{ijk}^2 - CT \tag{6・17}$$

③ 인자 A변동: $$SS_A = \sum_{i=0}^{1}\frac{T_{i\cdot\cdot}^2}{2r} - CT \tag{6・18}$$

$$= \frac{1}{4r}(T_{1\cdot\cdot} - T_{0\cdot\cdot})^2$$

④ 인자 B변동: $$SS_B = \frac{1}{4r}(T_{.1.} - T_{.0.})^2 \qquad (6 \cdot 19)$$

⑤ $A \times B$변동: $$SS_{A \times B} = \frac{1}{4r}(T_{11.} + T_{00.} - T_{10.} - T_{01.})^2 \qquad (6 \cdot 20)$$

⑥ 오차: $$SS_E = SS_T - (SS_A + SS_B + SS_{A \times B}) \qquad (6 \cdot 21)$$

이를 이용하여 분산분석표를 작성하면 [표 6-4]와 같다.

[표 6-4] 반복이 있는 2^2요인실험의 분산분석표

요인	변동(SS)	자유도(ϕ)	분산(MS)	F_0
A	SS_A	1	MS_A	MS_A / MS_E
B	SS_B	1	MS_B	MS_B / MS_E
$A \times B$	$SS_{A \times B}$	1	$MS_{A \times B}$	$MS_{A \times B} / MS_E$
E	SS_E	$4(r-1)$	MS_E	
계	SS_T	$4r-1$		

예제 6-2 >>>

디스플레이를 생산하는 S전자에서 광시야각 편광판 적용 초기부터 전 Device에서 나비얼룩이 발생하였다. 고객으로부터 개선요구를 받고 있는 고질적인 품질문제인 나비얼룩을 개선하기 위해 관련 인자를 검토한 결과 나비얼룩 발생률(y)에 영향을 주는 인자로 점착제 재료(x_1)와 Layer 두께비(x_2)임을 알았다.

- 실험목적: 점착제 재료와 Layer 두께비가 나비얼룩 발생률에 미치는 관계를 알아내어, 나비얼룩 발생이 최소가 되는 최적조건을 선정하기 위해 2회 반복실험을 하고자 한다.
- 실험인자 및 수준

  점착제 재료(A): A_0 = S(soft), A_1 = H(hard)

  Layer 두께비(B): B_0 = 80(um), B_1 = 120(um)

나비얼룩 발생률(%)

	A_0	A_1
B_0	0.14 0.11	0.09 0.08
B_1	0.19 0.22	0.53 0.47

| 풀이 |

1) 미니탭 실험계획법 설계

◆ 메뉴

① **통계분석>실험계획법>요인생성설계**

- 설계유형: 2-수준 요인(기본생성자 XL)
- 요인수(N): 2

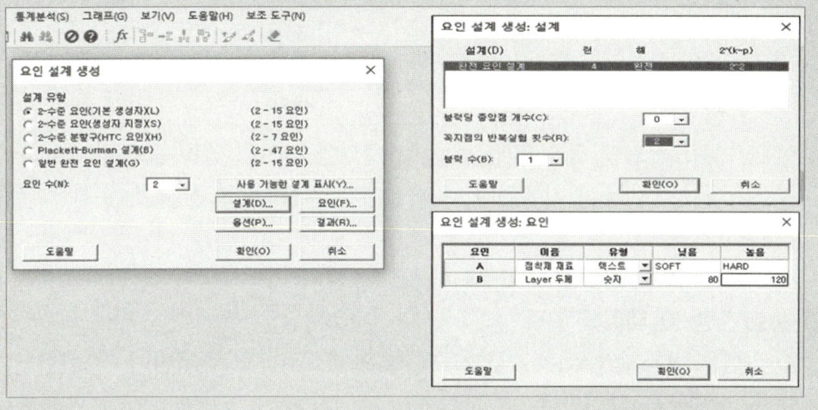

② 설계(D) 선택

- 인자가 2개일 때는 완전요인 실험만 가능
- 중앙점 개수(C): "0" 입력(중앙점은 곡률효과 확인 시 사용)
- 반복실험횟수(R): 2
- 블록수(B): 1(실험에 특별한 조건이 없으므로)

③ 요인(F) 선택

- 요인: A, B 입력
- 수준의 낮고/높음은 데이터 자체를 입력 또는 코드화해서 입력(코드화: 수준 낮음=0, 수준 높음=1)

	수준	
	Low(코드화)	High(코드화)
A(점착제 재료)	Soft (0)	Hard (1)
B(Layer 두께)	80 (0)	120 (1)

④ 옵션(P) 선택

- 설계접기: 접지 않음(N) (2^2 요인실험에서는 접지 않음)
- 런 랜덤화(U): 클릭시 실험이 랜덤하게 진행, 클릭하지 않으면 실험순서가 표준순서로 진행된다.

◆ 미니탭 실험계획법 설계 결과

↓	C1	C2	C3	C4	C5-T	C6	C7
	표준 순서	런 순서	중앙점	블럭	점착제 재료	Layer 두께	
1	1	1	1	1	SOFT	80	
2	2	2	1	1	HARD	80	
3	3	3	1	1	SOFT	120	
4	4	4	1	1	HARD	120	
5	5	5	1	1	SOFT	80	
6	6	6	1	1	HARD	80	
7	7	7	1	1	SOFT	120	
8	8	8	1	1	HARD	120	

• 해설: 워크시트에 표준순서, 런순서, 중앙점, 블록, 점착제 종류, layer 두께의 열이 생기고 내용이 기록된다. 실험설계가 완료되었으면 표준 순서에 준하여 실험을 진행한다.

2) 실험 진행 및 데이터 입력

① 실험은 점착제와 Layer 두께 수준별 조합으로 8회 진행하여 각 실험별 나비얼룩 발생률을 확인한다.

② 데이터 입력: 실험결과 데이터를 실험계획법 설계결과의 C7에 입력

3) 미니탭 요인분석

◆ 메뉴

① 통계분석>실험계획법>요인>요인설계분석

• 반응(R): 나비얼룩(y)

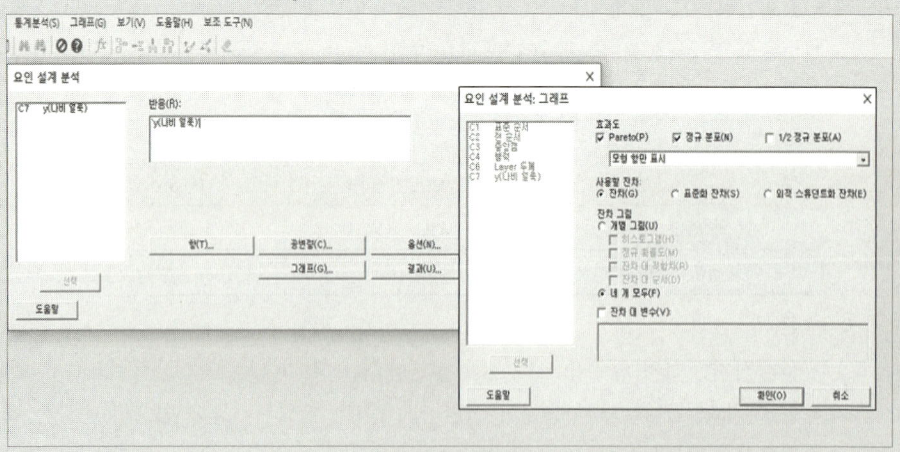

② 항(T) 선택

- "모형에 포함되는 항의 최대 차수"에 2를 입력하면 교호작용(AB)이 자동으로 생성된다.

③ 공변량(C) 선택

- 변량인자가 있으면 저장한다.

④ 그래프(G) 선택

- 효과도: Pareto(P), 정규분포(N)
- 잔차그림: 네 개 모두(F)를 선택하여 잔차분석을 한다.

◆ 미니탭 요인분석 결과

[파레토/정규 확률도]

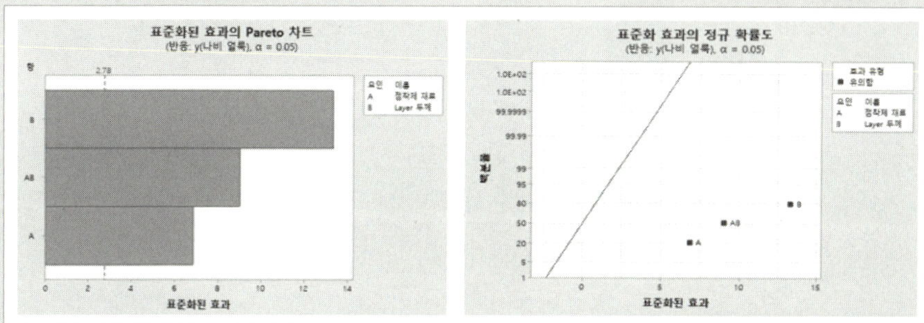

- 해설: 파레토 및 정규확률도에서 A(점착제 종류), B(Layer 두께)와 AB(교호작용) 모두 유의한 것으로 나타났다.

[분산분석]

분산 분석

출처	DF	Adj SS	Adj MS	F-값	P-값
모형	3	0.211137	0.070379	102.37	0.000
선형	2	0.155025	0.077513	112.75	0.000
점착제 재료	1	0.032513	0.032513	47.29	0.002
Layer 두께	1	0.122512	0.122512	178.20	0.000
2차 교호작용	1	0.056113	0.056113	81.62	0.001
점착제 재료*Layer 두께	1	0.056113	0.056113	81.62	0.001
오차	4	0.002750	0.000688		
총계	7	0.213887			

- 해설: 분산분석표에서 점착제 종류, Layer 두께 그리고 교호작용인 점착제 종류

* Layer 두께 모두 p−값이 0.05 이하이므로 반응값(y)에 대하여 유의함을 알 수 있다. 유의하지 않은 인자가 없으므로 풀링할 필요가 없다.

[잔차분석]: 이 모델식이 적합한지에 대한 타당성의 분석이다.

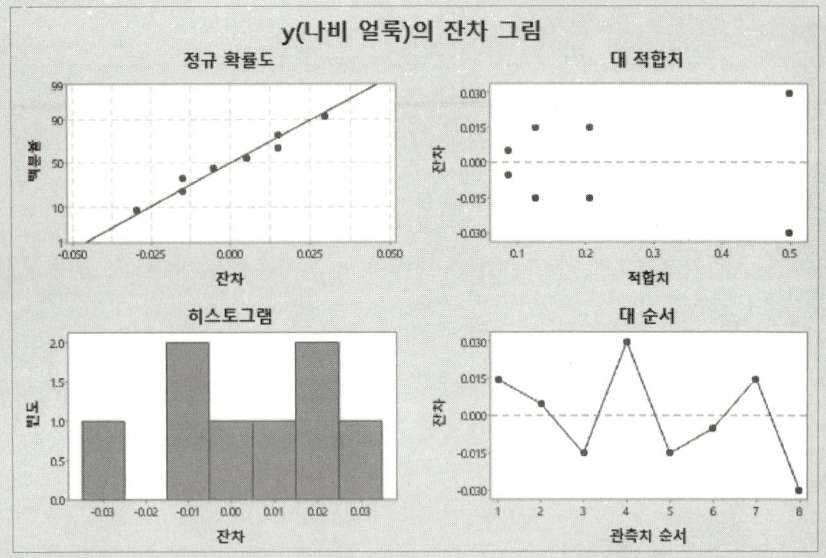

• 해설: 정규확률도, 대적합치, 대순서를 통해 정규분포, 잔차 랜덤, 잔차 독립 등 3조건을 만족하므로 이 실험모형은 적합하다고 할 수 있다.

4) 미니탭 요인의 수준별 반응값 예측

◆ 메뉴

① **통계분석 > 실험계획법 > 요인 > 요인그림**

• 반응(R): 나비얼룩(y)

• 선택됨(S): 점착제 종류, Layer 두께 입력

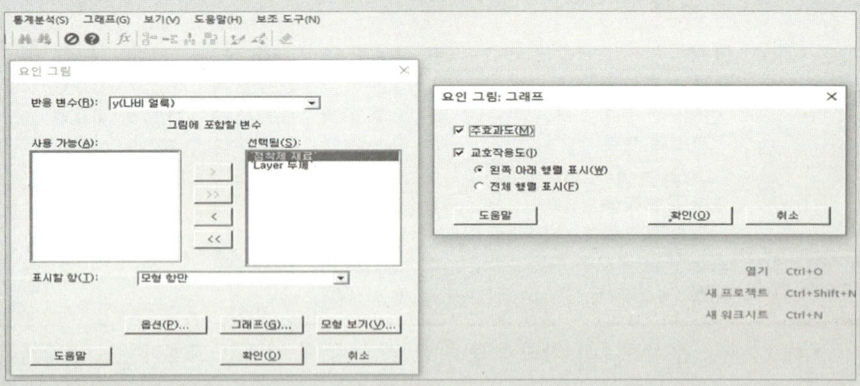

② 그래프를 선택

• 주효과도(M) 교호작용도(I)를 클릭

◆ 미니탭 요인그림 분석 결과

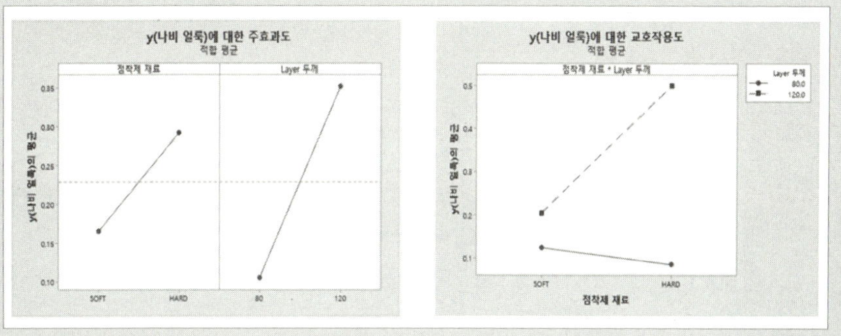

• 해설:

– 주효과만 고려한 상황에서는 점착제 종류는 Hard이며, Layer 두께는 높은 수준(120 μm)에서 최적조건이 된다.

– 교호작용도를 보면 점착제 종류와 Layer 두께는 수준에 따라 교차점을 형성하므로 교호작용이 크게 작용하는 것을 볼 수 있다. 이 문제에서는 주효과와 교호작용효과 모두를 고려한 최적조건을 도출함이 필요하다. 따라서 교호작용도에서 '접착제 종류'(Hard), 'Layer 두께'(80 μm)에서 나비얼룩의 불량률을 최소화함을 알 수 있다.

5) 미니탭 최적조건 도출

◆ 메뉴

① **통계분석>실험계획법>요인>반응 최적화도구**

• 반응변수: 나비얼룩(y)

• 목적: 최소화

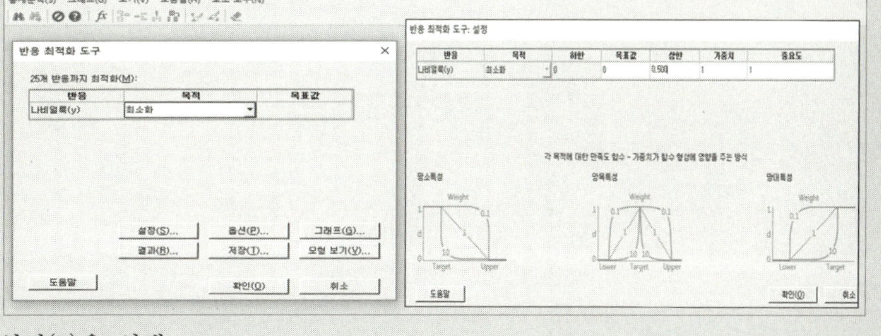

② 설정(S)을 선택

• 목표값: "0" 입력

• 상한: 관리상한 입력(0.5), 단측 규격

〈참조〉 "목적"은 구하고자 하는 Y의 값의 형태를 선택하게 되는데 "최소값(망소특성), 목표값(망목특성), 최대화(망대특성), 최적안함" 등 4개 중 하나를 선택할 수 있다.

ⓐ 최소값(망소특성): 작으면 작을수록 좋은 값을 구할 때 선택, 관리하는 규격은 관리상한만 입력한다(단측규격).

ⓑ 목표값(망목특성): 손실이 없는 최적값을 구할 때 선택, 규격은 관리하한과 관리상한 규격을 입력한다(양측 규격).

ⓒ 최대값(망대특성): 크면 클수록 좋은 값을 구할 때 선택, 관리하는 규격은 관리하한만 입력한다(단측규격).

◆ 미니탭 최적조건 도출 결과

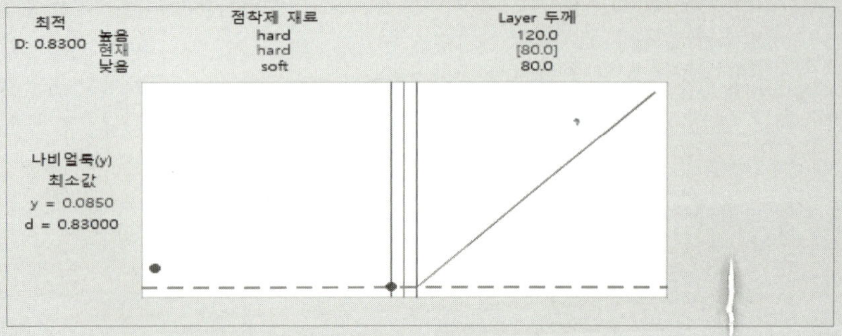

• 해설: 반응값(y)을 최소화할 수 있는 각 인자의 최적조건은 "접착제 종류"(Hard), "Layer 두께"(80 μm)에서 나비얼룩의 불량률을 최소화할 수 있다. 결론적으로 이 최적의 조건으로 재현시험을 진행하여 최적결과의 값을 검증해보도록 한다.

3 2^3요인배치법

3.1 반복이 없는 2^3요인배치법

이 실험은 인자가 A, B, C 3인자이며, 각 인자의 수준수가 2인 실험이다. 데이터 구조식은 다음과 같다.

1) 구조식

반복이 없는 구조식은 다음과 같이 표현한다.

$$y_{ijk} = \mu + a_i + b_j + c_k + (ab)_{ij} + (ac)_{jk} + (bc)_{jk} + (abc)_{ijk} + e_{ijk} \qquad (6 \cdot 22)$$

여기서 $i, j, k = 0, 1$, $e_{ijk} \sim N(0, \sigma_E^2)$이고 서로 독립

식 (6·22)에서 $(abc)_{ijk}$와 e_{ijk}는 서로 교락되어 있으므로 $(abc)_{ijk}$를 제외하고 구조식을 다시 표현하면 다음과 같다.

$$y_{ijk} = \mu + a_i + b_j + c_k + (ab)_{ij} + (ac)_{jk} + (bc)_{jk} + e_{ijk} \qquad (6 \cdot 23)$$

여기서 $i, j, k = 0, 1$, $e_{ijk} \sim N(0, \sigma_E^2)$이고 서로 독립이다.

2) 2^3요인실험의 데이터 배열

표 6-5 2^3요인실험의 데이터 배열

		A_0	A_1	합계
B_0	C_0	(1)	a	$T_{\cdot 0 \cdot}$
	C_1	c	ac	
B_1	C_0	b	ab	$T_{\cdot 1 \cdot}$
	C_1	bc	abc	
합계		$T_{0 \cdot\cdot}$	$T_{1 \cdot\cdot}$	T

3) 주효과 및 교호작용효과 계산

주효과는 실험인자의 높은 수준에서 측정된 반응 평균값에서 실험인자의 낮은 수준에서 측정된 반응평균값을 뺀 값이다. 상기표에서 주효과 및 교호작용효과를 다음과 같이 정의할 수 있다.

$$A\text{효과} = \frac{1}{4}(a + ac + ab + abc - (1) - c - b - bc)$$

$$= \frac{1}{4}\left[(A\text{의 인자 수준 1의 데이터의 합}) - (A\text{의 인자 수준 0의 데이터의 합})\right]$$

$$= \frac{1}{4}(T_{1\cdot\cdot} - T_{0\cdot\cdot}) \qquad (6 \cdot 24)$$

A와 동일한 방법으로 각각 구하면 다음과 같다.

$$B\text{효과} = \frac{1}{4}(T_{\cdot 1 \cdot} - T_{\cdot 0 \cdot}) \qquad (6 \cdot 25)$$

$$C\text{효과} = \frac{1}{4}(T_{\cdot\cdot 1} - T_{\cdot\cdot 0}) \qquad (6 \cdot 26)$$

$$AB\text{효과} = \frac{1}{4}(T_{11\cdot} + T_{00\cdot} - T_{10\cdot} - T_{01\cdot}) \qquad (6 \cdot 27)$$

$$AC\text{효과} = \frac{1}{4}(T_{1\cdot 1} + T_{0\cdot 0} - T_{0\cdot 1} - T_{1\cdot 0}) \qquad (6 \cdot 28)$$

$$BC\text{효과} = \frac{1}{4}(T_{\cdot 11} + T_{\cdot 00} - T_{\cdot 01} - T_{\cdot 10}) \qquad (6 \cdot 29)$$

4) 분산분석

2^3형 요인실험에서 변동의 계산은 다음과 같다.

① 수정항: $$CT = \frac{T^2}{2^3} \qquad (6 \cdot 30)$$

② 총변동: $$SS_T = \sum_{i=0}^{1}\sum_{j=0}^{1}\sum_{k=0}^{1} y_{ijk}^2 - CT \qquad (6 \cdot 31)$$

③ 인자 A변동: $$SS_A = \sum_{i=0}^{1} \frac{T_{i\cdot\cdot}^{\ 2}}{4} - CT \qquad (6 \cdot 32)$$

$$= \frac{1}{4}(T_{0\cdot\cdot}^{\ 2} + T_{1\cdot\cdot}^2) - \frac{1}{8}(T_{0\cdot\cdot} + T_{1\cdot\cdot})^2$$

$$= \frac{1}{8}(T_{1\cdot\cdot} - T_{0\cdot\cdot})^2$$

④ 인자 B변동: $$SS_B = \frac{1}{8}(T_{\cdot 1\cdot} - T_{\cdot 0\cdot})^2 \qquad (6 \cdot 33)$$

⑤ 인자 C변동: $$SS_C = \frac{1}{8}(T_{\cdot\cdot 1} - T_{\cdot\cdot 0})^2 \qquad (6 \cdot 34)$$

⑥ 교호작용변동:

$$SS_{A\times B} = \frac{1}{8}(T_{11\cdot} + T_{00\cdot} - T_{10\cdot} - T_{01\cdot})^2 \qquad (6 \cdot 35)$$

$$SS_{A\times C} = \frac{1}{8}(T_{1\cdot 1} + T_{0\cdot 0} - T_{0\cdot 1} - T_{1\cdot 0})^2$$

$$SS_{B\times C} = \frac{1}{8}(T_{\cdot 11} + T_{\cdot 00} - T_{\cdot 01} - T_{\cdot 10})^2$$

⑦ 오차: $$SS_E = SS_T - (SS_A + SS_B + SS_C + SS_{A\times B} + SS_{A\times C} + SS_{B\times C}) \qquad (6 \cdot 36)$$

이를 이용하여 분산분석표를 작성하면 [표 6-6]과 같다.

표 6-6 2^3 요인실험의 분산분석표

요인	변동(SS)	자유도(ϕ)	분산(MS)	F_0
A	SS_A	1	MS_A	MS_A / MS_E
B	SS_B	1	MS_B	MS_B / MS_E
C	SS_C	1	MS_C	MS_C / MS_E
$A\times B$	$SS_{A\times B}$	1	$MS_{A\times B}$	$MS_{A\times B} / MS_E$
$A\times C$	$SS_{A\times C}$	1	$MS_{A\times C}$	$MS_{A\times C} / MS_E$
$B\times C$	$SS_{B\times C}$	1	$MS_{B\times C}$	$MS_{B\times C} / MS_E$
E(또는 $A\times B\times C$)	SS_E(또는 $SS_{A\times B\times C}$)	1	MS_E	
계	SS_T	7		

예제 6-3 >>>

반도체를 생산하는 회사에서 제조공정의 수율(출력변수, y)을 올리기 위하여 수율에 영향을 주는 인자(입력변수)온도(A), 가스종류(B), 그리고 압력(C)임을 알았다.

- 실험목적: 반응온도, 가스종류 및 압력이 수율에 미치는 관계를 알아내어 수율을 최대로 하는 최적 공정조건을 선정하고자 한다. 실험은 반복 없이 진행하고자 한다.
- 실험인자 및 수준

반응온도: $A_0=160$(℃), $A_1=180$(℃)

가스종류: $B_0=$질소, $B_1=$산소

압력: $C_0=5$(psi), $C_1=10$(psi)

수율(%)

실험 번호	실험조건			데이터(수율)
	A	B	C	y
1	0	0	0	60
2	1	0	0	72
3	0	1	0	54
4	1	1	0	68
5	0	0	1	52
6	1	0	1	83
7	0	1	1	40
8	1	1	1	80

| 풀이 |

1) 미니탭 실험계획법 설계

◆ 메뉴

① 통계분석> 실험계획법> 요인생성설계

- 설계유형: 2-수준 요인(기본생성자 XL)
- 요인수(N): 3

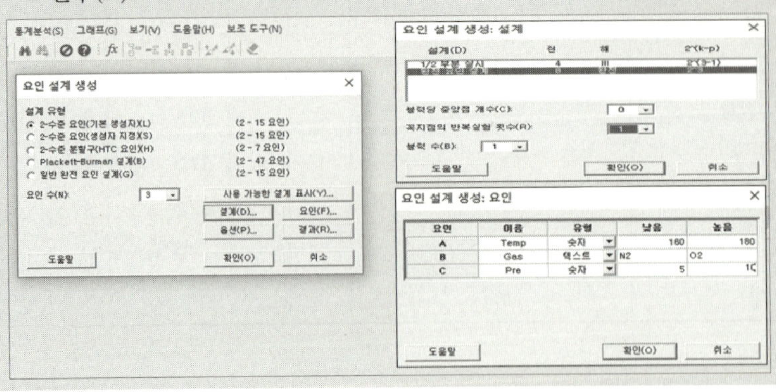

② 설계(D) 선택:

• 중앙점 개수: “0”, 반복실험횟수: 1, 블록수: 1

③ 요인(F) 선택: 요인: A, B, C의 이름, 유형 수준 입력

④ 옵션(P) 선택: 설계접기: 접지 않음(N)

• 런 랜덤화(U): 랜덤 클릭(런순서로 실험 진행)

◆ 미니탭 실험계획법 설계 결과

↓	C1	C2	C3	C4	C5	C6-T	C7	C8
	표준 순서	런 순서	중앙점	블럭	Temp	Gas	Pre	
1	5	1	1	1	160	N2	10	
2	1	2	1	1	160	N2	5	
3	3	3	1	1	160	O2	5	
4	4	4	1	1	180	O2	5	
5	2	5	1	1	180	N2	5	
6	8	6	1	1	180	O2	10	
7	7	7	1	1	160	O2	10	
8	6	8	1	1	180	N2	10	

• 해설: 워크시트에 표준순서, 런순서, 중앙점, 블록, 온도(Temp), 가스종류(Gas), 압력(Pre) 열이 생기고 내용이 기록된다. 실험설계가 완료되었으면 런순서에 준하여 8회 실험을 진행한다.

2) 실험 진행 및 데이터 입력

① 실험은 온도, 가스종류, 압력 수준별 조합으로 8회 진행하여 각 실험별 수율을 확인한다.

② 데이터 입력: 실험 결과를 실험계획법 설계결과의 C8에 입력

3) 미니탭 요인분석

◆ 메뉴

① 메뉴: 통계분석 > 실험계획법 > 요인 > 요인설계분석

• 반응(R): yield

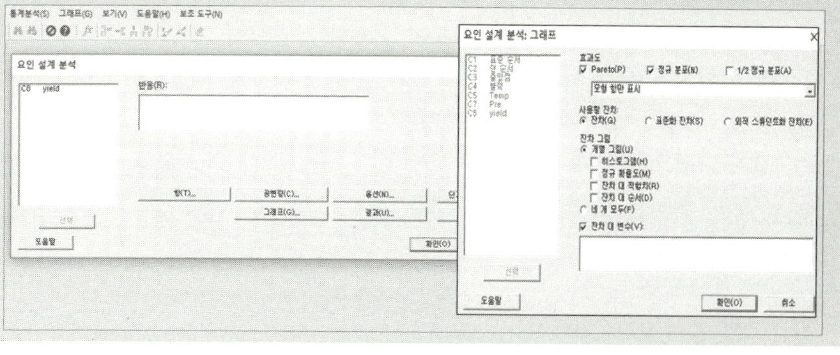

② 그래프(G) 선택

- 효과도: Pareto(P), 정규분포(N)
- 잔차그림: 네 개 모두(F)를 선택하여 잔차분석을 한다.

◆ 미니탭 요인분석 결과

[파레토/정규 확률도]

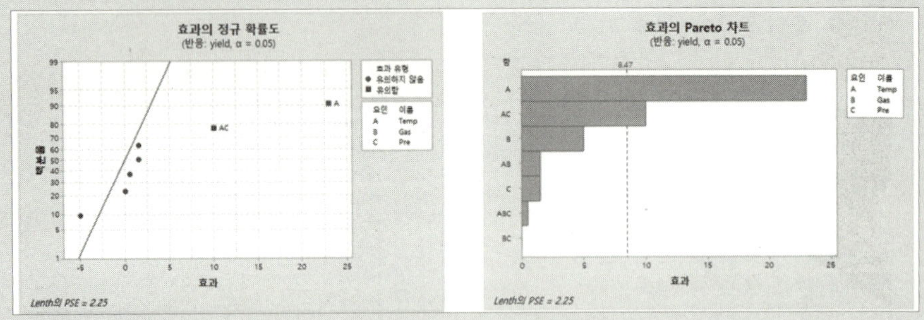

- 해설: A(주효과), AB(교호작용)이 유의한 형태로 나타남을 알 수 있다.

[분산분석]

분산 분석

출처	DF	Adj SS	Adj MS	F-값	P-값
모형	7	1317.50	188.21	*	*
선형	3	1112.50	370.83	*	*
Temp	1	1058.00	1058.00	*	*
Gas	1	50.00	50.00	*	*
Pre	1	4.50	4.50	*	*
2차 교호작용	3	204.50	68.17	*	*
Temp*Gas	1	4.50	4.50	*	*
Temp*Pre	1	200.00	200.00	*	*
Gas*Pre	1	0.00	0.00	*	*
3차 교호작용	1	0.50	0.50	*	*
Temp*Gas*Pre	1	0.50	0.50	*	*
오차	0	*	*		
총계	7	1317.50			

- 해설:
  - 분산분석표에서 p-값의 수준에 의해 각 인자의 유의성을 판단하게 되는데 상기 분산분석표에서 보면 p-값이 표현되지 않으므로 인자의 유의성을 판단할 수 없다. 그 이유는 3차 교호작용이 오차와 풀링되어 있기 때문이다. 따라서 가장 유의성이 작은 인자를 차례로 오차로 풀링하여 분산분석을 새로 실시하여야 한다. 여기서 오차에 풀링된 모형을 축소모형이라고 한다.
  - 상기 파레트 [그래프 분석]에서 $B\times C$, $A\times B\times C$의 교호효과가 유의성이 작으므로 풀링을 진행한다(1.3 풀링 기준 참조).

4) 미니탭 축소모형 분석

완전모형은 식 (6・22)에서

$y_{ijk} = \mu + a_i + b_j + c_k + (ab)_{ij} + (ac)_{jk} + (bc)_{jk} + (abc)_{ijk} + e_{ijk}$이지만, $B \times C$, $A \times B \times C$의 교호효과가 유의성이 적어서 완전모형에서 이들이 제외된 축소모형은 $y_{ijk} = \mu + a_i + b_j + c_k + (ab)_{ij} + (ac)_{jk} + e_{ijk}$가 된다.

- 메뉴

① **통계분석 > 실험계획법 > 요인 > 요인설계분석**

- 반응(R): yield

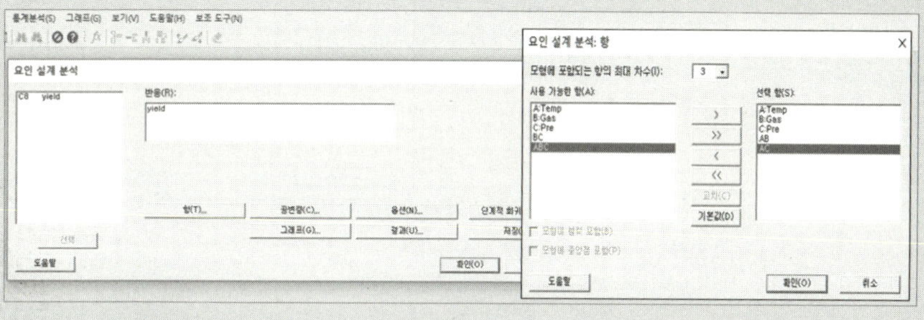

② 항(T)을 클릭한다.

- [요인설계 분석항] 화면에서 그래프 분석을 통해 유의하지 않은 인자로 분류된 BC, ABC를 우측의 모형에서 좌측의 오차항으로 제거한다.

- 미니탭 축소모형 분석 결과

1차 풀링

분산 분석

출처	DF	Adj SS	Adj MS	F-값	P-값
모형	5	1317.00	263.40	1053.60	0.001
선형	3	1112.50	370.83	1483.33	0.001
Temp	1	1058.00	1058.00	4232.00	0.000
Gas	1	50.00	50.00	200.00	0.005
Pre	1	4.50	4.50	18.00	0.051
2차 교호작용	2	204.50	102.25	409.00	0.002
Temp*Gas	1	4.50	4.50	18.00	0.051
Temp*Pre	1	200.00	200.00	800.00	0.001
오차	2	0.50	0.25		
총계	7	1317.50			

2차 풀링

분산 분석

출처	DF	Adj SS	Adj MS	F-값	P-값
모형	4	1312.50	328.13	196.87	0.001
선형	3	1112.50	370.83	222.50	0.001
Temp	1	1058.00	1058.00	634.80	0.000
Gas	1	50.00	50.00	30.00	0.012
Pre	1	4.50	4.50	2.70	0.199
2차 교호작용	1	200.00	200.00	120.00	0.002
Temp*Pre	1	200.00	200.00	120.00	0.002
오차	3	5.00	1.67		
총계	7	1317.50			

- 해설:
  - 1차 풀링: p-값으로 각 인자의 유의성 판단을 하면 교호효과(Temp*Gas)의 p-값이 유의수준($\alpha = 0.05$)를 기준으로 유의하지 않으므로 다시 풀링을 실시한다(여기서, 압력(Pre)도 p-값이 0.051로 유의하지 않지만 주효과이므로 풀링시키지 않는다).
  - 2차 풀링: 유의하지 않은 Temp*Gas를 풀링 방법에 의해 풀링을 한 후 우측과 같이 최종 분산분석표가 나온다. 결과적으로 주효과 A, B, C와 교효효과 Temp*Pre($A \times C$)가 유의한 상태임을 알 수 있다.

5) 미니탭 요인의 수준별 반응값 예측

◆ 메뉴

① 통계분석 > 실험계획법 > 요인 > 요인그림

• 반응(R): yield

• 선택됨(S): 온도(Temp), Gas, 압력(Pre)

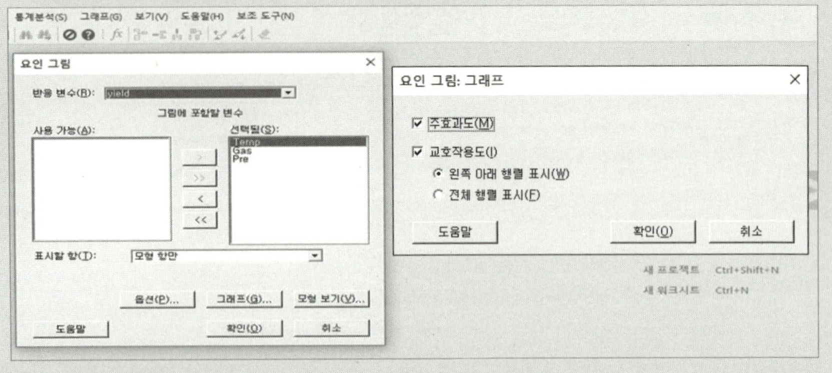

② 그래프를 선택: 주효과도(M) 교호작용도(I)를 클릭

◆ 미니탭 요인그림 분석 결과

[주효과도/교호작용도]

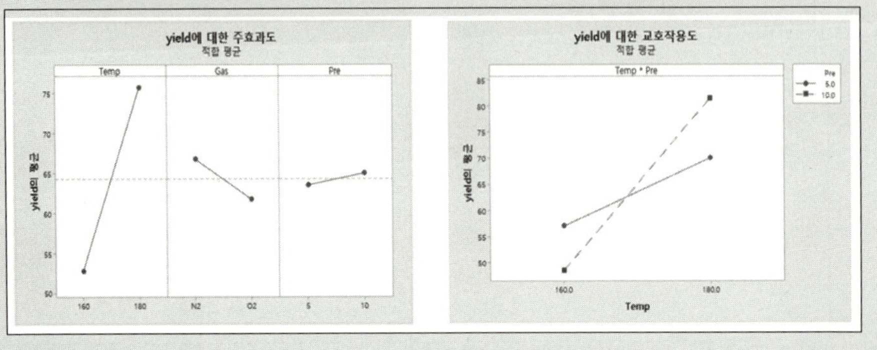

• 해설:

– 평균의 주효과의 경우 반응온도의 영향이 가장 큰 것을 볼 수 있다. 수율을 올리기 위해서는 온도는 높게, 가스는 질소, 압력은 높게 유지할 필요가 있음을 보게 된다.

– 교호작용도에서 Temp*Pre($A \times C$)의 교호작용이 큰 것을 알 수 있다.

– 최적조건은 교호작용이 유의한 $A \times C$는 교호작용도에서 온도 180℃와 압력 10.0 psi로 구할 수 있고, B(가스)는 주효과도에서 질소(N_2)로 구할 수 있다. 따라서 최적조건은 온도(180.0℃), 가스종류(N_2), 압력(10 psi)가 된다.

6) 미니탭 최적조건 도출

- 메뉴

① 통계분석> 실험계획법> 요인> 반응 최적화도구

- 반응변수: yield
- 목적: 최대화

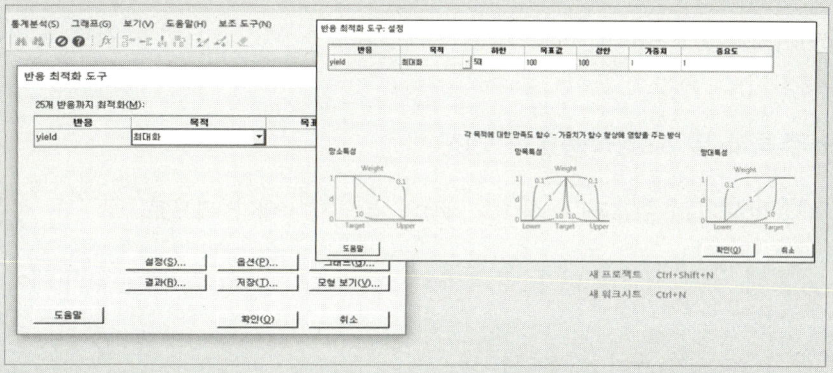

② 설정(S)을 선택

- 목표값: “100” 입력
- 상한: 관리하한 입력(50%), 단측 규격

- 미니탭 최적조건 도출 결과

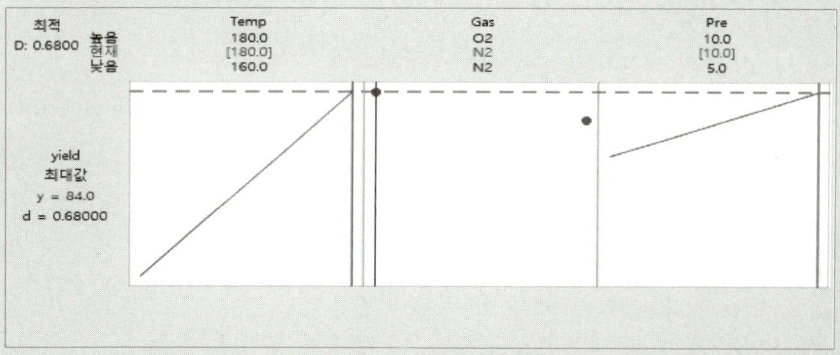

- 해설: 상기 그림과 같이 수율(y) 최대 수율 84%를 만족할 수 있는 각 인자의 최적조건은 “온도(180℃), 가스종류(N_2), 압력(10 psi)”에서 수율 84%를 만족할 수 있다. 결론적으로 이러한 조건으로 재현시험을 진행하여 최대 수율을 만족할 수 있는 최적결과의 값을 검증하도록 한다.

3.2 반복이 있는 2^3 요인배치법

1) 데이터 구조식

$$y_{ijkm} = \mu + a_i + b_j + c_k + (ab)_{ij} + (ac)_{jk} + (bc)_{jk} + (abc)_{ijk} + e_{ijkm} \qquad (6 \cdot 37)$$

여기서 $i, j, k = 0, 1,\ m = 0, 1, \cdots, r,\ e_{ijk} \sim N(0, \sigma_E^2)$이고 서로 독립이다.

2) 주효과 및 교호작용효과 계산

r회 반복되는 주효과는 식 (6·24)의 분모가 r배가 되므로

$$A\text{효과} = \frac{1}{4r}[(A\text{의 인자수준 1의 데이터의 합})-(A\text{의 인자수준 0의 데이터의 합})]$$

$$= \frac{1}{4r}(T_{1\cdots} - T_{0\cdots}) \qquad (6 \cdot 38)$$

A와 동일한 방법으로 각각 구하면

$$B\text{효과} = \frac{1}{4r}(T_{\cdot 1 \cdot\cdot} - T_{\cdot 0 \cdot\cdot}) \qquad (6 \cdot 39)$$

$$C\text{효과} = \frac{1}{4r}(T_{\cdot\cdot 1 \cdot} - T_{\cdot\cdot 0 \cdot}) \qquad (6 \cdot 40)$$

$$AB\text{효과} = \frac{1}{4r}(T_{11\cdot\cdot} + T_{00\cdot\cdot} - T_{10\cdot\cdot} - T_{01\cdot\cdot}) \qquad (6 \cdot 41)$$

$$AC\text{효과} = \frac{1}{4r}(T_{1\cdot 1\cdot} + T_{0\cdot 0\cdot} - T_{0\cdot 1\cdot} - T_{1\cdot 0\cdot}) \qquad (6 \cdot 42)$$

$$BC\text{효과} = \frac{1}{4r}(T_{\cdot 11\cdot} + T_{\cdot 00\cdot} - T_{\cdot 01\cdot} - T_{\cdot 10\cdot}) \qquad (6 \cdot 43)$$

$$ABC\text{효과} = \frac{1}{4r}(T_{111\cdot} + T_{100\cdot} + T_{010\cdot} + T_{001\cdot} - T_{011\cdot} - T_{101\cdot} - T_{110\cdot} - T_{000\cdot})$$

$$(6 \cdot 44)$$

3) 분산분석

반복 있는 2^3형 요인실험에서 변동의 계산은 다음과 같다.

① 수정항: $$CT = \frac{T^2}{2^3 r} \quad (6 \cdot 45)$$

② 총변동: $$SS_T = \sum_i \sum_j \sum_k \sum_m y_{ijkm}^2 - CT \quad (6 \cdot 46)$$

③ 인자 A변동: $$SS_A = \sum_{i=0}^{1} \frac{T_{i\cdots}^2}{4r} - CT \quad (6 \cdot 47)$$
$$= \frac{1}{4r}(T_{0\cdots}^2 + T_{1\cdots}^2) - \frac{1}{8}(T_{0\cdots} + T_{1\cdots})^2$$
$$= \frac{1}{8r}(T_{1\cdots} - T_{0\cdots})^2$$

④ 인자 B변동: $$SS_B = \frac{1}{8r}(T_{\cdot 1\cdot\cdot} - T_{\cdot 0\cdot\cdot})^2 \quad (6 \cdot 48)$$

⑤ 인자 C변동: $$SS_C = \frac{1}{8r}(T_{\cdot\cdot 1\cdot} - T_{\cdot\cdot 0\cdot})^2 \quad (6 \cdot 49)$$

⑥ 교호작용변동:

$$SS_{A\times B} = \frac{1}{8r}(T_{11\cdot\cdot} + T_{00\cdot\cdot} - T_{10\cdot\cdot} - T_{01\cdot\cdot})^2 \quad (6 \cdot 50)$$

$$SS_{A\times C} = \frac{1}{8r}(T_{1\cdot 1\cdot} + T_{0\cdot 0\cdot} - T_{0\cdot 1\cdot} - T_{1\cdot 0\cdot})^2$$

$$SS_{B\times C} = \frac{1}{8r}(T_{\cdot 11\cdot} + T_{\cdot 00\cdot} - T_{\cdot 01\cdot} - T_{\cdot 10\cdot})^2$$

$$S_{A\times B\times C} = \frac{1}{8r}(T_{111\cdot} + T_{100\cdot} + T_{010\cdot} + T_{001\cdot} - T_{011\cdot} - T_{101\cdot} - T_{110\cdot} - T_{000\cdot})^2$$

⑦ 오차:

$$SS_E = SS_T - (SS_A + SS_B + SS_C + SS_{A\times B} + SS_{A\times C} + SS_{B\times C} + SS_{A\times B\times C}) \quad (6 \cdot 51)$$

이를 이용하여 분산분석표를 작성하면 [표 6-7]과 같다.

표 6-7 2^3 요인실험의 분산분석표

요인	변동(SS)	자유도(ϕ)	분산(MS)	F_0
A	SS_A	1	MS_A	MS_A / MS_E
B	SS_B	1	MS_B	MS_B / MS_E
C	SS_C	1	MS_C	MS_C / MS_E
$A\times B$	$SS_{A\times B}$	1	$MS_{A\times B}$	$MS_{A\times B} / MS_E$
$A\times C$	$SS_{A\times C}$	1	$MS_{A\times C}$	$MS_{A\times C} / MS_E$
$B\times C$	$SS_{B\times C}$	1	$MS_{B\times C}$	$MS_{B\times C} / MS_E$
$A\times B\times C$	$SS_{A\times B\times C}$	1	$MS_{A\times B\times C}$	$MS_{A\times B\times C} / MS_E$
E	SS_E	$8(r-1)$	MS_E	
계	SS_T	$8r-1$		

예제 6-4 >>>

메탈 케이스를 생산하는 I회사의 코팅이 진행되는 공정에서 도료량을 최소화하기 위해 도료의 분사조건을 최적화하기로 하였다. 분사되는 도료량(y)을 최소화하기 위해 도료량에 영향을 주는 인자(x)로 분사속도(x_1), 이동속도(x_2), 그리고 토출량(x_3)임을 알았다.

- 실험목적: 분사속도, 이동속도, 그리고 토출량이 도료량에 미치는 관계를 알아내어 도료량을 최소로 하는 최적 분사 조건을 선정하고자 한다.
  실험은 2회 반복 진행.
- 실험인자 및 수준
  A 분사속도(㎧): $A_0=200$, $A_1=400$
  B 이동속도(㎧): $B_0=100$, $B_1=300$
  C 토출량(㎜): $C_0=27$, $C_1=57$

도료량(y)

실험 번호	실험조건			도료량	
	A	B	C	$y1$	$y2$
1	0	0	0	6.120	6.135
2	1	0	0	6.085	6.131
3	0	1	0	6.258	6.229
4	1	1	0	6.186	6.192
5	0	0	1	6.120	6.141
6	1	0	1	6.077	6.113
7	0	1	1	6.228	6.235
8	1	1	1	6.193	6.192

| 풀이 |

1) 미니탭 실험계획법 설계

- 메뉴

① 통계분석> 실험계획법> 요인생성설계

- 설계유형: 2-수준 요인(기본생성자 XL)
- 요인수(N): 3

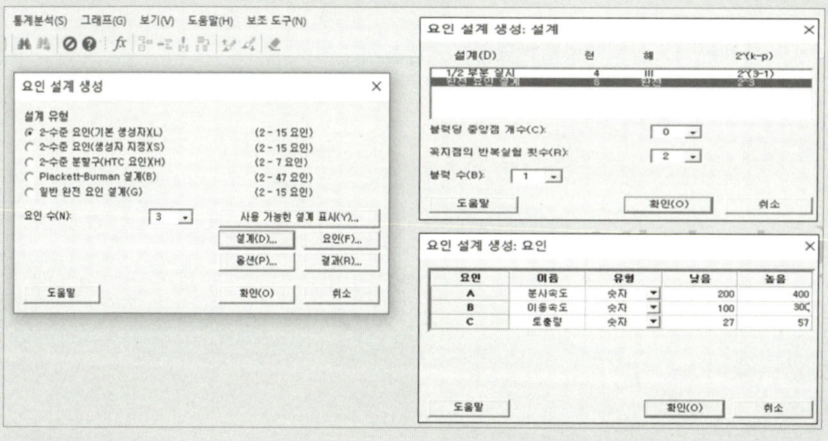

② 설계(D) 선택

- 중앙점 개수: "0", 반복실험횟수: 2, 블록수: 1

③ 요인(F) 선택: 요인: A, B, C의 이름, 유형 수준 입력

④ 옵션(P) 선택: 런 랜덤화(U) 클릭(런순서로 실험 진행)

- 미니탭 실험계획법 설계 결과

↓	C1	C2	C3	C4	C5	C6	C7	C8
	표준 순서	런 순서	중앙점	블럭	분사속도	이동속도	토출량	
1	14	1	1	1	400	100	57	
2	9	2	1	1	200	100	27	
3	5	3	1	1	200	100	57	
4	13	4	1	1	200	100	57	
5	10	5	1	1	400	100	27	
6	4	6	1	1	400	300	27	
7	12	7	1	1	400	300	27	
8	7	8	1	1	200	300	57	
9	1	9	1	1	200	100	27	
10	8	10	1	1	400	300	57	
11	6	11	1	1	400	100	57	
12	11	12	1	1	200	300	27	
13	16	13	1	1	400	300	57	
14	15	14	1	1	200	300	57	
15	2	15	1	1	400	100	27	
16	3	16	1	1	200	300	27	

- 해설: 런순서에 준하여 16회 실험을 진행한다.

2) 실험 진행 및 데이터 입력

① 실험은 분사속도, 이동속도, 토출량 수준별 조합으로 2회 반복실험(16회) 진행하여 각 실험별 도료량을 확인한다.

② 데이터 입력: 실험 결과를 계획법 설계 결과의 C8에 입력

3) 미니탭 요인분석

◆ 메뉴

① **통계분석> 실험계획법> 요인> 요인설계분석**

• 반응(R): 도료량(y)

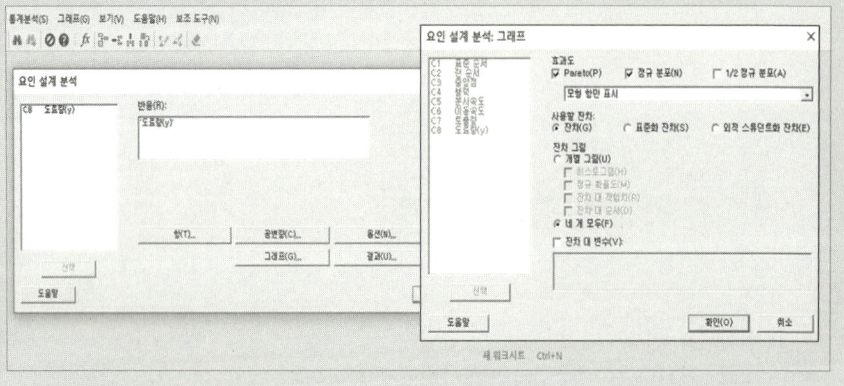

② 그래프(G) 선택

• 효과도: Pareto(P), 정규분포(N)

• 잔차그림: 네 개 모두(F)를 선택하여 잔차분석을 한다.

◆ 미니탭 요인분석 결과

[파레토/정규 확률도]

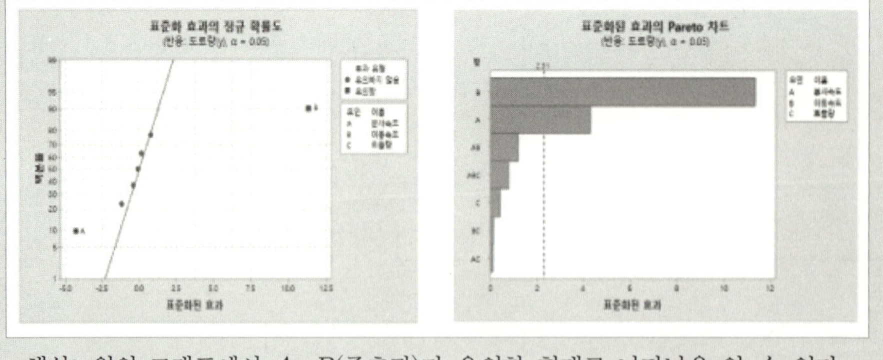

• 해설: 위의 그래프에서 A, B(주효과)가 유의한 형태로 나타남을 알 수 있다.

[분산분석] 완전모형분석

분산 분석

출처	DF	Adj SS	Adj MS	F-값	P-값
모형	7	0.045323	0.006475	20.70	0.000
선형	3	0.044704	0.014901	47.64	0.000
분사속도	1	0.005513	0.005513	17.62	0.003
이동속도	1	0.039105	0.039105	125.01	0.000
토출량	1	0.000086	0.000086	0.27	0.615
2차 교호작용	3	0.000371	0.000124	0.40	0.760
분사속도*이동속도	1	0.000371	0.000371	1.18	0.308
분사속도*토출량	1	0.000000	0.000000	0.00	0.989
이동속도*토출량	1	0.000001	0.000001	0.00	0.967
3차 교호작용	1	0.000248	0.000248	0.79	0.399
분사속도*이동속도*토출량	1	0.000248	0.000248	0.79	0.399
오차	8	0.002503	0.000313		
총계	15	0.047825			

• 해설: (p−값<0.05이면 귀무가설을 기각한다) 상기 분산분석표에서 교호효과는 모두 유의하지 않다(p−값이 0.05 이상). 유의하지 않은 교호효과는 오차항에 풀링하고, 주효과는 유의하지 않아도 풀링시키지 않는다.

4) 미니탭 축소모형 분석

◆ 메뉴

① **통계분석> 실험계획법> 요인> 요인설계분석**

• 반응(R): 도료량(y)

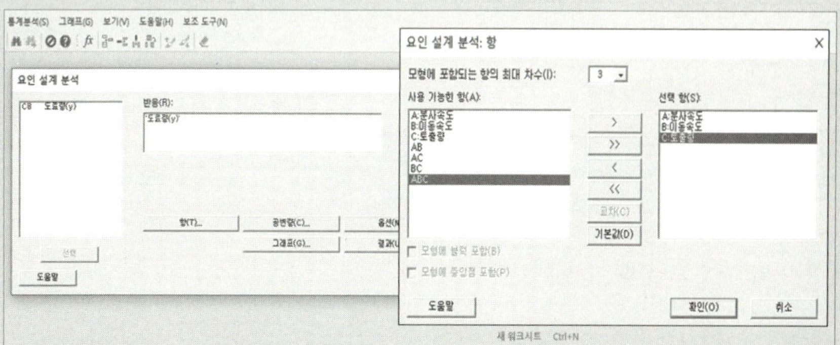

② 항(T)을 클릭한다: 그래프 분석을 통해 유의하지 않은 인자로 분류된 교호효과를 모두 우측의 모형에서 좌측의 오차항으로 제거한다(AB, AC, BC, ABC의 효과는 오차항으로 포함됨).

◆ 미니탭 축소모형 분석 결과

분산 분석

출처	DF	Adj SS	Adj MS	F-값	P-값
모형	3	0.044704	0.014901	57.28	0.000
선형	3	0.044704	0.014901	57.28	0.000
분사속도	1	0.005513	0.005513	21.19	0.001
이동속도	1	0.039105	0.039105	150.32	0.000
토출량	1	0.000086	0.000086	0.33	0.577
오차	12	0.003122	0.000260		
적합성 결여	4	0.000619	0.000155	0.49	0.741
순수 오차	8	0.002503	0.000313		
총계	15	0.047825			

• 해설: 분산분석표에서 각 인자의 주효과만 유의한 상태임을 알 수 있다.

5) 미니탭 요인의 수준별 반응값 예측

◆ 메뉴

① 통계분석>실험계획법>요인>요인그림

• 반응(R): 도료량(y)

• 선택됨(S): 분사속도, 이동속도, 토출량

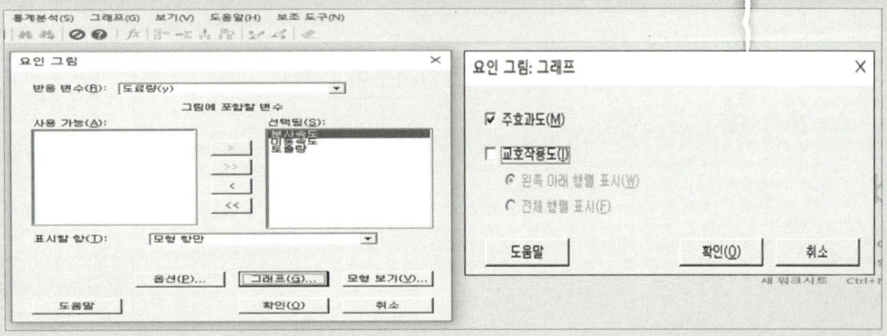

② 그래프를 선택: 주효과도(M)를 클릭

◆ 미니탭 요인그림 분석 결과

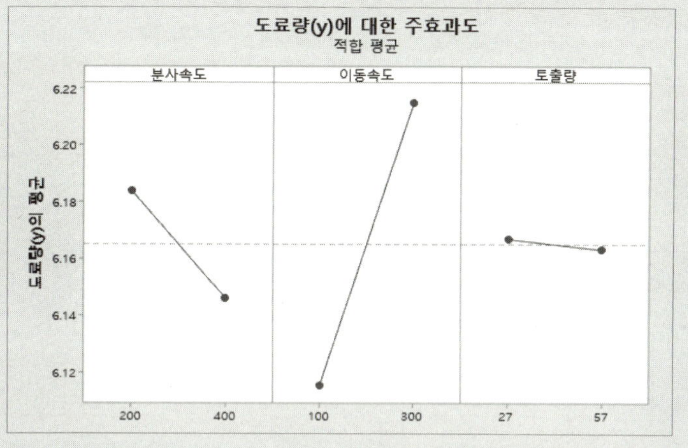

• 해설: 평균의 주효과의 경우 이송속도의 영향이 가장 큰 것을 볼 수 있다. 도료량을 줄이기 위해서는 분사속도는 크게, 이송속도는 작게, 토출량은 크게 유지할 필요가 있음을 보게 된다.
교호작용이 모두 유의하지 않기 때문에 최적조건은 각 주효과에서 구한 뒤 합하면 된다. 즉 주효과도에서 분사속도는 400 ㎧, 이동속도는 100 ㎧, 토출량은 57 ㎣이며 이 조건이 최적조건이 된다.

6) 미니탭 최적조건 도출

◆ 메뉴

① 통계분석 > 실험계획법 > 요인 > 반응 최적화도구

• 반응변수: 도료량(y)

• 목적: 최소화

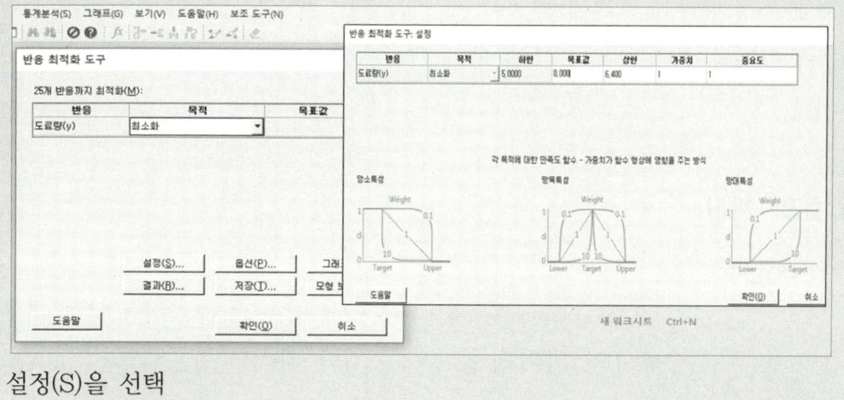

② 설정(S)을 선택

• 목표값: "0" 입력

• 상한: 관리상한 입력(6.400), 단측 규격

- 미니탭 최적조건 도출 결과

변수	설정			
분사속도	400			
이동속도	100			
토출량	57			
반응	**적합치**	**SE 적합치**	**95% CI**	**95% PI**
도료량(y)	6.09437	0.00807	(6.07679, 6.11196)	(6.05506, 6.13369)

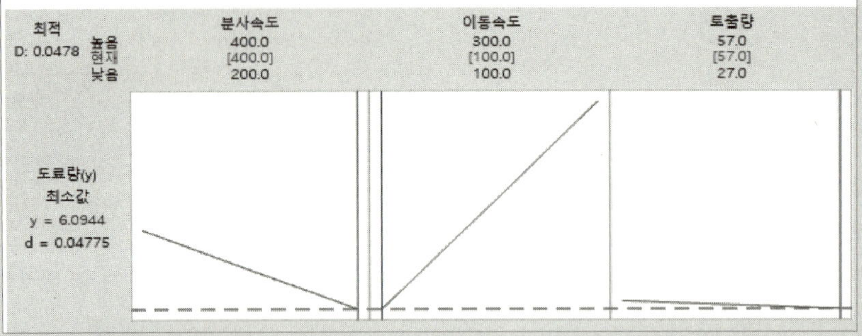

- 해설: 도료량을 최소화할 수 있는 각 인자의 최적조건은 "분사속도(400), 이동속도(100), 토출량(57)"이다. 결론적으로 이 최적의 조건으로 재현시험을 진행하여 최적결과의 값을 검증한다.

3.3 2^n 요인배치법

요인실험을 확장하여 일반화할 경우 2^n 요인실험이 된다. 이 경우 요인실험의 구조적인 특징 때문에 효과와 변동을 계산할 경우 공식에 의하여 간편하게 구할 수 있다. 즉 인자의 수나 반복 유무에 상관없이 구할 수 있다. 여기서 n=인자, r=반복수이다.

1) 효과 계산

① 주효과:

$$\frac{1}{2^{n-1} \times r}(\text{수준 1의 데이터 합} - \text{수준 0의 데이터 합}) \qquad (6 \cdot 52)$$

② 2인자 교호작용효과:

$$\frac{1}{2^{n-1}\times r}(\text{2인자 수준의 합이 짝수인 데이터의 합} - \text{2인자 수준의 합이 홀수인 데이터의 합}) \tag{6·53}$$

③ 3인자 교호작용효과:

$$\frac{1}{2^{n-1}\times r}\left[\begin{pmatrix}\text{해당 인자의 수준의 합이} \\ \text{홀수인 처리조합의 데이터의 합}\end{pmatrix} - \begin{pmatrix}\text{해당 인자의 수준의 합이 짝수인} \\ \text{처리조합의 데이터의 합}\end{pmatrix}\right] \tag{6·54}$$

으로 얻어진다. 예를 들면 $n=3$인 경우는 이미 식 (6·44)로 밝혀졌고, $n=4$인 경우 교호작용 ABC는

$$ABC = \frac{1}{2^3 r}[T_{111..} + T_{100..} + T_{010..} + T_{001..} - T_{011..} - T_{101..} - T_{110..} - T_{000..}] \tag{6·55}$$

이 된다. 4인자 교호작용은 해당인자의 수준의 합이 짝수인 처리조합의 데이터의 합에서 홀수인 것의 합을 뺀 후에 이를 $2^{n-1}r$로 나누어주면 얻을 수 있다. 이 이상의 교호작용은 별로 의미가 없으므로 생략하기로 한다.

2) 변동 계산

① 인자의 변동:

$$\frac{1}{2^n \times r}(\text{수준 1의 데이터 합} - \text{수준 0의 데이터 합})^2 \tag{6·56}$$

② 2인자 교호작용변동:

$$\frac{1}{2^n \times r}(\text{2인자 수준합이 짝수인 데이터의 합} - \text{2인자 수준합이 홀수인 데이터의 합})^2 \tag{6·57}$$

③ 3인자 교호작용효과:

$$\frac{1}{2^n \times r}\left[\begin{matrix}(\text{해당 인자의 수준의 합이} \\ \text{홀수인 처리조합의 데이터의 합})\end{matrix} - \begin{matrix}(\text{해당 인자의 수준의 합이 짝수인} \\ \text{처리조합의 데이터의 합})\end{matrix}\right]^2 \qquad (6 \cdot 58)$$

4인자 이상의 교호작용효과는 생략하기로 한다.

3) 분산분석표

일반화된 분산분석표는 다음과 같이 표현된다.

표 6-8 2^n 요인실험의 분산분석표

요인		변동(SS)	ϕ	
인자	A	SS_A	1	$\binom{n}{1} = n$개
	B	SS_B	1	
	C	SS_C	1	
	D	SS_D	1	
	$\vdots$	$\vdots$	$\vdots$	
2인자 교호작용	$A\times B$	$SS_{A\times B}$	1	$\binom{n}{2} = \frac{n(n-1)}{2}$개
	$A\times C$	$SS_{A\times C}$	1	
	$A\times D$	$SS_{A\times D}$	1	
	$B\times C$	$SS_{B\times C}$	1	
	$\cdots$	$\vdots$	$\vdots$	
3인자 교호작용	$A\times B\times C$	$SS_{A\times B\times C}$	1	$\binom{n}{3} = \frac{n(n-1)(n-2)}{6}$개
	$A\times B\times D$	$SS_{A\times B\times D}$	1	
	$\vdots$	$\vdots$	$\vdots$	
$\vdots$		$\vdots$	$\vdots$	
오차	E	S_E	$2^n(r-1)$	
합계	T	S_T	$2^n r-1$	

2수준 요인실험계획이 다른 실험계획법에 비해 많이 사용되는 이유는 실험횟수가 적기 때문이며 각 수준 효과가 선형성일 때 사용이 가능하다. 만약 요인실험을 한 후 곡면의 존재를 확인하기 위해서는 중심점 설계를 통해서 확인할 수 있다.

연습문제

1. 어떤 회사의 Micro USB socket의 커팅 공정에서 불량률을 최소화하기 위해 검토한 결과 Air 압력과 클리어런스 2개의 인자가 영향을 미치는 인자로 판명이 되었다. contact 절단조건 최적화로 불량을 최소화하기 위해 두 인자에 대해 2수준을 취하고 3회 반복실험으로 전체 12회 랜덤실험을 진행하여 다음과 같은 데이터를 얻었다.

- 실험인자 및 수준

  Air 압력(mpi): $A_0 = 0.4\text{ mpi}$, $A_1 = 0.6\text{ mpi}$

  클리어런스(mm): $B_0 = 0.01\text{ mm}$, $B_1 = 0.03\text{ mm}$

불량률(%)

	A_0	A_1
B_0	0.087 0.093 0.067	0.047 0.051 0.073
B_1	0.340 0.376 0.353	0.207 0.213 0.233

1) 분산분석을 구하시오.

| 풀이 |

◆ 미니탭 분석 결과

분산 분석

출처	DF	Adj SS	Adj MS	F-값	P-값
모형	3	0.171507	0.057169	254.37	0.000
선형	2	0.161873	0.080937	360.12	0.000
Air 압력	1	0.020172	0.020172	89.75	0.000
클리어런스	1	0.141701	0.141701	630.48	0.000
2차 교호작용	1	0.009633	0.009633	42.86	0.000
Air 압력*클리어런스	1	0.009633	0.009633	42.86	0.000
오차	8	0.001798	0.000225		
총계	11	0.173305			

- 해설: 주효과 A, B와 교호작용 $A \times B$ 모두 유의수준($\alpha = 0.05$)에서 유의한 인자이다.

2) 불량률을 최소화하기 위한 최적수준 조합을 구하라.

| 풀이 |

◆ 미니탭 그래프 분석

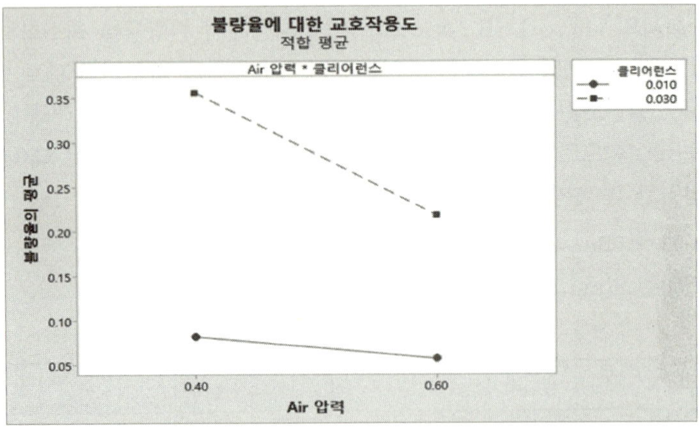

• 해설: 불량률이 최소가 되는 교호작용 $A \times B$의 수준조합은 A_1B_0이다.

3) 불량률을 최소화하기 위한 각 인자의 최적조건을 도출하라.

| 풀이 |

◆ 미니탭 분석 결과

반응	적합치	SE 적합치	95% CI	95% PI
불량율	0.05700	0.00866	(0.03704, 0.07696)	(0.01708, 0.09692)

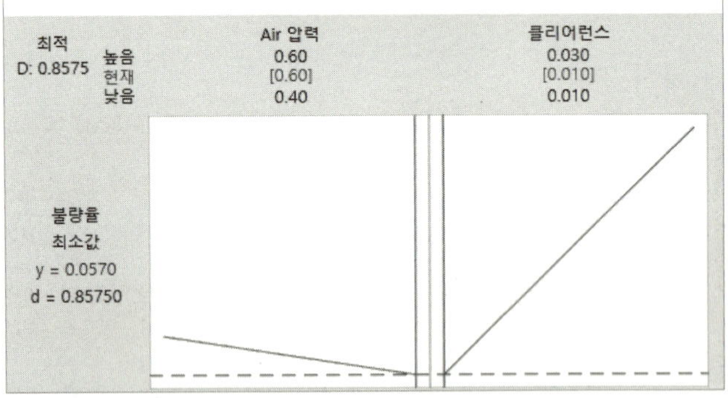

• 해설: Air 압력은 0.6 psi, 클리어런스는 0.01 mm에서 불량률이 최소화되어진다. 이 조건으로 재현시험을 진행하여 확인한다.

2. 한 가전회사에서 BLDC Motor의 소비전력을 개선하기 위하여 검토한 결과 소비전력 (Y)에 영향을 주는 인자로 Magnet 재질(x_1), Coil turn 수(x_2), Coil 선경(x_3)임이 확인되었다. 소비전력을 최소화하기 위해 세 인자에 대해 2수준을 취하고 8회 랜덤 실험을 진행하여 다음과 같은 데이터를 얻었다.

- 실험인자 및 수준

Coil 선경: $A_0 = \phi 0.5$, $A_1 = \phi 0.55$

Coil turn 수: $B_0 = 400\ T$, $B_1 = 500\ T$

Magnet 재질: $C_0 = 7$ BD, $C_1 = 9$ BD

소비전력(Wh)

실험 번호	실험조건			데이터 (소비전력)
	A	B	C	
1	0	0	0	21.50
2	1	0	0	19.93
3	0	1	0	20.90
4	1	1	0	19.35
5	0	0	1	20.22
6	1	0	1	19.00
7	0	1	1	19.78
8	1	1	1	18.30

1) 각 요인의 효과를 구하시오.

| 풀이 |

◆ 미니탭 그래프 분석

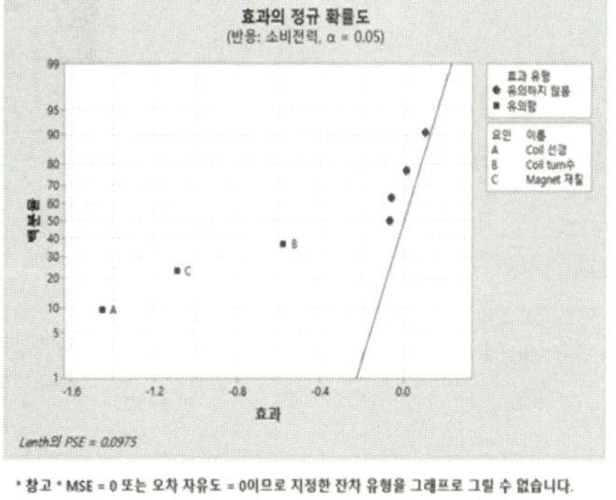

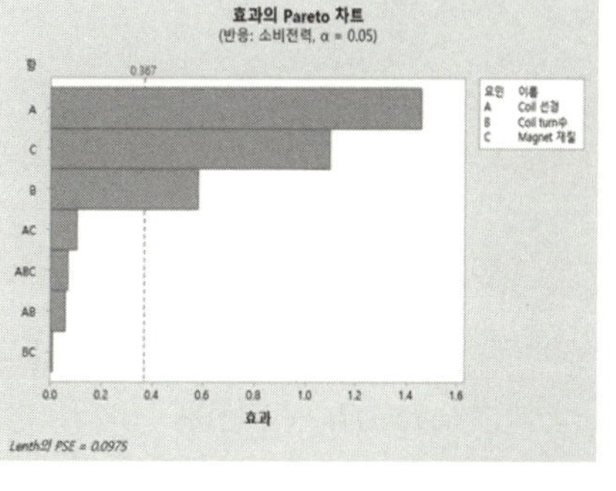

* 참고 * MSE = 0 또는 오차 자유도 = 0이므로 지정한 잔차 유형을 그래프로 그릴 수 없습니다.

- 해설: 주효과 A, B, C는 유의한 형태로 보이나 2차 이상의 교호작용은 효과가 미미한 상태로 나타남을 볼 수 있다.

2) 분산분석을 진행하고, 소비전력이 가장 큰 수준조합을 구하시오.

| 풀이 |

미니탭 그래프 분석에서 주효과 외에 2차 이상의 교호작용은 유의하지 않으므로 최고차항부터 교호작용을 순차적으로 오차항에 풀링한 후에 분산분석표를 작성하면 다음과 같다.

◆ 미니탭 분석 결과

분산 분석

출처	DF	Adj SS	Adj MS	F-값	P-값
모형	3	7.30490	2.43497	248.15	0.000
선형	3	7.30490	2.43497	248.15	0.000
Coil 선경	1	4.23405	4.23405	431.50	0.000
Coil turn수	1	0.67280	0.67280	68.57	0.001
Magnet 재질	1	2.39805	2.39805	244.39	0.000
오차	4	0.03925	0.00981		
총계	7	7.34415			

• 해설: 주효과 A, B, C는 유의수준(α =0.05)에서 모두 유의하다.

◆ 그래프 분석

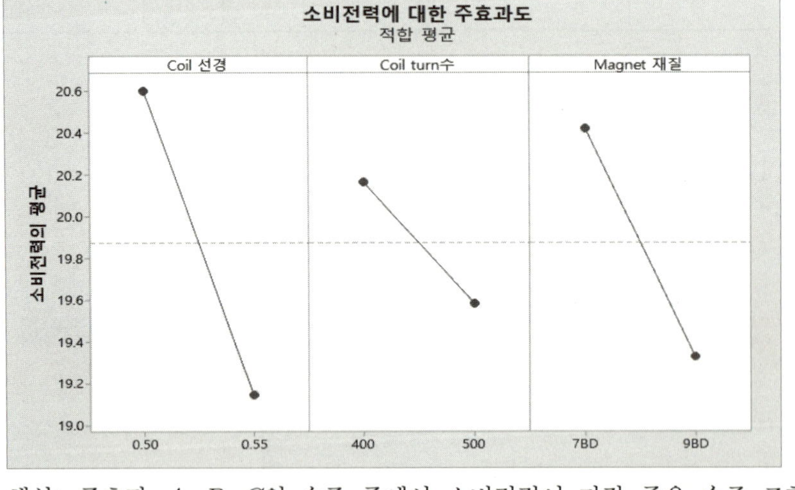

• 해설: 주효과 A, B, C의 수준 중에서 소비전력이 가장 좋은 수준 조합은 A_1, B_1, C_1이다.

3) 소비전력을 최소화하기 위한 각 인자의 최적조건을 구하라.

| 풀이 |

◆ 미니탭 분석 결과

반응	적합치	SE 적합치	95% CI	95% PI
소비전력	18.3075	0.0700	(18.1130, 18.5020)	(17.9707, 18.6443)

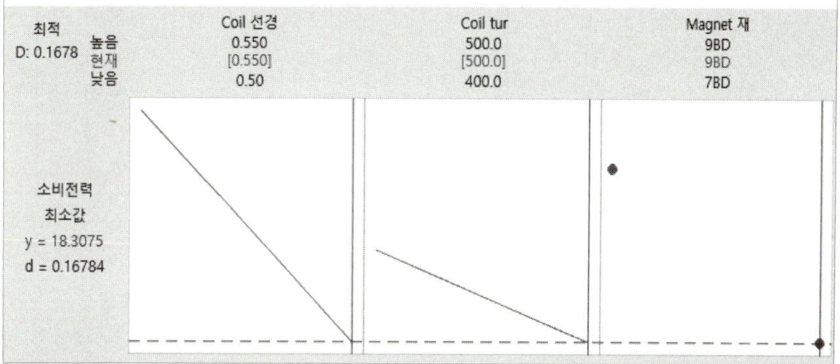

• 해설: Coil 선경은 $\phi 0.55$, Coil turn 수는 500 T, Magnet 재질은 9 BD에서 소비전력을 최소화할 수 있다. 이 조건으로 재현시험을 진행하여 최적결과의 값을 검증한다.

3. Anodizing 공정에서 피막 두께 편차에 의한 색상불량 발생을 줄이기 위해 검토한 결과 색상 불량(Y)에 영향을 미치는 인자로 전압(x_1), 시간(x_2), 온도(x_3)임이 확인되었다. 색상 불량 최소화를 위해 세 인자에 대해 2수준을 취하고 실험 정도를 위해 반복 2회 실험으로 전체 16회 랜덤실험을 진행하여 다음과 같은 데이터를 얻었다.

• 실험인자 및 수준

전압(V): $A_0=14$, $A_1=17$

시간(s): $B_0=2,400$, $B_1=3,200$

온도(℃): $C_0=20$, $C_1=24$

색상 번짐 불량률(%)

실험 번호	실험조건			데이터(불량률)	
	A	B	C	$y1$	$y2$
1	0	0	0	4.8	4.8
2	1	0	0	12.0	10.5
3	0	1	0	3.9	4.5
4	1	1	0	8.8	9.5
5	0	0	1	4.5	5.5
6	1	0	1	8.3	7.5
7	0	1	1	3.0	4.5
8	1	1	1	7.1	8.3

1) 분산분석을 진행하여 각 요인의 유의성을 분석하시오.

| 풀이 |

◆ 미니탭 분석 결과

분산 분석

출처	DF	Adj SS	Adj MS	F-값	P-값
모형	7	101.189	14.4556	27.44	0.000
선형	3	93.947	31.3156	59.44	0.000
전압(A)	1	83.266	83.2656	158.04	0.000
시간(B)	1	4.306	4.3056	8.17	0.021
온도(C)	1	6.376	6.3756	12.10	0.008
2차 교호작용	3	5.617	1.8723	3.55	0.067
전압(A)*시간(B)	1	0.051	0.0506	0.10	0.764
전압(A)*온도(C)	1	5.176	5.1756	9.82	0.014
시간(B)*온도(C)	1	0.391	0.3906	0.74	0.414
3차 교호작용	1	1.626	1.6256	3.09	0.117
전압(A)*시간(B)*온도(C)	1	1.626	1.6256	3.09	0.117
오차	8	4.215	0.5269		
총계	15	105.404			

• 해설: 주효과 A, B, C는 유의수준($\alpha = 0.05$)에서 유의하며, 교호작용 $A \times C$도 유의수준($\alpha = 0.05$)에서 유의하다. 유의하지 않은 2차 이상 교호작용에 대해서는 3차의 고차의 교호작용부터 차례로 오차항에 풀링하여 분산분석을 반복 진행하도록 한다.

◆ 미니탭 분석 결과: 풀링 후의 분산분석표

분산 분석

출처	DF	Adj SS	Adj MS	F-값	P-값
모형	4	99.123	24.7806	43.39	0.000
선형	3	93.947	31.3156	54.84	0.000
전압(A)	1	83.266	83.2656	145.80	0.000
시간(B)	1	4.306	4.3056	7.54	0.019
온도(C)	1	6.376	6.3756	11.16	0.007
2차 교호작용	1	5.176	5.1756	9.06	0.012
전압(A)*온도(C)	1	5.176	5.1756	9.06	0.012
오차	11	6.282	0.5711		
적합성 결여	3	2.067	0.6890	1.31	0.337
순수 오차	8	4.215	0.5269		
총계	15	105.404			

- 해설: 주효과 A, B, C는 유의수준($\alpha = 0.05$)에서 모두 유의하며, 교호작용 $A \times C$도 유의수준($\alpha = 0.05$)에서 유의하다.

2) 불량률이 최소화될 수 있는 수준조합을 구하시오.

| 풀이 |

◆ 미니탭 그래프 분석: 교호작용 $A \times C$

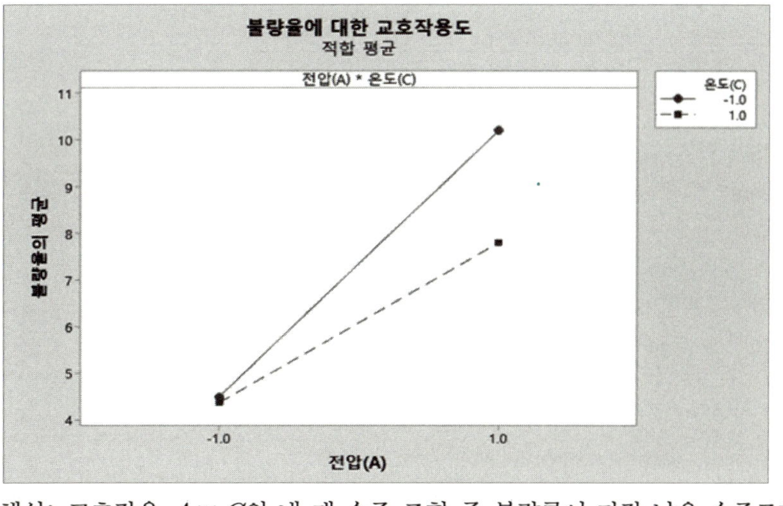

- 해설: 교호작용 $A \times C$의 네 개 수준 조합 중 불량률이 가장 낮은 수준조합은 A_0C_1이다.

◆ 미니탭 그래프 분석: 주효과

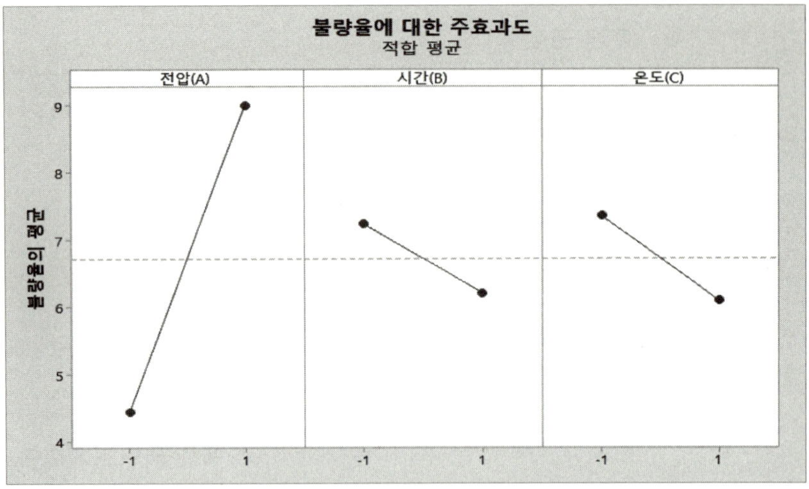

• 해설: 주효과 B의 불량률에 평균 특성이 낮은 수준은 B_1이다.

3) 색상번짐 불량을 최소화하기 위한 각 인자의 최적조건을 구하라.

| 풀이 |

◆ 미니탭 분석 결과

반응	적합치	SE 적합치	95% CI	95% PI
불량율	3.856	0.422	(2.926, 4.786)	(1.951, 5.762)

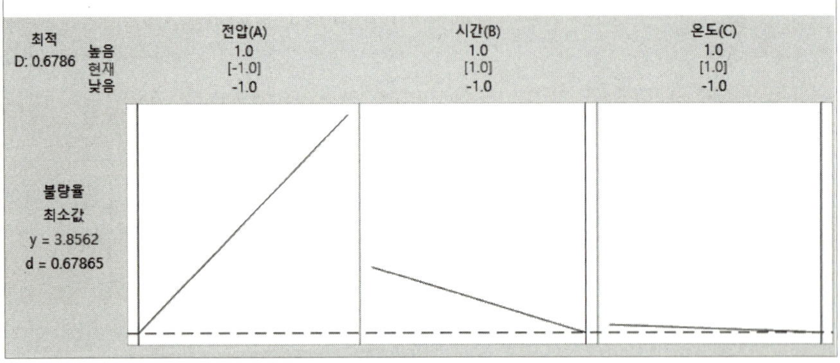

• 해설: 전압(A)은 17 V, 시간(B)은 3,200(s), 온도(C)는 24(℃)에서 색상번짐 불량률을 최소화할 수 있다.

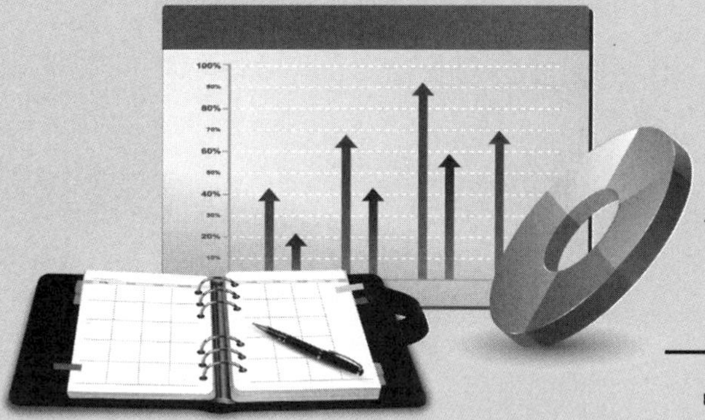

CHAPTER 07

교락법과 일부실시법

1. 교락법
2. 2^n형의 일부실시법

Chapter 07 교락법과 일부실시법

1 교락법

1.1 교락법의 개념

요인설계는 각 요인들의 주효과와 교호작용효과를 모두 구할 수 있는 있는 장점이 있는 반면에 요인의 수가 늘면 실험의 크기가 급속히 증가하게 된다. 예를 들면 2^n 요인설계의 경우 실험의 횟수는 $2^5 = 32$, $2^6 = 64$, $2^7 = 128$이 되며, 3^n 요인설계의 경우 실험의 횟수는 $3^4 = 81$, $3^5 = 243$이 된다. 실험의 크기가 커지면 실험을 수일간 또는 여러 장소에서 하지 않으면 안될 경우가 생겨서 취급한 요인 이외에 동일한 조건하에서 모든 실험을 실시하기가 어려워진다. 이러한 실험조건의 차이를 무시하고 실험하면 실험오차가 커져서 실험의 정밀도(precision)가 나빠진다. 이때 실험 전체를 몇 개의 블록으로 나누어 배치시키면 적은 수의 처리조합이 블록에 배치되게 되고, 블록 내에서는 비교적 동일 실험환경을 유지할 수 있게 된다. 그러나 요인설계를 몇 개의 블록으로 나누어 실험하면, 완전한 랜덤화를 하지 못하고 제한된 랜덤화를 하게 되므로 일부 정보의 손실을 피할 수 없게 된다. 다시 말해서 어떤 처리효과들은 블록효과와 교락되어 구분할 수 없게 되고, 블록효과와 교락된 처리효과를 분리해서 따로 검출할 수 없게 된다. 이와 같이 교락법(confounding method)은 무시할 수 있거나 관심이 적은 고차의 상호작용을 블록효과와 교락시켜, 일부 정보를 희생하는 대신 전체실험을 몇 개의 블록으로 나누어 실험함으로써 실험오차를 줄이고자 하는 설계기법이다.

1.2 2^n형의 교락법 설계

교락법은 요인의 수가 많은 경우에 사용되어진다. 여기서는 2^n형의 교락법에 대해 설명하고자 한다.

1) 단독교락법에 의한 블록설계

우선 2^3요인설계의 경우를 예를 들어 보면, 인자가 A, B, C인 2^3요인실험의 횟수는 8회인데 하루에 4회의 실험 밖에 할 수 없다면 이틀에 나누어 실험을 해야 한다. 이때 우리는 전체실험을 2개의 블록으로 나누어 하루는 블록 1을 실험하고 다음 날은 블록 2를 실험하면 서로 다른 날에 실험한 것이 전체 실험결과에 영향을 주는 것을 차단할 수 있다. 여기서 2개의 블록으로 나눌 때 블록효과와 어떤 요인을 교락시키느냐에 따라 실험의 배치가 달라진다. 그리고 실험의 배치는 검출할 필요가 적은 요인을 블록효과와 교락이 되도록 배치시켜 실험의 효율을 높일 필요가 있는데 대부분의 경우 주효과를 교호작용 $A\times B\times C$보다는 잘 추정하고 싶으므로 블록과 교락시키는 교호작용은 3차 이상의 교호작용을 많이 선택한다. 이것은 3차 이상의 교호작용은 유의하지 않은 경우가 많기 때문이다. 교호작용 $A\times B\times C$를 블록효과와 교락시키는 실험을 세우기 위해, 우선 2^3요인실험에서 인자의 수준조합을 해보면 [표 7-1]과 같다.

[표 7-1] 2^3요인실험에서 인자의 수준조합

B	C \ A	A_{-1}	A_1
B_{-1}	C_{-1}	(1)	a
	C_1	c	ac
B_1	C_{-1}	b	ab
	C_1	bc	abc

* 상기 표는 뒤에서 나오는 미니탭의 요인생성설계에 맞게 0, 1을 −1, 1로 바꾸어 나타낸 것이다.

이 경우 모든 처리조합은 $\{(1), a, b, c, ab, ac, bc, abc\}$이 된다. [표 7-1]에서 3인자 교호효과 ABC의 계산식은 다음과 같다.

$$A\times B\times C\text{효과}=\frac{1}{4}\{(a+b+c+abc)-((1)+ab+ac+bc)\}$$

교호효과 $A\times B\times C$의 (+)항의 처리조합 $\{a, b, c, abc\}$를 블록 1, (−)항의 처리조합 $\{(1), ab, ac, bc\}$를 블록 2로 하여 [표 7−2]로 나누어 각각 다른 날짜에 실험을 하면 블록효과는 다음과 같이 구해진다.

$$블록효과=\frac{1}{4}\{(a+b+c+abc)-((1)+ab+ac+bc)\}$$

=(블록1의 자료평균의 측정치)−(블록2의 자료평균의 측정치)

표 7−2 ABC를 교락시킨 2^3요인배치법

블록1	블록2
a	(1)
b	ab
c	ac
abc	bc

상기 내용과 같이 교호작용 $A\times B\times C$와 블록효과가 서로 같은 값으로 구해지는 것을 알 수 있다. 이것은 교호작용 $A\times B\times C$와 블록효과가 서로 교락되었기 때문이다. 즉 교호작용효과 $A\times B\times C$를 검출할 수 없게 된다. 상기 실험은 교호작용 $A\times B\times C$를 구할 수 없으나 실험을 2개의 블록으로 나누어 실험함으로써 주효과와 2차 교호효과를 좀 더 정밀하게 구할 수 있는 실험이다. 일반적으로 2^n요인실험에서 위의 2^3요인실험과 같이 하나의 교호작용을 블록과 교락시키면 두 개의 블록으로 나눌 수 있게 되는데 이것을 단독교락법이라 하며, 2^5요인실험에서 같이 처리조합이 많은 경우에는 블록을 더 늘려야 할 경우가 있다. 2^5요인실험은 $2^5=32$개의 처리조합이 되고, 이것을 단독교락법으로 진행하면 한 블록에 16개의 처리조합이 들어가게 되는데, 16개의 처리조합도 동일 환경에서 실험할 수 없다면 블록의 개수는 늘릴 수밖에 없을 것이다. 이 경우에는 블록과 교락되는 교호작용효과를 2개 이상 선택해야 한다. 교호작용효과 2개를 블록과 교락시키면 4개의 블록이 만들

어지게 된다. 이와 같이 블록은 교락시키는 교호작용효과의 개수에 따라 블록과 교락되는 교호작용의 개수가 하나이면 단독교락, 2개이면 2중 교락이라 부른다. 교락법실험의 가장 기본적인 단독교락법의 배치 및 실험순서는 다음과 같이 진행한다.

① 배치: 최고차항의 교호작용효과를 구한 후 (+)항의 처리조합을 한 블록으로 하고 (−)항의 처리조합을 다른 블록으로 배치한다.

② 실험 순서를 정할 때에는 두 블록 중 하나를 임의로 선택하고 그 블록에 속한 처리조합을 랜덤화 원칙에 따라 실험을 한 다음 두 번째 블록의 처리조합 또한 랜덤화의 원칙에 따라 실험을 실시한다.

2) 이중교락법에 의한 블록설계

단독교락의 경우 최고차 교호작용을 사용하여 교호작용효과 하나를 블록과 교락시키면 두 개의 블록이 만들어진다. 이중교락은 블록을 4개로 나누어지는 경우의 교락법으로 이때 블록에 교락되는 교호작용이 2개가 된다. 여기서는 2^4형 실험으로 이중교락을 설명하기로 한다. 2^4요인실험에서 인자의 수준조합을 해보면 [표 7-3]과 같다.

표 7-3 2^4요인실험에서 인자의 수준조합

B	C	D \ A	A_{-1}	A_1
B_{-1}	C_{-1}	D_{-1}	(1)	a
		D_1	d	ad
	C_1	D_{-1}	c	ac
		D_1	cd	acd
B_1	C_{-1}	D_{-1}	b	ab
		D_1	bd	abd
	C_1	D_{-1}	bc	abc
		D_1	bcd	$abcd$

* 상기 표는 뒤에서 나오는 미니탭의 요인생성설계에 맞게 0, 1을 −1, 1로 바꾸어 나타낸 것이다.

이 경우 모든 처리조합은 $\{(1), a, b, c, d, ab, ac, ad, bc, bd, cd, abc, abd, acd, bcd, abcd\}$이 된다. 단독교락법에서는 한 블록에 8개의 처리조합이 들어가게 되는데 8개의 처리조합도 동일 환경에서 실험할 수 없다면 블록의 수를 늘려야 한다. 이때에는 블록과 교락되는 교호작용효과를 2개 이상 선택해야 한다. 이중교락에서 3인자 교호작용 $A\times B\times C$와 $B\times C\times D$를 사용하여 블록에 조합을 배치시킬 때 사용되는 인수분해식을 이용하면 다음과 같다.

(1) $A\times B\times C$를 블록과 교락

$$A\times B\times C\text{효과} = \frac{1}{8}(a-1)(b-1)(c-1)(d+1)$$

$$= \frac{1}{8}\{(a+b+c+ad+bd+cd+abc+abcd) - ((1)+d+ab+ac+bc+abd+ acd+bcd)\}$$

교호효과 $A\times B\times C$의 (+)항의 처리조합 $\{a+b+c+ad+bd+cd+abc+abcd\}$
(–)항의 처리조합 $\{(1)+d+ab+ac+bc+abd+acd+bcd\}$이 된다.

(2) $B\times C\times D$를 블록과 교락

$$B\times C\times D\text{효과} = \frac{1}{8}(a+1)(b-1)(c-1(d-1)$$

$$= \frac{1}{8}\{(b+c+d+ab+ac+ad+bcd+abcd) - ((1)+a+bc+bd+cd+abc+ abd+acd)\}$$

교호효과 $B\times C\times D$의 (+)항의 처리조합 $\{b+c+d+ab+ac+ad+bcd+abcd\}$
(–)항의 처리조합 $\{b+c+d+ab+ac+ad+bcd+abcd\}$이 된다.

위에서 구한 처리조합을 다음과 같이 4개의 블록으로 구분할 수 있다.

ABC의 (+)항과 BCD의 (+)항, ABC의 (+)항과 BCD의 (–)항
ABC의 (–)항과 BCD의 (+)항, ABC의 (–)항과 BCD의 (–)항 등으로 각각

동시에 속하는 자료군으로 나누면 [표 7-4]와 같다.

| 표 7-4 | ABC와 BCD를 교락시킨 2^4요인배치법

블록1	블록2	블록3	블록4
(1)	d	a	c
bc	ab	bd	b
abd	ac	cd	ad
acd	bcd	abc	$abcd$
$ABC(+)$	$ABC(+)$	$ABC(-)$	$ABC(-)$
$BCD(+)$	$BCD(-)$	$BCD(+)$	$BCD(-)$

[표 7-4]와 같이 교호작용효과 2개를 블록과 교락시키면 4개의 블록이 만들어진다. 여기서 $A\times B\times C$와 $B\times C\times D$를 블록과 교락시켰을 때 블록과 자동으로 교락되는 또 다른 효과는 교락되는 두 교호작용의 곱 $I=ABC\times BCD=AB^2C^2D=AD$가 되고 이것 또한 블록과 교락된다. 따라서 블록효과와 교락되는 교호작용효과는 $A\times B\times C$, $B\times C\times D$, AD 등 3개가 된다. 여기서 $A^2=B^2=C^2=1$로 간주한다.

1.3 미니탭을 활용한 교락법 설계 및 분석

본 교재에서는 미니탭을 이용하여 교락법 설계를 하는 것에 대하여 알아보기로 한다.

1) 단독교락 설계 및 분석

반복이 없는 2^3요인배치 사례(반도체 제조공정)에서 8가지 조합을 동일한 실험조건하에서 실험할 수가 없어서 두 블록으로 나누어서 실험하는 사례를 중심으로 설명한다.

(1) 미니탭을 활용한 블록실험의 설계

◆ 메뉴

① **통계분석 > 실험계획법 > 요인 > 요인설계생성**

- 설계 유형: 2-수준 요인(생성자 지정)
- 요인수: 3

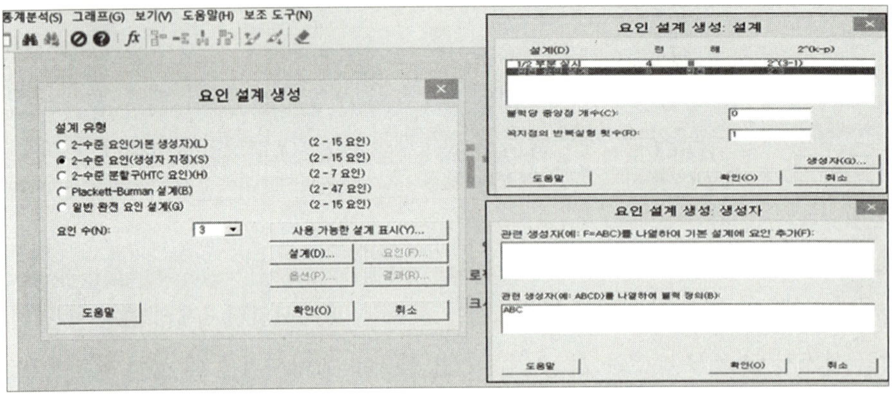

② 설계 선택 후 자료입력: 완전요인 설계

③ 생성자 클릭

- 관련 생성자를 나열하여 블록 정의(B): ABC 입력

◆ 블록실험 설계 결과

1개의 교호작용을 블록과 교락시킨 실험계획

완전 요인 설계

설계 요약

요인:	3	기본 설계:	3, 8	블럭을 포함한 해:	IV
런:	8	반복실험:	1		
블럭:	2	중앙점(전체):	0		

블럭 생성자: ABC

별칭 구조

I
블록 = ABC
A
B
C
AB
AC
BC

• 해설: 8회의 전체 실험을 2개의 블록에 블록당 4회의 실험을 할 수 있도록 배치한 실험이다. 교호작용 ABC는 블록효과와 교락되어 따로 구할 수 없다.

(2) 실험실시 및 결과 데이터 입력

블록에 의한 실험 실시 및 결과에 측정된 데이터 입력실험을 실시하여 아래와 같은 데이터를 얻었다. 아래 표는 (1)의 미니탭 실험설계 결과에서 −1, 1을 0, 1로 바꾸어 나타낸 것이다.

블록1	블록2
$(1)=45$	$a=71$
$ab=65$	$b=48$
$ac=60$	$c=68$
$bc=80$	$abc=65$

↓	C1	C2	C3	C4	C5	C6	C7	C8
	표준 순서	런 순서	중앙점	블럭	A	B	C	y
1	1	1	1	1	-1	-1	-1	45
2	3	2	1	1	1	-1	1	60
3	4	3	1	1	-1	1	1	80
4	2	4	1	1	1	1	-1	65
5	8	5	1	2	1	1	1	65
6	5	6	1	2	1	-1	-1	71
7	7	7	1	2	-1	-1	1	68
8	6	8	1	2	-1	1	-1	48

• 해설: 8회의 전체실험에서 2개의 블록에 블록당 4회 실험을 실시하고 그 결과를 입력한다.

(3) 미니탭을 활용한 블록실험의 분석

◆ 메뉴

① **통계분석 > 실험계획법 > 요인 > 요인설계분석**

• 반응: y

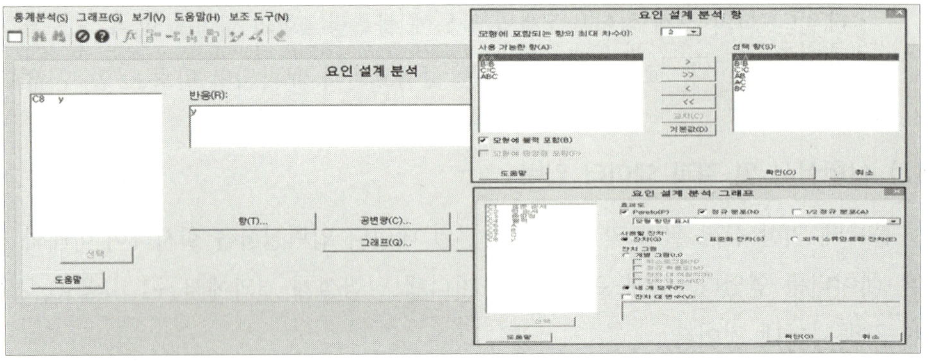

② 항(T)을 선택

- 모형에 블록 포함(B): 블록 포함과 미포함을 각각 수행

③ 그래프를 선택

- 효과도: 파레토(P), 정규분포(N)
- 잔차그림: 네 개 모두 선택 후 잔차 분석

◆ 블록실험 결과

① 완전모형

분산 분석

출처	DF	Adj SS	Adj MS	F-값	P-값
모형	7	943.500	134.786	*	*
블럭	1	0.500	0.500	*	*
선형	3	316.500	105.500	*	*
A	1	50.000	50.000	*	*
B	1	24.500	24.500	*	*
C	1	242.000	242.000	*	*
2차 교호작용	3	626.500	208.833	*	*
A*B	1	32.000	32.000	*	*
A*C	1	544.500	544.500	*	*
B*C	1	50.000	50.000	*	*
오차	0	*	*		
총계	7	943.500			

별칭
I
블럭 1 - ABC
A
B
C
AB
AC
BC

- 해설: ABC의 교호작용효과는 블록과 교락되어 있다. 위 분산분석에서 오차의 제곱합(SS_E)이 0인 이유는 반복실험을 하지 않았기 때문이다. 이 경우 제곱합이 가장 작은 인자를 오차에 풀링하여 유의성을 검토할 수 있다. 본 예제에서는 제곱합이 가장 작은 블록효과를 오차에 풀링한 축소모형으로 분산분석을 다시 실시하기로 한다.

② 축소모형

분산 분석

출처	DF	Adj SS	Adj MS	F-값	P-값
모형	6	943.000	157.167	314.33	0.043
선형	3	316.500	105.500	211.00	0.051
A	1	50.000	50.000	100.00	0.063
B	1	24.500	24.500	49.00	0.090
C	1	242.000	242.000	484.00	0.029
2차 교호작용	3	626.500	208.833	417.67	0.036
A*B	1	32.000	32.000	64.00	0.079
A*C	1	544.500	544.500	1089.00	0.019
B*C	1	50.000	50.000	100.00	0.063
오차	1	0.500	0.500		
총계	7	943.500			

별칭
I
A
B
C
AB
AC
BC

• 해설: 반응값에 대하여 추정된 효과를 분석함에 있어 블록의 효과가 가장 영향력이 작으므로 블록의 효과를 풀링하면(블록 미포함) 주효과 C와 교호효과 AC는 유의수준($\alpha = 0.05$)에서 유의하다. 유의하지 않은 교호작용을 차례로 오차항에 풀링하여 분산분석을 실시하여야 하나 여기서는 생략하기로 한다.

2) 이중교락 설계 및 분석

반복이 없는 2^4 요인실험을 동일조건으로 랜덤하게 실험할 수 없어 $A \times B \times C$와 $B \times C \times D$를 블록과 교락시켜 4개의 블록으로 나누어 실험하는 사례를 중심으로 설명한다.

(1) 미니탭을 활용한 블록실험의 설계

◆ 메뉴

① 통계분석 > 실험계획법 > 요인 > 요인설계생성

• 설계 유형: 2-수준 요인(생성자 지정)

• 요인수: 3

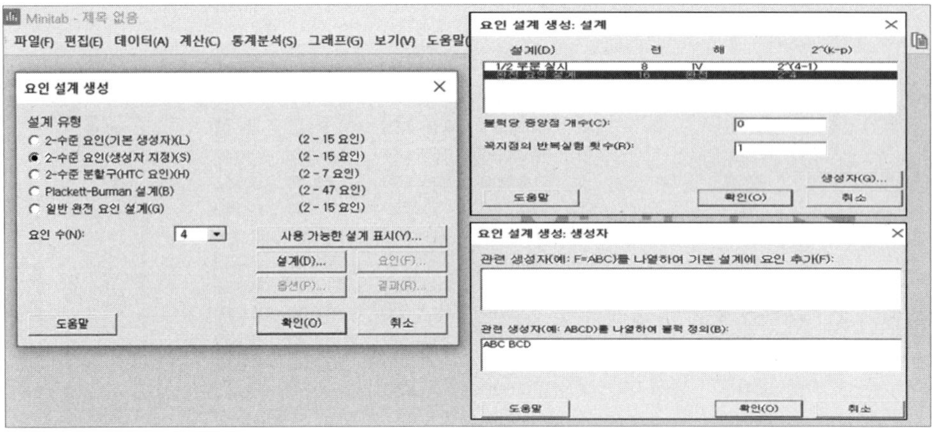

② 설계 선택 후 자료입력: 완전요인 설계

③ 생성자 클릭

- 관련 생성자를 나열하여 블록 정의(B): ABC, BCD 입력

◆ 블록실험 설계 결과

2개의 교호작용을 블록과 교락시킨 실험계획

설계 요약

요인:	4	기본 설계:	4, 16	블럭을 포함한 해:	III
런:	16	반복실험:	1		
블럭:	4	중앙점(전체):	0		

*** 참고 * 블럭이 2차 교호작용과 교락되어 있습니다.**

블럭 생성자: ABC, BCD

별칭 구조

I
블록1 = ABC
블록2 = BCD
블록3 = AD
A
B
C
D
AB
AC
BC
BD
CD
ABD
ACD
ABCD

↓	C1	C2	C3	C4	C5	C6	C7	C8
	표준 순서	런 순서	중앙점	블럭	A	B	C	D
1	16	1	1	4	1	1	1	1
2	14	2	1	4	-1	-1	1	-1
3	15	3	1	4	1	-1	-1	1
4	13	4	1	4	-1	1	-1	-1
5	4	5	1	1	1	-1	1	1
6	1	6	1	1	-1	-1	-1	-1
7	2	7	1	1	-1	1	1	-1
8	3	8	1	1	1	1	-1	1
9	11	9	1	3	-1	-1	-1	1
10	10	10	1	3	1	-1	1	-1
11	9	11	1	3	1	1	-1	-1
12	12	12	1	3	-1	1	1	1
13	8	13	1	2	-1	-1	1	1
14	7	14	1	2	-1	1	-1	1
15	6	15	1	2	1	1	1	-1
16	5	16	1	2	1	-1	-1	-1

- 해설: 16회의 전체 실험을 4개의 블록에 블록당 4회의 실험을 할 수 있도록 배치한 실험이다. 교호작용 ABC, BCD, AD는 블록효과와 교락되어 따로 구할 수 없다.

(2) 실험실시 및 결과 데이터 입력

① 블록에 의한 실험 실시 및 결과에 측정된 데이터 입력실험을 실시하여 아래와 같은 데이터를 얻었다. 아래 표는 1)의 미니탭 실험설계 결과에서 -1, 1을 0, 1로 바꾸어 나타낸 것이다.

블록1	블록2	블록3	블록4
$(1)=77$	$bd=67$	$ac=80$	$c=74$
$bc=50$	$a=71$	$d=79$	$b=66$
$abd=83$	$abc=68$	$ab=75$	$ad=74$
$acd=76$	$cd=69$	$bcd=79$	$abcd=84$
$ABC(+)$	$ABC(-)$	$ABC(+)$	$ABC(-)$
$BCD(+)$	$BCD(+)$	$BCD(-)$	$BCD(-)$

↓	C1	C2	C3	C4	C5	C6	C7	C8	C9
	표준 순서	런 순서	중앙점	블럭	A	B	C	D	y
1	16	1	1	4	1	1	1	1	84
2	14	2	1	4	-1	-1	1	-1	74
3	15	3	1	4	1	-1	-1	1	74
4	13	4	1	4	-1	1	-1	-1	66
5	4	5	1	1	1	-1	1	1	76
6	1	6	1	1	-1	-1	-1	-1	77
7	2	7	1	1	-1	1	1	-1	50
8	3	8	1	1	1	1	-1	1	83
9	11	9	1	3	-1	-1	-1	1	79
10	10	10	1	3	1	-1	1	-1	80
11	9	11	1	3	1	1	-1	-1	75
12	12	12	1	3	-1	1	1	1	79
13	8	13	1	2	-1	-1	1	1	69
14	7	14	1	2	-1	1	-1	1	67
15	6	15	1	2	1	1	1	-1	68
16	5	16	1	2	1	-1	-1	-1	71

• 해설: 16회의 전체실험에서 4개의 블록에 블록당 4회 실험을 실시하고 그 결과를 입력한다.

(3) 미니탭을 활용한 블록실험의 분석

◆ 메뉴

① 통계분석 > 실험계획법 > 요인 > 요인설계분석

• 반응: y

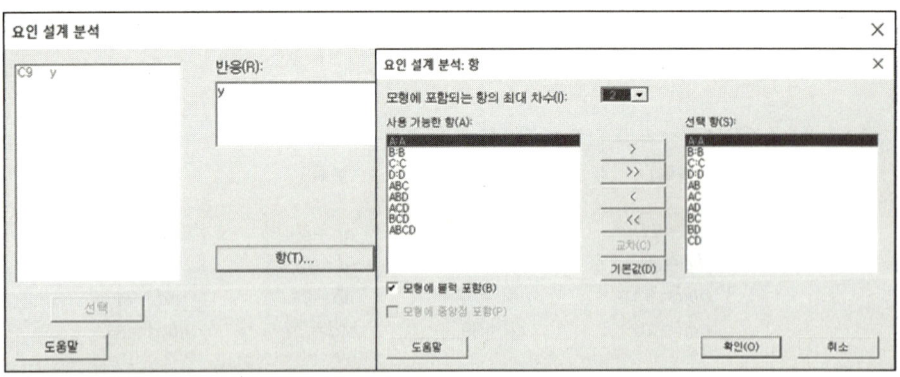

② 항(T)을 선택:

• 모형에 포함되는 항의 최대 차수: 2

• 모형에 블록 포함(B)

◆ 블록실험 결과

다음 항은 다른 항과 완전히 교락되어 있으며 제거되었습니다.
A*D

분산 분석

출처	DF	Adj SS	Adj MS	F-값	P-값
모형	12	977.00	81.417	4.52	0.120
블럭	3	199.50	66.500	3.69	0.156
선형	4	370.50	92.625	5.15	0.105
A	1	156.25	156.250	8.68	0.060
B	1	49.00	49.000	2.72	0.198
C	1	9.00	9.000	0.50	0.530
D	1	156.25	156.250	8.68	0.060
2차 교호작용	5	407.00	81.400	4.52	0.122
A*B	1	132.25	132.250	7.35	0.073
A*C	1	30.25	30.250	1.68	0.286
B*C	1	4.00	4.000	0.22	0.670
B*D	1	210.25	210.250	11.68	0.042
C*D	1	30.25	30.250	1.68	0.286
오차	3	54.00	18.000		
총계	15	1031.00			

별칭 구조

요인	이름
A	A
B	B
C	C
D	D

별칭

I
블럭 1 + AD - ABC - BCD
블럭 2 - AD + ABC - BCD
블럭 3 - AD - ABC + BCD
A
B
C
D
AB
AC
BC
BD
CD

• 해설: 블록효과는 유의하지 않으며, 주효과 A, D와 교호효과 AB, BD는 유의수준($\alpha = 0.1$)에서 유의하다. 유의하지 않은 교호작용을 차례로 오차항에 풀링하여 분산분석을 실시하여야 하나 여기서는 생략하기로 한다.

2 2^n형의 일부실시법

2.1 일부실시법의 개념

요인실험의 경우 요인의 수가 증가할수록 실험의 수가 기하급수적으로 늘어난다. 예를 들어 인자가 7개인 경우의 2^n 요인배치법을 쓰면 $2^7 = 127$번의 실험횟수로써 반복 없이 최소 128번을 실험을 해야 한다. 7개의 주요인효과와 21개의 2차 교호작용효과뿐만 아니라 3차 이상 고차의 교호작용효과도 분석할 수는 있지만 실험의 횟수가 많아져 모두 실험하기 힘든 경우가 많다. 그러므로 필요로 하는 요인에 대한 정보는 검출하지만 의미가 적은 고차의 교호작용을 희생시켜서 실험의 횟수를 적게 하자는 것이 일부실시법(fractional factorial design)이다.

일부실시법은 요인의 수가 많은 경우에 주로 사용하지만 2^3요인배치법에서 1/2만 실시하는 경우부터 알아보기로 하자. 1.2항에서 살펴본 바와 같이 $A\times B\times C$를 블록과 교락시킨 2^3요인배치법은 [표 7-2]와 같다. [표 7-2]에서 블록 1만 선택하여 실험을 실시한다면 총실험횟수는 2^2이 된다. 이와 같은 실험을 2^{3-1}일부실시법 또는 2^3형 1/2 일부실시법이라고 한다.

블록 1만 선택한 2^{3-1}일부실시법은 실험의 크기는 $n=4$가 된다. 이 경우에 각 요인효과를 구해보면

$$A\text{효과} = \frac{1}{2}(a+abc-b-c)$$

$$B\text{효과} = \frac{1}{2}(b+abc-a-c)$$

$$C\text{효과} = \frac{1}{2}(c+abc-a-b)$$

$$B\times C\text{효과} = \frac{1}{2}(a+abc-b-c)$$

$$A\times C\text{효과} = \frac{1}{2}(b+abc-a-c)$$

$$A\times B\text{효과} = \frac{1}{2}(c+abc-a-b)$$

이다. 요인효과는 A와 $B\times C$, B와 $A\times C$, C와 $A\times B$가 각각 같게 되어 두 요인효과끼리 서로 교락되어 구분이 불가능하게 된다. A와 $B\times C$, B와 $A\times C$, C와 $A\times B$와 같은 관계를 별명(alias) 관계라고 한다.

교락법에서 블록과 교락될 효과로 선정된 ABC를 설계 생성자(generator)라고 한다. 이 생성자를 가지고 $I=ABC$라고 하면 이를 정의대비(defining contrast)라고 한다. 따라서 정의대비란 단순히 어떤 요인이 블록과 교락되어 있는가를 나타내는 표현식이라고 할 수 있다. 정의대비를 가지고 별명을 구할 수 있다.

이때 $A^2=B^2=C^2=1$로 간주한다. 예를 들어 $I=ABC$일 때

A의 별명은 $A\times I=A\times(ABC)=A^2BC=BC$이며,

B의 별명은 $B \times I = B \times (ABC) = AB^2C = AC$이고,

C의 별명은 $C \times I = C \times (ABC) = ABC^2 = AB$가 된다.

위에서 살펴본 바와 같이 ABC를 설계 생성자로 하여 2^{3-1} 일부실시법을 실시하면 모든 주효과는 2인자 교호작용과 별명관계가 된다. 이 일부실시법을 해상도 Ⅲ 설계(resolution Ⅲ design)라고 하고 2_{III}^{3-1} 일부실시법으로 표시한다. 여기서 해상도란 정의대비에서 생성자들 중에서 길이가 가장 짧은 생성자의 알파벳의 개수에 해당되며 교락의 수준을 나타낸다.

해상도 Ⅲ, Ⅳ, Ⅴ의 일부실시법에서 별명관계는 다음과 같다.

① 해상도 Ⅲ 일부실시법: 어떤 주효과도 다른 주효과와 별명관계가 아니다. 일부 주효과는 2인자 교호작용과 별명관계 있으며, 2인자 교호작용효과들은 서로 별명관계일 수 있다.

② 해상도 Ⅳ 일부실시법: 어떤 주효과도 다른 주효과 및 2인자 교호작용효과와 별명관계가 아니다. 주효과는 3인자 교호작용효과와 별명관계이다. 2인자 교호작용효과들은 서로 별명관계일 수 있다.

③ 해상도 Ⅴ 일부실시법: 주효과는 4인자 이상의 교호작용효과와 별명관계이고, 2인자 교호작용효과는 3인자 이상의 교호작용효과와 별명관계이다. 따라서 3인자 이상의 교호작용효과를 무시할 수 있으면, 모든 주효과와 2인자 교호작용효과를 독립적으로 구할 수 있다.

일부실시법의 일반적인 표현 방법은 다음과 같다.

$$2_R^{k-p}$$

여기서 2^{k-p}: 실험의 횟수,

k: 요인의 수,

p: $1/2^p$ 일부실시에 해당되는 값(미니탭에서는 '설계접기'에 해당),

R: 해상도를 나타낸다.

실험배치에서 보면 일부실시법은 1반복의 일부(fraction)만을 실시하는 실험배치

를 의미한다고 말할 수 있다. 2^n형 완전요인 실험배치설계에서 2^n형의 1/2 실시의 일부실시법의 실험배치 설계를 전개해보면 다음과 같다. 즉 실험횟수를 1/2로 줄이는 표준배치를 진행하는 것이다. [표 7-5]는 확장된 2^3완전요인실험 설계이다. 여기서 3개가 아닌 4개의 인자에 대해서 관심이 있다. 그런데 인자 4개는 $2^4=16$회의 실험을 해야 하는데 여기서는 불가능하다. 4개의 인자에 대해 8회의 실험만으로 가능하게 하는 방법은 3인자 교호작용 $A\times B\times C$를 블록과 교락시켜 배치를 해볼 수 있다.

표 7-5 2^3완전요인실험 설계

A	B	C	AXB	AXC	BXC	AXBXC
-1	-1	-1	1	1	1	-1
1	-1	-1	-1	-1	1	1
-1	1	-1	-1	1	-1	1
1	1	-1	1	-1	-1	-1
1	-1	1	-1	1	-1	-1
-1	1	1	-1	-1	1	-1
1	1	1	1	1	1	1

인자 D

상기 [표 7-5]와 같이 $A\times B\times C$ 교호효과를 인자 D와 대체하는 경우 ABC가 D와 교락되어 있다 라고 한다. 그리고 이제 ABC는 더 이상 추정할 수 없다. 이렇게 $A\times B\times C$ 교호효과를 D의 인자로 교락시켜 4개의 인자 2^4완전요인실험을 2개의 블록으로 나누어 이 중 한 개의 블록만 실험하게 되면 실험횟수가 반으로 줄게 된다. 2^4의 1/2일부실시법은 2개의 블록으로 나누어 한 개의 블록만을 실험하는 것으로, 2^4요인실험을 1회 접어 한쪽만을 실행하는 것이라고도 한다. 따라서 총실험횟수는 $\frac{2^4}{2}=8$회가 된다. 정의대비(I)가 $ABCD$인 $\frac{2^4}{2}$요인실험배치의 Calculation matrix는 [표 7-6]과 같다.

▌표 7-6▌ $\frac{2^4}{2}$ 요인실험배치 Calculation matrix

인자 D = ABC

I	A	B	C	D	AB	AC	AD	BC	BD	CD	ABC	ABD	ACD	BCD	ABCD
1	-1	-1	-1	-1	1	1	1	1	1	1	-1	-1	-1	-1	1
1	1	-1	-1	1	-1	-1	1	1	-1	-1	1	-1	-1	1	1
1	-1	1	-1	1	-1	1	-1	-1	1	-1	1	-1	1	-1	1
1	1	1	-1	-1	1	-1	-1	-1	-1	1	-1	-1	1	1	1
1	-1	-1	1	1	1	-1	-1	-1	-1	1	1	1	-1	-1	1
1	1	-1	1	-1	-1	1	-1	-1	1	-1	-1	1	-1	1	1
1	-1	1	1	-1	-1	-1	1	1	-1	-1	-1	1	1	-1	1
1	1	1	1	1	1	1	1	1	1	1	1	1	1	1	1

위의 Calculation matrix는 많은 열이 동일하다.

A와 BCD, B와 ACD, C와 ABC

AB와 CD, AC와 BD, BC와 AD, I와 $ABCD$

상기 동일한 열 중 하나인 "A와 BCD는 교락되었다"라고 하고 A와 동일한 (+, –)부호를 갖는 BCD를 별명(Alias)이라고 한다. 상기 부호가 동일한 열들은 모두 서로 별명관계에 있으며, 어느 요인효과가 별명이 되어 있느냐는 정의대비($I = ABCD$)에 요인효과를 곱해서도 얻을 수 있다. 즉

A의 별명은: $A \times I = A \times (ABCD) = A^2BCD = BCD$

B의 별명은: $B \times I = B \times (ABCD) = AB^2CD = ACD$

C의 별명은: $C \times I = C \times (ABCD) = ABC^2D = ABD$

AB의 별명은: $AB \times I = AB \times (ABCD) = A^2B^2CD = CD$

AC의 별명은: $AB \times I = AC \times (ABCD) = A^2BC^2D = BD$

BC의 별명은: $BC \times I = BC \times (ABCD) = AB^2C^2D = AD$

에서 구한다. 경험적으로 2인자 교호작용이 유의한 경우가 많으므로 주효과를 정확히 구하기 위해 가능하면 주효과와 2인자 교호작용이 교락되지 않도록 실험을 설계하는 것이 안전하다. 또한 일반적으로 3차 이상의 교호작용은 무시할 수 있기 때문

에 실험에서 취급하는 인자가 많아 실험횟수를 가급적으로 적게 하고자 할 경우, 즉 실험 초기에 주요 인자를 찾아내는 스크리닝(screening)기법에 일부실시법이 많이 사용된다.

2.2 미니탭에 의한 일부실시법 설계 및 분석

1) 미니탭을 활용한 2^{4-1}일부실시법의 설계

- 메뉴

① 통계분석>실험계획법>요인>요인생성설계

- 설계유형: 2-수준 요인(기본생성자)
- 요인수: 4

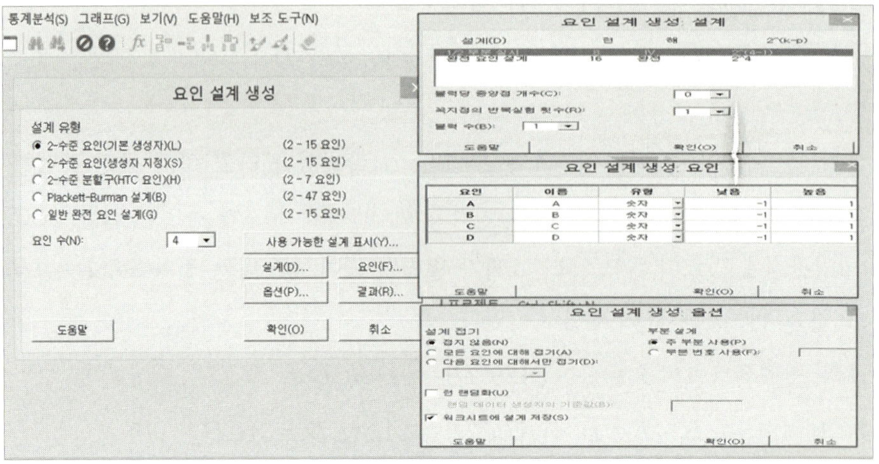

② 설계(D) 선택: 1/2 부분실시 클릭

③ 요인(F) 선택: 이름 및 수준 입력

④ 옵션(O) 선택: 런 랜덤화: 선택 않음(표준 순서로 진행)

- 미니탭 분석 결과

부분 요인 설계

설계 요약

요인:	4	기본 설계:	4, 8	해:	IV
런:	8	반복실험:	1	부분:	1/2
블럭:	1	중앙점(전체):	0		

설계 생성자: D = ABC

별칭 구조

I + ABCD
A + BCD
B + ACD
C + ABD
D + ABC
AB + CD
AC + BD
AD + BC

- 해설: 주효과 D와 교호작용 ABC를 교락시켜 만든 일부실험계획이다. 교락 관계는 $A=BCD$, $B=ACD$, $C=ABD$, $D=ABC$, $AB=CD$, $AC=BD$, $AD=BC$이다. 즉 상기 일부 실시법 배치설계에서와 같이 동일한 결과를 보이고 있음을 알 수 있다.

2) 분산분석

요인	ϕ
$A(=BCD)$	1
$B(=ACD)$	1
$C(=ABD)$	1
$D(=ABC)$	1
$\left.\begin{matrix} AB(=CD) \\ AC(=BD) \\ AD(=BC) \end{matrix}\right\} E$	$\left.\begin{matrix} 1 \\ 1 \\ 1 \end{matrix}\right\} 3$
T	7

예제 7-1 >>>

Saw Filter Package를 생산하는 금형공정에서 제조공정상 영향을 주는 7개의 인자가 있다. 이 공정에서 제품을 수명을 길게 하는 것이 목표이다. 제품 수명을 최대화하기 위한 주요 인자를 찾는 것이 중요하며, 고차의 교호작용에 대한 정보가 불필요하여 일부 요인배치 실시를 하기로 하였다. 실험은 8회로 하며, 단, 인자 간의 교호작용이 없다고 가정한다.

인자: A=주원료의 pH 값(A_0, A_1)
B=부원료의 혼합비(B_0, B_1)
C=반응온도(C_0, C_1)
D=성형온도(D_0, D_1)
E=성형압력(E_0, E_1)
F=성형시간(F_0, F_1)
G=냉각온도(G_0, G_1)

| 풀이 |

1) 부분요인 실험배치계획

◆ 메뉴

① **통계분석>실험계획법>요인>요인생성설계**

- 설계유형: 2–수준 요인(기본생성자)
- 요인수: 7

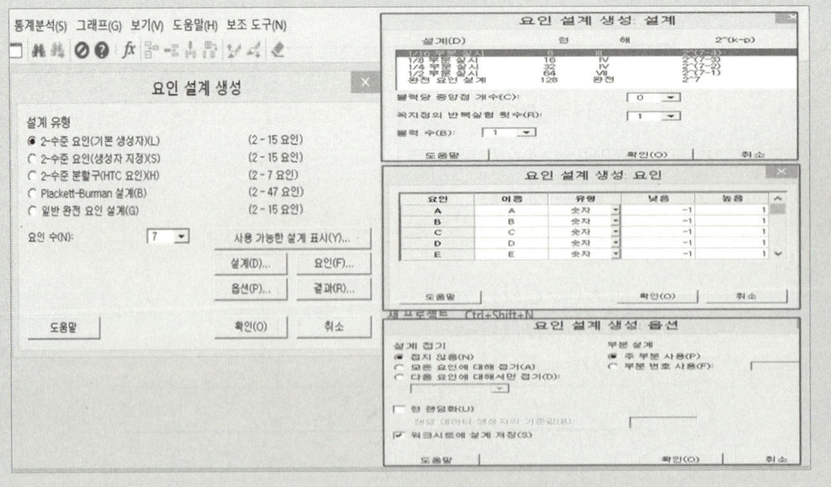

② 설계(D) 선택: 1/16 부분실시(8회 실험, 2^{7-4}) 선택

③ 요인(F) 선택: $A \sim G$까지 7개 인자의 이름 및 수준 입력

④ 옵션(O) 선택: 런 랜덤화: 미 클릭(표준 순서로 진행)

◆ 부분요인 실험설계 결과

*	C1	C2	C3	C4	C5	C6	C7	C8	C9	C10	C11	C12
	표준 순서	런 순서	중앙점	블럭	A	B	C	D	E	F	G	
1	1	1	1	1	-1	-1	-1	1	1	1	-1	
2	2	2	1	1	1	-1	-1	-1	-1	1	1	
3	3	3	1	1	-1	1	-1	-1	1	-1	1	
4	4	4	1	1	1	1	-1	1	-1	-1	-1	
5	5	5	1	1	-1	-1	1	1	-1	-1	1	
6	6	6	1	1	1	-1	1	-1	1	-1	-1	
7	7	7	1	1	-1	1	1	-1	-1	1	-1	
8	8	8	1	1	1	1	1	1	1	1	1	

• 해설: 반응값(수명)을 구하도록 8회 실험 배치됨(표준순서)

설계 요약

요인:	7	기본 설계:	7, 8	해:	III
런:	8	반복실험:	1	부분:	1/16
블럭:	1	중앙점(전체):	0		

*** 참고 * 일부 주효과가 2차 교호작용과 교락되어 있습니다.**

설계 생성자: D = AB, E = AC, F = BC, G = ABC

별칭 구조

I + ABD + ACE + AFG + BCF + BEG + CDG + DEF + ABCG + ABEF + ACDF + ADEG + BCDE + BDFG + CEFG + ABCDEFG
A + BD + CE + FG + BCG + BEF + CDF + DEG + ABCF + ABEG + ACDG + ADEF + ABCDE + ABDFG + ACEFG + BCDEFG
B + AD + CF + EG + ACG + AEF + CDE + DFG + ABCE + ABFG + BCDG + BDEF + ABCDF + ABDEG + BCEFG + ACDEFG
C + AE + BF + DG + ABG + ADF + BDE + EFG + ABCD + ACFG + BCEG + CDEF + ABCEF + ACDEG + BCDFG + ABDEFG
D + AB + CG + EF + ACF + AEG + BCE + BFG + ACDE + ADFG + BCDF + BDEG + ABCDG + ABDEF + CDEFG + ABCEFG
E + AC + BG + DF + ABF + ADG + BCD + CFG + ABDE + AEFG + BCEF + CDEG + ABCEG + ACDEF + BDEFG + ABCDFG
F + AG + BC + DE + ABE + ACD + BDG + CEG + ABDF + ACEF + BEFG + CDFG + ABCFG + ADEFG + BCDEF + ABCDEG
G + AF + BE + CD + ABC + ADE + BDF + CEF + ABDG + ACEG + BCFG + DEFG + ABEFG + ACDFG + BCDEG + ABCDEF

• 해설: 인자가 7개에서 해상도가 Ⅲ이고, 별칭구조에 보여진 교차의 교호작용은 서로 교락되어 있다. 교호작용은 검출되지 않고, 일부 주효과가 2차 교호효과에 교락되어 있음을 보여준다.

2) 실험 진행 및 데이터 입력

① 실험은 $A \sim G$까지 7개 인자의 실험설계에 의한 수준별 조합으로 8회 진행하여 각 실험별 수명데이터(y)를 확인한다.

② 실험결과(8회)

Run	A	B	C	D	E	F	G	수명데이터(y)
1	−	−	−	+	+	+	−	85.5
2	+	−	−	−	−	+	+	75.1
3	−	+	−	−	+	−	+	93.2
4	+	+	−	+	−	−	−	145.4
5	−	−	+	+	−	−	+	83.7
6	+	−	+	−	+	−	−	77.6
7	−	+	+	−	−	+	−	95.0
8	+	+	+	+	+	+	+	141.8

인자

- A = 주원료의 pH 값
- B = 부원료의 혼합비
- C = 반응온도
- D = 성형온도
- E = 성형압력
- F = 성형시간
- G = 냉각온도

③ 데이터 입력: 실험 결과인 수명데이터(y)를 설계 결과의 C12에 입력

↓	C1	C2	C3	C4	C5	C6	C7	C8	C9	C10	C11	C12
	표준 순서	런 순서	중앙점	블럭	A	B	C	D	E	F	G	수명
1	1	1	1	1	-1	-1	-1	1	1	1	-1	85.5
2	2	2	1	1	1	-1	-1	-1	-1	1	1	75.1
3	3	3	1	1	-1	1	-1	-1	1	-1	1	93.2
4	4	4	1	1	1	1	-1	1	-1	-1	-1	145.4
5	5	5	1	1	-1	-1	1	1	-1	-1	1	83.7
6	6	6	1	1	1	-1	1	-1	1	-1	-1	77.6
7	7	7	1	1	-1	1	1	-1	-1	1	-1	95.0
8	8	8	1	1	1	1	1	1	1	1	1	141.8

3) 미니탭 요인분석

◆ 메뉴

① 통계분석 > 실험계획법 > 요인 > 요인설계분석

- 반응(R): 결과값(수명) 입력

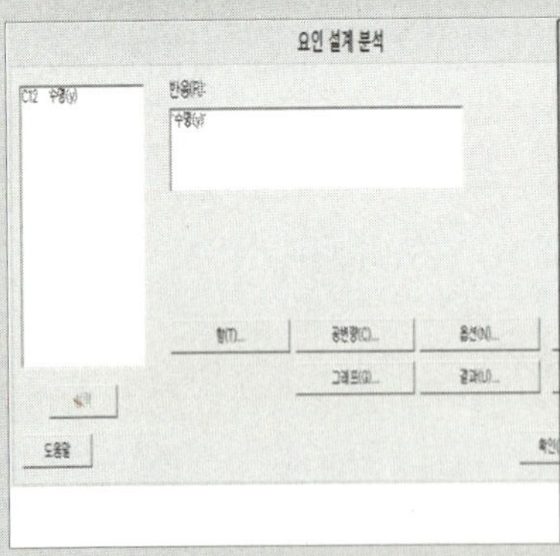

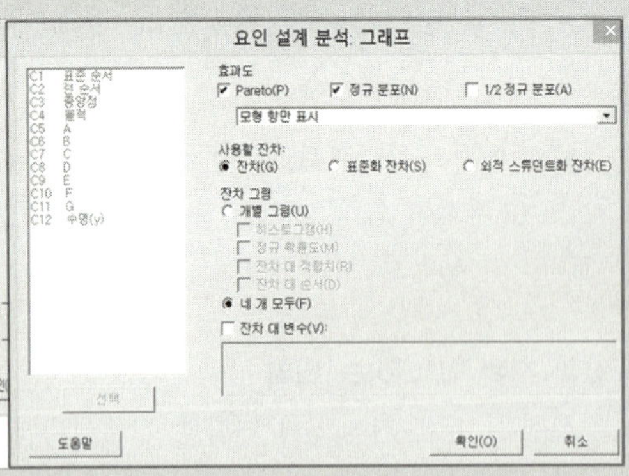

② 그래프(G) 선택

- 효과도: Pareto(P), 정규분포(N)

◆ 미니탭 요인분석 결과

[파레토 / 정규확률도]

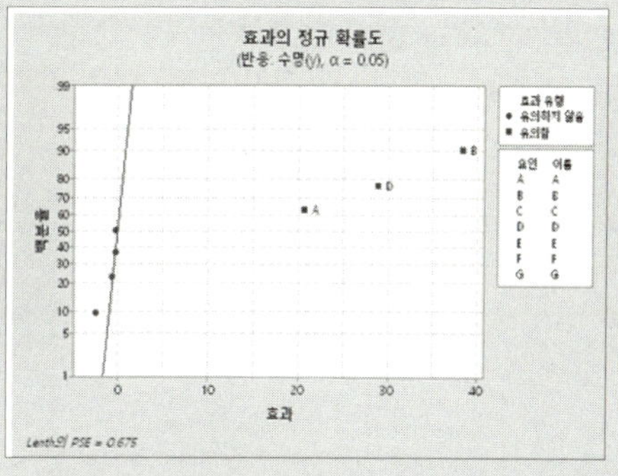

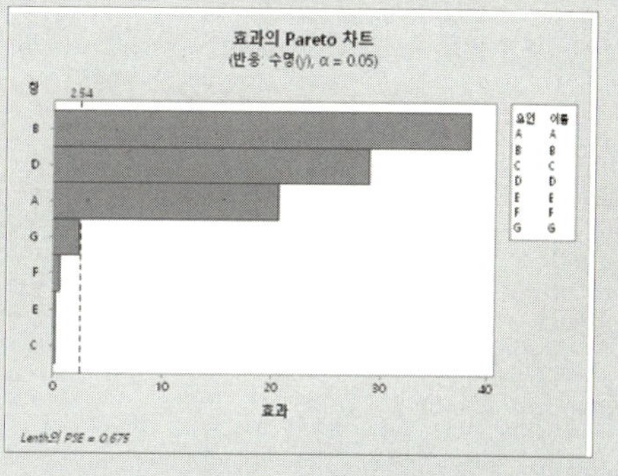

• 해설: 위의 그래프에서 주효과 A, B, D만 유의한 형태로 나타남을 알 수 있다.

[분산분석]

분산 분석

출처	DF	Adj SS	Adj MS	F-값	P-값
모형	7	5476.44	782.35	*	*
선형	7	5476.44	782.35	*	*
A	1	850.78	850.78	*	*
B	1	2945.28	2945.28	*	*
C	1	0.15	0.15	*	*
D	1	1667.53	1667.53	*	*
E	1	0.15	0.15	*	*
F	1	0.78	0.78	*	*
G	1	11.76	11.76	*	*
오차	0	*	*		
총계	7	5476.44			

• 해설: 오차항의 자유도가 "0"이 되어 에러항의 분산과 필요한 값들을 계산할 수 없다. 그래프(정규확률/파레토)를 통해 유의하지 않은 인자를 풀링시켜 모델식을 재정의하도록 한다.

4) 모델식 재정의 요인 분석

상기 분석에서 유의하지 않은 항은 분석의 모델에서 제거하고 다시 요인설계분석을 실시한다.

◆ 메뉴

① 통계분석 > 실험계획법 > 요인 > 요인설계분석

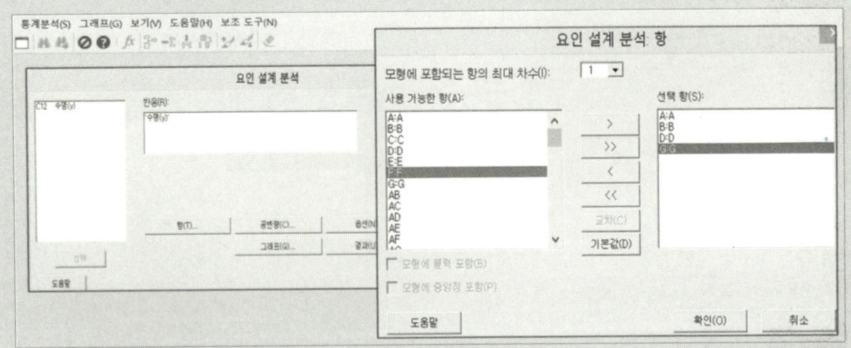

② 항(T)을 선택

• 유의하지 않은 C, E, F 제외(풀링: 오차항에 포함)시킨다.

◆ 풀링에 의한 요인분석 결과

분산 분석

출처	DF	Adj SS	Adj MS	F-값	P-값
모형	4	5475.35	1368.84	3789.17	0.000
선형	4	5475.35	1368.84	3789.17	0.000
A	1	850.78	850.78	2355.10	0.000
B	1	2945.28	2945.28	8153.03	0.000
D	1	1667.53	1667.53	4616.00	0.000
G	1	11.76	11.76	32.56	0.011
오차	3	1.08	0.36		
총계	7	5476.44			

• 해설: 분산분산표의 t분석값은 모두 유의함을 나타낸다.

5) 요인의 수준별 반응값 예측으로 최대 수명 찾기

◆ 메뉴

① **통계분석 > 실험계획법 > 요인 > 요인그림**

• 반응변수(R): 수명 입력

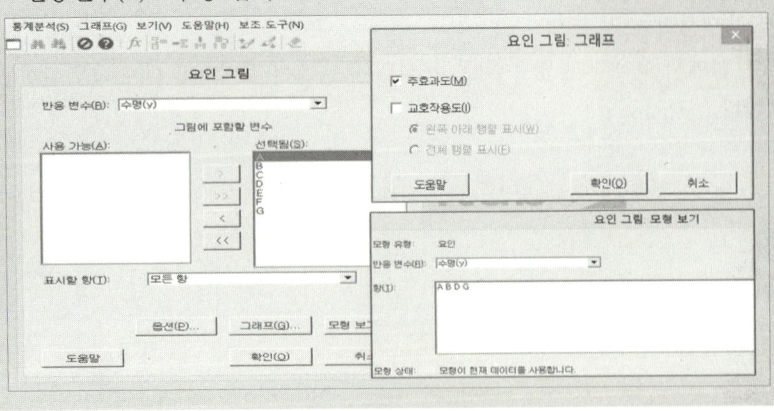

② 그래프 선택: 주효과도 클릭, 교호작용은 없음으로 표시

◆ 최대 수명 찾기 결과

[주효과도]

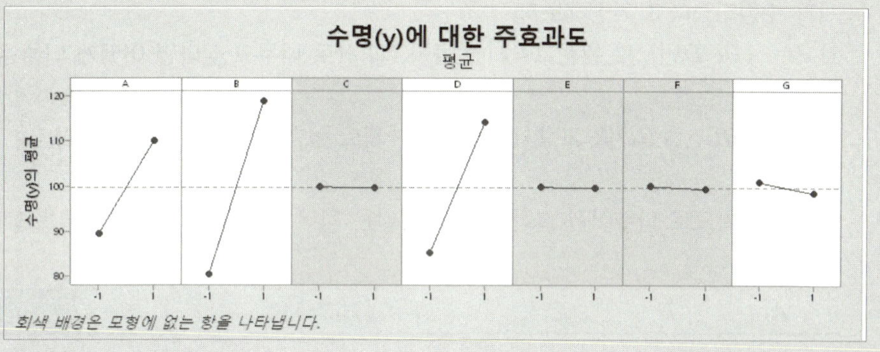

• 해설: 주효과도를 통해서 수명이 최대가 되는 수준은 A(주원료의 pH): (+)수준, B(부원료의 혼합비): (+)수준, D(성형온도): (+)수준, G(냉각온도): (−)수준에서 최대가 된다.

[입방체도]

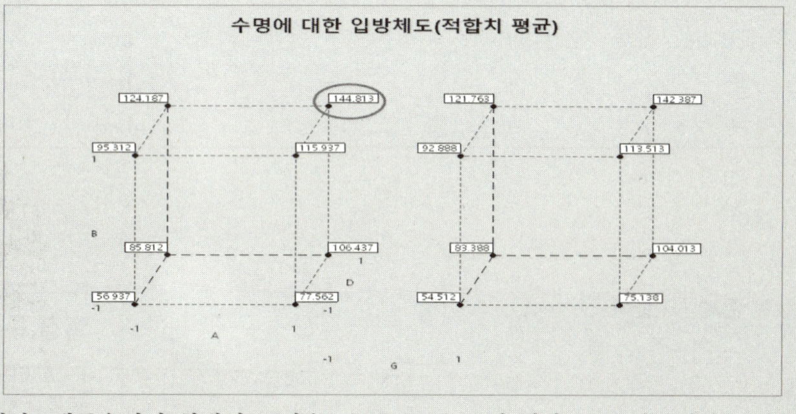

• 해설: 제품수명이 최대인 조건은 $A_1B_1D_1G_{-1}$이 된다. 주효과도에서 구한 값과 동일하다.

연습문제

1. 다음 생산공정 개발 실험을 통하여 수율을 향상시키기 위하여 2^4설계의 1/2 일부실시가 수행되었다고 가정해보자.

1) $I = ABCD$만으로 완전교락시켜 블록 I과 II로 나누고 싶다면 어떻게 나눌 수 있는가?

2) $I = ABC,\ ABD$를 교락시켜 블록을 4개로 실험을 한다면 어떻게 나눌 수 있는가?

3) 2개 블록으로 나누어진 결과가 다음과 같은 경우 실험을 분석하고 결론을 내리시오.

A	B	C	$D=ABC$		
−	−	−	−	(1)	90
+	−	−	+	ad	72
−	+	−	+	bd	87
+	+	−	−	ab	83
−	−	+	+	cd	99
+	−	+	−	ac	81
−	+	+	−	bc	88
+	+	+	+	abcd	80

| 풀이 |

1)

런 순서	블럭	A	B	C	D
1	1	-1	1	1	-1
2	1	-1	1	-1	1
3	1	1	-1	1	-1
4	1	1	-1	-1	1
5	2	-1	-1	-1	-1
6	2	1	1	-1	-1
7	2	1	1	1	1
8	2	-1	-1	1	1

별칭 구조

I + ABCD
블록 = AB + CD
A + BCD
B + ACD
C + ABD
D + ABC
AC + BD
AD + BC

2)

런 순서	블럭	A	B	C	D
1	1	-1	-1	-1	-1
2	1	1	1	-1	-1
3	2	1	-1	-1	1
4	2	-1	1	-1	1
5	3	1	-1	1	-1
6	3	-1	1	1	-1
7	4	-1	-1	1	1
8	4	1	1	1	1

별칭 구조

I + ABCD
블록1 = D + ABC
블록2 = C + ABD
블록3 = AB + CD
A + BCD
B + ACD
AC + BD
AD + BC

3)

다음 항은 다른 항과 완전히 교락되어 있으며 제거되었습니다.
A*B, B*C, B*D, C*D, A*B*C, A*B*D, A*C*D, B*C*D, A*B*C*D

분산 분석

출처	DF	Adj SS	Adj MS	F-값	P-값
모형	7	448.000	64.000	*	*
블럭	1	72.000	72.000	*	*
선형	4	324.000	81.000	*	*
A	1	288.000	288.000	*	*
B	1	2.000	2.000	*	*
C	1	32.000	32.000	*	*
D	1	2.000	2.000	*	*
2차 교호작용	2	52.000	26.000	*	*
A*C	1	2.000	2.000	*	*
A*D	1	50.000	50.000	*	*
오차	0	*	*		
총계	7	448.000			

• 해설: 실험횟수가 충분치 않아서 주효과에 대한 F-검정을 할 수 없다. 분산분석표에서 변동($Adj\ MS$)의 크기를 비교하여 영향력이 큰 인자를 정하거나 주효과도를 그려서 정할 수 있다. 네 개의 실험인자들 중 A의 변동(=288)이 가장 커서 나머지 인자들보다 실험결과에 가장 큰 영향을 줄 것으로 판단된다.

2. 인자가 5개이고 각 인자의 수준이 2인 요인실험법을 사용하고자 한다. 여러 가지 여건상 1/2 반복을 실시하기로 하고, 정의대비 $I = ABCD$를 사용하기로 하였다. 다음에 답하라.

1) 주인자 A, E와 별명(alias) 관계에 있는 요인은 각각 무엇인가?
2) 2인자 교호작용 AB, CE와 교락되어 있는 요인을 각각 쓰시오.
3) 이 실험계획법의 분석도(resolution)는 얼마인가?

| 풀이 |

1) $A = BCD$, $E = ABCDE$

2) $AB = CD$, $CE = ABDE$

3) Ⅳ

3. 다음은 정의대비 $I = ABCD$로 교락시킨 후 1/2만 실험한 2^{4-1}일부요인설계의 결과이다. 이 경우 별명 관계를 구하고, 분산분석표를 작성하여라.

(1) = 95.29	ab = 86.58
cd = 90.35	ac = 88.70
bc = 86.79	ad = 96.45
bd = 89.38	abcd = 89.57

| 풀이 |

1) 별명관계:

별칭 구조

I + ABCD
A + BCD
B + ACD
C + ABD
D + ABC
AB + CD
AC + BD
AD + BC

2) 미니탭 실험결과:

분산 분석

출처	DF	Adj SS	Adj MS	F-값	P-값
모형	7	92.7599	13.2514	*	*
선형	4	70.3546	17.5887	*	*
A	1	0.0325	0.0325	*	*
B	1	42.6426	42.6426	*	*
C	1	18.8805	18.8805	*	*
D	1	8.7990	8.7990	*	*
2차 교호작용	3	22.4052	7.4684	*	*
A*B	1	0.0276	0.0276	*	*
A*C	1	0.9591	0.9591	*	*
A*D	1	21.4185	21.4185	*	*
오차	0	*	*		
총계	7	92.7599			

- 해설: 2^4요인실험의 절반만을 실험한 2^{4-1}일부실험이다. 실험횟수가 충분치 않아서 주효과에 대한 F-검정을 할 수 없다. 분산분석표에서 변동($Adj\ MS$)의 크기를 비교하여 영향력이 큰 인자를 정하거나 주효과도를 그려서 정할 수 있다. 네 개의 실험인자들 중 B의 변동(=42.6426)이 가장 커서 나머지 인자들보다 실험결과에 가장 큰 영향을 줄 것으로 판단된다.

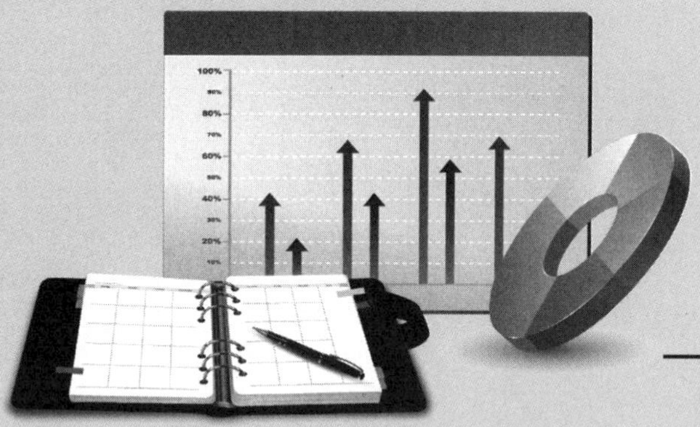

CHAPTER 08

직교배열표에 의한 실험계획

Chapter 08 직교배열표에 의한 실험계획

1 직교배열표 개념

1.1 직교와 직교배열표 의미

반복수가 같은 일원배치(수준수 $=l$, 반복수 $=m$, A인자의 각 수준의 합계 $T_1.$, $T_2.$, $\cdots$, $T_l.$)를 가지고 직교(orthogonal)에 대하여 설명하기로 한다. A인자의 각 수준의 합계 $T_1.$, $T_2.$, $\cdots$, $T_l.$의 일차선형식

$$L = c_1 T_1. + c_2 T_2. + \cdots + c_l T_l.$$

에서

$$c_1 + c_2 + \cdots + c_l = 0$$

의 조건이 성립하면 이 선형식을 대비(contrast)라고 부른다.

$$L_1 = c_1 T_1. + c_2 T_2. + \cdots + c_l T_l.$$
$$L_2 = c_1' T_1. + c_2' T_2. + \cdots + c_l' T_l.$$

가 있을 때, 만약

$$c_1 c_1' + c_2 c_2' + \cdots + c_l c_l' = 0$$

가 성립하면 이 두 개의 대비는 서로 직교(orthogonal)한다고 말한다. 그리고, $(l-1)$개의 대비 L_1, L_2, $\cdots$, L_{l-1} 이 서로 직교할 때에는

$$S_A = S_{L_1} + S_{L_2} + \cdots + S_{L_{l-1}}$$

이 성립한다.

한 예로서 수준수 3($l=3$)인 일원배치법에서 두 선형식

$$L_1 = T_{2.} - T_{0.}$$
$$L_2 = T_{2.} - 2T_{1.} + T_{0.}$$

를 생각해보자. L_1은 3수준 간의 1차 효과이며, L_2는 2차 효과에 해당된다. 이들 두 선형식은 서로 직교하는 대비이다. 즉, 3수준의 대비에서는

$$L_1 = c_0 T_{0.} + c_1 T_{1.} + c_2 T_{2.} = (-1)T_{0.} + (0)T_{1.} + (1)T_{2.}$$
$$L_2 = c_0{}' T_{0.} + c_1{}' T_{1.} + c_2{}' T_{2.} = (1)T_{0.} + (-2)T_{1.} + (1)T_{2.}$$
$$\sum_{i=0}^{2} c_i c_i' = (-1)(1) + (0)(-2) + (1)(1) = 0$$

이 성립된다.

인자들 간에 직교성을 갖도록 실험을 계획하여 데이터를 구하면 같은 실험횟수라도 검출력(power of test)이 더 좋은 검정을 할 수 있고, 정도가 더 높은 추정을 할 수 있다. 직교배열표는 인자 간의 직교성을 이용하여 만들어 놓은 표이다. 2수준 직교배열표에서 각 열을 +,− 배치시 임의의 2열을 골라서 그 곱의 합을 구하면 0이 된다. 즉, 모든 열은 서로 직교하고 있다. 따라서 하나의 인자의 효과를 구할 때 다른 인자의 효과에 의한 치우침이 없게 된다. 이러한 배치는 총변동(SS_T)이 직교배열표의 각각의 열에 의한 변동의 합과 같아서 총변동이 실험에서 얻게 되는 각 인자 효과들의 변동으로 나뉘는데, 이것을 직교화의 원리(principle of orthogonality)라고 한다. 다음 절에서 이에 대하여 자세하게 다룬다.

직교배열표(tables of orthogonal arrays)는 인자의 수가 많을 경우에 큰 그물을 쳐서 주효과와 기술적으로 보아서 있을 것 같은 2인자 교호작용을 검출하고, 기술적으로 없으리라고 생각되는 2인자 교호작용 및 고차의 교호작용에 관한 정보를 희생시켜서, 실험횟수를 적게 할 수 있는 실험계획을 간단히 짤 수 있도록 만들어 놓은 표를 의미한다. 일반적으로 교락법이나 일부실시법의 배치와 해석은 직교배열표를 사용하면 간단히 할 수 있으므로 보통 직교배열표를 많이 사용한다.

1.2 직교배열표 표시법

직교배열표 표시법은 다음과 같이 표시한다.

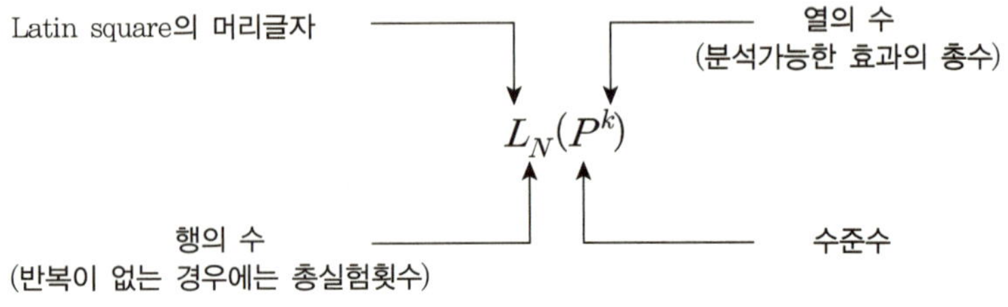

1.3 직교배열표 특장점

직교배열표는 다음과 같은 특장점을 갖고 있다.

① 적은 실험횟수와 해석의 간편성: 실험인자가 많은 경우 횟수를 적게 하면서 모은 인자를 포함하는 일부실시법(fractional factorial design)을 할 수 있다. 예를 들어 5인자 2수준 실험을 하는 경우 2^5=32회의 실험계획을 수립하여야 한다. 그러나 직교배열표를 활용하는 경우 일부실시법인 $L_8(2^7)$ 직교표를 활용하는 경우 8회의 실험으로 주인자 및 2인자 교호작용효과를 검출할 수가 있다.

② 실험계획의 편의성: 이론적 깊이가 낮아도 계산방법이 간단하여 일부실시법, 분할법, 교락법 등의 배치와 분산분석법의 작성이 용이하다.

③ 잡음에 둔감한 인자의 최적수준 조합 조건하에서 실제로 재현성이 있는가 확인실험하여 통계적 신뢰구간과 비교·검토하기 용이하다.

④ 많은 인자를 포함시킴으로서 개선효과가 크게 나타남: 변동요인은 수많은 요인으로 변동과 잡음효과가 나타난다. 그러나 경제적, 시간적 이유로 제한된 실험을 할 수밖에 없는 것이 일반적인데 직교배열표를 활용하면 적은 실험횟수로 많은 변동요인 인자 실험이 가능하게 되어 변동요인을 줄일 수 있다. 로버스트 실험설계에 적합한 실험계획법이라서 산업현장에서는 아주 유용하게 적용할 수 있다.

1.4 직교배열표 사용시 유의사항

① 직교배열표는 고차의 교호작용 및 무시할 수 있는 2인자 교호작용을 희생시켜서 실험횟수를 줄여서 많은 인자를 배치하기 때문에 희생되는 교호작용이 무시할 수 있는 정도인지를 사전에 기술적으로 검토하여야 한다. 만약 교호작용이 의심이 되면 다른 인자들과 교락되지 않도록 실험설계에 고려하여 배치하여야 하며 그렇지 않으면 다른 인자효과와 교락되어 교호작용효과를 검출할 수 없게 된다.

② 실험을 하는 인자수가 많기 때문에 실험조건의 설정, 데이터 해석 등에서 오류가 발생할 수 있는 가능성이 크므로 다음과 같은 내용을 주의하여야 한다.

- 실험배치 오류, 실험조건의 오류, 실험값 기록 오류, 배치오류에 따른 교락 등 분석 착오, 기술적 검토 착오 등

③ 인자들로부터 최적조건이 설정되면 재현실험을 통하여 확인하는 것이 좋다. 이때 재현이 되지 않을 경우에는 상기와 같은 오류를 검토하여야 한다.

1.5 직교배열표의 분류

직교배열표에는 2, 3, 4, 5 수준계 및 혼합수준계 등이 있고 그 구조에 따라서 아래 표와 같이 분류할 수도 있다. 이 책에서는 일반적으로 널리 사용되는 2수준계와 3수준계 및 혼합직교배열표를 중심으로 설명하였다.

표 8-1 주요 직교배열표 종류

<table>
<tr><th rowspan="2">구분</th><th rowspan="2">수준계</th><th rowspan="2">직교배열 기호</th><th rowspan="2">인자수</th><th colspan="2">실험횟수</th><th rowspan="2">활용</th></tr>
<tr><th>직교 배열</th><th>전조합 실시법</th></tr>
<tr><td rowspan="5">표준 직교 배열표</td><td rowspan="3">2수준</td><td>$L_4(2^3)$</td><td>3</td><td>4</td><td>8</td><td rowspan="5">2수준인 경우 $L_{2^m}(2^{2^m-1})$, 3수준인 경우 $L_{3^m}(3^{(3^m-1)/2})$의 구조를 갖는 배열표</td></tr>
<tr><td>$L_8(2^7)$</td><td>7</td><td>8</td><td>128</td></tr>
<tr><td>$L_{16}(2^{15})$</td><td>15</td><td>16</td><td>32,768</td></tr>
<tr><td rowspan="2">3수준</td><td>$L_9(3^4)$</td><td>4</td><td>9</td><td>81</td></tr>
<tr><td>$L_{27}(3^{13})$</td><td>13</td><td>27</td><td>1,594,323</td></tr>
</table>

확대 직교 배열표	2수준	$L_{12}(2^{11})$	11	12	2,048	인자수가 과다하게 많은 경우, 교호작용을 무시하고 인자만을 배치하여 실험
	3수준	$L_{27}(3^{22})$	22	27	3.1E10	
		$L_{36}(3^{13})$	13	36	1,594,323	
혼합 직교 배열표	2,3수준	$L_{18}(2^1 \times 3^7)$	8	18	4,374	서로 다른 수준을 가진 열이 혼합되어 있는 직교배열표로 주로 상호작용은 구하지 않고 주효과만 구할 때 사용됨
	2,4수준	$L_{32}(2^1 \times 4^9)$	10	32	524,288	
	2,3수준	$L_{36}(2^{11} \times 3^{12})$	23	36	1.1E9	
응용 직교 배열표	4,2수준	$L_8(4^1 \times 2^4)$	5	8	64	표준 직교배열표에서 일부의 열을 합쳐서 다수준 작성법에 의해 4수준, 8수준, 9수준 등의 열을 갖도록 만든 직교배열표
	4,2수준	$L_{16}(4^1 \times 2^{12})$	13	16	16,384	
	4,2수준	$L_{16}(4^2 \times 2^9)$	11	16	8,192	

2 2수준 인자 실험설계 및 분석

2.1 2수준계의 직교배열표

2수준계의 직교배열표는 일반적으로

$$L_{2^m}(2^{2^m - 1})$$

과 같이 표시한다. 여기서 m은 2 이상의 정수(integer)이고, 2는 인자의 수준수, 2^m은 실험의 크기, $2^m - 1$은 배치 가능한 최대 인자의 수(열의 수)이며, L자는 직교배열표를 처음에 Latin square(라틴방격법)에 사용하면서 따온 글자이다. 2수준의 실험에서는 각 요인의 자유도는 1이고, 직교배열표에서 각 열의 자유도도 1이다.

직교배열표를 이용하면 최대 $2^m - 1$개의 인자를 2^m회의 실험횟수로 실험이 가능하다. 그러나 최대 $2^m - 1$개의 인자를 모두 배치하면 오차를 구할 수 없게 된다. 예를 들어 모든 교호작용이 무시되고 오차를 구하지 않아도 좋은 경우에 $L_8(2^7)$ 사용하면 8회 실험으로 7까지의 인자를 배치할 수 있다. 이때 오차를 구할 수 없으므로 무리라고 생각되므로 6개의 인자를 배치하는 것이 좋다.

가장 작은 직교배열표는 $m=2$인 경우로 $L_4(2^3)$이다. 이것은 [표 8-2]에 나타나 있다. 이 표를 보는 방법은 다음과 같이 설명된다.

표 8-2 $L_4(2^3)$ **직교배열표**

실험번호	열번호			데이터
	1	2	3	
1	0	0	0	
2	0	1	1	
3	1	0	1	
4	1	1	0	
기본표시	a	b	ab	합계
군	1	2		
배치				

$L_4(2^3)$ 직교배열표의 특징은 다음과 같다.

① 실험조건은 $2^2=4$가지이고, 열의 수는 $2^2-1=3$개이다.

② 각 실험에서 0과 1은 수준을 의미하며, 경우에 따라서 -1, +1 또는 1, 2 등으로 표시하기도 한다.

③ 각 열에 대하여 0을 +1로, 1을 −1로 하여, 임의의 2열을 골라 그 곱의 합을 구하면 0이 된다. 즉 모든 열은 서로 직교(orthogonal)하고 있다.

④ 어느 열이나 0의 수와 1의 수가 반반씩 나타나 있다.

⑤ 기본표시는 1열(a열)과 2열(b열) 및 3열(ab열)을 표시한다. 수준표시 0을 +1로 하고, 1을 −1로 한다면, a열과 b열의 곱이 ab열이 된다.

⑥ 한 열에 한 개의 인자를 배치한다. 한 열의 자유도는 1이다. 총 자유도의 수는 열의 수와 같다.

다음 크기로 사용되는 직교배열표는 $L_8(2^7)$형이다. 이들을 [표 8-3]에 나타내었다.

$L_8(2^7)$형을 살펴보면 8회의 실험에 7개의 열이 있고, 교호작용이 고려되지 않을 경우 주인자를 7개까지 배치할 수 있으며, 7개의 모든 열은 서로 직교한다.

기본 표시는 1, 2, 4열이 각각 a, b, c이고 3열은 1열과 2열의 합(+1, −1을 사용하면 곱)으로 작성되고, 5, 6, 7열은 차례대로 1, 2, 3열을 각각 4열에 합(또는 곱)하여 얻어진다.

표 8-3 $L_8(2^7)$ 직교배열표

실험번호	열번호							데이터
	1	2	3	4	5	6	7	
1	0	0	0	0	0	0	0	
2	0	0	0	1	1	1	1	
3	0	1	1	0	0	1	1	
4	0	1	1	1	1	0	0	
5	1	0	1	0	1	0	1	
6	1	0	1	1	0	1	0	
7	1	1	0	0	1	1	0	
8	1	1	0	1	0	0	1	
기본표시	a	b	ab	c	ac	bc	abc	합계
군	1	2		3				
배치								

직교배열표에 의한 요인배치는 기본표시에 의한 방법과 선점도에 의한 방법이 있는데 먼저 기본표시에 의한 방법을 먼저 설명하도록 하겠다.

2.2 교호작용이 없는 경우 2수준 인자의 실험설계 및 분석

1) $L_4(2^3)$ 직교배열표를 이용한 실험설계 및 분석

인자의 수가 3 이하의 경우로 인자 간의 교호작용이 존재하지 않는다고 생각될 경우에는 $L_4(2^3)$ 직교배열표를 사용하여 4회 실험으로 3개까지의 주효과를 구할 수 있지만 오차를 구할 수 없으므로 인자의 수가 2개까지는 사용하여도 좋을 것이다.

예를 들어 2개의 인자를 배치하고 싶은 경우에는 [표 8-4]의 3개의 열 중에서 2개의 열을 임의로 택하여 배치하면 된다. 2개의 인자를 각각 A, B로 표시하고 각각 열번호 1, 2에 차례로 배치하고 열번호 3에는 오차(e)를 배치하였다. 인자의 수준은 표 중의 숫자 0에는 수준 0을, 숫자 1에는 수준 1을 의미한다.

표 8-4 $L_4(2^3)$ 직교배열표에 의한 실험

실험번호	열번호			실험조건	데이터
	1	2	3		
1	0	0	0	A_0B_0	y_1
2	0	1	1	A_0B_1	y_2
3	1	0	1	A_1B_0	y_3
4	1	1	0	A_1B_1	y_4
기본표시	a	b	ab		
실험배치	A	B	e		

A의 주효과와 제곱합은 1열을 이용하여 다음과 같이 구하면 된다.

주효과 $A=\frac{1}{2}$[1열에서 수준 1의 데이터의 합−1열에서 수준 0의 데이터의 합]

$SS_A=\frac{1}{4}$[1열에서 수준 1의 데이터의 합−1열에서 수준 0의 데이터의 합]^2

마찬가지로 2열에 인자 B가 배치되었기 때문에

주효과 $B=\frac{1}{2}$[2열에서 수준 1의 데이터의 합−1열에서 수준 0의 데이터의 합]

$SS_B=\frac{1}{4}$[2열에서 수준 1의 데이터의 합−2열에서 수준 0의 데이터의 합]^2

로 구하여진다. 오차의 제곱합은 3열을 이용하여 구하면 된다. 총변동 SS_T는 직교배열표의 3열의 변동의 합과 같아서 $SS_T=SS_{(1)}+SS_{(2)}+SS_{(3)}$(여기서 $SS(i)$는 i번째 열을 이용하여 구한 제곱합을 의미한다)이며, 총변동이 각각의 열의 변동으로 분할된다.

2) $L_8(2^7)$ 직교배열표에 의한 실험설계 및 분석

5개의 인자를 배치하고 싶은 경우에는 [표 8-5]의 $L_8(2^7)$ 직교배열표에 배치하라고 쓰여 있는 7개의 열 중에서 5개의 열을 임의로 택하여 배치하면 된다. 5개의 인자를 열번호 1, 2, 3, 4, 5에 차례로 배치하면 실험할 인자의 실험조건은 [표 8-5]와 같이 된다. 열번호 6, 7에는 오차(e)를 배치하였으므로, 분산분석시에 오차항의 자유도는 2가 된다.

A의 주효과와 제곱합은 1열을 이용하여 다음과 같이 구하면 된다.

주효과 $A=\frac{1}{4}$[1열에서 수준 1의 데이터의 합−1열에서 수준 0의 데이터의 합]

$SS_A=\frac{1}{8}$[1열에서 수준 1의 데이터의 합−1열에서 수준 0의 데이터의 합]^2

인자 B는 2열, 인자 C는 3열, 인자 D는 4열, 인자 E는 5열을 이용하여 위와 같은 방법으로 구하면 된다. 또한 $SS_e=SS_{(6)}+SS_{(7)}$이 되며, 여기서 $SS(i)$는 i번째 열을 이용하여 구한 제곱합을 의미한다. 이때 오차의 자유도는 2가 된다.

표 8-5 $L_8(2^7)$ 직교배열표에 의한 실험

실험번호	열번호							실험조건
	1	2	3	4	5	6	7	
1	0	0	0	0	0	0	0	$A_0B_0C_0D_0E_0$
2	0	0	0	1	1	1	1	$A_0B_0C_0D_1E_1$
3	0	1	1	0	0	1	1	$A_0B_1C_1D_0E_0$
4	0	1	1	1	1	0	0	$A_0B_1C_1D_1E_1$
5	1	0	1	0	1	0	1	$A_1B_0C_1D_0E_1$
6	1	0	1	1	0	1	0	$A_1B_0C_1D_1E_0$
7	1	1	0	0	1	1	0	$A_1B_1C_0D_0E_1$
8	1	1	0	1	0	0	1	$A_1B_1C_0D_0E_0$
기본표시	a	b	ab	c	ac	bc	abc	
군	1	2		3				
배치	A	B	C	D	E	e	e	

예제 8-1 >>>

((교락이 없는 경우) 주물제품의 강도를 향상시키기 위한 실험을 실시하려 한다. 4인자 A, B, C, D가 강도에 영향을 줄 것으로 기대하여 각각 2수준씩 선택하여 $L_8(2^7)$ 직교배열표를 이용하여 실험을 실시한 결과 다음과 같이 주어진다.

실험번호	1	2	3	4	5	6	7	실험조건	데이터
1	0	0	0	0	0	0	0	$A_0B_0C_0D_0$	13
2	0	0	0	1	1	1	1	$A_0B_0C_1D_1$	10
3	0	1	1	0	0	1	1	$A_0B_1C_0D_1$	19
4	0	1	1	1	1	0	0	$A_0B_1C_1D_0$	9
5	1	0	1	0	1	0	1	$A_1B_0C_0D_1$	14
6	1	0	1	1	0	1	0	$A_1B_0C_1D_0$	10
7	1	1	0	0	1	1	0	$A_1B_1C_0D_0$	18
8	1	1	0	1	0	0	1	$A_1B_1C_1D_1$	17
기본표시	a	b	ab	c	ac	bc	abc		
배치	A	B	e	C	e	e	D		

분산분석을 통하여 데이터에 영향을 주리라 기대되는 인자를 검출하시오.

| 풀이 |

각 인자별 변동을 계산한다.

$$S_A = \frac{(T_1 - T_0)^2}{8} = (y_5 + y_6 + y_7 + y_8 - y_1 - y_2 - y_3 - y_4)^2/8$$
$$= (14 + 10 + 18 + 17 - 13 - 10 - 19 - 9)^2/8 = 8$$

열번호	1	2	3	4	5	6	7
요인효과	A	B	e	C	e	e	D
T_0	51	47	58	64	59	53	50
T_1	59	63	52	46	51	57	60
$S=\frac{(T_1-T_0)^2}{8}$	8	32	4.5	40.5	8	2	12.5

위에서 구한 제곱합을 자유도로 나누면 평균제곱이 된다.

F는 각 요인의 평균제곱값을 에러 평균제곱으로 나누어 구하고, 유의확률은 F분포표를 활용하여 구할 수 있다.

요인	제곱합	자유도	평균제곱	F	유의확률
A	8	1	8	1.66	0.289
B	32	1	32	6.62	0.082
C	40.5	1	40.5	8.38	0.062
D	12.5	1	12.5	2.59	0.206
e	14.5	3	4.8		
T	107.5	7			

위의 표와 같이 계산된 분산분석표를 통하여 B, C인자가 주물의 강도에 영향을 가장 많이 줄 것으로 판단된다.

- **미니탭을 활용한 분석 절차**

  요인설계 생성

  미니탭을 활용한 실험배치는 앞장 실험계획법에서 학습한 요인설계를 한다.

  ① 메뉴: 통계분석(S)>실험계획법(D)>Taguchi 설계(T)>Taguchi 설계생성

  - 설계유형: 2–수준 설계(2)
  - 요인수: 4

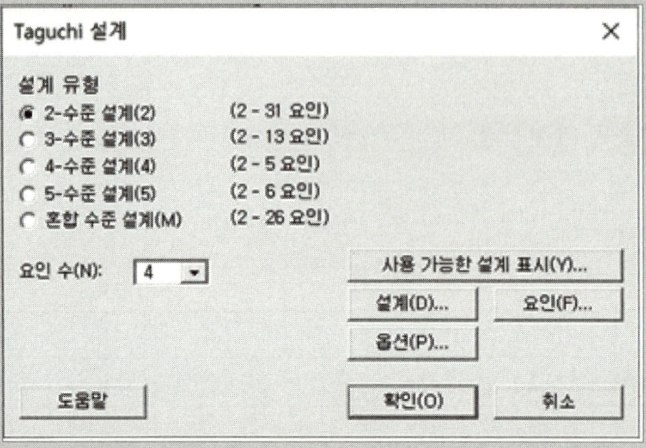

  Taguchi 배치 설계가 되면 해당 워크시트에 특성값을 기입한다.

- **미니탭 분산분석**

  분산분석은 어느 인자의 영향이 큰가를 판별하기 위한 목적이다.

  ① 메뉴: 통계분석(S)>실험계획법(D)>Taguchi 설계(T)>Taguchi 설계분석(A)

  - 반응 데이터 열(R): 특성값

• 옵션: 망대특성

↓	C1	C2	C3	C4	C5
	A	B	C	D	특성값
1	1	1	1	1	13
2	1	1	2	2	10
3	1	2	1	2	19
4	1	2	2	1	9
5	2	1	1	2	14
6	2	1	2	1	10
7	2	2	1	1	18
8	2	2	2	2	17

② 분산분석 결과

평균에 대한 반응 표

수준	A	B	C	D
1	12.75	11.75	16.00	12.50
2	14.75	15.75	11.50	15.00
델타	2.00	4.00	4.50	2.50
순위	4	2	1	3

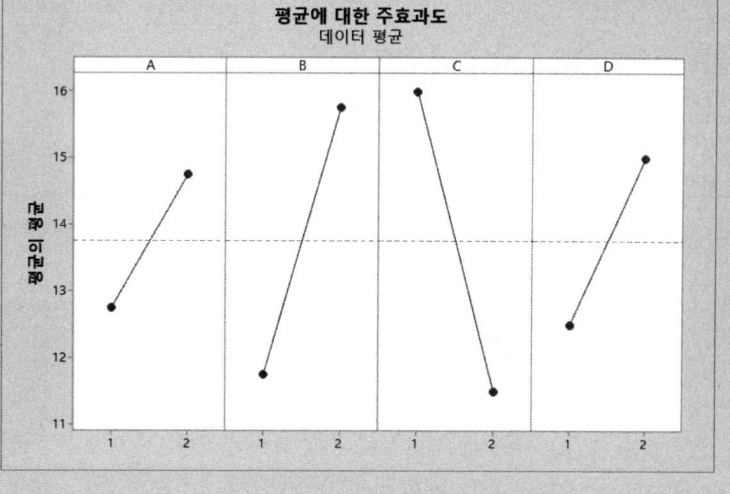

◆ 해설

그래프로 살펴볼 때 B, C인자의 영향력이 가장 크게 나타나고 있으며 최적인자 수준은 $A_2B_2C_1D_2$ 조합이다.

2.3 교호작용이 있는 경우 2수준 인자의 실험설계 및 분석

2수준계의 실험이므로 곱셈의 규칙에 따라서 $a^2=b^2=c^2=1$이다. 1열과 2열의 교호작용은 그 성분을 곱한 ab, 즉 3열에 나타나게 된다는 것이다. 마찬가지로 1열과 4열 교호작용은 ac, 즉 5열에 나타난다. 1열과 5열의 교호작용은 $a\times ac=a^2c=c$, 즉 4열에 나타난다. 3열(ab)과 5열(ac)의 교호작용은 $(ab)\ (ac)=a^2bc=bc$로 6열이 된다. 6열과 7열의 교호작용은 $bc\times abc=ab^2c^2=a$, 즉 1열에 나타난다. 아래 [표 8-6] $L_8(2^7)$ 직교배열표의 제7열은 3인자 교호작용열이나 일반적으로 3인자 교호작용은 나타날 가능성이 적으므로 고려하지 않아도 된다(즉 어떤 인자를 배치하여도 된다).

일반적으로 기본표시가 x, y였다고 하면, 그 교호작용은 기본표시의 곱 xy가 있는 열에 나타난다.

$L_8(2^7)$형의 경우, 예를 들어 교호작용이 있는 4개의 인자 A, B, C, D와 교호작용 $A\times B$, $A\times C$가 있는 경우 배치는 A, B, C를 1열, 2열, 4열에 먼저 배치하고 $A\times B$와 $A\times C$는 교호작용이 나타나는 3열과 5열에 배치한 뒤, 나머지 인자 D는 남은 열번호에 배치한다.

표 8-6 $L_8(2^7)$ 교호작용이 있는 직교배열표

실험번호	1	2	3	4	5	6	7	실험조건
1	0	0	0	0	0	0	0	$A_0B_0C_0D_0$
2	0	0	0	1	1	1	1	$A_0B_0C_1D_1$
3	0	1	1	0	0	1	1	$A_0B_1C_0D_1$
4	0	1	1	1	1	0	0	$A_0B_1C_1D_0$
5	1	0	1	0	1	0	1	$A_1B_0C_0D_0$
6	1	0	1	1	0	1	0	$A_1B_0C_1D_1$
7	1	1	0	0	1	1	0	$A_1B_1C_0D_1$
8	1	1	0	1	0	0	1	$A_1B_1C_1D_0$
기본표시	a	b	ab	c	ac	bc	abc	
배치	A	B	$A\times B$	C	$A\times C$	D	e	

위의 배치에서 교호작용 인자 $A \times B$, $A \times C$의 변동은 다음과 같다.

$$S_{A\times B} = \frac{1}{8(\text{열의 수})}(3,4,5,6\text{번 특성값의 합} - 1,2,7,8\text{번 특성값의 합})^2$$

$$S_{A\times C} = \frac{1}{8(\text{열의 수})}(2,4,5,7\text{번 특성값의 합} - 1,3,6,8\text{번 특성값의 합})^2$$

분산분석을 실시한 후 교호작용이 유의한 경우, 최적조건은 유의한 교호작용을 고려하여야 한다. 즉, $A \times B$에서 최적조건과 $B \times C$에서 최적조건이 A, B, C의 최적조건이 된다. 만약, A인자가 $A \times B$에서는 A_0값이 $A \times C$에서는 A_1값이 최적으로 나왔을 경우에는 A_0와 A_1의 값을 비교하여 최적값을 정한다.

$L_{16}(2^{15})$형의 실험에서도 위와 같은 방식으로 실험을 하며 교호작용에 대한 배치 시 주의가 필요하다. 예를 들어 교호작용이 있는 7개의 인자 A, B, C, D, E, F, G와 교호작용 $A \times B$, $A \times D$, $B \times F$가 있는 경우 배치는 기본표시에 해당하는 인자와 고차교호작용항을 우선 인자 표시하고, 해당 교호작용 열에 표시하고 나머지는 에러처리한다. 교호작용 $B \times F$는 $b \times abc = ab^2c = ac$이므로 5번째 열에 배치한다.

표 8-7 $L_{16}(2^{15})$ 직교배열표

실험번호	1	2	3	4	5	6	7	8	9	10	11	12	13	14	15	데이터
1	0	0	0	0	0	0	0	0	0	0	0	0	0	0	0	
2	0	0	0	0	0	0	0	1	1	1	1	1	1	1	1	
3	0	0	0	1	1	1	1	0	0	0	0	1	1	1	1	
4	0	0	0	1	1	1	1	1	1	1	1	0	0	0	0	
5	0	1	1	0	0	1	1	0	0	1	1	0	0	1	1	
6	0	1	1	0	0	1	1	1	1	0	0	1	1	0	0	
7	0	1	1	1	1	0	0	0	0	1	1	1	1	0	0	
8	0	1	1	1	1	0	0	1	1	0	0	0	0	1	1	
9	1	0	1	0	1	0	1	0	1	0	1	0	1	0	1	
10	1	0	1	0	1	0	1	1	0	1	0	1	0	1	0	
11	1	0	1	1	0	1	0	0	1	0	1	1	0	1	0	
12	1	0	1	1	0	1	0	1	0	1	0	0	1	0	1	
13	1	1	0	0	1	1	0	0	1	1	0	0	1	1	0	

14	1	1	0	0	1	1	0	1	0	0	1	1	0	0	1	
15	1	1	0	1	0	0	1	0	1	1	0	1	0	0	1	
16	1	1	0	1	0	0	1	1	0	0	1	0	1	1	0	
기본 표시	a	b	ab	c	ac	bc	abc	d	ad	bd	abd	cd	acd	bcd	$abcd$	
군	1	2		3				4								
배치	A	B	$A \times B$	C	$B \times F$	e	F	D	$A \times D$	e	G	e	e	e	E	
군	1	2		3				4								

예제 8-2 >>>

펌프 설계시 마모손실을 최소화하기 위한 조건을 찾고자 다음과 같이 5개의 가인자를 추출하여 2수준의 실험을 하기로 하였다. 이전의 실험에서 A 인자와 B 인자가 교호작용이 있고, A인자와 C인자가 교호작용이 있는 것으로 확인되어 교호작용 배치를 고려하여 실험을 하고자 한다, 이에 미니탭을 활용하여 실험 배치를 하고 분산분석 및 주효과가 어느 것인지 찾으시오.

구분	A	B	C	D	E
인자	재질종류	하중	표면거칠기	간격	측면재질

| 풀이 |

1) 직교표 선정 및 할당

마모수준 실험을 위하여 실험배치는 5인자 2수준이므로 $L_8(2^7)$ 직교배열표를 선정하여 $A \times B$는 3열에 배치하고, $A \times C$는 5열에 배치하여 교호작용을 볼 수 있도록 설계한다.

◆ 실험배치 설계 메뉴

① 통계분석 > 실험계획법 > Taguchi 설계 > Taguchi 설계생성

- 설계유형: 2-수준 설계(2)
- 요인수(N): 5
- 설계(D): 디폴드 값인 $L8$ 확인 클릭
- 요인(F): 요인 A는 1열, 요인 B는 2열, 요인 C는 4열, 요인 D는 6열, 요인 E는 7열 배치 클릭

* 교호작용 배치를 3열과 5열에 배치되는 것을 고려하여 각 요인의 열배치를 디폴드 값에서 조정한다.

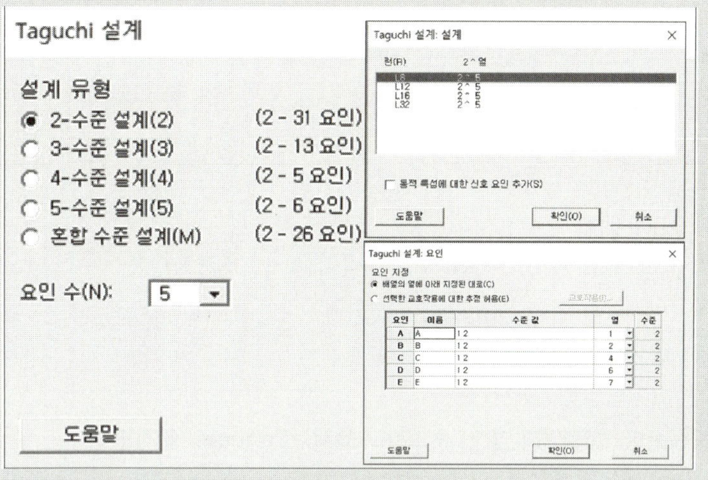

직교배열표 기준 인자 C는 4열, 인자 D는 6열, 인자 E는 7열 배치되어 설계되었다. 미니탭에서는 주요인자 5개에 대한 설계수준이 표현된다.

[직교배열표 교호작용 배치도]

	Column	1	2	3	4	5	6	7
	인자	재질 종류	하중	AB교호	표면 거칠기	AC교호	간격	측면 재질
	No.	A	B	$A\times B$	C	$A\times C$	D	E
실험번호	1	1	1	1	1	1	1	1
	2	1	1	1	2	2	2	2
	3	1	2	2	1	1	2	2
	4	1	2	2	2	2	1	1
	5	2	1	2	1	2	1	2
	6	2	1	2	2	1	2	1
	7	2	2	1	1	2	2	1
	8	2	2	1	2	1	1	2

2) 실험계획 및 실시

교호작용을 고려하여 설계된 $L_8(2^7)$ 직교배열표에 조건별 실험하고 그 결과 워크시트에 측정한 데이터를 기입한다.

↓	C1	C2	C3	C4	C5	C6	C7	C8	C9	C10	C11	C12	C13
	A	B	C	D	E	R1	R2	R3	R4	R5	R6	R7	R8
1	1	1	1	1	1	12	12	10	13	3	4	16	20
2	1	1	2	2	2	6	10	3	5	3	4	20	18
3	1	2	1	2	2	9	10	5	4	2	1	3	2
4	1	2	2	1	1	8	8	5	4	3	4	9	9
5	2	1	1	1	2	16	14	8	8	3	2	20	33
6	2	1	2	2	1	18	26	4	2	3	3	7	10
7	2	2	1	2	1	14	22	7	5	3	4	19	21
8	2	2	2	1	2	16	13	5	4	11	4	14	30

3) 최적화 데이터 분석

◆ 메뉴

① 통계분석 > 실험계획법 > Taguchi 설계 > Taguchi 설계분석

- 반응 데이터 열(R): $R1-R8$
- 항(T): A, B, C, D, E, AB, AC를 선택항(S)으로 클릭 이동
- 저장(S): 신호대잡음비(S), 평균(M) 클릭
- 옵션(P): 망소특성 클릭

[분산분석]

세션창에서 SN비에 대한 인자별 분산분석을 통하여 교호작용 효과가 있는 인자와 주효과가 유의한 인자를 선정하여 최적조건을 찾는다.

신호 대 잡음 비에 대한 분산 분석

출처	DF	Seq SS	Adj SS	Adj MS	F	P
A	1	42.0609	42.0609	42.0609	*	*
B	1	14.8017	14.8017	14.8017	*	*
C	1	0.3652	0.3652	0.3652	*	*
D	1	4.1463	4.1463	4.1463	*	*
E	1	0.0080	0.0080	0.0080	*	*
A*B	1	16.8365	16.8365	16.8365	*	*
A*C	1	0.8103	0.8103	0.8103	*	*
잔차 오차	0	*	*	*		
총계	7	79.0290				

분석 결과 잔차가 Zero이기 때문에 $p-$값 계산이 되지 않으므로 유의하지 않은 인자 E를 풀링하여 다시 분석한다.

평균에 대한 분산 분석

출처	DF	Seq SS	Adj SS	Adj MS	F	P
A	1	30.0313	30.0313	30.0313	3844.00	0.010
B	1	6.5703	6.5703	6.5703	841.00	0.022
C	1	2.5313	2.5313	2.5313	324.00	0.035
D	1	9.0313	9.0313	9.0313	1156.00	0.019
A*B	1	15.1250	15.1250	15.1250	1936.00	0.014
A*C	1	0.9453	0.9453	0.9453	121.00	0.058
잔차 오차	1	0.0078	0.0078	0.0078		
총계	7	64.2422				

E를 풀링한 후 분석한 결과 교호작용 $A*B$와 $A*C$가 유의하므로 이들 인자의 교호작용 최적조건을 설정하고 D인자의 최적조건을 선정한다. 나머지 인자는 기존 수준 또는 비용을 고려하여 수준을 설정한다.

[반응표와 반응그래프]
반응그래프로 수준을 평가할 수 있다. Taguchi 설계분석 결과 세션창에 반응표 결과값이 아래와 같이 나타나고, 워크시트에는 SN비 인자 수준에서 점추정치와 평균값이 나타난다.

신호 대 잡음 비에 대한 반응 표

망소특성

수준	A	B	C	D	E
1	-18.44	-22.09	-20.94	-21.45	-20.76
2	-23.02	-19.37	-20.52	-20.01	-20.70
델타	4.59	2.72	0.43	1.44	0.06
순위	1	2	4	3	5

세션창에 요인별 SN비값 중에서 가장 값이 큰 수준을 최적수준으로 설정하는데 현재 수준보다 개선된 수준을 선정하며 요인 7개 중에서 A, B, D 인자의 주효과 최적수준을 우선 선정한다. 최적조건은 $A_1B_2C_2D_2E_2$이다.

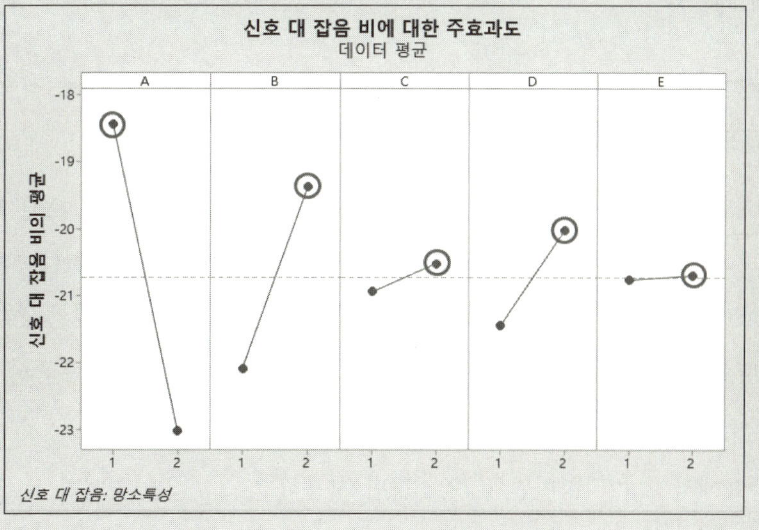

교호작용 분석 결과 $A \times B$의 경우 SN비에서 분석한 최적조건 A_1B_2과 같게 나오므로 A_1B_2로 선정한다.

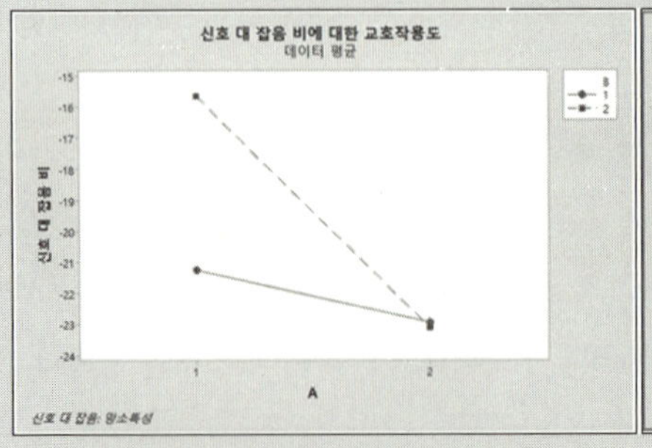

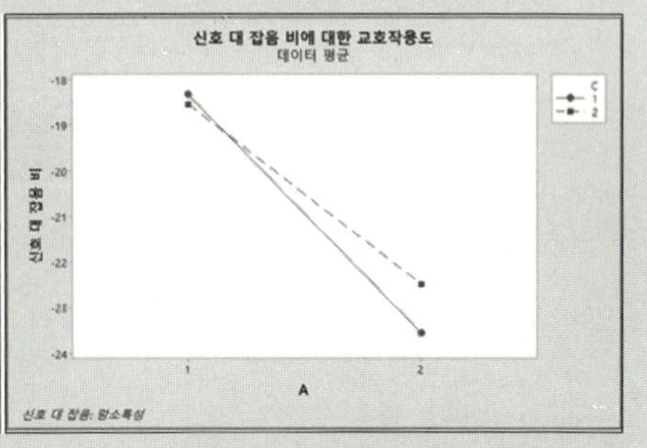

교호작용 $A\times C$의 경우 SN비에서 분석한 최적조건 A_1C_2보다 A_1C_1으로 최적조건을 $A_1B_2C_1D_2E_2$으로 변경한다. 여기서 A_1C_2이 A_1C_1보다 경제성 및 생산조건에 보다 유리한 수준으로 판단된다면 A_1C_2으로 설정할 수도 있다.

2.4 교호작용 배치

2.3절에서 기본표시를 이용하여 교호작용을 배치하는 방법에 대하여 살펴보았다. 이 절에서는 좀 더 편리한 방법으로 교호작용을 배치하는 방법에 대하여 설명하였다.

1) 교호작용표를 이용한 배치

직교배열표를 이용할 때에 한 열에 요인 A를 배치하고 다른 열에 요인 B를 배치하면 교호작용 $A\times B$는 아래 [표 8-8]을 활용하여 쉽게 찾을 수 있다. 예를 들어, 인자 A를 4열에 배치하고 인자 B를 8열에 배치하면 교호작용 $A\times B$는 12열에 나타난다. 예를 들어 [표 8-7] $L_{16}(2^{15})$ 직교배열표에서 4열은 기본표시 c이고, 8열은 d이므로 교호작용은 기본표시 cd인 12열에 있다.

아래 표에서 $L_8(2^7)$형이면 1, 2, 3군만 사용하고, $L_{16}(2^{15})$형이면 1, 2, 3, 4군을 모두 사용한다.

표 8-8 2열 간의 교호작용을 구하는 표

군		1	2		3				4							
열		1	2	3	4	5	6	7	8	9	10	11	12	13	14	15
군	1	(1)	3	2	5	4	7	6	9	8	11	10	13	12	15	14
	2		(2)	1	6	7	4	5	10	11	8	9	14	15	12	13
				(3)	7	6	5	4	11	10	9	8	15	14	13	12
	3				(4)	1	2	3	12	13	14	15	8	9	10	11
						(5)	3	2	13	12	15	14	9	8	11	10
							(6)	1	14	15	12	13	10	11	8	9
								(7)	15	14	13	12	11	10	9	8
	4								(8)	1	2	3	4	5	6	7
										(9)	3	2	5	4	7	6
											(10)	1	6	7	4	5
												(11)	7	6	5	4
													(12)	1	2	3
														(13)	3	2
															(14)	1

2) 2수준 선점도를 이용한 배치

선점도는 3인자 교호작용은 무시하고 주효과와 2인자 교호작용과의 관계를 도시한 것으로 선점도에서 점 및 선에 부여된 숫자가 열번호를 나타낸다. 선, 점 모두 자유도 1을 갖고, 하나의 요인을 갖게 되며 하나의 열에 대응한다.

두 점을 연결하는 선에 나타난 숫자가 두 점에 씌어 있는 번호에 해당되는 2개열의 교호작용열이 된다. 예를 들어 아래 $L_4(2^3)$형 선점도 그림에서 점 1과 점 2를 연결하는 직선상의 숫자 3은 1열과 2열의 교호작용열은 3열을 의미한다.

앞서 [표 8-8]에서 기본표시가 1열에 a, 2열에 b, 3열에 ab된 내용을 기초로 아래 선점도 배치 의미를 해석하여 적용하면 된다.

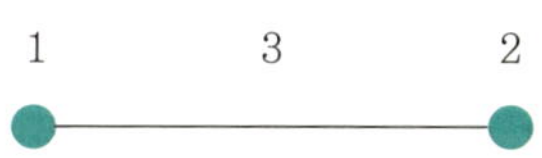

그림 8-1 $L_4(2^3)$ 선점도

마찬가지로 아래 그림 $L_8(2^7)$형 선점도 (a)에서 2열과 4열의 교호작용열은 6열, 1열과 4열의 교호작용열은 5열임을 알 수 있다.

A, B, $A\times B$, C 중에서 유의한 효과를 직교배열표를 이용한 실험에서 검출하고자 하는 경우에는, 교호작용과 관련된 요인효과들을 우선적으로 배치한다. 2개의 점에 A, B를 배치하고 두 점을 연결하는 직선상의 번호에 해당하는 열에 $A\times B$를 배치한다. 그 다음에 나머지 주효과인 C를 점에 배치한다.

[그림 8-2](a)의 경우 1열에 A, 2열에 B, 3열에 $A\times B$, 그 다음에 점에 해당되는 4열, 7열 중에서 하나를 선택하여 C를 배치한다. 두 점을 1, 2 대신에 1, 4 또는 2, 4를 선택하여 배치할 수도 있다.

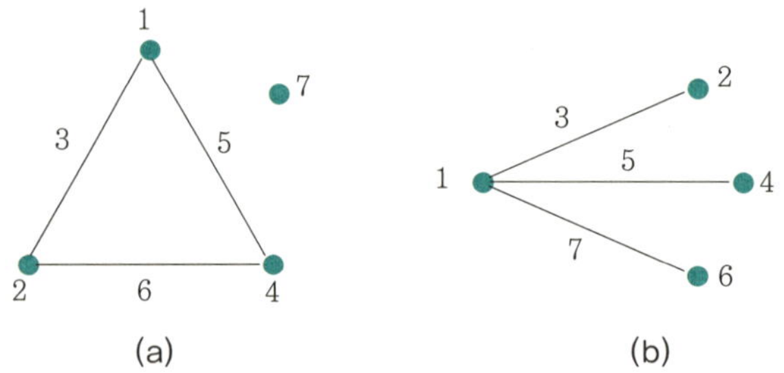

그림 8-2 $L_8(2^7)$ **선점도**

[표 8-6] $L_8(2^7)$ 직교배열표의 기본배치를 선점도 형태로 살펴보면 (a)의 경우에 해당하는 설계 배치이다.

실험번호	1	2	3	4	5	6	7
기본표시	a	b	ab	c	ac	bc	abc

$L_4(2^3)$형의 직교배열표에 대해서는 하나의 선점도가, $L_8(2^7)$에는 2개가, 그리고 $L_{16}(2^{15})$에는 6개의 선점도가 많이 쓰인다. 배치 구도에 따라서 [그림 8-3]을 참조하면 된다. 선점도에서 선과 점에 부여된 수치는 열번호를 나타낸다.

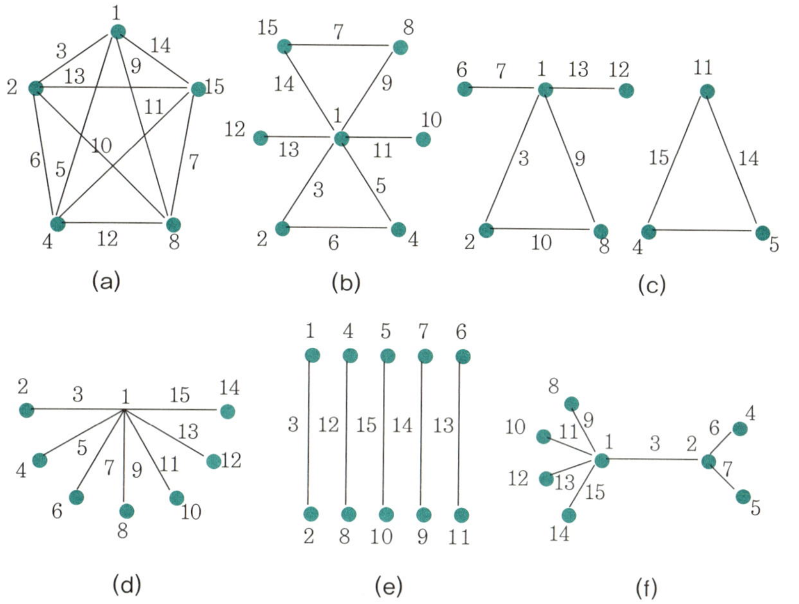

▌그림 8-3 ▌$L_{16}(2^{15})$ 선점도

예제 8-3

7개의 2수준 인자(A, B, C, D, F, G, H)와 교호작용이 3개가 있는 배치 ($A\times B$, $A\times C$, $G\times H$)의 효과를 구하기 위하여 2수준 직교배열표의 열배치를 하고자 한다. 총 요인수는 10개이므로 2수준 직교배열이 가능한 $L_{16}(2^{15})$를 실험배치하도록 한다. 선점도에 의한 요인배치를 하고자 할 때에는 교호작용이 $A\times B$, $A\times C$, $G\times H$이므로, 만족해야 할 선점도의 모양은 다음과 같다.

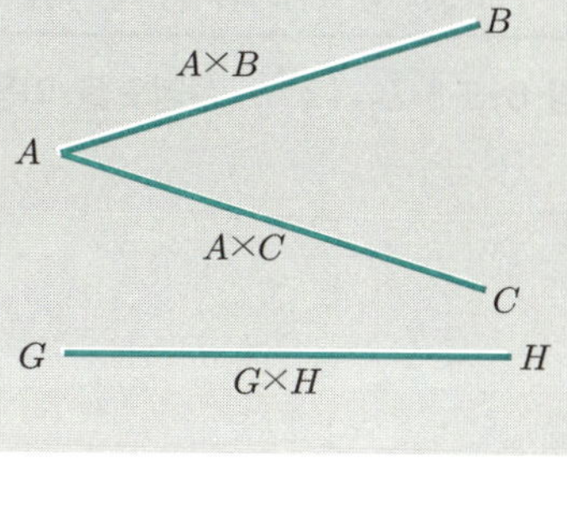

따라서 [그림 8-3]의 $L_{16}(2^{15})$ 선점도 중에서 이를 포함하는 선점도는 (a), (b), (c), (f)가 있고, (a)와 (b)에 위 그림의 요구조건을 각 점에 인자를 배치하면 [그림 8-4]와 같은 배치도를 그릴 수 있다.

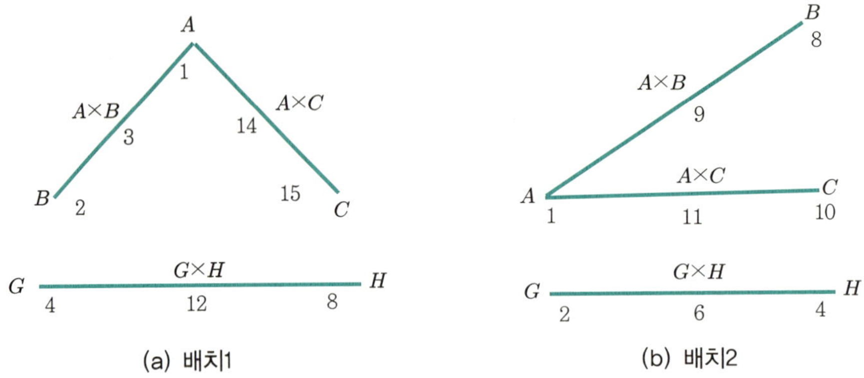

그림 8-4 이용 가능한 선점도

위의 [그림 8-4]에 따라 직교배열표의 각 열에 인자와 교호작용을 배치하면 [그림 8-5]와 같은 배치를 할 수 있다. 실제 데이터가 주어진 경우 분석방법은 앞서 $L_8(2^7)$의 경우와 같은 절차를 활용하여 실시한다.

열번호	1	2	3	4	5	6	7	8	9	10	11	12	13	14	15
배치1	A	B	$A\times B$	G	D	F	e	H	e	e	e	$G\times H$	e	$A\times C$	C
배치2	A	G	e	H	e	$G\times H$	e	B	$A\times B$	C	$A\times C$	D	e	e	F

그림 8-5 $L_{16}(2^{15})$ **선점도를 이용한 배치**

3 3수준 인자실험 설계

3.1 인자 직교배열표 정의

3수준 직교배열표는 3^n 요인배치법의 일부실시법의 실험조건을 정의대비를 이용하지 않고 단지 직교배열표의 열에 인자들을 배치함으로써 손쉽게 구할 수 있도록 도와주는 표이다.

$$L_{3^m}(3^{(3^m-1)/2})$$

3^m은 실험의 크기이고, 3은 3수준계를 나타내는 숫자이다. 3수준 직교배열표의 각 열의 자유도는 3−1=2이어서, 직교배열표의 열의 수는 가로 안의 3의 지수인 $(3^m-1)/2=4$이다. 3수준 직교배열표의 각 열은 0, 1, 2로 구성되어 있고 3개의 숫자가 똑같은 수만큼 반복이 되어 직교한다. 가장 많이 사용되는 3수준 직교배열표는 $m=2$인 $L_9(3^4)$ 직교배열표와 $m=3$인 경우의 $L_{27}(3^{13})$ 직교배열표이다.

표 8-9 $L_9(3^4)$ **직교배열표**

실험번호	1	2	3	4	데이터
1	1	1	1	1	
2	1	2	2	2	
3	1	3	3	3	
4	2	1	2	3	
5	2	2	3	1	
6	2	3	1	2	
7	3	1	3	2	
8	3	2	1	3	
9	3	3	2	1	
기본표시	a	b	ab	ab^2	합계
군	1	2			

3.2 $L_9(3^4)$ 직교배열표의 특징

$L_9(3^4)$ 직교배열표의 특징은 다음과 같다.

① $L_9(3^4)$ 직교배열표는 3^2요인배치법의 실험계획에 근거한다. 총실험횟수는 3^2=9로 직교배열표의 행의 수이다.

② 열의 수는 4이다. 각 열이 0, 1, 2로 구성되어 있어서, 각 열의 자유도는 3−1인 2이고, 전체의 자유도는 총실험횟수 − 1인 8이기 때문에 열의 수는 전체의 자유도/열의 자유도=8/2=4이다.

③ 인자가 배치된 열의 숫자 0, 1, 2는 해당열에 배치된 각각의 인자의 수준을 표시한다. 3수준 직교배열표가 3^2요인배치법에 근거하여 만들어졌기 때문에, 각각의 열에 0, 1, 2가 각각 3개씩 골고루 있다.

④ 직교배열표의 각 열에 의한 변동은 각 실험조건에서 실험된 9개의 특성치들을 각 열의 숫자인 0, 1, 2에 따라서 3그룹으로 나누어서 일원배치법에서와 같은 방법으로 3그룹 간의 변동을 계산하여 결정된다.

⑤ 3수준 직교배열표의 임의의 두 열을 선택해서 같은 행에 있는 두 수를 쌍으로 선택한다 할 때, 3×3=9개의 가능한 배열인 00, 01, 02, 10, 11, 12, 20, 21, 22가 똑같은 수만큼 골고루(각각 1개씩) 나오는데, 이것이 직교의 의미이다. 따라서 9개의 실험자료의 총변동은 4개의 각 열 간의 변동으로 분할된다.

⑥ 각 열의 기본표시에는 a, b, ab, ab^2으로 나누어져 있다. 2인자 교호작용효과의 자유도는 관련된 두 인자의 자유도의 곱인 2×2=4이다. 3수준 직교배열표의 각 열의 자유도는 2이기 때문에, 실험자가 2인자 교호작용효과의 검출에 관심이 있을 경우에 교호작용에 해당되는 열은 2개 열이 된다. 기본표시가 a, b인 1열과 2열의 교호작용에 해당되는 2개 열은 기본표시가 ab, ab^2에 해당되는 3열과 4열이다.

⑦ 교호작용과 오차가 무시되면 $L_9(3^4)$형 직교배열표의 각 열에 인자를 배치할 수 있다. 이 경우에는 총변동이 4개의 주효과들의 변동으로 분할되어서, 오차의 변동을 독립적으로 구할 수가 없고, 따라서 각 열의 변동에 따라서 열에 배치된 4개의 인자들 간의 상대적인 중요성을 평가할 수 있다.

⑧ [표 8-9]의 $L_9(3^4)$형 직교배열표의 기본표시가 a, b인 1열, 2열은 0에서 8까지를 3진법으로 표시한 것이다. 기본표시가 ab인 3열은 기본표시가 a인 1열과 기본표시가 b인 2열을 3진법으로 더하여 얻은 것이다. 예를 들어서 실험번호 9에서는 2+2=4이고 4를 3진법으로 표시하면 끝자리가 1이어서 1이 되고, 이 값이 3열의 값이다. 4열은 1열을 2배 한 후에 2열을 3진법으로 더해서 얻는다. 따라서 기본표시도 a^2b로 쓰는 것이 타당해보인다.

3수준계의 기본표시에서는 a나 a^2이나 똑같은 정보를 제공한다. 기본표시가 a인 1열을 2배 하여 3진법으로 구해보면 0, 1, 2가 0, 2, 1로 계산되어서 똑같이 특성치를 실험번호 (1, 2, 3), (4, 5, 6), (7, 8, 9) 세 그룹으로 나누어서 기본표시가 a인 열이나 기본표시가 a^2인 열이나 변동의 값은 같다. 또한 3은 3진법으로 끝자리가 0이어서 $a^3=a^0=1$이다.

따라서 $a^2b=(a^2b)^2=a^4b^2=a^3ab^2=ab^2$이다. 그런데 기본표시를 적을 때에는 첫 번째 알파벳의 지수를 1로 표시하기로 약속하기 때문에 4열의 기본표시를 ab^2으로 적어 넣은 것이다.

예제 8-4

직물의 굵힘에 대한 저항력에 영향을 주는 인자를 파악하기 위하여 3인자 3수준 실험을 실시하였다. 교호작용효과가 없는 것으로 하여 3인자 A, B, C의 주효과만을 $L_9(3^4)$ 직교배열표를 사용하여 구하시오.

실험번호	열번호				실험조건	특성치
	1	2	3	4		
1	0	0	0	0	$A_0B_0C_0$	22
2	0	1	1	1	$A_1B_0C_1$	24
3	0	2	2	2	$A_2B_0C_2$	27
4	1	0	1	2	$A_0B_1C_2$	26
5	1	1	2	0	$A_1B_1C_0$	29
6	1	2	0	1	$A_2B_1C_1$	36
7	2	0	2	1	$A_0B_2C_1$	28
8	2	1	0	2	$A_1B_2C_2$	22
9	2	2	1	0	$A_2B_2C_0$	30

기본표시	a	b	a b	a b^2		
배 치	A	B	e	C		

| 풀이 |

1) 직교표 선정 및 할당

◆ 실험배치 설계 메뉴

① **통계분석>실험계획법>Taguchi 설계>Taguchi 설계생성**

- 설계유형: 3-수준 설계(3)
- 요인수(N): 3
- 설계(D): 디폴드 값인 L9 확인 클릭
- 요인(F): 요인 A는 1열, 요인 B는 2열, 요인 C는 4열 배치 클릭

* 교호작용효과는 없는 것으로 하기 때문에 설계에 반영하지 않는다.

[직교배열표 배치도]

↓	C1	C2	C3	C4
	A	B	C	
1	1	1	1	
2	1	2	2	
3	1	3	3	
4	2	1	3	
5	2	2	1	
6	2	3	2	
7	3	1	2	
8	3	2	3	
9	3	3	1	

2) 실험계획 및 실시

설계된 실험계획 직교배열표에 주어진 실험결과값을 기록한다.

↓	C1	C2	C3	C4
	A	B	C	측정값
1	1	1	1	22
2	1	2	2	24
3	1	3	3	27
4	2	1	3	26
5	2	2	1	29
6	2	3	2	36
7	3	1	2	28
8	3	2	3	22
9	3	3	1	30

3) 분산 분석

◆ 메뉴

① 통계분석 > 분산분석 > 일반선형모형 > 일반선형모형적합

- 반응(E): C4(측정값)
- 요인(F): A, B, C를 요인(F)항으로 클릭 이동

분산 분석

출처	DF	Adj SS	Adj MS	F-값	P-값
A	2	54.889	27.444	15.44	0.061
B	2	68.222	34.111	19.19	0.050
C	2	28.222	14.111	7.94	0.112
오차	2	3.556	1.778		
총계	8	154.889			

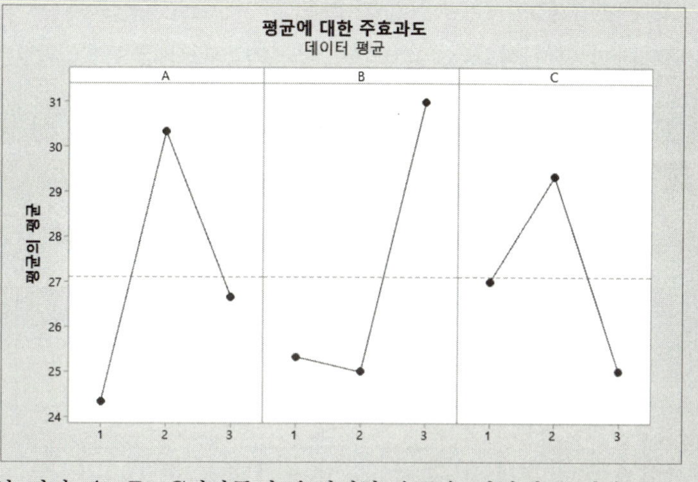

분산분석 결과 A, B, C인자들이 유의미한 수준을 나타내고 있다.

4) 최적화 데이터분석

◆ 메뉴

① 통계분석 > 실험계획법 > Taguchi 설계 > Taguchi 설계분석

- 반응 데이터 열(R): C4(측정값)
- 항(T): A, B, C를 선택항(S)으로 클릭 이동
- 저장(S): 신호대잡음비(S), 평균(M) 클릭
- 옵션(P): 망대특성 클릭

[반응표와 반응그래프]

Taguchi 설계분석 결과 세션창에 반응표 결과값이 아래와 같이 나타난다.

평균에 대한 반응 표

수준	A	B	C
1	24.33	25.33	27.00
2	30.33	25.00	29.33
3	26.67	31.00	25.00
델타	6.00	6.00	4.33
순위	1.5	1.5	3

세션창에 요인별 평균에 대한 주효과로 망대특성값으로 평가하면 A, B, C인자의 최적조건은 $A_2B_3C_2$이다.

$L_{27}(3^{13})$ 직교배열표의 경우에도 위와 같은 개념으로 확장한 것이므로 3수준에서 인자수를 확대하여 실험하고자 할 경우 다음의 직교배열표를 활용할 수 있다. $L_{27}(3^{13})$ 직교배열표 배치에서도 교호작용이 있는 경우 교호작용을 우선 고려하여 해당란에 배치하여 분석한다.

표 8-10 $L_{27}(3^{13})$ 직교배열표

실험 번호	1	2	3	4	5	6	7	8	9	10	11	12	13	데이터
1	1	1	1	1	1	1	1	1	1	1	1	1	1	
2	1	1	1	1	2	2	2	2	2	2	2	2	2	
3	1	1	1	1	3	3	3	3	3	3	3	3	3	
4	1	2	2	2	1	1	1	2	2	2	3	3	3	
5	1	2	2	2	2	2	2	3	3	3	1	1	1	
6	1	2	2	2	3	3	3	1	1	1	2	2	2	
7	1	3	3	3	1	1	1	3	3	3	2	2	2	
8	1	3	3	3	2	2	2	1	1	1	3	3	3	
9	1	3	3	3	3	3	3	2	2	2	1	1	1	
10	2	1	2	3	1	2	3	1	2	3	1	2	3	
11	2	1	2	3	2	3	1	2	3	1	2	3	1	
12	2	1	2	3	3	1	2	3	1	2	3	1	2	
13	2	2	3	1	1	2	3	2	3	1	3	1	2	
14	2	2	3	1	2	3	1	3	1	2	1	2	3	

15	2	2	3	1	3	1	2	1	2	3	2	3	1	
16	2	3	1	2	1	2	3	3	1	2	2	3	1	
17	2	3	1	2	2	3	1	1	2	3	3	1	2	
18	2	3	1	2	3	1	2	2	3	1	1	2	3	
19	3	1	3	2	1	3	2	1	3	2	1	3	2	
20	3	1	3	2	2	1	3	2	1	3	2	1	3	
21	3	1	3	2	3	2	1	3	2	1	3	2	1	
22	3	2	1	3	1	3	2	2	1	3	3	2	1	
23	3	2	1	3	2	1	3	3	2	1	1	3	2	
24	3	2	1	3	3	2	1	1	3	2	2	1	3	
25	3	3	2	1	1	3	2	3	2	1	2	1	3	
26	3	3	2	1	2	1	3	1	3	2	3	2	1	
27	3	3	2	1	3	2	1	2	1	3	1	3	2	
기본 표시	a	b	ab	ab^2	c	ac	ac^2	bc	abc	ab^2c	bc^2	ab^2c	abc^2	
군	1	2	2	2	3	3	3	3	3	3	3	3	3	

3.3 교호작용 배치

전체적으로는 2^n형 직교표와 같으나 교호작용이 나타나는 열을 알기 위해

① 성분이 a, b열이라면 ab열, ab^2열(또는 a^2b열)의 두 열에 나타난다.
(즉 두 성분 곱의 열과 한 성분 열의 제곱에 다른 열의 성분을 곱한 열)

② 세제곱이 되면 1로 변환된다. $a^3 = b^3 = c^3 \equiv 1$

③ abc 순으로 표기한 제일 앞문자의 지수가 제곱이면 전체를 제곱하여 정리한다.
a^2b^2c의 경우 제곱해서 $a^4b^4c^2$으로 하고 변환하면 abc^2이 된다.

직교배열표 $L_9(3^4)$의 사용은 간단하나, 가장 많이 사용되는 직교배열표 $L_{27}(3^{13})$은 검출하고 싶은 인자나 교호작용의 수가 많아서 실험배치가 쉽지 않아 선점도를 이용하는 것이 편리하다. 직교배열표 $L_{27}(3^{13})$의 선점도는 [그림 8-6]에 도시하였다.

두 점을 연결하는 선에 나타난 두 숫자가 해당되는 두 열의 교호작용열이다. 2수준계의 경우와 마찬가지로, 점의 번호에는 인자를 배치하고 두 점 사이의 선에 있는

2개의 열번호에 교호작용효과를 배치한다.

선점도에서 숫자는 열을 나타내며 자유도는 각각 2이다. 따라서 점은 인자가 배치되는 열을 나타내며 자유도가 2이고, 두 점을 잇는 선은 두 점에 배치된 인자의 교호작용이 배치되는 열들을 나타내며 자유도는 4이다.

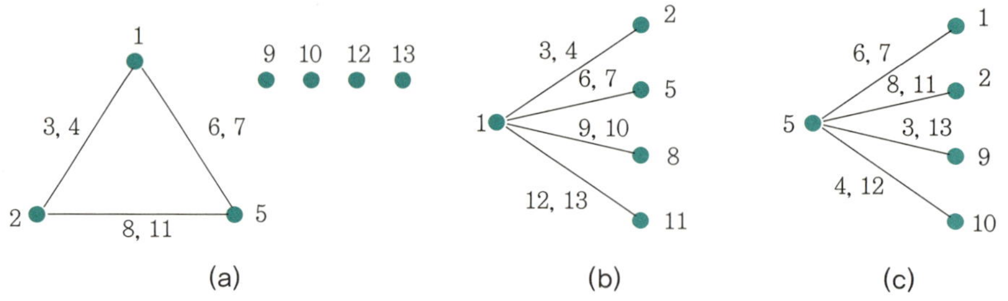

그림 8-6 $L_{27}(3^{13})$ 선점도

예제 8-5 >>>

어떤 시편을 만드는 실험연구에서 시편의 강도에 영향을 미칠 인자로 A, B, C, D, E, F, G가 고려되었다. 각 인자의 수준을 3으로 하고, 교호작용 $A\times C$와 $C\times D$가 있을 것 같아 주효과와 함께 검출하고자 한다. 적절한 선점도를 표현하여 주시오.

| 풀이 |

최소의 실험으로 강도를 높이는 조건을 찾기 위한 실험계획을 설계하면 다음의 절차로 진행할 수 있다. 먼저 검출할 효과의 자유도를 고려하여 열의 수가 13인 직교배열표 $L_{27}(3^{13})$에 배치할 수 있으면 실험횟수가 최소가 되겠다. 이를 확인하기 위해 [그림 8-7]의 선점도를 살펴보면 (a)형 (b)형 모두 배치가 가능하다. 이 실험에서는 (b)형으로 [그림 8-8]과 같이 배치하고, 시제품을 만든 후 강도를 측정하여 [표 8-10]에 정리된 것을 활용한다.

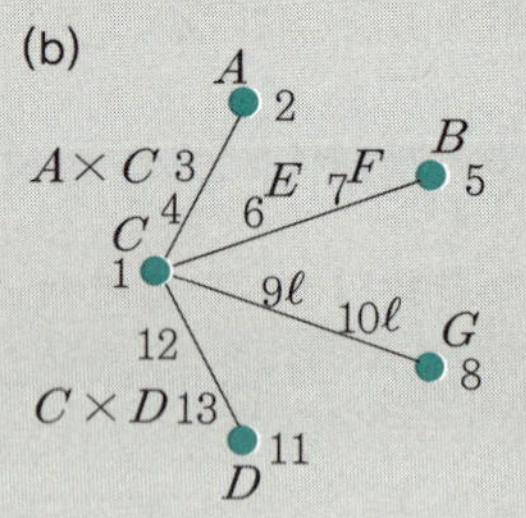

4 혼합 직교배열표 설계

4.1 혼합 직교배열표

혼합배열은 두 개의 다른 수준수를 가진 직교배열표로 교호작용을 배치하지 않고 주로 인자만을 배치하려는 경우에 사용되며, 주로 개발단계의 개선에 적용된다. 개발단계에서는 인자의 교호작용보다는 주인자의 최적화를 우선으로 하기 때문이다. 혼합 직교배열표는 대표적으로 $L_{18}(2^1 \times 3^7)$, $L_{18}(6^1 \times 3^6)$, $L_{12}(2^{11})$, $L_{32}(2^1 \times 4^9)$, $L_{36}(2^3 \times 3^{13})$, $L_{36}(2^{11} \times 3^{12})$ 등이 있다.

1) $L_{18}(2^1 \times 3^7)$ 직교배열표

혼합실험배치를 하여 주효과 파악을 통한 최적조건 설정을 할 수 있기 때문에 가급적 $L_{18}(2^1 \times 3^7)$ 직교배열표 활용을 권장하며 L_{18} 혼합배치는 다음과 같은 특징이 있다. 교호작용이 골고루 분산되어 특정 열에 집중되는 것을 방지하며, 산포 제어인자와 평균치 조정인자를 알 수 있으며, 현재조건은 가급적 18회 내에 있도록 배치한다. 1개의 2수준 인자와 1개의 3수준 인자가 교호작용이 있다고 생각하면 1열, 2열에 각각 배치하여 교호작용을 분석한다. 처음부터 L_{36}, L_{54}배치도 가능하지만 L_{18}부터 실험을 실시하는 것이 효율적이고 경제적인 실험이 된다.

표 8-11 $L_{18}(2^1 \times 3^7)$ 직교배열표

실험 번호	열								데이터
	1	2	3	4	5	6	7	8	
1	1	1	1	1	1	1	1	1	
2	1	1	2	2	2	2	2	2	
3	1	1	3	3	3	3	3	3	
4	1	2	1	1	2	2	3	3	
5	1	2	2	2	3	3	1	1	
6	1	2	3	3	1	1	2	2	

7	1	3	1	2	1	3	2	3	
8	1	3	2	3	2	1	3	1	
9	1	3	3	1	3	2	1	2	
10	2	1	1	3	3	2	2	1	
11	2	1	2	1	1	3	3	2	
12	2	1	3	2	2	1	1	3	
13	2	2	1	2	3	1	3	2	
14	2	2	2	3	1	2	1	3	
15	2	2	3	1	2	3	2	1	
16	2	3	1	3	2	3	1	2	
17	2	3	2	1	3	1	2	3	
18	2	3	3	2	1	2	3	1	
군	1	2	3	3	3	3	3	3	

예제 8-6 >>>

전기단자 도금규격을 만족하는 조건 설계를 하고자 한다. 금도금두께는 최소한 $50\,\mu m$이 되어야 한다. 도금두께를 $50\,\mu m$ 이상으로 하되 산포를 최소화시켜서 금의 소비량을 감소시켜서 비용을 절감하여야 한다. 앞선 실험에서 금도금두께에 영향을 주는 제어요인은 2수준 인자 1개와 3수준 인자 7개로 하여 $L_{18}(2^1 \times 3^7)$ 혼합 직교배열표를 선정하여 최적조건을 설정하시오. 제어요인은 8개이다.

요인	요인명	1수준	2수준	3수준
A	금의 농도	0.7 ~ 0.8	1.1 ~ 1.2	
B	전류 밀도	1.8	1.5	1.3
C	온도	120	140	160
D	도금조 속도	12	15	18
E	양극의 크기	1/4	1/2	1/1
F	부하	1/4	1/3	1/2
G	pH	4.2	4.3	4.4
H	니켈 농도	600	650	700

노이즈 요인은 위치, 시편, 두께 시편으로 설정하였다.

요인	요인명	1수준	2수준	3수준
N	부품 위치	저위 위치	중간 위치	
S	측정 시편	Sample 1	Sample 2	Sample 3
P	시편의 두께	최소	최대	

제어요인과 노이즈는 2수준이 현재 공정 수준이다.

| 풀이 |

1) 실험계획 수립 및 실험준비

◆ 실험배치 설계 메뉴

① **통계분석 > 실험계획법 > Taguchi 설계 > Taguchi 설계생성**

- 설계유형: 혼합수준설계(M)
- 요인수(N): 8

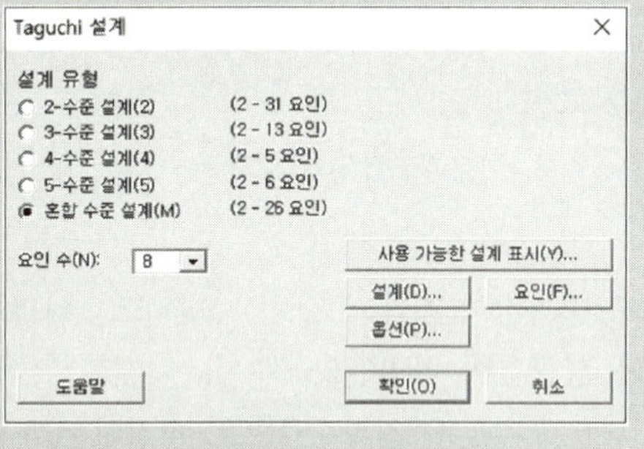

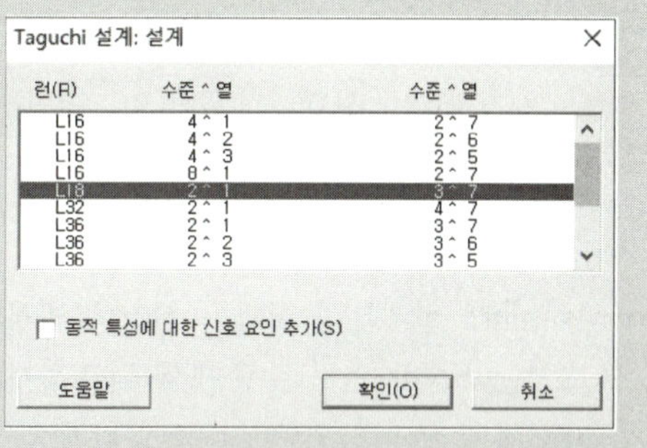

② 설계(D) 선택: L18 클릭

- 동적 특성에 대한 신호요인 추가(S) 클릭

  설계된 값은 데이터창 C1~C8열에 배치되어 출력된다. 실험된 데이터값은 C9~C20에 입력한다.

2) 실험 및 데이터 수집

생성된 $L_{18}(2^1 \times 3^7)$ 혼합형 직교배열표 실험배치 기준에 따라서 노이즈 요인별 수준별 조건 조합 실험을 실시하고 워크시트 C9~C20에 측정한 데이터를 기입한다.

↓	C1	C2	C3	C4	C5	C6	C7	C8	C9	C10	C11	C12	C13	C14	C15	C16	C17	C18	C19	C20
	A	B	C	D	E	F	G	H	N1S1P1	N1S1P2	N1S2P1	N1S2P2	N1S3P1	N1S3P2	N2S1P1	N2S1P2	N2S2P1	N2S2P2	N2S3P1	N2S3P2
1	1	1	1	1	1	1	1	1	83	86	84	87	79	85	90	91	87	90	87	90
2	1	1	2	2	2	2	2	2	72	76	72	75	70	76	77	84	78	82	82	86
3	1	1	3	3	3	3	3	3	55	61	56	62	54	64	60	65	67	69	66	72
4	1	2	1	1	2	2	3	3	55	59	56	60	53	58	61	64	63	68	65	69
5	1	2	2	2	3	3	1	1	73	75	72	75	72	74	76	79	75	79	76	80
6	1	2	3	3	1	1	2	2	58	62	58	64	54	59	68	72	66	72	67	74
7	1	3	1	2	1	3	2	3	44	49	42	45	45	50	55	58	54	58	54	60
8	1	3	2	3	2	1	3	1	48	53	51	56	47	53	57	62	60	64	61	63
9	1	3	3	1	3	2	1	2	64	66	64	67	63	66	66	68	66	69	67	69
10	2	1	1	3	3	2	2	1	74	78	71	79	72	76	86	92	89	94	85	91
11	2	1	2	1	1	3	3	2	75	78	71	77	74	82	90	96	88	93	92	96
12	2	1	3	2	2	1	1	3	70	76	67	73	71	75	85	88	82	87	86	92
13	2	2	1	2	3	1	3	2	70	75	73	80	71	76	89	94	87	96	90	97
14	2	2	2	3	1	2	1	3	48	56	47	52	49	57	59	62	59	65	62	68
15	2	2	3	1	2	3	2	1	61	68	64	71	63	68	79	88	80	87	78	87
16	2	3	1	3	2	3	1	2	45	55	48	53	42	50	58	64	54	66	57	66
17	2	3	2	1	3	1	2	3	60	64	62	67	56	64	66	70	66	73	68	75
18	2	3	3	2	1	2	3	1	55	61	55	62	57	65	79	83	76	82	80	86

3) 최적조건 설정

◆ 메뉴

① 통계분석 > 실험계획법 > Taguchi 설계 > Taguchi 설계분석

- 반응 데이터 열(R): N1S1P1 - N2S3P2
- 항(T): A, B, C, D, E, F, G, H를 선택항(S)으로 클릭 이동
- 저장(S): 신호대잡음비(S), 평균(M) 클릭
- 옵션(P): 망목특성 클릭

[반응표와 반응 그래프]

Taguchi 설계분석 결과 세션창에 반응표 결과값이 아래와 같이 나타나고, 워크시트에는 SN비 인자 수준에서 점추정치와 평균값이 나타난다.

세션창에 요인별 SN비값 중에서 가장 값이 큰 수준을 최적수준으로 설정하는데 현재 수준보다 개선된 수준을 선정하며 8개 요인 중에서 상위 4개 순위 A, D, E, G인자를 선정하고, 최적조건은 $A_1D_1E_3G_1$이다.

신호 대 잡음 비에 대한 반응 표

망목특성(10×Log10(Ybar^2/s^2))

수준	A	B	C	D	E	F	G	H
1	23.54	21.88	20.50	23.16	19.89	21.22	23.76	21.56
2	18.58	20.82	21.98	20.72	19.82	21.64	20.24	21.49
3		20.48	20.70	19.30	23.47	20.31	19.18	20.13
델타	4.96	1.41	1.48	3.86	3.65	1.33	4.58	1.44
순위	1	7	5	3	4	8	2	6

요인 B, C, F, H에 대해서는 평균치가 $y \geq 50\mu\text{m}$을 만족하며 비용을 최소로 할 수 있는 조건으로 선정한다. 따라서 아래 평균반응표에서 $B_3C_2F_3H_3$로 최적조건을 설정하여 종합하면 $A_1B_3C_2D_1E_3F_3G_1H_3$를 최적조건으로 한다.

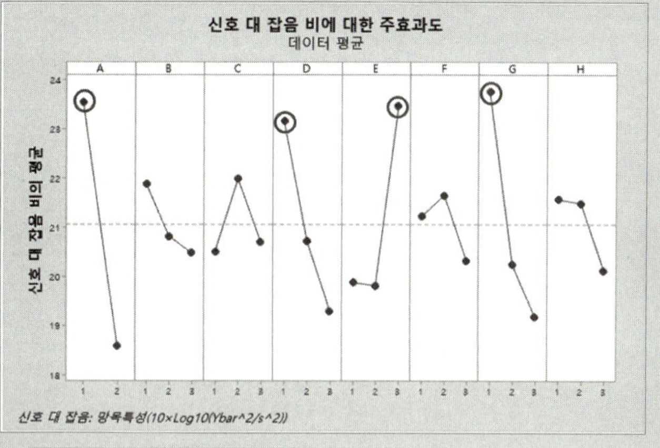

평균에 대한 반응 표

수준	A	B	C	D	E	F	G	H
1	66.81	78.76	69.82	73.08	68.94	72.63	69.92	74.19
2	72.38	69.26	69.42	72.79	67.22	69.00	69.31	71.76
3		60.75	69.54	62.90	72.61	67.15	69.56	62.82
델타	5.57	18.01	0.40	10.18	5.39	5.47	0.61	11.37
순위	4	1	8	3	6	5	7	2

[분산분석]

SN비에 대한 인자별 분산분석을 통하여 참조 분석을 할 수가 있다. 분석시 현 수준에서 역효과가 발생하는 인자들도 유의할 수 있으므로 분산분석표는 참조로 활용한다.

◆ 메뉴

① 통계분석 > 분산분석 > 일반선형모형 > 일반선형모형적합

- 반응(E): 신호 대 잡음비1
- 요인(F): $A-H$

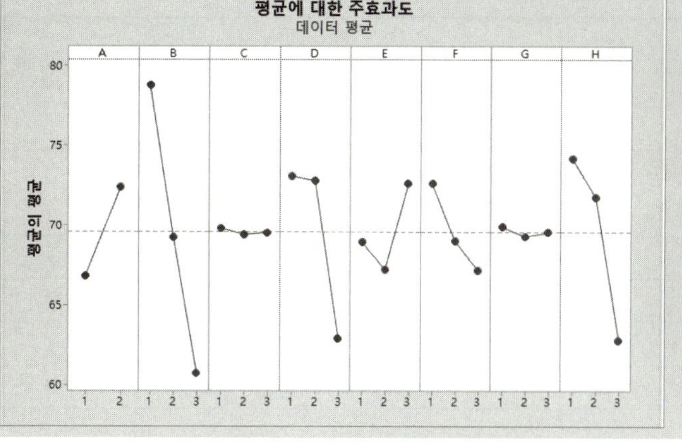

세션창에서 분산분석 결과값을 확인하면 A, D, E, G인자가 유의수준 0.05 기준으로 유의한 것으로 분석된다. 이는 SN비로 분석한 상위 4개 인자와 동일하게 나타남을 알 수 있다.

분산 분석

출처	DF	Adj SS	Adj MS	F-값	P-값
A	1	110.612	110.612	320.18	0.003
B	2	6.472	3.236	9.37	0.096
C	2	7.763	3.881	11.23	0.082
D	2	45.713	22.856	66.16	0.015
E	2	52.398	26.199	75.84	0.013
F	2	5.546	2.773	8.03	0.111
G	2	68.784	34.392	99.55	0.010
H	2	7.860	3.930	11.38	0.081
오차	2	0.691	0.345		
총계	17	305.838			

SN비와 평균치 분석을 통하여 설정한 조건은 $A_1B_3C_2D_1E_3F_3G_1H_3$이다.

2) $L_{12}(2^{11})$ 직교배열표

많은 인자를 배치해야 하는 경우에는 2수준이지만 L_{12} 직교배열표를 사용하는 것이 효과적이다. 인자가 많을 경우 L_{12} 직교배열표로 최대 11개의 인자를 넣어서 어느 인자가 영향을 크게 미치는지를 파악할 수 있다. 여기서 Screening된 인자를 가지고 다시 L_{18}직교배열표를 활용하여 실험을 하는 것이 좋다.

표 8-12 $L_{12}(2^{11})$ 직교배열표

실험 번호	열											데이터
	1	2	3	4	5	6	7	8	9	10	11	
1	1	1	1	1	1	1	1	1	1	1	1	
2	1	1	1	1	1	2	2	2	2	2	2	
3	1	1	2	2	2	1	1	1	2	2	2	
4	1	2	1	2	2	1	2	2	1	1	2	
5	1	2	2	1	2	2	1	2	1	2	1	
6	1	2	2	2	1	2	2	1	2	1	1	
7	2	1	2	2	1	1	2	2	1	2	1	

8	2	1	2	1	2	2	2	1	1	1	2	
9	2	1	1	2	2	2	1	2	2	1	1	
10	2	2	2	1	1	1	1	2	2	1	2	
11	2	2	1	2	1	2	1	1	1	2	2	
12	2	2	1	1	2	1	2	1	2	2	1	
군	1	2	2	2	2	2	2	2	2	2	2	

3) $L'_{32}(2^1 \times 4^9)$ 직교배열표

$L'_{32}(2^1 \times 4^9)$ 직교배열의 경우 2수준 1인자와 4수준 9인자를 배치할 수 있으며 그 배열은 아래 표를 참조하여 인자를 배치하여 실험할 수 있다.

표 8-13 $L'_{32}(2^1 \times 4^9)$ 직교배열표

실험번호	열										데이터
	1	2	3	4	5	6	7	8	9	10	
1	1	1	1	1	1	1	1	1	1	1	
2	1	1	2	2	2	2	2	2	2	2	
3	1	1	3	3	3	3	3	3	3	3	
4	1	1	4	4	4	4	4	4	4	4	
5	1	2	1	1	2	2	3	3	4	4	
6	1	2	2	2	1	1	4	4	3	3	
7	1	2	3	3	4	4	1	1	2	2	
8	1	2	4	4	3	3	2	2	1	1	
9	1	3	1	2	4	4	1	2	3	4	
10	1	3	2	1	3	3	2	1	4	3	
11	1	3	3	4	1	2	3	4	1	2	
12	1	3	4	3	2	1	4	3	2	1	
13	1	4	1	2	4	3	3	4	2	1	
14	1	4	2	1	3	4	4	3	1	2	
15	1	4	3	4	2	1	1	2	4	3	
16	1	4	4	3	1	2	2	1	3	4	
17	2	1	1	4	1	4	2	3	2	3	
18	2	1	2	3	2	3	1	4	1	4	

19	2	1	3	2	3	2	4	1	4	1	
20	2	1	4	1	4	1	3	2	3	2	
21	2	2	1	4	2	3	4	1	3	2	
22	2	2	2	3	1	4	3	2	4	1	
23	2	2	3	2	4	1	2	3	1	4	
24	2	2	4	1	3	2	1	4	2	3	
25	2	3	1	3	3	1	2	4	4	2	
26	2	3	2	4	4	2	1	3	3	1	
27	2	3	3	1	1	3	4	2	2	4	
28	2	3	4	2	2	4	3	1	1	3	
29	2	4	1	3	4	2	4	2	1	3	
30	2	4	2	4	3	1	3	1	2	4	
31	2	4	3	1	2	4	2	4	3	1	
32	2	4	4	2	1	3	1	3	4	2	

4) L_{36} 직교배열표

실험인자의 수가 아주 많은 실험의 경우에는 L_{36} 직교배열표를 활용하여 실험을 할 수 있다. 그러나 실제 실험에서 이와 같이 많은 인자를 배치하여 실험하는 경우는 비용과 시간 등 투입되는 자원이 크게 되어 매우 부담스러울 수 있다.

표 8-14 $L_{36}(2^{11} \times 3^{12})$ **직교배열표**

실험 번호	열																							데이터
	1	2	3	4	5	6	7	8	9	10	11	12	13	14	15	16	17	18	19	20	21	22	23	
1	1	1	1	1	1	1	1	1	1	1	1	1	1	1	1	1	1	1	1	1	1	1	1	
2	1	1	1	1	1	1	1	1	1	1	1	2	2	2	2	2	2	2	2	2	2	2	2	
3	1	1	1	1	1	1	1	1	1	1	1	3	3	3	3	3	3	3	3	3	3	3	3	
4	1	1	1	1	1	2	2	2	2	2	2	1	1	1	1	2	2	2	2	3	3	3	3	
5	1	1	1	1	1	2	2	2	2	2	2	2	2	2	2	3	3	3	3	1	1	1	1	
6	1	1	1	1	1	2	2	2	2	2	2	3	3	3	3	1	1	1	1	2	2	2	2	
7	1	1	2	2	2	1	1	1	2	2	2	1	1	2	3	1	2	3	3	1	2	2	3	
8	1	1	2	2	2	1	1	1	2	2	2	2	2	3	1	2	3	1	1	2	3	3	1	
9	1	1	2	2	2	1	1	1	2	2	2	3	3	1	2	3	1	2	2	3	1	1	2	
10	1	2	1	2	2	1	2	2	1	1	2	1	1	3	2	1	3	2	3	2	1	3	2	

11	1	2	1	2	2	1	2	2	1	1	2	2	2	1	3	2	1	3	1	3	2	1	3	
12	1	2	1	2	2	1	2	2	1	1	2	3	3	2	1	3	2	1	2	1	3	2	1	
13	1	2	2	1	2	2	1	2	1	2	1	1	2	3	1	3	2	1	3	3	2	1	2	
14	1	2	2	1	2	2	1	2	1	2	1	2	3	1	2	1	3	2	1	1	3	2	3	
15	1	2	2	1	2	2	1	2	1	2	1	3	1	2	3	2	1	3	2	2	1	3	1	
16	1	2	2	2	1	2	2	1	2	1	1	1	2	3	2	1	1	3	2	3	3	2	1	
17	1	2	2	2	1	2	2	1	2	1	1	2	3	1	3	2	2	1	3	1	1	3	2	
18	1	2	2	2	1	2	2	1	2	1	1	3	1	2	1	3	3	2	1	2	2	1	3	
19	2	1	2	2	1	1	2	2	1	2	1	1	2	1	3	3	3	1	2	2	1	2	3	
20	2	1	2	2	1	1	2	2	1	2	1	2	3	2	1	1	1	2	3	3	2	3	1	
21	2	1	2	2	1	1	2	2	1	2	1	3	1	3	2	2	2	3	1	1	3	1	2	
22	2	1	2	1	2	2	2	1	1	1	2	1	2	2	3	3	1	2	1	1	3	3	2	
23	2	1	2	1	2	2	2	1	1	1	2	2	3	3	1	1	2	3	2	2	1	1	3	
24	2	1	2	1	2	2	2	1	1	1	2	3	1	1	2	2	3	1	31	3	2	2	1	
25	2	1	1	2	2	2	1	2	2	1	1	1	3	2	1	2	3	3	1	3	1	2	2	
26	2	1	1	2	2	2	1	2	2	1	1	2	1	3	2	3	1	1	2	1	2	3	3	
27	2	1	1	2	2	2	1	2	2	1	1	3	2	1	3	1	2	2	3	2	3	1	1	
28	2	2	2	1	1	1	1	2	2	1	2	1	3	2	2	2	1	1	3	2	3	1	2	
29	2	2	2	1	1	1	1	2	2	1	2	2	1	3	3	3	2	2	1	3	1	2	1	
30	2	2	2	1	1	1	1	2	2	1	2	3	2	1	1	1	3	3	2	1	2	3	2	
31	2	2	1	2	1	2	1	1	1	2	2	1	3	3	3	2	3	2	2	1	2	1	1	
32	2	2	1	2	1	2	1	1	1	2	2	2	1	1	1	3	1	3	3	2	3	2	2	
33	2	2	1	2	1	2	1	1	1	2	2	3	2	2	2	1	2	1	1	3	1	3	3	
34	2	2	1	1	2	1	2	1	1	2	1	1	3	1	2	3	2	3	1	2	2	3	1	
35	2	2	1	1	2	1	2	1	1	2	1	2	1	2	3	1	3	1	2	3	3	1	2	
36	2	2	1	1	2	1	2	1	1	2	1	3	2	3	1	2	1	2	3	1	1	2	3	
군	1	2	2	2	2	2	2	2	2	2	2	3	3	3	3	3	3	3	3	3	3	3	3	

표 8-15 $L'_{36}(2^3 \times 3^{13})$ 직교배열표

실험번호	열																데이터
	1	2	3	4	5	6	7	8	9	10	11	12	13	14	15	16	
1	1	1	1	1	1	1	1	1	1	1	1	1	1	1	1	1	
2	1	1	1	1	2	2	2	2	2	2	2	2	2	2	2	2	
3	1	1	1	1	3	3	3	3	3	3	3	3	3	3	3	3	
4	1	2	2	1	1	1	1	1	2	2	2	2	3	3	3	3	
5	1	2	2	1	2	2	2	2	2	3	3	3	1	1	1	1	

6	1	2	2	1	3	3	3	3	1	1	1	1	2	2	2	2	
7	2	1	2	1	1	1	2	3	1	2	3	3	1	2	2	3	
8	2	1	2	1	2	2	3	1	2	3	1	1	2	3	3	1	
9	2	1	2	1	3	3	1	2	3	1	2	2	3	1	1	2	
10	2	2	1	1	1	1	3	2	1	3	2	3	3	1	3	2	
11	2	2	1	1	2	2	1	3	2	1	3	1	2	2	1	3	
12	2	2	1	1	3	3	2	1	3	2	1	2	1	3	2	1	
13	1	1	1	2	1	2	3	1	3	2	1	3	3	2	1	2	
14	1	1	1	2	2	3	1	2	1	3	2	1	1	3	2	3	
15	1	1	1	2	3	1	2	3	2	1	3	2	2	1	3	1	
16	1	2	2	2	1	2	3	2	1	1	3	2	3	3	2	1	
17	1	2	2	2	2	3	1	3	2	2	1	3	1	1	3	2	
18	1	2	2	2	3	1	2	1	3	3	2	1	2	2	1	3	
19	2	1	2	2	1	2	1	3	3	3	1	2	2	1	2	3	
20	2	1	2	2	2	3	2	1	1	1	2	3	3	2	3	1	
21	2	1	2	2	3	1	3	2	2	2	3	1	1	3	1	2	
22	2	2	1	2	1	2	2	3	3	1	2	1	1	3	3	2	
23	2	2	1	2	2	3	3	1	1	2	3	2	2	1	1	3	
24	2	2	1	2	3	1	1	2	2	3	1	3	3	2	2	1	
25	1	1	1	3	1	3	2	1	2	3	3	1	3	1	2	2	
26	1	1	1	3	2	1	3	2	3	1	1	2	1	2	3	3	
27	1	1	1	3	3	2	1	3	1	2	2	3	2	3	1	1	
28	1	2	2	3	1	3	2	2	2	1	1	3	2	3	1	3	
29	1	2	2	3	2	1	3	3	3	2	2	1	3	1	2	1	
30	1	2	2	3	3	2	1	1	1	3	3	2	1	2	3	2	
31	2	1	2	3	1	3	3	3	2	3	2	2	1	2	1	1	
32	2	1	2	3	2	1	1	1	3	1	3	3	2	3	2	2	
33	2	1	2	3	3	2	2	2	1	2	1	1	3	1	3	3	
34	2	2	1	3	1	3	1	2	3	2	3	1	2	2	3	1	
35	2	2	1	3	2	1	2	3	1	3	1	2	3	3	1	2	
36	2	2	1	3	3	2	3	1	2	1	2	3	1	1	2	3	

4.2 교호작용 배치

$L_{18}(2^1 \times 3^7)$ Matrix 구조 선점도는 아래 그림과 같이 배치하여 실험한다.

그림 8-7 $L_{18}(2^1 \times 3^7)$ **선점도**

L'_{32} 선점도는 아래 그림과 같이 배치하여 실험한다.

1열과 2열 사이의 교호작용은 다른 모든 열과 직교하므로 다른 열을 소모하지 않고 추정할 수 있다.

그림 8-8 $L'_{32}(2^1 \times 4^9)$ **선점도**

$L'_{36}(2^3 \times 3^{13})$ 선점도는 아래 그림과 같이 배치하여 실험한다.

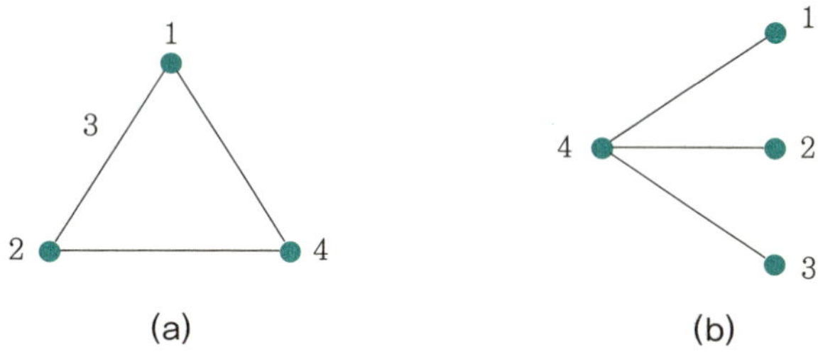

그림 8-9 $L'_{36}(2^3 \times 3^{13})$ **선점도**

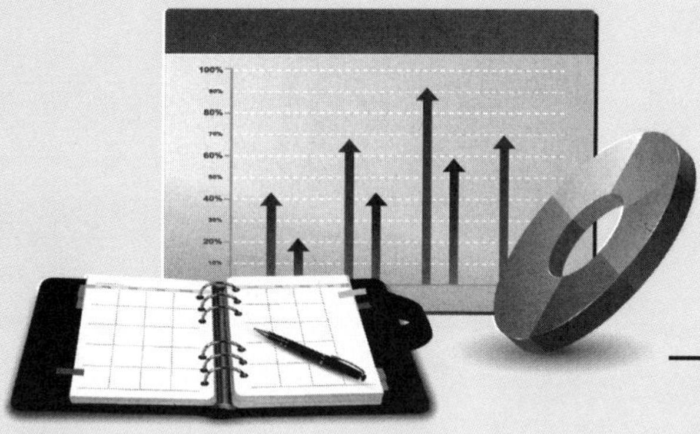

실무자 중심의 실험계획법

CHAPTER 09

로버스트 실험계획법

1. 로버스트(Robust) 실험설계
2. 특성값 및 인자의 분류
3. 손실함수
4. SN비
5. 파라미터 설계

Chapter 09

로버스트 실험계획법

1 로버스트(Robust) 실험설계

1.1 로버스트 실험설계 개념

1) 제품개발 프로세스

제품개발 프로세스는 상품기획으로부터 제품이 출시하여 고객에게 인도되기 까지의 전 과정 중 양산 전까지의 단계를 말한다. 프로젝트의 범위를 결정하는 프로젝트 선정, 고객의 핵심요구사항이 무엇인지를 파악하는 단계인 요구사항의 정의, 구체적으로 제품구성과 디자인을 어떻게 구성할 것인지 개략적 개념과 방안을 강구하는 개념개발 단계와 다구찌 방법론이 적용되는 단계인 설계최적화를 거쳐 시제품을 만들어 제품으로 구현하고 양산단계로 인계하기까지를 제품개발 프로세스 단계로 본다.

Project 선정 ➡	요구사항 정의 ➡	개념개발 ➡	설계 최적화 ➡	검증 및 출시
• 프로젝트 범위 결정 • 프로젝트 계획 수립	• 고객요구사항 이해 • 경쟁사/시장 분석 • QFD I 작성 – 고객요구를 제품특성으로 변환	• 개념 창출 • 개념 선택 • TRIZ 실시 • FMEA 실시	• Desing Planning Matrix 개발 • 시스템 설계 • 파라미터 설계 • 허용차 설계 • QFD Ⅱ~Ⅲ	• 프로토 타입 제작, 시험, 수정 • 최종 프로젝트 검토 • 재무성과 예측 • 차기 비즈니스 프로세스 인계

▌그림 9-1 ▌제품개발 프로세스

2) 로버스트 디자인 개요

사전적 개념의 로버스트란 "어떠한 관점이나 의견이 매우 굳건하고 강력하게 표현된다"로 정의할 수 있으며, 요약하면 강직한 정도로 해석할 수 있다. 통계적 관점에서의 로버스트는 통계량이 이상치 및 에러값으로부터 영향을 크게 받지 않는 (건장한) 통계량을 의미하고, 설계 관점에서의 로버스트는 외부(진동, 기후, 소음 등) 또는 내부(작업자 상태 등) 노이즈(noise)로부터 둔감하게 반응하여 제품 품질의 균일성(변동이 적게됨)이 확보되도록 설계하는 것을 말한다. 표준편차 최소화, 신호 대 잡음비 최대화, 평균으로 목표값 충족(정적설계 경우), 기울기로 목표값 충족(동적설계 경우) 목표달성을 위한 활동을 한다.

따라서 산포를 개선하기 위해서 산포를 일으키는 원인을 찾아서 제거하는 것이 아니고 산포에 덜 영향을 받는 인자들을 찾아서 이들 인자로 품질 특성치를 만족하게 하여 산포에 둔감하게 한다.

공학시스템의 구성요소는 다음 그림에서와 같이 입력신호, 제어인자, 노이즈인자, 출력반응 등으로 구성된다.

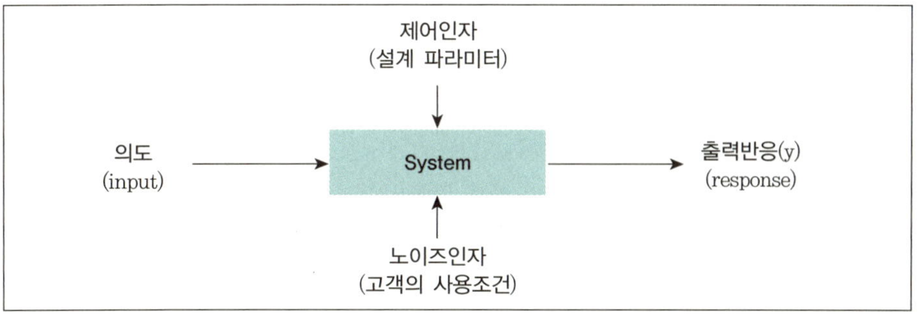

그림 9-2 공학시스템 구성

로버스트를 개선하기 위해서 엔지니어가 결정해야 할 사항들은 다음과 같다.

① 최적의 제어인자 수준의 조합

② 노이즈인자

③ 신호인자

④ 출력반응

3) 이상(ideal) 기능

일반적인 시스템은 어떤 형태로든 입력과 출력이 존재하며 완벽한 이상기능이란 입력 에너지 100%가 출력 에너지로 전환되는 것이다. 그러나 현실적으로 에너지 변환과정 중에 일정한 정도의 손실(loss)이 발생하기 때문에 이상적인 시스템은 존재하지 않는다.

따라서 품질공학에서는 품질특성을 다룰 때에 신호입력(signal)과 잡음(noise)이 시스템의 결과물에 어느 정도 영향을 주는지를 평가하고, 이 값이 높을수록 그 시스템은 효율이 좋다고 평가한다.

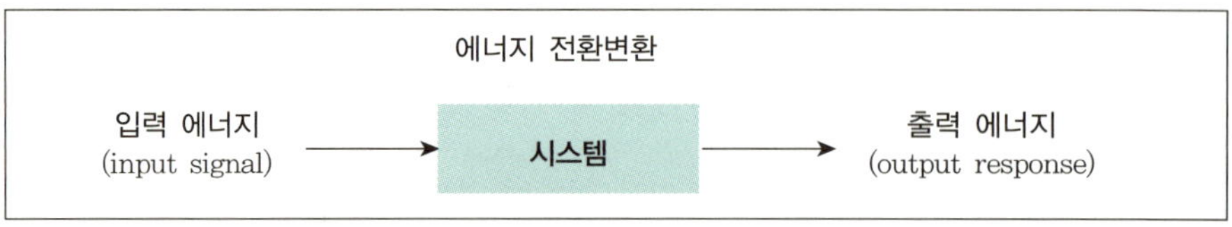

〈자동차 부품/공정 적용 예시〉

입력	시스템	출력
압력	브레이크 패드/로타	토르크
전력	전동기	토르크 ××× rpm
도장시간	도장공정	도장두께

그림 9-3 시스템 구조

예제 9-1 »»

다음 제품의 입력신호(M)와 출력반응(y)은 무엇인지 설명하시오.

① 체중기 ② 수도꼭지

③ 스크류 체결기 ④ 사출기

4) 최적화

(1) 최적화 1단계

다구찌 설계방법에서는 산포를 줄이는 것을 우선적으로 실시한다. 산포를 줄이기 위하여 SN비가 높은 인자조건을 설정한다. 망소특성 및 망대특성은 산포를 줄이는 것이 1단계이며, 망목특성 및 동특성은 산포를 줄이는 1단계 활동 후 2단계로 중심을 목표치로 이동하는 활동을 수행한다.

실험으로 계산된 각 인자별 S/N비값의 크기가 큰 것부터 최적수준을 정하되 현실적으로 적용가능한 수준 인지와 비용적 요소를 고려하여 수준을 설정한다. 모든 인자를 반드시 개선할 필요는 없으며, 망소와 망대특성의 경우 1단계 활동만 실시한다.

(2) 최적화 2단계

망목특성이나 동특성의 경우 목표치에 가깝게 수준을 조정하는 것이 중요하다. 특정치 중 산포에 영향을 미치지 않는 인자들(1단계에서 선택되지 않은 인자들) 중에서 목표치에 가까운 인자수준을 선정하여 최적수준을 정한다. 산포를 줄이는 인자외 목표치 변경에 적절한 인자가 없는 경우에는 평균치에 영향을 주는 새로운 인자를 찾아서 다시 실험을 실시하여 평균치 이동을 실시한다.

5) 노이즈(noise)

설계자가 통제할 수 없거나, 비용이 매우 많이 드는 인자로 품질산포의 원인이 되는 인자로 일종의 잡음인자이다. 노이즈가 있는데 이것을 극복할 수 있는 제어인자인가를 파악하고 이러한 인자를 적용하여 설계를 하는 것이 필요하며 이러한 것을 로버스트 디자인이라고 한다. 이와 관련한 노이즈의 종류는 다음과 같이 분류할 수 있다.

(1) 노이즈(noise) 요인의 종류

① 외적 노이즈: 자연환경(온도, 습도, 고도), 고객의 사용조건(사용빈도, 사용습관, 소모품) 등이 있으며, 비용을 고려하여 값 설정이 필요하다.

② 내적 노이즈(열화): 부품이나 재료의 열화(劣化), 특성이 바뀌는 것으로 부식, 피로, 마모, 불순물 오염, 휘발, 수도꼭지의 고무패킹의 열화 등이 있다.

③ 제품 간의 노이즈: 사용부품이나 재료의 산포, 물건을 만들 때는 언제나 발생하는 것으로 제조공정의 산포, 부품의 허용차, 원자재의 품질 산포 등이 있다.

④ 대용 노이즈(surrogate noise)

- 위치: 제품의 위치, 동일 제품 내의 장소, 작업자, 기계, 공장 간 산포

- 반복: lot, batch 간의 품질산포
- 시간: 일시, shift, 주·월간의 산포

(2) 노이즈인자에 대한 대책

노이즈인자의 요건은 담당자가 관리(control)할 수 없거나 비용이 매우 많이 드는 인자가 되어야 하며 최적화 실험시에는 반드시 배치하여 실험할 수 있어야 한다.

예를 들면 온습도의 경우 사용자 환경을 제어할 수는 없지만, 실험시에는 조절이 가능해야 한다. 노이즈인자가 제품에 미치는 경향을 알고 있는 것이 가장 바람직하고 노이즈인자의 실험시 고려방법은 상황에 따라서 다음과 같이 배치 실험한다.

① 경향을 알고 있는 경우: 양(+), 부(-) 방향을 갖는 것끼리 조합해서 직교배열표 외측에 배치해서 실험하여 효율화한다.

② 경향을 모르는 경우: 예비실험을 통해 경향을 알아내거나, 외측에 또다른 직교배열표를 사용하여 실험배치를 실시한다.

다양한 형태의 노이즈를 극복하기 위한 방안으로 다음과 같이 4가지 관점에서 분석하고 설계에 반영할 수 있다.

① 노이즈 무시: 노이즈 인자에 대한 첫 번째 대응방법은 무시이다. 노이즈의 영향을 무시할 경우 일반적으로 긴급대책 수립(fire fighting)이 요구되는 상황을 초래할 수 있다. 그러나 중요하지 않은 노이즈에 대해서는 과다하게 제어하는 것보다는 무시하는 것이 종합적으로 볼 때 비용이 적게 들 수 있다.

② 노이즈 제어 또는 제거: 노이즈인자를 강제로 제어하거나 변동요인을 제거하는 방법이다. 노이즈의 영향을 제거하는 것은 비용이 많이 들거나 불가능할 수 있다. 그래서 이것은 비용이 효과적으로 사용될 수 있을 경우에 한해서 실행하여야 한다.

제어 또는 제거의 의사결정을 하기 위해서는 비용과 품질의 적당한 타협이 요구되며, 다구찌 손실 함수가 가장 중요한 척도가 될 수도 있다. 그리고 얼마나 많은 노력/시간/비용들이 소요되는지 반드시 실행하여야만 하는지 등에 대해서 분석할 필요가 있다.

제어 및 제거를 하기 위한 대표적인 방법으로는 표준화, 공차 최소화, Foolproofing, 예방 정비, 전통적 품질보증 활동, 5S 등이 있다.

③ 노이즈의 영향에 대한 보정: 보정은 엔지니어가 쉽게 접근하는 방법으로 결과가 잘못되었을 경우를 대비한 보완책을 준비하는 것으로 비용과 품질의 적당한 타협(trade-off)을 하는 대책이다. 이러한 보정 방법에는 피드백 제어(feedback control)와 피드 포워드 제어(feed forward control) 방식이 있다. 보정에 의한 대책, 예를 들면 사출 성형튜브 두께의 피드백 제어, 제철소의 제철 품질관리, 오렌지주스 당분의 피드 포워드 제어, 입력전압 조절회로, ABS 브레이크시스템 등을 들 수가 있다.

④ 노이즈의 영향 최소화: 파라미터(parameter) 설계를 통한 관리 요인을 최적화하는 것이다. 공학시스템이 노이즈에 가장 둔감하도록 제어인자의 값을 최적화하는 것으로 가장 바람직한 로버스트 디자인이며, 이러한 방식이 다구찌가 추구하는 설계 최적화 방안이다. 제어인자의 값 최적화가 필요한 경우에는 로버스트 설계를 가장 저렴하게 수행하는 방법이며, 최우선적으로 시행하여야 한다. 파라미터 설계가 잘되어 있는 경우에는 허용차 설계를 통하여 비용 최소화를 추구하여야 한다.

(3) 노이즈(noise) 요인의 수준 설정

잡음인자 수준은 가능하면 많이 선정하여 실험하면 좋으나 현실은 그렇지 못하므로 잡음인자의 최대치와 최소치(혹은 좋은 조건과 나쁜 조건) 2가지 수준에서 실시하는 것이 일반적인 방법이다. 그러나 잡음인자의 빈도수를 관찰하여 빈도수가 많은 대표값을 잡음인자 수준으로 실험하는 것이 현실 조건을 더 충실히 반영하므로 확인실험시 잡음 빈도수를 반영하면 더 로버스트한 조건이 될 수 있다.

표 9-1 잡음인자의 수준

잡음인자 빈도의 형태	다구찌 제안	새로운 수준
정규분포 형태	최대값, 최소값	1개 중심값
봉우리가 2개인 경우	최대값, 최소값	2개의 봉우리 중심값
봉우리가 3개인 경우	최대값, 최소값	3개의 봉우리 중심값
한쪽으로 치우침이 큰 경우	최대값, 최소값	1개의 치우침의 대표값

분포가 일정한 경우	최대값, 최소값	최대값, 최소값
일정한 형태가 없는 경우	최대값, 최소값	분포 형태에 따라 가감

1.2 로버스트 실험설계 종류

1) 시스템 설계

고유기술, 전문지식, 경험 등을 바탕으로 제품 기획단계에서 결정된 기능, 즉 가장 바람직한(또는 고객이 요구하는) 기본기능을 지닌 제품(proto type)을 개발하는 단계로 고객의 요구, 제조와 관련된 제반 환경요인 등을 고려해야 한다. 예를 들어 증기엔진, 녹음기, 축전지, 반도체, 자동차, 컴퓨터, 용접, 사출성형, IC회로 등과 같이 새로운 개념 창출(창의성, 창조성 및 새로운 아이디어)이 요구되는 로버스트 설계에서 아주 중요한 단계이다.

시스템 설계에서 주로 사용되는 방법론으로 품질기능전개(QFD), TRIZ, Pugh의 개념 선정 실험, 창조성을 향상시키는 여러 가지 기법 등이 있다.

2) 파라미터 설계

시스템이 노이즈에 가장 둔감하도록 제어요인의 값을 최적화하는 것이 파라미터 설계이다. 노이즈의 영향하에서도 성능 특성치의 분산이 적고 평균이 목표치에 근접하도록 하는 설계변수의 조건을 설정하는 것이다. 품질과 코스트 모두를 개선하기 위해서 선택된 시스템의 설계변수(파라미터)의 수준을 선택하는 행위이며, 결국 제품의 기능에 노이즈로부터 변동을 가장 둔감(영향이 적게)하도록 제어요인들의 수준의 최적조합을 추구하는 단계이다. 강건성을 확보함으로써 사회적 손실을 최소화할 수 있다.

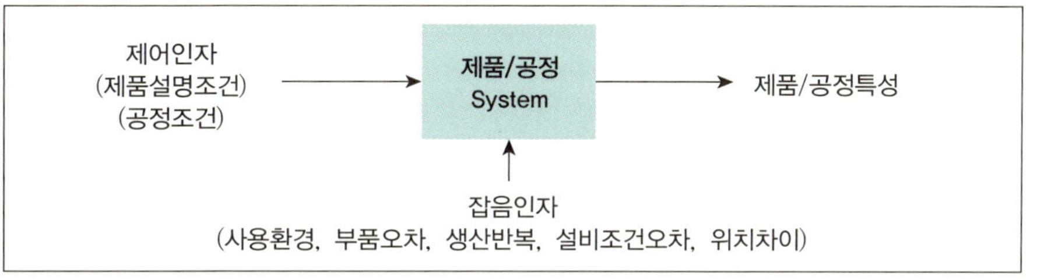

그림 9-4 파라미터 설계

제어인자들의 경향과 이들의 로버스트니스(Robustness)에 대한 평가를 위해서 실험을 실시함으로써 개념설계의 한계와 잠재력 파악이 가능하며, 총설계 비용을 감소시키면서 로버스트니스의 목적을 달성하는 것이다. 즉, 파라미터 설계는 비용의 증가 없이 시스템의 성능을 근본적으로 개선시키는 것을 가능하게 한다. 파라미터 설계의 목적으로 안정성 설계, 재현성 확보를 들 수가 있다.

① 안정성 설계: 제품의 기능이 소비자의 어떠한 환경에서도 목표치에 일관성 있게 유지되는 것이 소비자의 만족을 극대화하게 하며, *SN*비를 사용하여 소비자 사용환경에서 제품의 기능 변동을 경제적으로 줄이는 방법을 강구한다.

② 재현성 확보: 직교배열표를 사용함으로써 최소의 비용으로 연구실 실험에서 최적인 것으로 파악된 내용이 제조공정과 소비자 환경에서도 최적이라는 것을 보장하는 방법이다.

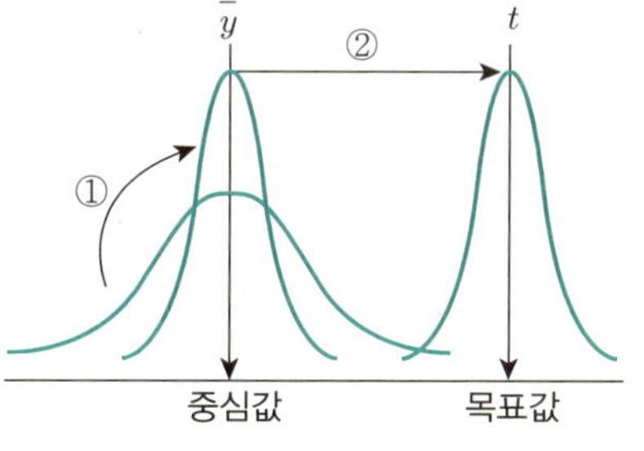

그림 9-5 파라미터 설계의 목표

파라미터 설계에서는 2단계 최적화를 적용한다. 먼저 *SN*비 방법으로 가장 안정된 조건을 찾아 산포를 줄이고, 그 다음 단계로 조정인자로 평균(sensitivity) 조정을 통하여 평균을 목표로 이동한다.

파라미터 설계는 다음과 같이 5단계로 구성된다.

① 프로젝트 계획
② 요인 및 수준 결정
③ 실험 계획 및 실시
④ 최적조건 설정
⑤ 확인실험 및 표준화

3) 허용차 설계

파라미터 설계에 의해 정해진 설계변수의 조건에서 특성치의 산포가 아직 만족할 만한 상태가 아닐 경우 산포에 큰 영향을 미치는 부품 또는 공정변수들을 선택하여 그 허용차를 줄여주어 부품, 재료 등의 등급을 선택하는 것이다. 산포를 더 한층 감소시킬 수 있도록 결정된 제어인자의 값을 중심으로 허용차를 결정한다. 기능한계 수준과 기능하지 않았을 때의 손실로부터 근사적인 손실함수를 구하여 결정하며, 산포를 더 한층 감소시킬 수 있도록 결정된 제어요인의 값을 중심으로 이의 허용차를 더욱 세밀하게 조정한다. 어느 제어요인의 허용차가 어느 정도 감소되어야 하며 어느 원자재 및 부품이 어느 정도 품질향상되어야 하는가를 결정한다. 허용차 설계의 목적은, 첫째로 산포를 더욱 감소시키기 위해서 제어인자의 허용차를 어느 정도 엄밀하게 관리해야 하는지를 찾아내는 것이며, 둘째로 파라미터 설계에서 최적조건을 설정한 다음, 제품/공정의 허용 가능한 변동을 결정하는 것이다.

허용차 설계의 전략으로 초기에는 넓은 허용차 범위, 저가의 원자재 부품을 사용하고, 제어요인의 최적수준을 사용하여 출력반응의 전반적인 변동을 결정한다. 궁극적으로 최소의 비용으로 최대의 효과를 내는 방법을 도출하고 품질과 비용의 적당한 타협을 모색함으로써 로버스트를 달성하는 최선의 전략을 선택한다.

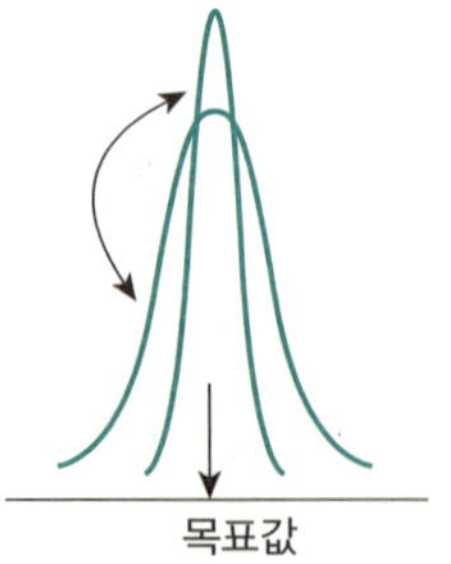

그림 9-6 허용차 설계의 목표

2 특성값 및 인자의 분류

2.1 특성값의 분류

1) 정특성

어떠한 조건에서도 출력을 일정하게 유지하려는 경우의 특성으로 치수, 강도, 출력전압, 언밸런스 양, 진원도, 순도, 온도특성 등이 있다.

① 망목특성: 어떠한 유한한 목표값이 있고, 목표값보다 작아도 커도 만족스럽지 못한 특성이다. 예를 들어 규격치수, 목표 농도값 등이 있다.

② 망소특성: 음수가 아니며 작을수록 좋은 특성이다. 예를 들어 소음, 누설전류, 유해 배기가스 등이 있다.

③ 망대특성: 음수가 아니며, 클수록 좋은 특성이다. 예를 들어, 인장 강도, 신뢰성, 연비 등이 있다.

④ 백분율특성: 열효율과 같이 0에서 100%까지의 값 밖에 취하지 않는 특성이다. 예를 들어 양품률, 불량률 등이 있다.

2) 동특성

입력의 변화에 대응하여 출력을 변화시키고자 하는 특성이다. 예를 들어 자동차의 경우 스피드를 올리고자 하면 엑셀레이터를 밟으면 되듯이 목표값이 필요에 따라서 여러 가지로 변화하는 특성이 있다.

① 능동적 특성: 신호를 임의로 수정할 수 있는 특성이다. 예를 들어 자동차의 엑셀레이터, 스트어링휠 등이 있다.

② 수동적 특성: 신호를 임의로 수정할 수 없는 특성이다. 예를 들어 계측기, 냉장고 자동온도조절 등이 있다.

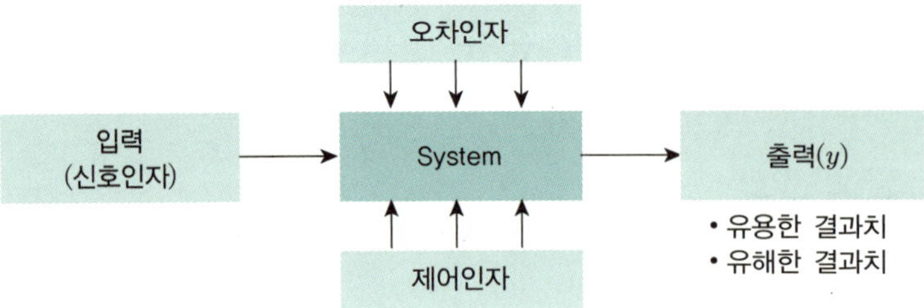

그림 9-7 **동특성 시스템**

동특성은 입력값의 변화에 대응하여 출력값이 변화되는 특징을 갖고 있으며, 동특성 문제는 먼저 제어인자 최적조건 결정을 통하여 산포를 줄이고, 2단계로 기울기 β를 맞춘다.

$$y = \beta \cdot M$$

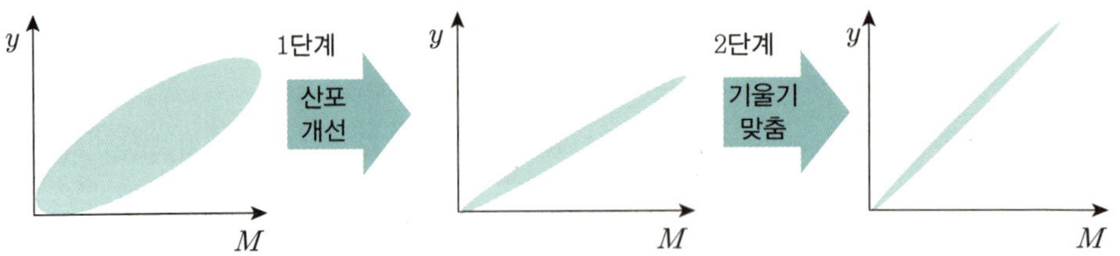

그림 9-8 **동특성 개선단계**

동특성은 미니탭을 활용한 다구찌 설계시 입력 및 출력요소의 변화특성이 고려되어야 하므로 설계항목에서 동적 특성에 대한 신호요인을 추가 클릭하여 디자인을 실시하며, 그 해석 방법은 '5 파라미터 설계'와 유사하게 진행한다.

2.2 인자의 종류

1) 제어인자

안정적인 최적조건을 선택하기 위해 선정하는 인자이다. 안정을 개선하기 위해서 다루는 설계상, 제조상의 인자는 모두 제어인자이다. 일반적으로 주요 실험대상 인자이다.

2) 표시인자

제어인자와 마찬가지로 그 수준에는 기술적 의미가 있지만, 수준의 선택이 무의미한 인자이다. 예를 들어 세탁기가 드럼세탁기와 일반세탁기로 구분표시 되듯이 사용조건, 품종, 사이즈의 차이 등이 이에 해당한다.

3) 오차인자

잡음인자라고도 하며 내란, 외란, 제품 간 산포 등의 모든 인자를 말한다. 단 표준 등으로 교정할 수 있는 것은 오차에 포함하지 않는다.

4) 신호인자

동특성에서만 나타나는 인자로, *SN*비의 신호 S(signal)를 평가하기 위한 인자이다. 입력조건으로 주어진다. 동특성에 있어서 신호인자는 출력에 대한 요구를 충족시키기 위한 것으로 능동적인 신호인자라고 한다. 예를 들어 브레이크시스템에서 브레이크 페달을 밟는 정도에 따라서 정지거리가 달라지므로 페달 압력이 신호인자이다.

5) 조정인자

주파수 맞춤이나 볼륨조정 등 망목특성과 동특성에만 있는 것으로, 제어인자 가운데 *SN*비에는 효과가 없고 출력의 평균값이나 감도에 효과가 있는 인자가 있다면, *SN*비의 최적조건을 구한 다음에 평균값이나 감도를 타당한 값으로 조정하는 데 사용할 수 있다.

3 손실함수

3.1 손실함수 정의

품질에 대한 개념의 변천을 살펴보면, 20세기 중반까지는 공급이 부족하던 시기이었기 때문에 생산자관점의 제품규격 만족에 초점을 두었었다. 그러나 공급이 증가하고 고객의 요구가 높아지면서 소비자 만족에 초점을 두기 시작하였으나 다구찌는 제품이 출하된 시점으로부터 사회에 끼친 손실이 발생하는 것까지 고려해야 하는 품질을 주장하였다.

손실의 종류는

① 기능 편차(산포)에 의한 손실

② 사용 비용에 의한 손실

③ 폐해항목에 의한 손실 등으로 구분하였고

이를 극복하기 위해서는 제품 설계단계부터 사회적 품질비용이 고려되어야 한다.

예를 들어, 비닐하우스에 농작물을 재배를 하는 경우 태풍으로 비닐이 찢기는 경우가 발생되었다고 하자. 이때 발생되는 손실은 첫 번째로 바람을 견딜 수 없어서 찢어진 비닐 자체의 손실이다. 둘째로는 비닐하우스 내의 농작물 피해로 발생하는 손실이다. 세 번째로는 농작물 공급 감소로 인하여 가격이 상승하고 사회에 손실이 발생하는 손실이다.

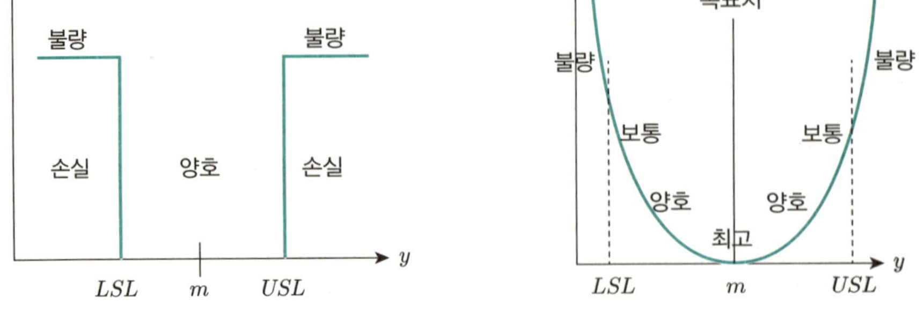

그림 9-9 이원적 손실함수와 다구찌 손실함수

손실함수란 목표값에 대한 균일성 정도를 나타내는 것으로, 성능 특성치 y가 목표치 m으로부터 벗어남으로 인하여 소비자가 감수하여야 하는 손실을 화폐단위로 나타낸 것으로 손실비용을 함수식으로도 나타낸다. 즉 특성값이 y인 제품이 출하되어 설계수명 동안 여러 사용자에게 사용되었을 때 그 평균적인 손실이 $L(y)$이다.

$$L(y)=\frac{1}{N}\sum_{i=1}^{N}\int_{0}^{T}L_i(t,y)dt \qquad (9\cdot1)$$

품질이 사회에 미치는 손실(loss)은

① 특성의 평균이 '목표로 벗어난 거리의 제곱'과

② '표준편차의 제곱'에 비례한다.

$$EL\{(y)\}=\frac{k}{n}\sum(y_i-m)^2=\frac{k}{n}\sum(y_i-\mu)+(\mu-m)^2$$

$$=k\left\{\frac{\sum(y_i-\mu)^2}{n}+\frac{\sum(\mu-m)^2}{n}\right\}=\underset{ⓐ}{k\sigma^2}+\underset{ⓑ}{(\mu-m)^2}$$

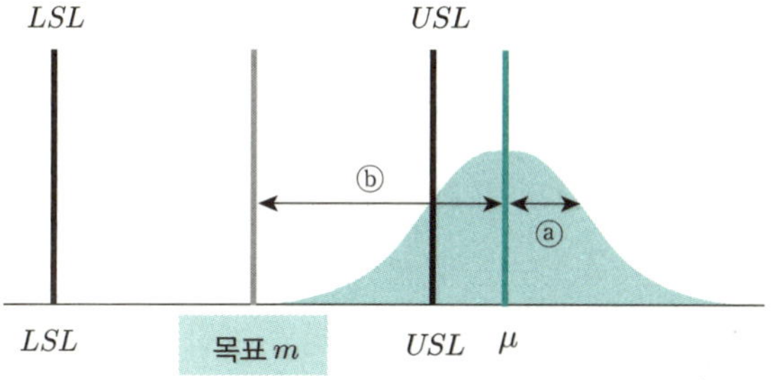

그림 9-10 목표치와 규격한계에 대한 손실관계

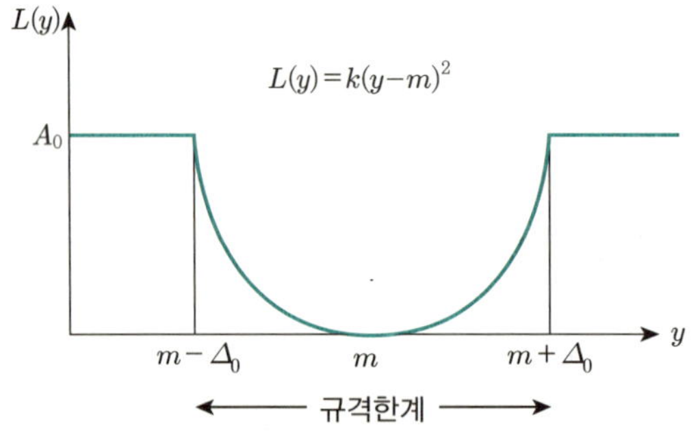

그림 9-11 손실함수(loss function)

예를 들어 규격이 110±20인 제품의 경우에 특성이 112인 제품과 92인 제품을 동일품질로 볼 수 있는지 손실비용 관점에서 계산하면 다음과 같다. 단, 규격한계를 벗어남으로 인해 소요되는 비용은 1만원으로 정의한다.

$$L(y=110 \pm 20) = 10,000 = k(110 \pm 20 - 110)^2 \text{에서}$$
$$k = 10,000/400 = 25$$

따라서 $y = 112$와 92일 때 손실비용은

$$L(y = 112) = 25(112 - 110)^2 = 100\text{원/개}$$
$$L(y = 92) = 25(92 - 110)^2 = 8,100\text{원/개}$$

이다. 즉, 두 개의 제품은 모두 규격안에 있으므로 양품이지만 목표값으로부터의 산포로 인하여 서로 다른 품질수준의 손실비용을 나타낸다.

손실은 특성 평균이 목표에서 벗어난 거리의 제곱과 표준편차의 제곱에 비례한다.

3.2 망목특성

제품품질의 특성치 y의 목표치 m이 주어진 경우로 예를 들어 길이, 무게, 두께 등과 같이 지정된 목표가 있으며 손실함수를

$$L(y) = k(y-m)^2 \quad (9 \cdot 2)$$

으로 정의하며 k는 상수값이다.

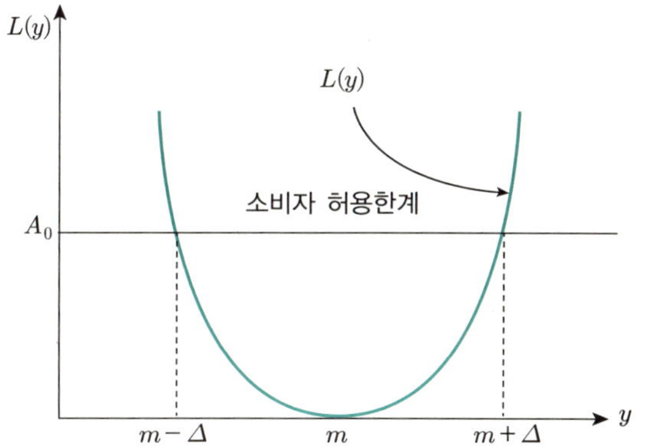

그림 9-12 손실함수 – 망목특성

[그림 9-12]에서 소비자 허용한계점 $m\pm\triangle$에서 소비자의 손실이 A_0원이라고 하면여기서 m일 때 소비자 손실값은 없으므로

$$A_0 = k(m\pm\triangle)^2 \qquad (9\cdot3)$$

이므로 $k=\dfrac{A_0}{\triangle^2}$이 되며

$$L(y)=\frac{A_0}{\triangle^2}(y-m)^2 \qquad (9\cdot4)$$

이 된다.

예제 9-2 »»

손실함수를 적용한 생산자의 허용한계를 결정하고자 한다. 가정용 에어컨의 출력전압의 기능한계가 110±20V이고, 시장에서 기능한계를 벗어났을 때의 손실비용(수리비용과 기회손실비용)이 10만원이며, 공장에서 규격에서 벗어난 회로에 대한 부품교체비용(인건비 포함)이 3,000원이라고 한다. 이때 공장의 규격은 얼마로 하여야 하는가?

$L(y=100)=100{,}000=k(110-m)^2$

$k=100{,}000/20^2=250$

$L(y=110\pm\triangle)=3{,}000=250\times(110\pm\triangle-110)^2$

$\triangle^2=3{,}000/350=12$

$\triangle=12$

따라서 공장에서 관리하는 규격은 110±12V로 한다.

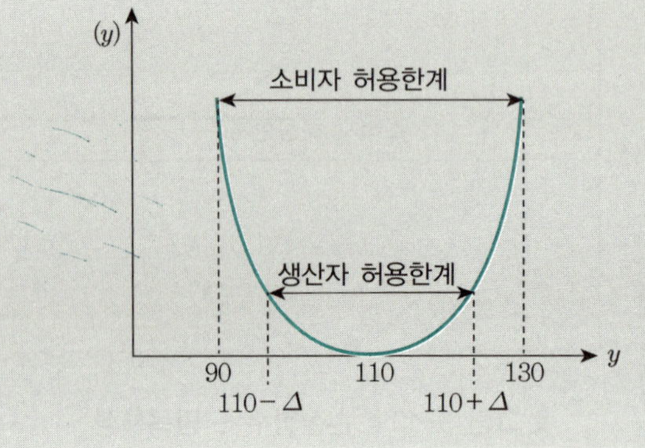

3.3 망소특성

제품의 품질특성치가 마모, 진동, 불량률, 배출가스 유해성분 등의 경우에는 값이 음수를 취하지 않으면서 적을수록 좋은 경우이다. 이런 품질특성을 망소특성이라고 하며 손실함수는 망목특성의 손실함수에서 $m=0$을 대입하면,

$$L(y)=ky^2 \tag{9・5}$$

이다.

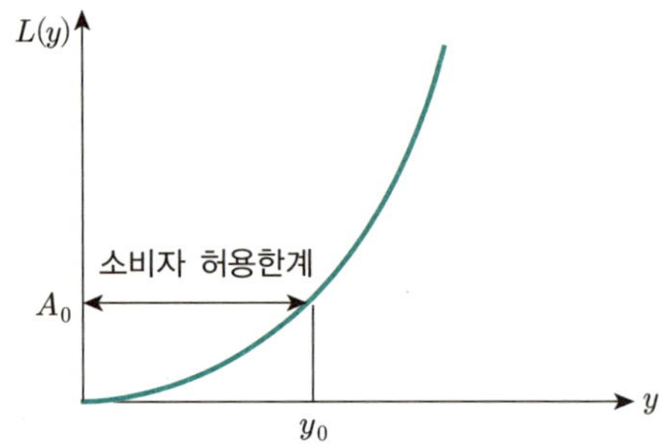

▌그림 9-13▌ 손실함수 - 망소특성

[그림 9-13]에서 보여주는 바와 같이 특성치의 소비자 허용한계점 △에서 소비자의 손실이 A_0이면 $k=\dfrac{A_0}{\triangle^2}$이므로 망소특성의 손실함수 $L(y)$는

$$L(y) = \frac{A_0}{\Delta^2} y^2 \qquad (9 \cdot 6)$$

이다.

3.4 망대특성

제품품질의 특성값이 음수가 아니면서 크면 클수록 좋은 경우로써 강도, 수명, 연료효율 등이 이에 해당한다. 망대특성은 망소특성 손실함수의 역으로 $L(y)$는

$$L(y) = \frac{k}{y^2} \qquad (9 \cdot 7)$$

이다. 여기에 [그림 9-14]의 k를 상기 수식에 대입하여 얻은 $k = A_0\Delta^2$를 대입하면

$$L(y) = A_0 \Delta^2 \frac{1}{y^2} \qquad (9 \cdot 8)$$

의 값을 얻는다.

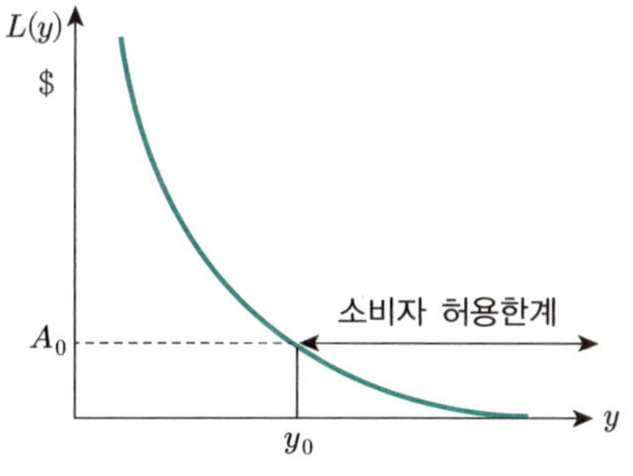

▌그림 9-14▌ 손실함수 - 망대특성

4 *SN*비

4.1 *SN*비에 영향을 주는 요인

시스템 성능 측정의 척도로 노이즈 인자가 성능에 미치는 영향 정도를 비교・분석하여 로버스트니스의 척도로 활용할 수 있다. *SN*비는 제품・공정에서 일어나는 에너지 전환의 품질평가기준이 되고 *SN*비가 클수록 품질이 양호함을 의미하며 비교의 목적으로 사용하지만 절대치는 큰 의미가 없다.

$$SN = \frac{\text{신호의 힘}}{\text{잡음의 힘}} = \frac{\text{유효에너지}}{\text{유해에너지}}$$

$$= \frac{\text{원하는 출력으로 전환된 에너지}}{\text{원하지 않는 출력으로 전환된 에너지}} = \frac{\text{모평균 제곱의 추정값}}{\text{분산의 추정값}} \quad (9 \cdot 9)$$

1) *SN*비에 영향을 주는 요인

① 시스템의 의도(intent), ② 입력신호(input signal), ③ 에너지 전환(energy transformation), ④ 출력반응(output Response), ⑤ 노이즈인자(noise factors) 등 다섯 가지로 분류할 수 있으며 브레이크 시스템을 사례로 설명하면 다음과 같다.

① 시스템의 의도(intent)

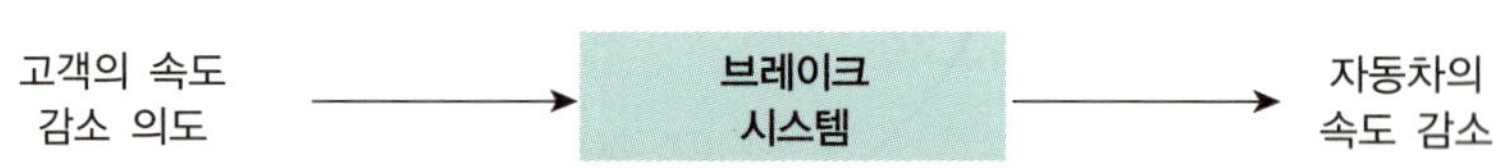

② 입력신호(input signal)

③ 에너지 전환(energy transformation)

페달 밟는 힘 → 브레이크 유압 (마스터 실린더) → 휠 실린더 → Pad/Rotor → 제동

④ 출력반응(output response)

엔지니어링 시스템이 설계된 목적이며, 입력신호와 출력반응 간의 이상적인 에너지 전환이 곧 이상(ideal) 기능이다.

⑤ 노이즈인자(noise factors)

입력신호와 출력반응 간의 에너지 전환이 원하고 설계한 대로 진행되지 않는 이유가 되는 인자이다. 즉, 시스템의 기능에 영향을 주기는 하나 제어가 불가능하거나 또는 제어하거나 변경시키려면 비용이 과다하게 지출되어야 하는 변수를 말한다.

2) 유효인자 선정시 과대 추정 방지 기준

① 약 절반의 큰 요인만으로 추정한다. 설계단계에서 완벽한 수준이 아닌 목표달성 수준으로 진행하고, 이후 생산기술단계에서 보완할 수 있다.

② 분산분석을 하고 분산비가 2 이상인 인자를 선택한다.

③ 분산분석을 하고 F검정에 의해 유의한 것으로 추정한다.

3) SN비 사용효과

① 평균과 산포를 동시에 고려한다.

② 많은 특성값을 종합적으로 다루는데 편리하다.

③ 제어인자의 교호작용효과를 작게 해주는 경향이 있다.

④ 제어인자와 오차인자들의 교호작용들을 고려하는데 SN비를 사용하면 해석이 용이하다.

4.2 동특성의 SN비

동특성의 특징은 출력특성의 목표치가 입력신호에 따라 바뀐다. 따라서 계측기나

복사기처럼 입·출력 관계를 이용해 출력을 목표치에 맞추게 된다. 자동차의 브레이크 시스템의 경우도 속도에 따라서 브레이크 성능이 변하므로 동특성을 갖는다.

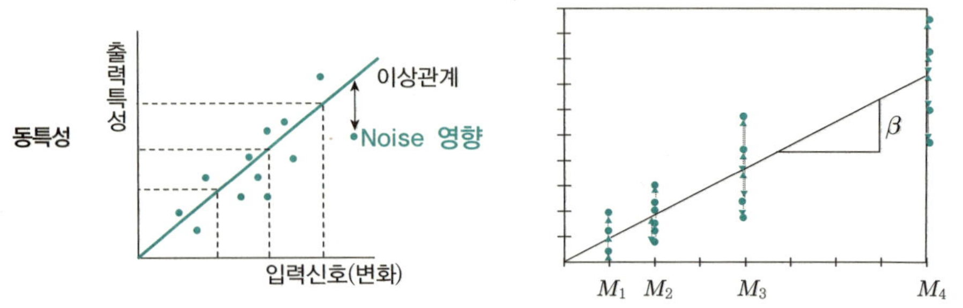

그림 9-15 동특성 입력신호와 출력특성 간 그래프

입력과 출력이 모두 계량값인 경우 신호인자와 출력이 직선관계라고 하면

$$y = \alpha + \beta M$$

인 기준점(reference point) 비례식을 설정할 수 있으며 여기서 입력이 0일 때 출력특성도 0이 되는 경우 관계식은 원점(zero point) 비례식으로

$$y = \beta M$$

인 이상적인 특성치 관계식을 생각할 수 있다. 시계나 체중계 등과 같이 영점교정이 소비자들에 의해서 가능한 경우가 이에 해당된다.

동특성의 SN비는

$$SN\text{비} = \frac{\text{유효출력}}{\text{유해출력}} = \frac{M\text{과 } y\text{간의 직선관계}}{\text{직선주위의 산포}} = \frac{\beta^2}{\sigma^2} \tag{9·10}$$

여기서 β는 Best-Fit 선의 기울기=감도=효율이다.

표 9-2 동특성 데이터 구조

오차인자	신호인자의 수준				
	M_1	M_2	M_3	…	M_k
1	y_{11}	y_{12}	y_{13}	…	y_{1k}
2	y_{21}	y_{22}	y_{23}	…	y_{2k}
3	y_{31}	y_{32}	y_{33}	…	y_{3k}
⋮	⋮	⋮	⋮	…	⋮
n	y_{n1}	y_{n2}	y_{n3}	…	y_{nk}
	y_1	y_2	y_3	…	y_k

동특성 SN비의 기본은 원점(zero point) 비례식의 SN비이다. SN비 공식은 이득의 가법성 때문에 대수값을 사용하여 사용하므로

$$SN = 10\log\left[\frac{S_\beta - V_e}{r^* \times V_e}\right] = 10\log\left[\frac{\beta^2}{\sigma^2}\right] \qquad (9 \cdot 11)$$

여기서 SN비 값이 과대평가되는 것을 방지하기 위하여 $S_\beta = S_\beta - V_e$로 변환하였다.

단,

$r^* = m_i \Sigma M_i^2$ 유효반복수

m_i는 신호인자 i수준의 반복수

$S_\beta = \frac{1}{r^*}(\Sigma M_i y_i)^2$: 회귀의 변동, 기울기에 대한 반복횟수 변동량

원점을 지나는 직선의 기울기의 변동은 $\frac{(M_1y_1 + M_2y_2 + \cdots + M_ky_k)^2}{r}$이다.

$V_e = \frac{S_e}{k-1}$: 오차분산에 의한 분산

$S_T = \Sigma\Sigma y_{ij}^2$

$S_e = S_T - S_\beta$

$\beta = \sqrt{\dfrac{S_\beta}{r^*}}$: 기울기 또는 회귀계수

M: 입력신호(변화)

동특성의 최적화는 SN비를 이용하여 변동을 줄이고, 2단계로 조정인자를 이용하여 기울기를 목표 기울기로 옮긴다. 이때 비용과 인자 간 Trade-off 관계 등을 고려한다.

예제 9-3 >>>

다음은 어떤 염색공정의 염료투입량에 따른 염료의 농도를 측정한 데이터이다. SN비를 구하시오.

		염료투입량(g)			
		5	10	15	20
농도(%)	$R1$	5.1	10.2	15.3	20.1
	$R2$	5.2	9.8	15.3	19.9
	$R3$	5.1	9.8	15.4	19.8
Total		15.4	29.8	46.0	59.8

| 풀이 |

염료의 투입이 0g일 때 농도도 0%로 가정할 수 있기 때문에 원점기준의 SN비를 적용할 수 있다.

$r^* = m_i \Sigma M_i^2 = 3 \times (5^2 + 10^2 + 15^2 + 20^2) = 2250$

$$S_\beta = \frac{1}{r^*}(\Sigma M_i y_i)^2 = \frac{1}{r^*}(M_1 y_1 + M_2 y_2 + M_3 y_3 + M_4 y_4)^2$$

$$= \frac{(5 \times 15.4 + 10 \times 29.8 + 15 \times 46.0 + 20 \times 59.8)^2}{2250} = 2272.054$$

$S_T = \Sigma\Sigma y_{ij}^2 = 5.1^2 + 5.2^2 + \cdots + 19.8 = 2272.58$

$S_e = S_T - S_\beta = 2272.58 - 2272.054 = 0.526$

$$V_e = \frac{S_e}{k-1} = \frac{0.526}{11} = 0.0478$$

따라서, $SN = 10\log\left[\dfrac{S_\beta - V_e}{r^* \times V_e}\right] = 10\log\left[\dfrac{2272.054 - 0.0478}{2250 \times 0.0478}\right] = 13.245$

또한, 감도계수의 추정값은

$$\beta = \sqrt{\frac{S_\beta}{r^*}} = \sqrt{\frac{2272.054}{2250}} = 1.00489$$

즉, 염료투입량과 농도의 관계식은

$y = 1.00489\,M$

4.3 정특성의 *SN*비

정특성의 특징은 어떤 조건에서도 출력을 일정하게 유지하게 하고, 사용자가 잡는 입력신호가 따로 없다. 예를 들어 망목특성으로 길이, 무게 등이 있고, 망소특성으로 마모, 진동, 불량률이 있으며, 망대특성으로 강도, 수명, 효율 등을 들 수 있다.

1) 계량형 정특성

(1) 망목특성

망목특성치에서 *SN*비 추정을 다구찌는

$$SN\text{비} = \frac{\text{신호의 힘}}{\text{잡음의 힘}} = \frac{\text{모평균의 제곱 } \mu^2\text{의 추정값}}{\text{분산 } \sigma^2\text{의 추정값}} = \frac{\text{평균치의 제곱}}{\text{불편분산}}$$

$$= \frac{\hat{\mu}^2}{\hat{\sigma}^2} = \frac{\overline{y}^2}{V_e} \qquad (9 \cdot 12)$$

으로 하였다. 만약 n개의 데이터 $y_1, y_2, \cdots, y_n$을 얻었다면 σ^2의 불편추정량은

$$\hat{\sigma}^2 = V_e = \text{불편분산} = \frac{S_e}{\phi_{se}} = \frac{S_e}{n-1} = \sum_{i=1}^{n} \frac{(y_i - \overline{y})^2}{(n-1)}$$

이 된다.

단, V_e: 오차분산, $\overline{y}$: μ의 추정치, $S_m = \dfrac{T^2}{n}$: 평균변동,

$S_e = \sum (y_i - m)^2 = S_T - S_m$: 오차변동이다.

$S_m = (y_1 + y_2 + \cdots + y_n)^2 / n$에서 $E(S_m) = \sigma^2 + n\mu^2$으로부터

$S_m = \hat{\sigma}^2 + n\hat{\mu}^2$이 되어 μ^2의 추정량은

$$\hat{\mu}^2 = \frac{1}{n}(S_m - V_e) \tag{9・13}$$

이 되므로 μ^2과 σ^2의 추정량을 SN비의 식에 대입하면

$$SN\text{비} = \frac{\hat{\mu}^2}{\hat{\sigma}^2} = \frac{\frac{1}{n}(S_m - V_e)}{V_e} \tag{9・14}$$

이다.

그러나 실제 사용되는 SN비의 값은 위의 SN비에 상용대수를 취하고 10을 곱하여 데시벨(decibel: db)의 단위로 표현되어 다음과 같이 나타낸다.

$$SN = 10\log\left[\frac{\frac{1}{n}(S_m - V_e)}{V_e}\right] \tag{9・15}$$

그런데 $S_m = n\overline{y}^2$이므로 위 식은

$$SN = 10\log\left[\frac{\left(\overline{y}^2 - \frac{V_e}{n}\right)}{V_e}\right] \tag{9・16}$$

으로 쓸 수 있으며, n이 충분히 크면 V_e/n은 무시될 수 있을 정도로 작아지므로

$$SN \cong 10\log\left[\frac{\overline{y}^2}{V_e}\right] = 20\log\left[\frac{\overline{y}}{\sqrt{V_e}}\right] \tag{9・17}$$

를 사용할 수도 있다.

SN비값이 크면 클수록 신호의 힘은 크며 잡음의 힘은 작아지게 되므로 SN비 값을 가장 크게 하는 조건이 최적조건이 된다.

목표값 m이 주어지는 경우 먼저 제어인자 중에서 SN비가 큰 것을 선택하여 안

정화 조건을 선정한 후, SN비에 영향이 적으며 감도 S의 효과가 큰 것을 선택하여 목표치 m에 맞춘다.

$$\text{감도 } S = 10\log\hat{\mu}^2 = 10\log\frac{1}{n}(S_m - V_e)$$

(2) 망소특성

망소특성은 목표치 m이 0이므로 μ^2의 추정값이 음수가 될 수도 있기 때문에 망목특성의 SN비값을 그대로 사용하지 않고 단순히 신호 대 잡음의 비율로 정의하지 않고 손실함수 $L = k(y^2)$을 최소화하는 SN비를 갖도록 한다.

반복측정을 통해 $y_1, y_2, \cdots, y_n$이 얻어졌을 때, 망소특성에서는 목표치 m이 0이 되므로 $E(y_i) = 0$이 될 때 $E(y^2)$의 추정량 MSD(0으로부터의 평균제곱편차(mean squared deviation)은

$$MSD = \widehat{E}(y^2) = \frac{1}{n}\sum_{i=1}^{n}(y_i - 0)^2 = \frac{1}{n}\sum_{i=1}^{n}y_i^2$$

이 된다. 따라서 데시벨로 나타내는 SN비로 10log(MSD)를 사용할 수 있으나 망목특성에서와 같이 SN비 값이 클수록 좋도록 하기 위하여 망소특성에서는 '−'값을 붙여서 SN비는

$$SN = -10\log\left[\frac{1}{n}\sum_{i=1}^{n}y_i^2\right]$$

이다.

(3) 망대특성

망소특성인 경우처럼 손실함수 $L = k\left(\frac{1}{y^2}\right)$을 작게 해주는 SN비를 고려하는데, 망대특성인 경우에는 목표치 m을 ∞로 보면 $E\left(\frac{1}{y_i}\right) = 0$이므로 $E\left(\frac{1}{y^2}\right)$의 추정량으로

$$MSD = \hat{E}\left(\frac{1}{y^2}\right) = \frac{1}{n}\sum_{i=1}^{n}\left(\frac{1}{y_i} - 0\right)^2 = \frac{1}{n}\sum_{i=1}^{n}\frac{1}{y_i^2}$$

이 되어 망대특성에서의 SN값은

$$SN = -10\log\left[\frac{1}{n}\sum_{i=1}^{n}\frac{1}{y_i^2}\right]$$

이다.

2) 계수형 정특성 2조 분류

특성치가 합격, 불합격으로만 구분될 때 합격은 1로 불합격은 0으로 처리할 때, 예를 들면 i번째 제품이 합격이면 $y_i = 1$, 불합격이면 $y_i = 0$로 나타낸다. 이것은 계수치의 2조 분류라고 한다. 계수치의 합격률, 불량률에 따라 SN비 계산은 다르다.

(1) 망소특성

p가 불합격률이라면 망목특성의 SN비로 p가 작을수록 SN비가 커지므로 다음과 같이 정의한다.

$$SN = -10\log(p)$$

(2) 망대특성

p가 합격률이라면 망목특성의 SN비로 p가 클수록 SN비가 커지므로 다음과 같이 정의한다.

$$SN = -10\log\left(\frac{1}{p} - 1\right)$$

각각의 특성별로 정의하면 다음 표와 같다.

3) 계수형 망소 3조 이상 분류

계수분류치가 3조 이상으로 분류되어 '수·우·미·양·가' 또는 '상·중·하' 등으로 나누는 경우에 문제에 따라서 0, 1, 2, 3, 4 등으로 가중치를 부여할 수 있다. 일반적으로 k개의 조로 나누는 분류로 그 합이 n일 때 각 조에 속하는 계수치 데이터를 n_i라 하고, 각 조의 가중치를 w_i라고 한다면 SN비는 다음과 같이 정의한다.

$$SN = -\log\left[\frac{\sum_{i=1}^{k} w_i^2 \cdot n_i}{n}\right]$$

표 9-3 정특성 손실함수와 SN비

특성구분		그래프	손실함수	SN비
계량치	망목	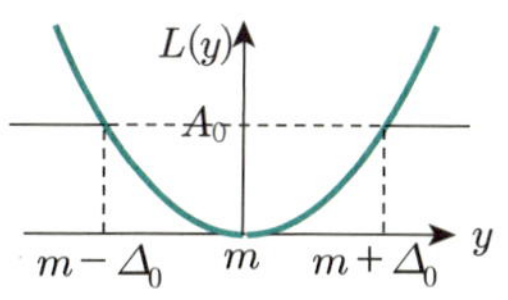	$L = k(y-m)^2 \quad k = \frac{A}{\Delta^2}$	$SN = 10\log\left[\frac{\frac{1}{n}(S_m - V_e)}{V_e}\right]$
	망소	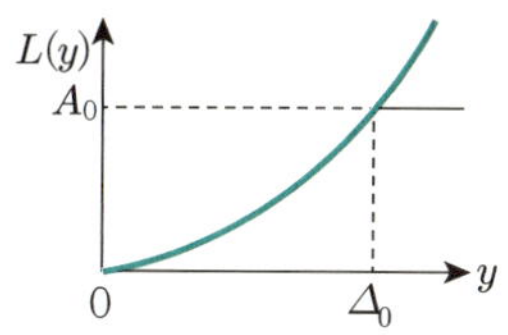	$L = k(y)^2 \quad k = \frac{A}{\Delta^2}$	$SN = -10\log\left[\frac{1}{n}\sum_{i=1}^{n} y_i^2\right]$
	망대	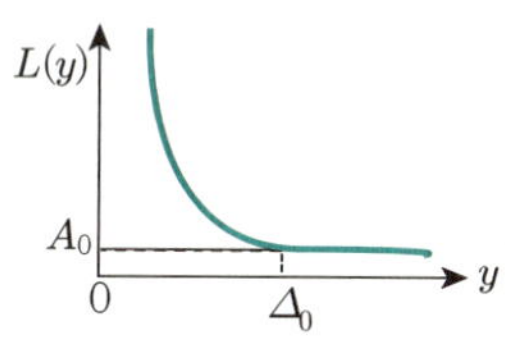	$L = k\left(\frac{1}{y^2}\right) \quad k = A\Delta^2$	$SN = -10\log\left[\frac{1}{n}\sum_{i=1}^{n}\frac{1}{y_i^2}\right]$
계수치	망소	2조 분류	p가 불합격률임	$SN = -10\log(p)$
	망대		p가 합격률임	$SN = -10\log\left(\frac{1}{p} - 1\right)$
	망소	3조 이상 분류	w_i는 가중치	$SN = -\log\left[\frac{\sum_{i=1}^{k} w_i^2 \cdot n_i}{n}\right]$

4.4 *SN*비와 인자 배치

내측할당으로서 *SN*비를 비교하기 위한 제어인자의 할당과 외측할당으로서 *SN*비를 구하는 신호인자, 노이즈인자의 할당과 표시인자의 할당이 있으며 안정성에 관한 최적조합을 찾아내기 위한 제어인자와 *SN*비를 구하기 위한 인자를 구분하는 할당이 중요하다.

인자의 역할에 따른 분류는 다음과 같다.

① *SN*비를 구하기 위한 인자

- 신호인자: 출력을 변화시키기 위한 입력신호, 즉 입력에 따라 특성치가 변화하는 신호(*SN*비의 신호 S를 평가하기 위한 인자)
- 노이즈인자: 산포의 원인이 되는 내란, 외란 등의 모든 인자(산포를 발생시키는 인자)

② *SN*비의 우열을 비교하기 위한 인자

- 제어인자: 안정성을 개선하기 위해 다루는 설계상, 제조상의 모든 인자
- 표시인자: 제어인자로서 설정할 수 없고, 노이즈인자로 분류할 수 있지만 제어인자로서 극복하는 것이 거의 불가능한 인자(예: 운전속도)

종래의 실험계획법과는 다음과 같은 차이가 있다.

① 실험계획법: 출력 y에 대한 여러 가지 변수(제어인자, 신호인자, 노이즈인자 등 포함)의 영향을 조사하는 방법으로 어떻게 하면 되도록 정확한 응답곡면을 구할지 문제이다.

② 품질공학(다구찌 실험계획법): 신호인자의 효과를 유지하면서 노이즈인자의 종합적 영향을 최소로 품질설계를 할 것인가의 문제이다. 특히 *SN*비를 구하기 위해서 신호인자와 노이즈인자를 할당해서 분산분석을 하는 이유는 정확한 인과관계를 구하는 것이 목적이 아니라 전출력을 신호인자의 효과와 나머지 효과로 분해하여 두 효과의 비를 설계평가에 이용하기 위함이다.

5 파라미터 설계

5.1 파라미터 설계 5단계

파라미터 설계는 다음의 5단계로 진행하여 최적조건을 표준화한다.

표 9-4 파라미터 설계 단계 및 주요 활동

단계	주요 활동
1단계: 프로젝트 계획	• 프로젝트의 범위와 목적 결정 – 시스템 또는 하부시스템 파악 – 프로젝트 팀장과 팀원 선정 – 종합적 설계 전략 수립 • 문제의 정의 및 개선과제 설정(개별과제인 경우) • 측정특성 결정 – 시스템의 설계 의도 및 원하는 결과의 명확화 – 이상기능 선정 – 입력신호와 측정특성 결정
2단계: 요인 및 수준 결정	• 노이즈 요인과 수준 결정 – 노이즈 전략 수립 • 주요 제어요인과 수준 결정 • 직교표 선정 및 할당
3단계: 실험계획 및 실시	• 실험계획수립 및 실험준비 • 실험 및 데이터 수집
4단계: 최적조건 설정	• 1단계 최적화 데이터 분석 – SN비 및 감도 계산 – 반응표와 반응 그래프 작성 – 주요 노이즈 요인과 수준 선정/분석 • 분산분석 • 2단계 최적화 실행(동특성, 망목특성) • 추정치 계산
5단계: 확인실험 및 표준화	• 확인 실험 실시 – 최적조건, 초기조건 – SN비 이득이 있는지 비교 • 표준화: 실행 가능 수준 적용 • 결과 보고

5.2 미니탭을 활용한 실험사례 연구

다구찌 실험계획법 적용의 최초 사례로 1953년 일본의 타일 생산업체인 Inax사의 가마 조작 조건을 개선한 사례이다. 이 회사는 장식용 타일을 만드는 회사로 타일의 모양을 만든 후 가마에서 굽는 과정을 거치는데, 타일을 굽는 가마 속은 장소에 따라 온도 분포가 다르기 때문에 가마 속에서 구워진 후 타일 치수에 편차가 생겨 1등품은 비싸게 빌딩의 외장내로 사용되지만 20% 정도는 타일이 휘어지거나 뒤틀리는 등 2등품으로 품질이 저하되어 값이 싸게 주택용으로 공급되었다. Inax사는 어떻게 하면 2등급품을 줄이느냐가 관심이었다. 가마는 80m 길이로, 구입은 당시 유럽에서 2백만 달러를 주고 사오거나 다른 방법을 강구해야 했다.

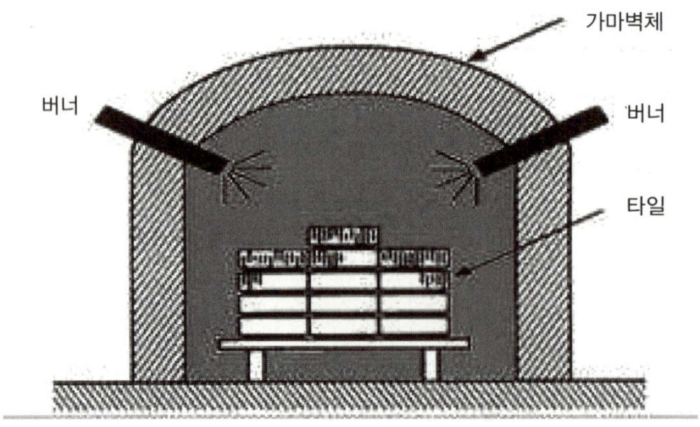

▌그림 9-16▌가마 구조

1) 1단계: 프로젝트 계획

(1) 프로젝트 범위와 목적

다구찌의 접근은 불량품의 가장 큰 원인인 가마 안의 온도 변동(온도는 노이즈 요인) 분포는 그대로 둔 채 어떻게 하면 양질의 품질을 만들어낼 것인가를 고민하였다.

다음의 두 가지 방법 중 비용과 개선일정을 최소화하기 위하여 ②번 방법으로 개선방안을 찾기로 하였다.

① 가마를 다시 설계해서 온도를 일정하게 유지한다. 그러나 가마를 새로 구입하는 비용이 2백만 달러 소요된다.

② 가마속 위치에 상관없이 항상 좋은 품질의 타일을 만들어낼 수 있는 타일 원료 배합과 타일의 판금조건 등을 실험을 통해서 찾아낸다.

대상은 1톤 용량의 생산가마 대신에 2kg 용량인 Ball Mill이 아닌 Pot Mill을 사용하기로 한다. 단, 소규모 실험에서 찾아낸 로버스트 조건은 대규모 생산에서도 같은 결과를 갖는다.

(2) 측정특성 결정

회사가 규정한 이상기능은 열처리 공정의 에너지 전환에 관한 것이고, 망목형태로 반응한다. 회사는 타일치수의 균일성이 열 침투의 균일성으로 작용하는 것으로 간주하여 결과적으로 타일의 강도를 높이는 것으로 방향성을 설정하였다.

- 측정할 출력반응: y=타일두께(mm)
- 두께 y의 제조사양: 10.00±0.15 mm

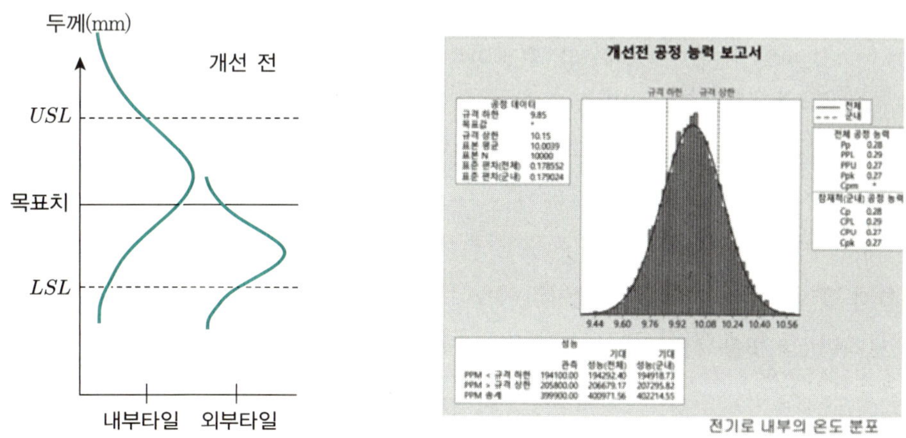

그림 9-17 개선 전 현수준

2) 2단계: 요인 및 수준 결정

(1) 노이즈 요인

타일의 공정흐름도는 다음과 같다.

재료 분쇄 및 혼합 → 성형 → 굽기 → 윤 내기 → 굽기

① 이상기능: 목표두께(m) 주위에 산포가 없는 $y=m$(m은 목표치수)

② 노이즈 요인: 타일들의 가마속에서의 위치, 즉 위치에 따라서 타일에 미치는 온도 차이를 제어할 수 없다.

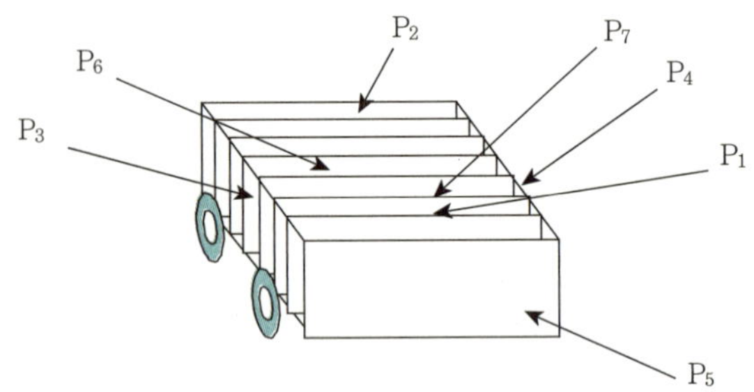

P: 타일 위치, P_1=안쪽 앞, P_2=안쪽 뒤, P_3=바깥쪽 오른편, P_4=바깥쪽 왼편, P_5=바깥쪽 앞, P_6=바깥쪽 위, P_7=안쪽 가운데

그림 9-18 노이즈 요인과 수준

(2) 제어요인

설계 엔지니어와 제조관련 엔지니어들이 모여서 과거의 경험과 노하우를 바탕으로 브레인스토밍을 하여 제어요인과 수준을 선정하였다.

Factor	Level 1	Level 2	Level 3
A: 석회석 양	5.0%	1.0%(현행)	
B: Agalmatolite 양	43%	55%(현행)	63%
C: Agalmatolite 형태	첨가제 넣은 새 혼합	현행	첨가제 안 넣은 새 혼합
D: Chamotte	0.0%	1.0%(현행)	3.0%
E: 첨가제 미립자 크기	더 작게	현행	더 크게
F: 굽기 차례	첫 번째	두 번째(현행)	세 번째
G: Feldspar 양	7%	4%(현행)	0%
H: 진흙 유형	K-type	K와 G 반씩	G-type

3) 3단계: 실험계획 및 실시

타일 실험을 위하여 직교배열표를 생성한다.

◆ 미니탭 분석 절차

① 메뉴: 통계분석>실험계획법>Taguchi 설계>Taguchi 설계생성

• 설계유형: 혼합수준설계(M)

• 요인수(N): 8

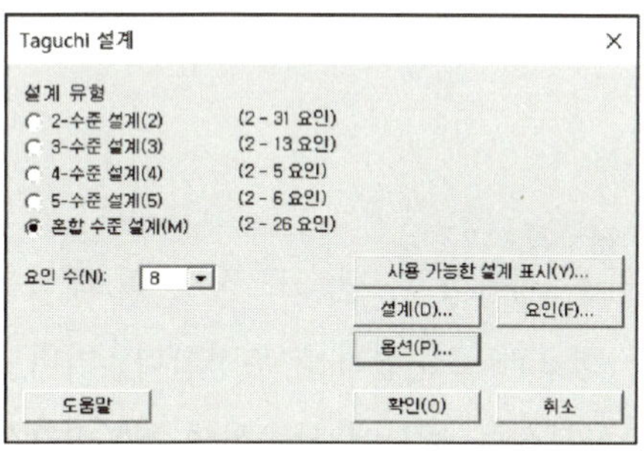

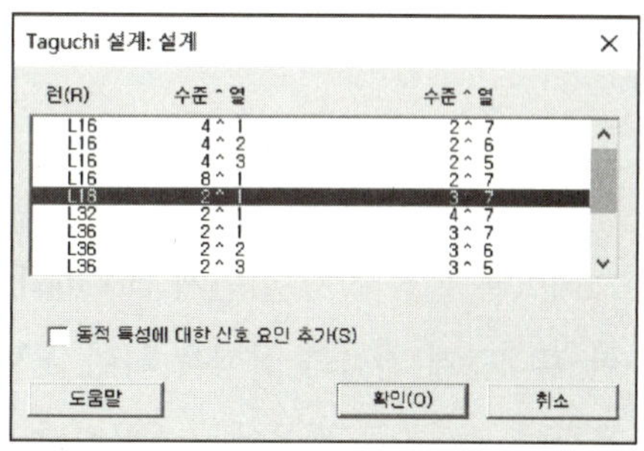

② 설계선택: L18 클릭

* 2수준 1요인, 3수준 7요인으로 요인수를 8개로 하고, 모형은 혼합형 $L_{18}(2^1 \times 3^7)$으로 설계한다. $L_{18}(2^1 \times 3^7)$ 혼합형 모형이 로버스트 설계 프로젝트를 위해 선정할 수 있는 가장 좋은 직교배열표이다.

* 설계결과 워크시트에 요인이 8개이고, 런이 18인 혼합형 설계표가 얻어진다. 첫 번째 실험은 모든 제어요인들의 수준을 1수준으로 조합한 값이 디폴트로 설계된다.

③ 실험 데이터 입력

- 데이터 입력: 실험조건별 결과값을 C9~C15 열에 입력

* Taguchi 설계생성을 통하여 확인을 클릭하면 아래 그림의 C1~C8 열에 설계된 실험을 위한 조건이 표시된다.

* 요인별, 수준별 조건이 설계된 워크시트에 노이즈 요인별(P_1~P_7) 실험한 측정값을 기입한다.

↓	C1	C2	C3	C4	C5	C6	C7	C8	C9	C10	C11	C12	C13	C14	C15
	A	B	C	D	E	F	G	H	P1	P2	P3	P4	P5	P6	P7
1	1	1	1	1	1	1	1	1	10.18	10.18	10.12	10.06	10.02	9.98	10.20
2	1	1	2	2	2	2	2	2	10.03	10.01	9.98	9.96	9.91	9.89	10.12
3	1	1	3	3	3	3	3	3	9.81	9.78	9.74	9.74	9.71	9.68	9.87
4	1	2	1	1	2	2	3	3	10.09	10.08	10.07	9.99	9.92	9.88	10.14
5	1	2	2	2	3	3	1	1	10.06	10.05	10.05	9.89	9.85	9.78	10.12
6	1	2	3	3	1	1	2	2	10.20	10.19	10.18	10.17	10.14	10.13	10.22
7	1	3	1	2	1	3	2	3	9.91	9.88	9.88	9.84	9.82	9.80	9.93
8	1	3	2	3	2	1	3	1	10.32	10.28	10.25	10.20	10.18	10.18	10.36
9	1	3	3	1	3	2	1	2	10.04	10.02	10.01	9.98	9.95	9.89	10.11
10	2	1	1	3	3	2	2	1	10.00	9.98	9.93	9.80	9.77	9.70	10.15
11	2	1	2	1	1	3	3	2	9.97	9.97	9.91	9.88	9.87	9.85	10.05
12	2	1	3	2	2	1	1	3	10.06	9.94	9.90	9.88	9.80	9.72	10.12
13	2	2	1	2	3	1	3	2	10.15	10.08	10.04	9.98	9.91	9.90	10.22
14	2	2	2	3	1	2	1	3	9.91	9.87	9.86	9.87	9.85	9.80	10.02
15	2	2	3	1	2	3	2	1	10.02	10.00	9.95	9.92	9.78	9.71	10.06
16	2	3	1	3	2	3	1	2	10.08	10.00	9.99	9.95	9.92	9.85	10.14
17	2	3	2	1	3	1	2	3	10.07	10.02	9.89	9.89	9.85	9.76	10.19
18	2	3	3	2	1	2	3	1	10.10	10.08	10.05	9.99	9.97	9.95	10.12

4) 4단계: 최적조건 설정

(1) 1단계 최적화 데이터 분석

데이터 분석 절차는 먼저 SN비와 평균을 계산하고, 반응표 작성 및 해석을 실시한 후 2단계 최적화 실행을 하여 SN비, 평균과 표준편차를 추정한다. 미니탭을 활용하여 분석하는 경우에는 SN비값과 분산분석을 동시에 산출하여 SN비값은 데이터창에 분산분석값과 그래프는 세션창에 동시에 디스플레이 된다.

◆ 미니탭 분석 절차

① 메뉴: 통계분석>실험계획법>Taguchi 설계>Taguchi 설계분석

- 반응 데이터 열(R): P1-P7

② 분석(A) 선택: 반응표 표시 대상 통계량과 선형모형 적합 대상 통계량의 신호 대 잡음비와 평균을 각각 클릭

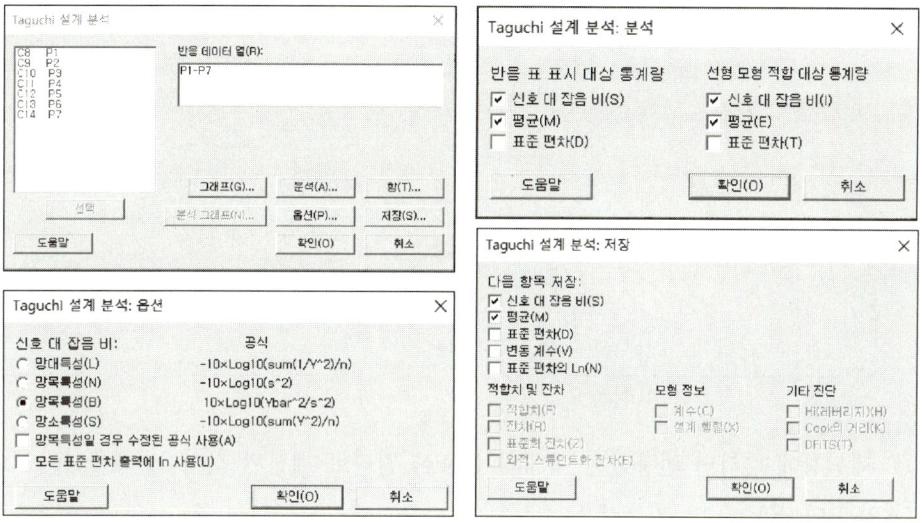

③ 옵션(P) 선택: 망목특성 클릭

* 구하고자 하는 신호 대 잡음비의 해당 데이터 특성을 선택한다.

④ 저장(S) 선택: 신호 대 잡음비, 평균 클릭

* 원하는 항목을 추가로 선정할 수 있다.

[SN비 및 평균값]

*SN*비 분석 결과 세션창에 반응표 결과값이 아래와 같이 나타나고, 워크시트에는 *SN*비와 평균값이 나타난다. 신호 대 잡음비에 대한 반응표는 인자의 각 수준에서 *SN*비의 점추정치이고, 델타는 각 인자에서 *SN*비가 큰 값과 작은 값의 차이이며, 순위는 어떤 인자가 반응변수에 영향을 미치는지 순위를 매겼다.

신호 대 잡음 비에 대한 반응 표

망목특성(10×Log10(Ybar^2/s^2))

수준	A	B	C	D	E	F	G	H
1	43.10	40.52	40.45	40.32	44.53	41.11	40.44	39.91
2	39.51	41.24	40.96	40.88	40.12	41.39	41.48	42.82
3		42.16	42.50	42.72	39.27	41.42	42.00	41.19
델타	3.59	1.64	2.05	2.40	5.26	0.31	1.57	2.91
순위	2	6	5	4	1	8	7	3

평균에 대한 반응 표

수준	A	B	C	D	E	F	G	H
1	10.016	9.934	9.988	9.989	9.999	10.074	9.978	10.032
2	9.953	10.002	9.996	9.970	10.015	9.972	9.967	10.020
3		10.016	9.969	9.995	9.938	9.906	10.007	9.901
델타	0.063	0.083	0.027	0.025	0.077	0.168	0.040	0.131
순위	5	3	7	8	4	1	6	2

↓	C2	C3	C4	C5	C6	C7	C8	C9	C10	C11	C12	C13	C14	C15	C16	C17
	B	C	D	E	F	G	H	P1	P2	P3	P4	P5	P6	P7	신호 대 잡음 비1	평균1
1	1	1	1	1	1	1	1	10.18	10.18	10.12	10.06	10.02	9.98	10.20	41.31	10.11
2	1	2	2	2	2	2	2	10.03	10.01	9.98	9.96	9.91	9.89	10.12	42.19	9.99
3	1	3	3	3	3	3	3	9.81	9.78	9.74	9.74	9.71	9.68	9.87	43.65	9.76
4	2	1	1	2	2	3	3	10.09	10.08	10.07	9.99	9.92	9.88	10.14	40.34	10.02
5	2	2	2	3	3	1	1	10.06	10.05	10.05	9.89	9.85	9.78	10.12	37.74	9.97
6	2	3	3	1	1	2	2	10.20	10.19	10.18	10.17	10.14	10.13	10.22	50.03	10.18
7	3	1	2	1	3	2	3	9.91	9.88	9.88	9.84	9.82	9.80	9.93	46.34	9.87
8	3	2	3	2	1	3	1	10.32	10.28	10.25	10.20	10.18	10.18	10.36	43.21	10.25
9	3	3	1	3	2	1	2	10.04	10.02	10.01	9.98	9.95	9.89	10.11	43.13	10.00
10	1	1	3	3	2	2	1	10.00	9.98	9.93	9.80	9.77	9.70	10.15	36.04	9.90
11	1	2	1	1	3	3	2	9.97	9.97	9.91	9.88	9.87	9.85	10.05	42.88	9.93
12	1	3	2	2	1	1	3	10.06	9.94	9.90	9.88	9.80	9.72	10.12	37.05	9.92
13	2	1	2	3	1	3	2	10.15	10.08	10.04	9.98	9.91	9.90	10.22	38.46	10.04
14	2	2	3	1	2	1	3	9.91	9.87	9.86	9.87	9.85	9.80	10.02	43.15	9.88
15	2	3	1	2	3	2	1	10.02	10.00	9.95	9.92	9.78	9.71	10.06	37.69	9.92
16	3	1	3	2	3	1	2	10.08	10.00	9.99	9.95	9.92	9.85	10.14	40.23	9.99
17	3	2	1	3	1	2	3	10.07	10.02	9.89	9.89	9.85	9.76	10.19	36.60	9.95
18	3	3	2	1	2	3	1	10.10	10.08	10.05	9.99	9.97	9.95	10.12	43.48	10.04

세션창에 나타난 반응값은 아래의 산출식 원리로 계산된 값이다. 예를 들어 요인 A와 B의 SN비 및 평균값을 계산하면 다음과 같다.

- 산출식

A_1의 SN비=(41.31+42.19+43.65+40.34+37.74+50.03+46.34+43.21+43.13)/9=43.10

A_2의 SN비=(36.04+42.88+37.05+38.46+43.15+37.69+40.23+36.60+43.48)/9=39.50

B_1의 SN비=(41.31+42.19+43.65+36.04+42.88+37.05)/6=40.52

B_2의 평균=(10.11+9.99+9.76+10.02+9.97+10.18+9.87+10.25+10.00)/9=10.02

세션창에 요인별 수준별 SN비값이 그래프로 나타나는데 반응표에서 주어진 값들이 아래 그림에서도 요인 E, 요인 A 순으로 기여도가 큼을 알 수 있다. 각 요인별 SN비값이 큰 수준이 최적수준에 해당한다. 최적조건은 $A_1B_3C_3D_3E_1F_3G_3H_2$이다.

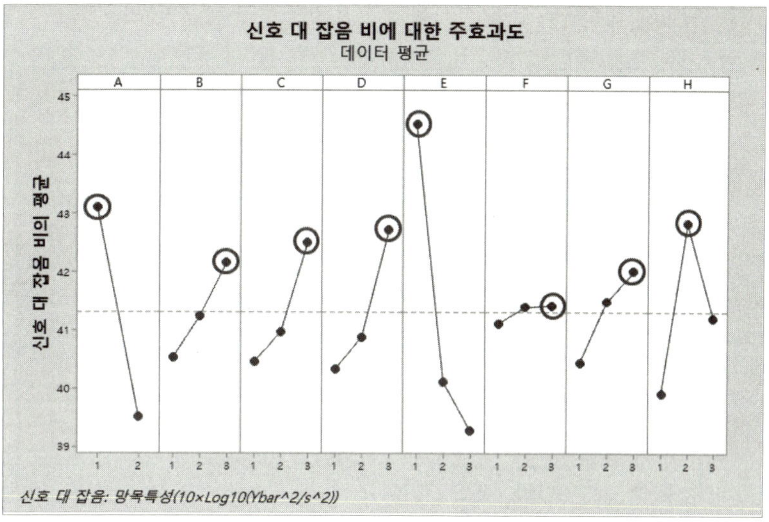

평균의 주효과도 그래프로 플롯하여 비교한다.

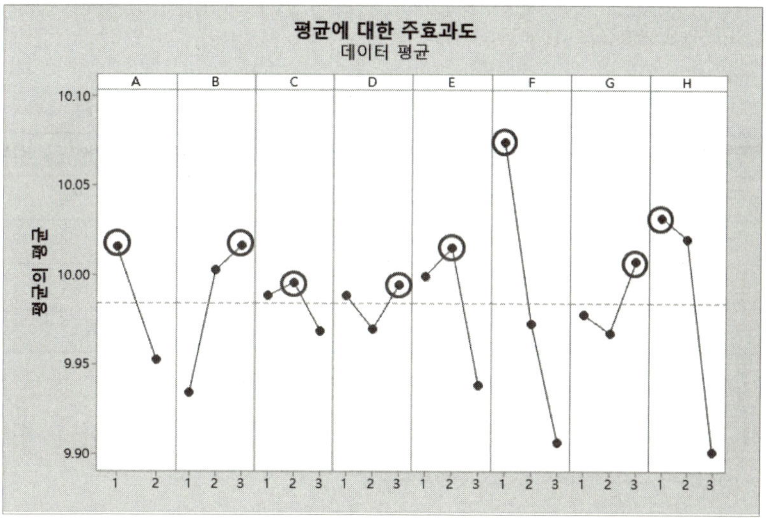

[분산분석]

세션창에서 SN비에 대한 분산분석 결과 p-값에서 0.05 수준 유의한 인자는 A, E, H이고, 0.1 수준 유의한 인자는 C, D인자이므로 A, E, H의 SN비값이 큰 수준을 선정하고, 비용 및 작업용이성 등을 고려하여 추가로 인자 수준을 선정할 수 있다.

신호 대 잡음 비에 대한 분산 분석

출처	DF	Seq SS	Adj SS	Adj MS	F	P
A	1	58.139	58.1386	58.1386	106.37	0.009
B	2	8.161	8.1608	4.0804	7.47	0.118
C	2	13.694	13.6936	6.8468	12.53	0.074
D	2	18.871	18.8708	9.4354	17.26	0.055
E	2	95.767	95.7667	47.8833	87.61	0.011
F	2	0.352	0.3523	0.1762	0.32	0.756
G	2	7.628	7.6278	3.8139	6.98	0.125
H	2	25.513	25.5126	12.7563	23.34	0.041
잔차 오차	2	1.093	1.0931	0.5466		
총계	17	229.216				

(2) 2단계 최적화 실행

제어인자는 산포와 평균에 영향을 주는 특성값에 네 가지 유형이 있다.

표 9-5 산포와 평균에 영향을 주는 특성 4가지 유형

유형	산포에 영향을 주는가?	평균에 영향을 주는가?
Ⅰ	예	예
Ⅱ	아니오	예
Ⅲ	예	아니오
Ⅳ	아니오	아니오

여기서 타일의 최적조건을 찾기 위하여 다음과 같은 질문을 통하여 최적화를 실행할 수 있다.

첫 번째로 어떤 유형의 제어인자가 망목특성 반응에 유용합니까?

두 번째로 평균을 조정하려면 어떤 인자의 조건을 변경해야 합니까?

세 번째로 평균을 중심으로 한 산포를 줄이려면 어떻게 해야 하나요?

2단계 최적화 전략을 통하여 최적값을 예측한다.

- 1단계: 산포에 영향을 주는 모든 인자들을 이용하여 산포를 줄인다.

Inax사는 SN비 반응표에서 최적조합인 $A_1B_3C_3D_3E_1F_3G_3H_2$를 선정하는 것으로 우선 검토하였다. 그리고 요인 중에서 A, C, D, E, H는 비교적 큰 영향을 미치고, B, F, G는 비교적 약한 영향을 미치므로 최종 $A_1C_3D_3E_1H_2$를 먼저 선정하고 B, F, G는 다른 요소까지 고려하기로 하였다.

※ 참조: 산포에 영향을 주지 않는 요인들을 찾아내는 것도 중요하다. 이러한 활동은 비용을 절감하는 데 필요한 요인을 선택할 때 매우 유용하기 때문이다.

- 2단계: 산포에 최소의 영향을 주며 평균을 크게 하거나 작게 하는 인자 한 개를 선정하여 평균을 조정한다.

Inax사는 성형에 들어가는 원료인 B요인(agalmatolite 양)을 조정하기로 선정하였다 . 이는 산포에 영향은 적게 주면서 비용은 크게 절감할 수 있는 요인이기 때문이다. 만약 평균의 조정 방법이 확실하지 않을 경우에는 평균에 큰 영향을 주고 산포에 적은 영향을 주는 제어 요인으로 조정할 수 있다.

(3) 추정치 계산

SN비, 평균, 표준편차 추정은 실험의 타당성과 실험 결론의 재현성(reproducibility)을 알아보기 위해 확인실험을 하는 단계에서 이루어지며, 최적조합 때의 성과 추정은 확인 실험을 하기 전에 인자효과들의 가법성(additivity)으로 계산하여 실시한다.

가법성을 이용한 추정이란, 가법성의 개념인 '큰 영향을 주는 제어인자들의 이득의 합' 원리를 이용하는 것이고, 다구찌에서는 과대평가를 피하기 위해 추정식에서 약한 인자효과들을 제외시킬 것을 추천하고 있다. 좋은 가법성은 제어인자 사이에 강한 교호작용이 없는 것이다.

가법성을 이용하여 계산하면 다음과 같이 강한 제어인자에 대해서 인자수준 평균과 $\overline{T}$의 차이를 구한 후 차이값들에 $\overline{T}$를 더한다. 일반적인 추정은 최적 배치와 초기 배치 두 경우에 대하여 실시한다. 단, $\overline{T}$는 18개의 SN비의 평균 또는 L_{18} 실험의 평균, 추정의 기준값이다.

$$\widehat{\eta_{\text{최적}}} = \overline{T} + (\overline{A_1} - \overline{T}) + (\overline{C_3} - \overline{T}) + (\overline{D_3} - \overline{T}) + (\overline{E_1} - \overline{T}) + (\overline{H_2} - \overline{T})$$

$$= \overline{A_1} + \overline{C_3} + \overline{D_3} + \overline{E_1} + \overline{H_2} - 4\overline{T}$$

$$\widehat{\eta_{\text{초기}}} = \overline{T} + (\overline{A_2} - \overline{T}) + (\overline{C_2} - \overline{T}) + (\overline{D_2} - \overline{T}) + (\overline{E_2} - \overline{T}) + (\overline{H_2} - \overline{T})$$

$$= \overline{A_2} + \overline{C_2} + \overline{D_2} + \overline{E_2} + \overline{H_2} - 4\overline{T}$$

$$\widehat{\eta_{\text{최적}}} = \overline{T} + (\overline{A_1} - \overline{T}) + (\overline{C_3} - \overline{T}) + (\overline{D_3} - \overline{T}) + (\overline{E_1} - \overline{T}) + (\overline{H_2} - \overline{T})$$

$$= 43.10 + 42.51 + 42.71 + 44.53 + 42.82 - (4 \times 41.30)$$

$$= 50.47\text{dB}$$

$$\widehat{\eta_{\text{초기}}} = \overline{T} + (\overline{A_2} - \overline{T}) + (\overline{C_2} - \overline{T}) + (\overline{D_2} - \overline{T}) + (\overline{E_2} - \overline{T}) + (\overline{H_2} - \overline{T})$$

$$= 39.50 + 40.96 + 40.88 + 40.12 + 42.82 - (4 \times 41.30)$$

$$= 39.08\text{dB}$$

따라서 가법성을 이용하여 산출한 값 기대되는 이득 = 50.47 − 39.08 = 11.39 dB 이다.

미니탭을 활용한 결과 예측은 다음과 같이 분석할 수 있다.

- 미니탭 분석 절차

  ① 메뉴: **통계분석>실험계획법>Taguchi 설계>Taguchi 결과예측**

  - 예측: 평균(M), 신호 대 잡음비(N), 표준편차(D), 워크시트에 예측값 저장(S) 클릭

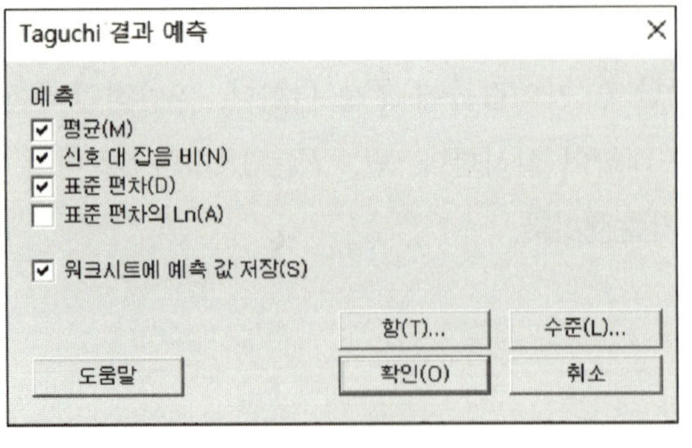

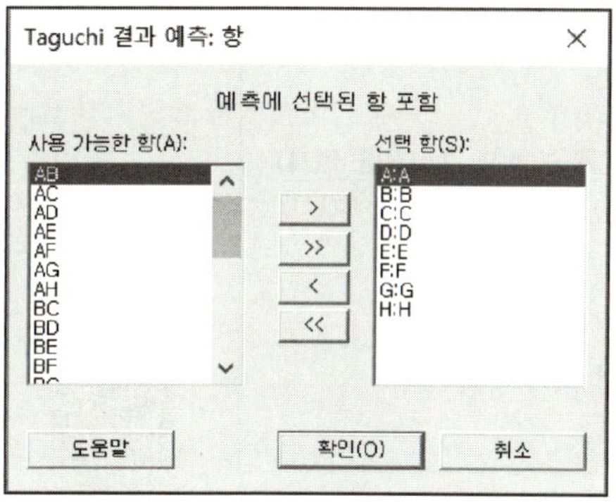

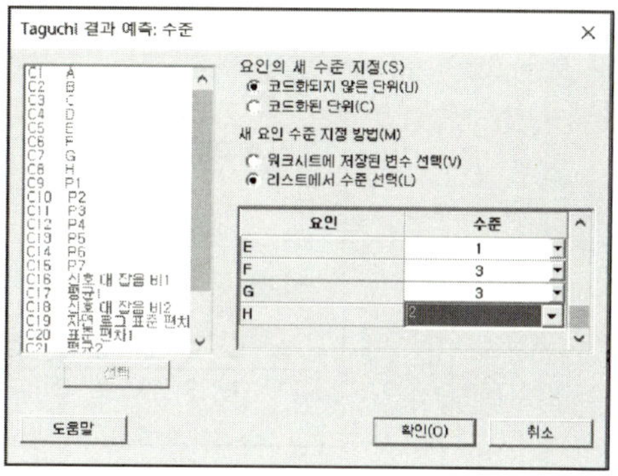

② 항(T) 선택: A, B, C, D, E, F, G, H 클릭

③ 수준(l) 선택: 앞서 최적화 수준으로 정리된 $A_1B_3C_3D_3E_1F_3G_3H_2$ 수준 클릭

[예측]

각 인자별 SN비값이 가장 큰 것들로 조합하면 $A_1B_3C_3D_3E_1F_3G_3H_2$이 된다. 이들 수준 조합으로 예측하면 다음과 같이 세션창에 나타난다.

예측

신호 대 잡음 비	평균	표준 편차	Ln(표준 편차)
52.1198	10.0388	-0.0146936	-3.69428

설정

A	B	C	D	E	F	G	H
1	3	3	3	1	3	3	2

[경제성 고려한 최적수준 설계]

여기서 B인자 Agalmatolite 양이 고가이고 SN비의 기울기값이 다른 유의인자 대비 크지 않으므로 최소한의 양으로도 유의할 수 있다면 변경적용을 검토할 수 있다. B_3 대신에 B_1으로 배합하여 예측한 결과 최적 SN비가 52.1에서 변경 후 SN비가 50.5로 1.6dB가 차이가 있으나, 설계의 경제성을 고려하여 B_1으로 결정한다.

예측

신호 대 잡음 비	평균	표준 편차	Ln(표준 편차)
50.4749	9.95619	0.0012297	-3.51317

설정

A	B	C	D	E	F	G	H
1	1	3	3	1	3	3	2

5) 5단계: 확인실험 및 표준화

(1) 확인실험

확인실험은 두 조합에 대해 실시하여 초기조건에 비해 최적조건이 어느 정도의 SN비 이득이 있는지를 비교하였다.

① 최적조건에서 확인실험 실시

② 초기조건에서 확인실험 실시

확인실험을 통해서 Inax사가 얻은 이익은 전체적인 산포 범위를 1/4로 줄일 수 있었으며, 이후 실제 대규모 제조가마에서 확인되었다. 즉 소규모 Ball Mill에 가장 로버스트한 원료의 배합이 대규모 가마에서도 가장 로버스트한 배합으로 확인되었다.

▌표 9-6 ▌확인실험 결과

<table>
<tr><th></th><th>P1</th><th>P2</th><th>P3</th><th>P4</th><th>P5</th><th>P6</th><th>P7</th><th>SN</th><th>평균</th><th>비용</th><th>Ppk</th><th>PPM</th></tr>
<tr><td rowspan="2">최적</td><td>10.07</td><td>10.06</td><td>10.03</td><td>10.02</td><td>10.03</td><td>10.01</td><td>10.09</td><td rowspan="2">50.37</td><td rowspan="2">10.04</td><td rowspan="2">감소</td><td rowspan="2">1.18</td><td rowspan="2">197</td></tr>
<tr><td>10.07</td><td>10.05</td><td>10.04</td><td>10.02</td><td>10.02</td><td>9.99</td><td>10.09</td></tr>
<tr><td rowspan="2">초기</td><td>10.15</td><td>10.11</td><td>10.02</td><td>9.96</td><td>9.89</td><td>9.86</td><td>10.18</td><td rowspan="2">38.57</td><td rowspan="2">10.02</td><td rowspan="2">기준</td><td rowspan="2">0.35</td><td rowspan="2">142,857</td></tr>
<tr><td>10.14</td><td>10.12</td><td>10.01</td><td>9.94</td><td>9.91</td><td>9.88</td><td>10.17</td></tr>
<tr><td colspan="8">이득</td><td colspan="5">11.80</td></tr>
</table>

① SN비 이득 계산

Agalmatolite(제어요인 B)가 SN비에 강한 영향을 주지 않는다는 사실을 이용하여 가장 비싼 원료인 Agalmatolite(제어요인 B)의 양을 53%에서 43%로 줄여서 가공원가를 줄일 수 있었다. [표 9-6]에 표시된 바와 같이 초기 SN비 38.57 대비 최적 SN비 50.37로 11.8 개선되었다.

SN비 수식을 활용한 산출은 다음과 같다.

$$\overline{y} = \frac{y_1 + y_2 + \cdots + y_n}{n} = \frac{10.07 + 10.06 + \cdots + 10.09}{14} = 10.04$$

$$T = y_1 + y_2 + \cdots + y_n = 10.07 + 10.06 + \cdots + 10.09 = 140.59$$

$$T^2 = (140.59)^2 = 19765.55$$

$$S_T = \sum y_i^2 = y_1^2 + y_2^2 \cdots + y_n^2 = 10.07^2 + 10.06^2 + \cdots + 10.09^2 = 1411.84$$

$$S_m = \frac{T^2}{n} = \frac{19765.55}{14} = 1411.82$$

$$S_e = S_T - S_m = 1411.84 - 1411.82 = 0.012$$

$$V_e = \frac{S_e}{n-1} = \frac{0.012}{13} = 0.001$$

$$SN = 10\log\frac{\frac{1}{n}(S_m - V_e)}{V_e} = 10\log\left(\frac{0.012 - 0.001}{14 \times 0.001}\right) = 50.37$$

따라서 개선 후 최적조건 SN비값은 50.37이다.

② 산포 개선 수준 확인

산포 개선도는

$$\sigma_{최적} = \left(\frac{1}{2}\right)^{\left(\frac{이득}{6}\right)} \times \sigma_{초기} = \left(\frac{1}{2}\right)^{\left(\frac{11.80)}{6}\right)} = 0.256$$ 이므로 산포의 감소는

$1 - 0.256 = 0.744$

즉 74.4% 감소됨을 알 수 있다.

③ 손실금액 개선

$\frac{L(y)_c}{L(y)_o} = 10^{\frac{\triangle SN}{10}} = 10^{\frac{11.80}{10}} = 15.14$로부터 개당 손실금액이 10,000이라고 한다면 개당 손실금액은 $L(y)_o = \frac{L(y)_c}{10^{\frac{\triangle SN}{10}}} = \frac{10,000}{15.14} = 661$ 원이 되어 93% 개선이 된다.

④ 재현성(reproducibility) 평가

재현성실험은 확인실험을 통해 실험값이 실제 적용과 강한 상호효과의 존재 여부를 검사하는 것으로 추정치와 재현실험 결과의 차이가 30% 이내이면 재현성이 있다고 판단한다. 확인실험으로 이득의 추정치가 확인이 되면 제어요인들의 효과가 하류(down stream)의 조건하에서도 변함이 없을 가능성이 높다. 이것은 제어요인들 사이에 심한 상호효과가 없거나 제어요인 효과들의 가법성이 좋다는 것을 의미한다.

⑤ 확인실험의 결과 해석

이 실험에서는 11.39dB의 개선이 예측되었고 11.80dB의 개선이 확인되었다. 이것은 뛰어난 가법성 또는 실험 결론의 뛰어난 재현성을 확인해주는 것이다.

(2) 결과 해석

확인실험 결과 추정과 확인 절차가 예상을 벗어나지 않으면 이상적인 결과로 해석할 수 있으나, 현실은 노이즈나 실험방법 등에 따라서 기대를 벗어나는 결과값을 나타내는 경우가 있다. 다음과 같은 몇 가지 상황이 발생할 경우 결과 해석 및 조치 방법은 아래 표와 같다.

① 상황 1이 발생한 경우는 지금까지 다루었던 사례와 같은 상황이다. 뛰어난 가법성과 재현성을 보여준다. SN비의 값과 이득 모두가 확인이 된다. 이 실험을 통해서 신뢰할 수 있는 결과를 얻었고 이것은 기술 자료로 활용 가능하다.

② 상황 2가 발생한 경우는 11.4dB의 이득을 추정했는데 8.9dB의 이득이 확인되었다. 완전하지는 않지만 결코 나쁜 것은 아니다. 산포에 대한 대부분의 요인들의 효과가 재현되었기 때문이다.

③ 상황 3과 4가 발생한 이유와 대책은 다음과 같다.

• 제어인자들 사이의 강한 교호작용하는 경우이다. 제어인자들 사이에는 어느 정도의 교호작용이 항상 존재한다. 심각한 교호작용을 피하기 위해서는 데이터로 무엇을 측정할 것인가와 제어인자들과 수준들을 어떻게 선정할 것인가등을 고려하여야 한다.
• 노이즈(잡음)인자(들)의 영향이 크게 발생하는 경우이다. 노이즈를 제어하기 위해 효과적이고 효율적인 노이즈 조합 전략 수립이 필요하다.
• 순전한 실험 오차에 의해 발생하는 경우이다. 실험을 올바르게 운영하도록 절차를 실험계획한 방법을 준수하여야 하고, 측정오차가 너무 지나치지 않도록 해야 한다.

표 9-7 확인실험 결과

상황	결과 해석
상황-1 / 추정 / 확인 초기 설계 39.1 38.6 최적 설계 50.5 50.4 이득 11.4 11.8	• 뛰어난 재현성과 기법성을 나타냄 • *SN*비값과 이득 모두 확인됨(이상적 결과치)
상황-2 / 추정 / 확인 초기 설계 39.1 38.7 최적 설계 50.5 47.5 이득 11.4 8.9	• 완전하지 않음. 나쁜 것은 아님 • 산포에 대한 대부분의 인자들의 효과가 재혐됨
상황-3 / 추정 / 확인 초기 설계 39.1 38.6 최적 설계 50.5 44.4 이득 11.4 5.8	• 기대했던 것의 반 정도만 재현됨 • 가법성이 좋지 않음
상황-4 / 추정 / 확인 초기 설계 39.1 38.6 최적 설계 50.5 41.6 이득 11.4 3.0	• 가법성이 없음 • 재현성이 없음
상황-5 / 추정 / 확인 초기 설계 39.1 33.5 최적 설계 50.5 44.6 이득 11.4 11.1	• 파악 못한 노이즈가 두 설계에 영향을 주고 있음 • 이득 확인 *SN*비값은 안 좋음
상황-6 / 추정 / 확인 초기 설계 40.0 40.1 최적 설계 40.2 40.4 이득 0.2 0.3	• 최적설계가 초기설계보다 약간 더 좋음 • 초기설계인자 수준들이 거의 최적화되어 있음

(3) 표준화

확인실험 결과 현실적용에 이상이 없다고 판단되면 개선조건을 표준화하여 노하우로 내재화한다.

다음과 같은 항목의 질문을 통하여 검토하고 만족하면 표준화한다.

① 품질측면에서 Fool-proof되었는가?

② 신뢰성의 Fail-safe가 확보되었는가?

③ 경제성은 확보되었는가?

연습문제

1. 망목특성 문제

k사는 통신장비를 제작하여 군납하는 회사이다. 통신장비에 들어가는 전기단자는 금으로 도금을 하여야 하고, 규격을 벗어날 경우 전 제품을 재작업하여야 한다. 신뢰성 시험에서 불합격 판정을 받아 제조공정 조건에 이상 여부를 찾아 개선하기로 하였다. 전기적 신호를 연결하는 단자의 손실을 줄이기 위하여 금도금을 실시하였으며, 금도금두께는 최소한 $50\mu m$ 이 되어야 한다. 도금두께가 두꺼울수록 손실은 적게 되지만 제조원가가 상승하는 문제가 발생한다. 따라서 산포를 최소화시켜서 금의 소비량을 감소시켜서 비용을 절감하여야 한다. 제어 요인과 노이즈 요인은 다음과 같이 주어졌다.

1) 제어 요인

요인	요인명	1수준	2수준	3수준
A	금의 농도	0.7 ~ 0.8	1.1 ~ 1.2	
B	전류 밀도	1.8	1.5	1.3
C	온도	120	140	160
D	도금조 속도	12	15	18
E	양극의 크기	1/4	1/2	1/1
F	부하	1/4	1/3	1/2
G	pH	4.2	4.3	4.4
H	니켈 농도	600	650	700

2) 노이즈 요인

노이즈 요인은 위치, 시편, 두께 시편으로 설정하였다.

요인	요인명	1수준	2수준	3수준
N	부품 위치	저위 위치	중간 위치	
S	측정 시편	Sample 1	Sample 2	Sample 3
P	시편의 두께	최소	최대	

제어 요인과 노이즈는 2수준이 현재 공정수준이다.

$L_{18}(2^1 \times 3^7)$ 혼합 직교배열표를 활용하여 최적조건을 도출하시오.

| 풀이 |

- 최적조건: $A_1B_3C_2D_1E_3F_3G_1H_3$
- 확인실험 결과

	SN비	평균
최적조건	25.8181	51.7407
현재수준	22.8421	68.4213
차이	2.976	16.6806

2. 망소특성 문제

H전자회사 A설계원은 펌프 설계시 마모 손실을 최소화하기 위한 조건을 찾고자 다구찌 실험계획방법을 사용하여 문제를 해결하기로 하였다. 펌프 구동축이 $200\mu m$ 만큼 마모되면 펌프로써의 기능이 상실되므로 구동축의 마모량을 측정특성으로 설정하였다.

- 규격: 구동축 마모 $200\mu m$ 미만일 것(망소특성)
- 연간 마모량 분산: 26
- 설계수명: 20년
- 손실금액: 대당 60,000원
- 연간 생산량: 50만대

별도의 노이즈 요인은 고려하지 않고, 설계 주요 인자를 5개로 결정하고 수준은 2수준으로 디자인하고자 한다.

요인	요인명	수준수	요인	요인명	수준수
A	재질 종류	2	D	간격	2
B	하중	2	E	측면 재질	3
C	표면 거칠기	2			

기존 설계 노하우를 바탕으로 A인자와 B인자 간 교호작용이 발생하고, A인자와 C인자 간 교호작용이 있는 것을 고려하는 것으로 하여 최적조건을 설계하시오.

| 풀이 |

- 최적조건: $A_1B_2C_1D_2E_2$
- 확인실험 결과(SN비)

최적조건	현재수준	차이	개선율(단위당손실)
−14.77	−24.1	8.57배	88%

3. 동특성 문제

A사는 에어컨 콤프레샤를 제작하는 부품업체이다. 콤프레샤의 소음이 발생하여 효율이 감소하고 고객으로부터 지속적인 불만이 제기되고 있기 때문에 이를 줄이고 효율을 올리고자 제조공정의 여러 조건들을 변경하고자 한다. 소비자의 요구특성은 저전력 소비 및 저소음이지만 기술 개발시에는 기능성 구조로 측정특성을 변경하여 에너지 효율을 측정하였다.

에너지 효율에 영향을 주는 요인들은 오랜 경험을 바탕으로 제어인자는 2인자 2수준 1개와 3인자 3수준 7개로 하여 $L_{18}(2^1 \times 3^7)$ 혼합 직교배열표를 활용하여 최적조건을 설정하시오.

내측배열 제어 요인

요인	요인명	1수준	2수준	3수준
A	높이 1	2.0	4.0	
B	외경 1	4.0	5.0	6.0
C	축1번 간격	1.5	2.0	2.5
D	외경 2	3.0	5.0	7.0
E	축2번 간격	1.5	1.8	2.1
F	두께 1	0.15	0.20	0.25
G	두께 2	0.20	0.25	0.30
H	높이 2	2.00	2.05	2.10

전압변동을 신호인자로, 냉동유 수준을 잡음인자로 설정하였다.

요인	요인명	1수준	2수준
신호인자	전압변동	210V	220V
잡음인자	냉동유	조금	충분

| 풀이 |

최적조건으로 조합한 $A_2B_2C_1D_1E_3F_2G_1H_1$으로 예측한 결과 세션창에 나타난 SN비는 -18.13이고, 기울기는 0.046이다.

확인실험 SN비 이득과 비교하면 현재 수준과 최적 조건과의 $10^{\frac{0.81}{10}} = 1.2$배 개선되었음을 확인할 수 있다.

[종합문제] 종이헬리콥터 설계

종이헬리콥터 설계를 통하여 자유낙하 시간이 가장 오래 걸리는 구조로 디자인하는 것을 목표로 하여 실험계획법을 활용하여 최적조건을 설정하고자 한다. 다음의 조건으로 종이헬리콥터를 설계 및 제작하여 실험을 하고 최적의 조건을 기술하여 주시기 바랍니다.

〈조건〉
M=낙하높이(㎝)
y=회전비행시간(초)
이상기능: $y=M$
목표범위: 3.0초 이상일 것(2m 높이 기준)

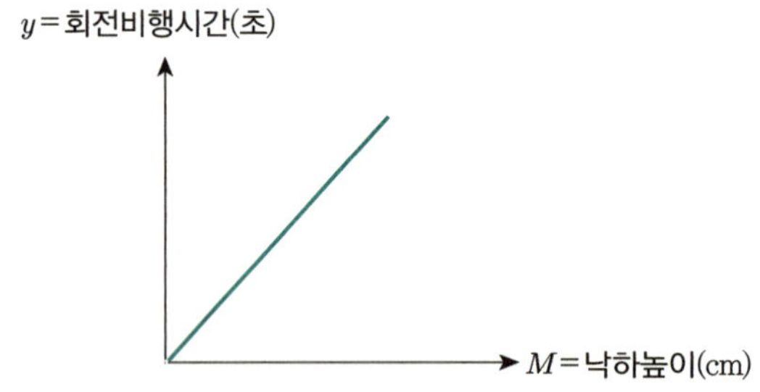

〈준비물〉
종이, 작은 클립, 접착 테이프, 저울, 가위, 자, 스톱워치

〈노이즈인자〉
N=헬리콥터 떨어뜨릴 때 수직과의 각도
N_1: 0(아래 방향으로 수직)
N_2: 45
규칙: 최소한 7개의 제어인자 설정

〈실험 내용〉
1. 제어인자 항목 및 수준수 설정
2. 실험계획 및 실시
3. 최적조건 설정: SN비 및 β 계산
4. 확인실험

〈실험설계〉

신호인자

	신호인자	수준 1	수준 2	수준 3
M	낙하높이(cm)	200	250	300

제어인자

	인자	수준 1	수준 2	수준 3
A	날개폭			
B	날개길이			
C				
D				
E				
F				
G				
H				

잡음인자

	잡음인자	수준 1	수준 2
N	낙하각도(경사)		

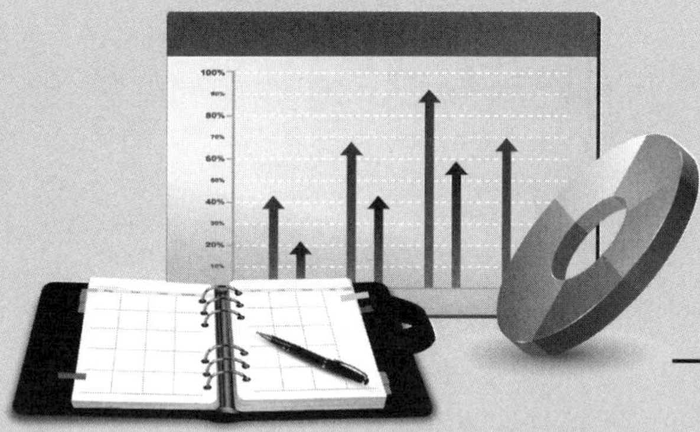

실무자 중심의 실험계획법

CHAPTER 10

반응표면 실험설계 및 분석

1. 반응표면 이해
2. 반응표면 실험 절차
3. 주요 반응표면 실험 설계
4. 미니탭을 활용한 반응표면 설계의 예

Chapter 10 반응표면 실험설계 및 분석

이 장에서는 실험계획법에서 최적화 방법론이라 불리우는 반응표면방법(response surface methodology: RSM)을 학습하게 되는데, 반응표면방법론은 이름에서 알 수 있듯이 표면이 데이터 집합에 적합하고 최적의 요인 수준을 결정하기 위한 방법론이다. 표면의 모양은 적합한 모형과 반응값에 의해 결정되기 때문에, "반응표면"이라고 부른다.

모수의 추정치가 모수값과 거의 같을 수 없듯이, 적합 표면과 실제 표면 사이에도 차이가 존재한다. 적합 표면은 기본적으로 실제 표면을 추정하는 것이다.

일반적으로 완전 2차 모형은 요인 수준의 최적 조합을 결정하는 데 적합하다. 이는 각 요인 및 모든 2요인 교호작용에서 선형 및 2차 항을 모두 갖는 모형이기 때문이다. 그러나 이 작업을 수행하기 전에 적합한 1차 모델을 구하고 최대경사법(상승 또는 하강) 방법을 사용하여 최적이라고 생각되는 실험 영역을 찾은 다음 주변 지역

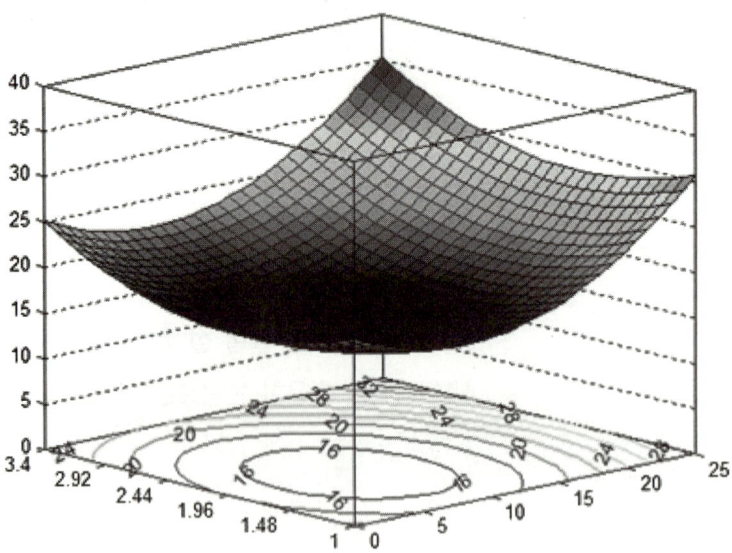

▮ 그림 10-1 ▮ A와 B에 대한 반응 표면

특성을 반영하기 위해 2차 모델을 사용하는 설계를 사용하는 것은 일반적인 반응표면분석 과정이다.

예를 들어 낮은 비용으로 높은 수율과 순도를 얻기 위한 목적으로 화학 반응에 영향을 미치는 온도, 압력, 반응지속시간, 반응물질의 비율과 같은 요소들을 포함하는 순차적 실험을 실행한다고 하자. 실험을 통해 얻어진 결과를 바탕으로 최대경사법(상승 또는 하강) 방법을 사용하여 최적지점이라고 생각되는 지점을 찾고, 그 지점을 바탕으로 좀 더 세밀한 실험을 진행하여 최적값을 찾는 결과를 얻는다. 하나 이상의 정량적 요인에 의해 영향을 받는 반응을 모델링하거나 최적화하는 데 동일한 방법론을 사용할 수 있다.

일반적으로 반응은 정량적 연속 변수(예: 수율, 순도, 비용)이며, 평균반응은 k인자 수준(예: 온도, 압력)으로 알려지지 않은 함수로서, 수준은 실제값이고 정확하게 제어할 수 있다고 가정한다. 평균반응은 처리 조합의 함수로 표시될 때 반응 표면이라고 하는 $k+1$ 차원의 표면을 나타낸다. 예를 들어, [그림 10-1]은 두 요인 A와 B에 대한 반응표면을 보여준다.

이 장에서 설명하고자 하는 주제는 다음과 같다.

① 반응표면에 대한 이해

② 반응표면 방법에 대한 절차

- 적절한 실험영역을 찾는 방법
- 반응표면 방법의 최적화 방법

③ 반응표면 설계 방법

④ 미니탭을 활용한 예제 설명

많은 유형의 실험에서 공통의 목표는 반응과 일련의 관련된 계수와의 관계를 찾는 것이다. 이는 관심대상인 요인들이 해당 범위에서 나타나는 반응을 설명하는 모델을 찾음으로 이루어질 수 있다. 많은 산업에 적용하는 적합 모델은 1차원(관심 요인 1개)의 직선 또는 2차원(관심 요인 2개)의 표면으로 그래프를 그릴 수 있기 때문에 반응표면으로 불린다.

반응표면은 최적의 운영조건(즉, 최대 또는 최소추정반응을 생성하는 요인 수준) 또는 다중 반응이 있을 때 중요한 특성을 결정하기 위해 상쇄방법(trade-off)을 사용하여 결정할 수 있다. 이 장의 목적은 이러한 유형에 대한 설계 전략과 분석을 설명하는 것이다.

1 반응표면 이해

특정 유형의 과학적 문제에서 유체의 점성와 같은 반응변수를 반응시간 및 반응온도와 같은 하나 이상의 정량적 요인의 함수로 표현할 수 있다. 반응변수와 요인변수들과의 관계를 모델링하면 다음과 같이 표현할 수 있다.

$$점성 = f(반응시간,\ 반응온도)$$

이러한 유형의 반응함수는

$$y = f(x_1, x_2, \ldots, x_k) \qquad (10 \cdot 1)$$

로 나타낼 수 있으며, 여기서 y는 반응이고 $x_1, x_2, \ldots, x_k$는 관심 요인의 양적 수준이다. 함수 f는 설계 실험에서 얻은 데이터를 모델에 적합시킴으로써 얻어지며, 실험 결과를 요약하고 정량적 요인의 값에 대한 반응을 예측할 수 있게 해준다. 함수 f는 반응표면을 정의한다([그림 10-2] 참조).

반응표면이란 앞에서 설명하였듯이 반응변수가 하나 이상의 정량적 요인의 함수로 그려질 때 얻은 기하학적 표현으로 정의할 수 있다.

반응표면을 연구하기 위한 실험설계는 다음과 같은 이유로 중요하다.

① 반응함수는 실험자에 대한 관심 영역을 한정시킨다.

② 관심 요소의 반응에 대한 민감도에 대해 통계적 추론을 할 수 있다.

③ 반응변수가 최적(예: 최대 또는 최소)인 요인 수준을 결정할 수 있다.

④ 요인 수준은 여러 반응을 동시에 최적화시킬 수 있다. 동시 최적화가 불가능한 경우 상쇄 방법을 사용하여 쉽게 값을 결정할 수 있다.

반응표면은 식 (10・1)의 반응함수의 형태에 따라 다양한 형태로 표현할 수 있다. [그림 10-2]는 2요인 반응표면에서 몇 가지 일반적인 형태의 등고선도를 보여준다. 각 그림은 반응값의 곡선을 10단위의 단위로 나타낸 것이다. [그림 10-2](a)는 원뿔형 또는 대칭형 "마운트형"으로 불리우며, 표면의 최대치가 실험 영역의 중앙에 위치할 때의 등고선 모양을 나타낸다. [그림 10-2](b)는 등고선 중 하나를 따라 최대치가 있는 평평한 등고선의 연속인 정지된 능선의 모습을 보여준다. 등고선이 좀 더 수평적이라면 첫 번째 요인(x_1)에 매우 민감하고 두 번째 요인(x_2)에는 상대적으로 덜 민감하다는 것을 그래픽을 보면 알 수 있다. 왜냐하면 수평인 등고선은 수평 인자가 크게 변화할 수 있고 반응이 상당히 일정하게 유지될 수 있음을 나타내기 때문이다. [그림 10-2](c)는 최대 반응의 위치는 실험영역의 x_1과 x_2값이 작아지면서 반응값이 상승하는 능선을 보여준다. 능선의 경로는 최대의 반응을 나타낸다.

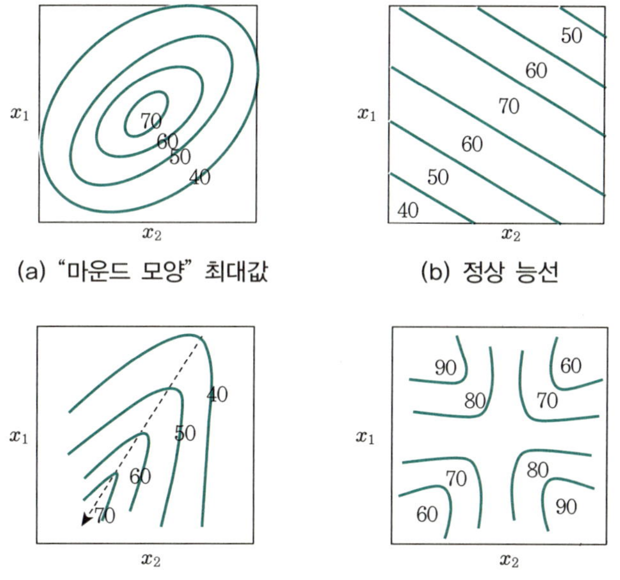

(a) "마운드 모양" 최대값　(b) 정상 능선

(c) 상승 능선　(d) 안장 능선

▌그림 10-2 ▌두 가지 요인에 대한 반응표면 등고선

[그림 10-2](d)는 영역 중심에서 45° 또는 135°선을 따라 각각 요인 수준을 선택하여 반응을 감소시키거나 증가시킬 수 있는 안장(saddle point)을 나타낸다.

[그림 10-2]에 표시된 다양한 반응표면 등고선은 반응표면방법이 왜 반응에 대한 많은 연구의 주요 이슈 중 하나인지와 반응에 영향을 미치는 요인들이 반응에 어떻게 영향을 미치는지를 설명해준다. 반응표면에 적합한 모델을 찾고 연구하는 또 다른 중요한 이유는 다양한 요인에 대한 반응의 민감도를 알아보는 것이다.

2 반응표면 실험 절차

문제를 공식화하는 단계는 실험 작업에 심각한 영향을 미치는 여러 가지 중요한 요인들의 특성을 다루기 때문에 실험계획법에서 매우 중요하다. 문제를 공식화하는 과정에서 실험자는 실험 목적을 명시하고, 요인과 반응을 정의하며, 회귀모형을 선택하는 등 이 단계에서 실수가 발생하면 나중에 어려움이 발생할 수 있다. 이 절의 목적은 2가지 측면에서 볼 수 있는데, 첫 번째 목적은 올바른 문제 공식화를 하는 방법에 대해 개략적으로 설명하는 것이고, 두 번째 목적은 실험 과정에서 활용되는 4개의 중요한 단계를 설명하는 것이다. 4가지 단계는 ① 선별, ② 최적영역 찾기, ③ 최적화, ④ 강건성 실험으로 나눌 수 있다. 이러한 각 단계와 목표에 대해 실험설계는 요인의 유형, 요인수, 가능한 제약조건(제한) 및 선택된 모델에 따라 달라진다. 그럼 각 단계들의 장점과 요건을 알아보도록 하자.

2.1 문제 공식화

최적결과를 얻기 위해 선별, 최적영역 찾기, 최적화 또는 강건성 실험을 진행하기 전에 문제를 공식화하는 작업은 실험계획법에서 중요하다. 문제 공식 또는 문제 정의를 수행하는 목적은 모든 관련 당사자들에게 실험연구의 기초가 되는 의도를 명확히 하려는 것이다. 논의해야 할 사항과 합의해야 할 사항으로, 대체적으로 6가지 사항을 고려할 필요가 있다. 이 여섯 가지 항목은 ① 실험 목적, ② 요인, ③ 반응, ④ 모델, ⑤ 설계 및 ⑥ 워크시트이다.

실험목표는 어떤 종류의 연구가 필요한지를 규정한다. 왜 실험을 해야 하는지 물어봐야 한다. 그리고 어떤 목적으로? 그리고 원하는 결과는 무엇인가? 요인은 측정된 반응들이 다른 결과로 만들어지게 할 수 있는 변경 가능한 변수들이다. 모델은 선택된 실험목표에 해당하는 적합한 다항식 모형을 설정해야 하는 것을 의미한다. 다음으로, 선택된 모델을 지원하는 실험설계가 만들어진다. 따라서 설계의 구성은 실험목적과 다항식 모델에 따르며, 실험영역의 모양과 실험횟수에 따라 달라질 수 있다.

설계안이 제안된 경우, 제안된 실험들은 합리적으로 수행될 수 있으며, 실험목표를 달성할 수 있는 결과가 나타날 수 있도록 하기 위해 제안된 실험의 흐름을 파악하는 것이 중요하다. 이후 실험 워크시트가 만들어지는데, 일반적으로 이러한 워크시트는 실제 설계와 유사하다. 워크시트에는 제안된 무작위 런 순서 및 이미 수행된 보충 실험과 같은 실제 실험 특성에 대한 정보가 일반적으로 추가된다.

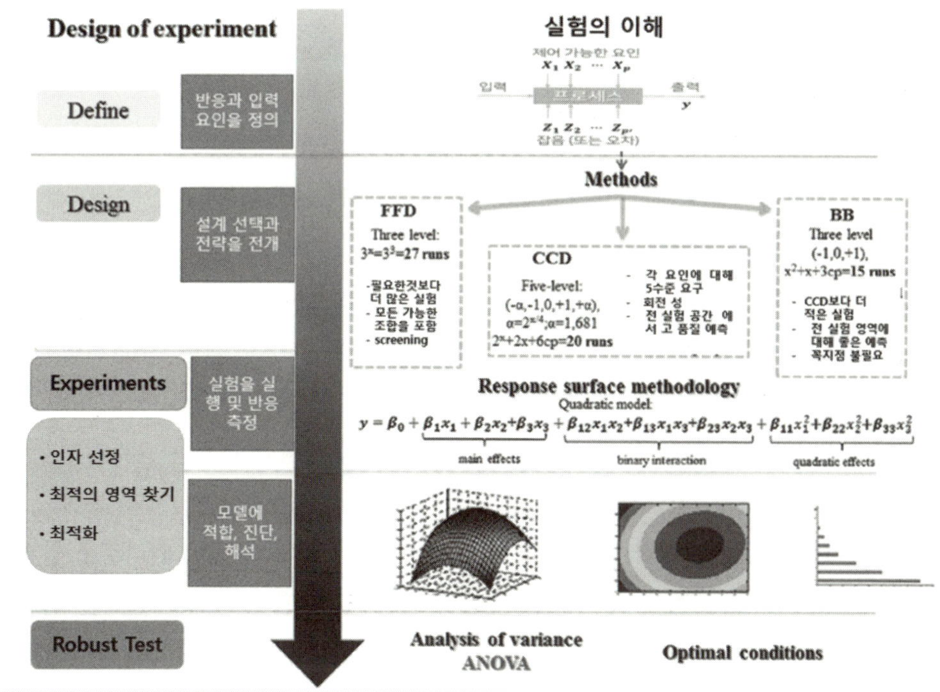

$$y = \beta_0 + \beta_1x_1 + \beta_2x_2 + \beta_3x_3 + \beta_{12}x_1x_2 + \beta_{13}x_1x_3 + \beta_{23}x_2x_3 + \beta_{11}x_1^2 + \beta_{22}x_2^2 + \beta_{33}x_3^2$$

▌그림 10-3 ▌반응표면 방법에서의 실험계획법

문제를 공식화한 이후 실험의 최적화를 진행하기 위해서 선별, 최적영역 찾기, 최적화 그리고 강건성 실험의 과정을 통해 실행할 수 있다.

2.2 반응표면 실험 단계

반응표면 실험은 [그림 10-4]와 같은 절차를 거쳐서 최적조건을 찾고, 강건성 실험을 통하여 확인하는 단계를 거치게 된다.

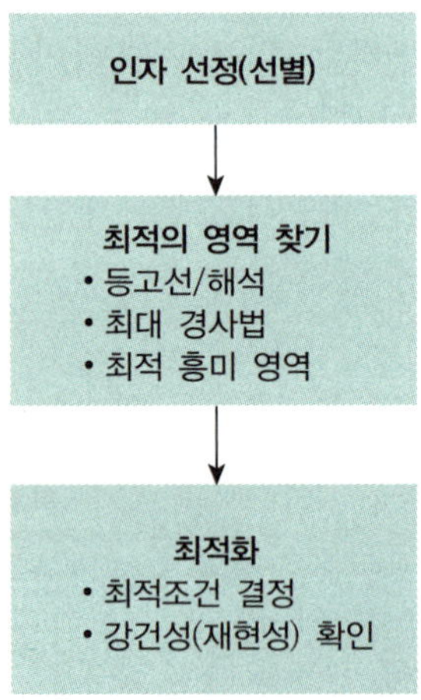

그림 10-4 반응표면 실험계획법 실행 절차도

1) 인자 선정

첫 번째 실험 단계는 인자 선정이며, 이 과정은 4가지 주요 실험 목표(선별, 최적영역 찾기, 최적화 및 강건성 테스트) 중 하나이다. 선별과정은 반응에 영향을 미칠 것이라고 생각되는 많은 요소 중 어떤 요인들이 가장 영향을 미치는 요소인지, 그리고 최적의 범위는 무엇인지에 대해 대략적으로 알아보는 단계이다. 흥미롭게도, 이탈리아의 유명한 경제학자 빌프레도 파레토의 이름을 따서 파레토 원리로도 알려진 80/20 규칙이 이 단계에 적용된다. 실험계획법의 맥락에서 파레토 원칙은 반응에 대한 효과의 80%가 조사된 요인의 20%에 의해서 발생한다는 것을 의미한다. 이는 조사된 요인들 중 약 20%를 인자선정(선별) 설계를 통해 찾고자 하는 것이다.

인자 선정 설계를 실행하기 전에 선정된 요인들은 반응에 영향을 미칠 수 있는 확률이 동일하다고 가정하고, 실험을 수행하고 평가한 후에는 중요한 몇 가지 요인들만 남게 된다. 선별실험의 목적은 단순 선형 또는 교호작용을 활용해서 주요 핵심요인을 찾는 것이고, 이 목적을 달성하기 위해 사용하는 설계는 주로 일부실시법이나 직교배열법이 활용된다.

2) 최적의 영역 찾기

때로는 선별 단계 이후 탐색한 실험 영역에 최적값이 포함될 가능성이 낮다고 판단이 되는 상황에서는 원하는 최적점을 포함할 가능성이 높은 영역으로 실험영역을 이동해야 한다. 이때 고려해야 할 문제는 실험지역을 어떻게 적절한 장소로 이동시킬 것인가 하는 것이다. 즉, [그림 10-5]에 예시되어 있는 것과 같이 산 정상까지 오르기 위해서 어떠한 방법을 활용하여 실험지역으로 이동할 것인가를 생각해야 한다.

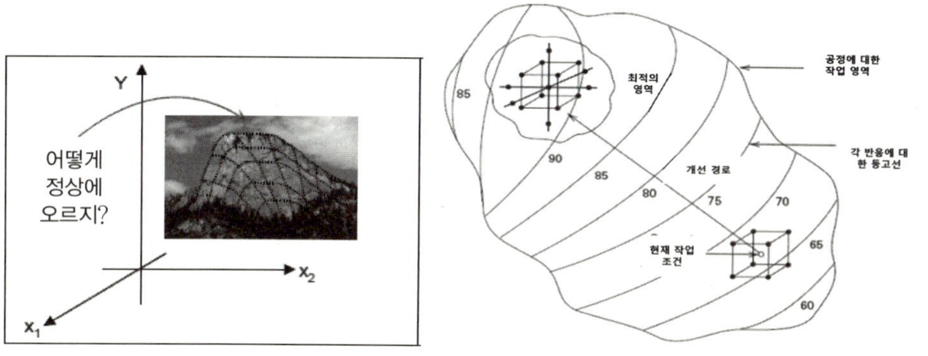

▍그림 10-5 ▍ 최적의 영역 찾기 그림

[그림 10-5] (왼쪽) 선별 단계 후에는 최적값을 포함하도록 실험영역을 이동하는데 관심이 있는 경우가 많다. (오른쪽) 실험영역을 다시 배치하기 위해 선별 설계의 결과를 사용하여 최대경사법을 사용하여 최소 또는 최대 방향으로 이동한다.

실제로 실험영역의 재배치는 기존의 선별 설계 결과, 즉 어느 방향으로 이동해야 하는지를 지시하는 다항식 모델을 사용하여 이루어진다. 이것은 [그림 10-5] 오른쪽에 예시되어 있다. 반응 등고선도의 곡선에서 나타나는 방향은 최대경사법(상승 혹은 하강) 원리에 따라 결정되어 이동한다.

이러한 최대경사법은 반응 등고선도와 같은 그래픽 방법을 사용함으로써 이해력을 높일 수 있다. 이 단계의 일반적인 결과는 최적화 설계에 적합한 새로운 실험 지점을 얻는 것이지만, 때로는 완전히 새로운 선별 설계가 필요할 수 있다는 것을 발견하기도 한다. 그러면 좀 더 최대경사법에 대해 알아보도록 하자.

3) 최대 경사법

반응표면 방법론은 실험 중인 반응표면에서 최적의 영역을 발견하기 위한 필요한 횟수만큼 반복되는 실험을 통하여 모델링과 변위(displacement)라는 두 개의 단계로 구성된다. 모델링은 일반적으로 표준 또는 증분된 요인 설계에서 얻은 반응값에 단순 모델(선형 또는 2차 모델)을 적합시켜 얻어진다. 변위는 항상 적합된 모델의 최대 경사의 상승(하강) 경로를 따라 발생하며, 이는 반응이 가장 뚜렷하게 변화하는 흐름을 추적할 수 있게 한다.

수리적인 예를 들어 이러한 개념들을 명확히 살펴보자. 화학자가 어떤 반응의 수율에 대한 시약 농도 및 교반 속도라는 두 가지 요인의 영향을 조사하려고 한다고 가정하자. 그는 공정이 일정기간 50%, 100 rpm으로 고정시킨 상태에서 작동해 왔기 때문에, 이러한 조건에서 얻은 평균 수율이 68%에 가깝다는 것을 이미 알고 있다. 얼마 전 실험계획법의 교육을 받은 화학자는 현재보다 수율을 높이기 위해 실험계획법을 활용하여 수율을 개선할 수 있는지 알고 싶어 한다.

(1) 초기 모델링

첫 번째 단계는 [그림 10-6]에 표시된 요인 설계를 사용하여 과거 작동 조건의 주변 영역에 대한 반응표면을 조사하는 것이다. 따라서 설계에는 중심점이 있으므로 각 요인마다 2개 수준이 아닌 3개 수준이 포함되어 있다는 점에 유의해야 한다. 이를 통해 선형모형의 적합성 결여를 시험할 수 있는데, 만약 2수준만으로 실험을 한다면 적합성 결여에 대한 결과를 얻는다는 것은 불가능하다. [표 10-1]은 초기 설계에 대한 설계 행렬과 실험적으로 관측된 수율을 포함한다. 7번의 실험이 수행되었고, 이 중 3번은 중심점에서 반복 측정되었다.

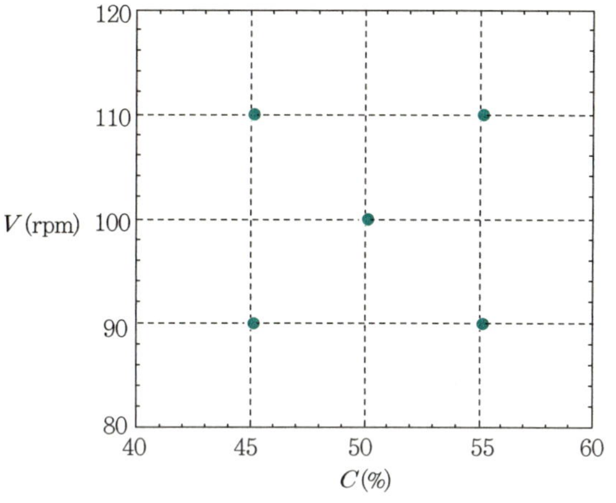

그림 10-6 중심점을 포함한 2요인실험

표 10-1 중앙점이 있는 2^2개 설계의 결과

Run	C(%)	V(rpm)	x_1	x_2	y(%)
1	45	90	−1	−1	69
2	55	90	1	−1	59
3	45	110	−1	1	78
4	55	110	1	1	67
5	50	100	0	0	68
6	50	100	0	0	66
7	50	100	0	0	69

(C: 농도, V: 교반속도, y: 수율)

x_1과 x_2는 두 요인의 값이며, 방정식 $x_1=(C-50\%)/5\%$, 및 $x_2=(V-100\text{ rpm})/10\text{ rpm}$에 의해 코드화된다. 반응표면이 조사된 영역에 있는 요인의 선형함수로, 반응의 근사치에 대한 식은 다음과 같다.

$$\hat{y}=\hat{\beta}_0+\hat{\beta}_1 x_1+\hat{\beta}_2 x_2 \tag{10·2}$$

여기서 $\hat{\beta}_0$, $\hat{\beta}_1$ 및 $\hat{\beta}_2$는 모형의 모수에 대한 추정치이고 x_1 및 x_2는 코드화된 요인 수준을 나타낸다. $\hat{\beta}_0$, $\hat{\beta}_1$ 및 $\hat{\beta}_2$의 값은 최소제곱법을 통해 얻을 수 있다. 미니탭을 통하여 적합 모형에 대한 전체 방정식을 (10·3)과 같이 얻을 수 있다.

$$\hat{y} = 68.00 - 5.25x_1 + 4.25x_2 \qquad (10 \cdot 3)$$

오차의 크기가 상대적으로 작다는 것은 이 모형이 유의하다는 것을 의미한다. 이는 [표 10-2]에 제시된 분산분석 결과로 확인된다. 평균제곱비 MS_{lof}/MS_{PE}값이 통계적으로 유의하지 않기 때문에(0.42/2.34 = 0.18) 적합성 결여의 증거가 없다. 이 첫 번째 설계로 조사된 지역에서, 반응표면은 [그림 10-7]에서 원근법으로 나타낸 평면을 정의하는 식 (10・3)으로 설명된다.

표 10-2 [표 10-1]의 데이터 ANOVA

출처	*DF*	*Adj SS*	*Adj MS*	*F*-값	*p*-값
회귀	2	182.500	91.250	66.36	0.001
x_1	1	110.250	110.250	80.18	0.001
x_2	1	72.250	72.250	52.55	0.002
오차	4	5.500	1.375		
적합성 결여(lack of fit: LoF)	2	0.833	0.417	0.18	0.848
순수 오차(pure error: PE)	2	4.667	2.333		
총계	6	188.000			

반응등고선, 즉 일정한 반응선을 그리면 모델링된 표면의 2차원 표현을 얻을 수 있다.

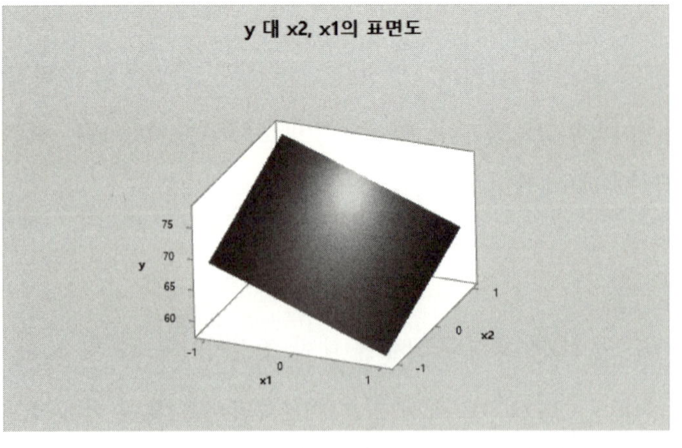

그림 10-7 식 (10・3)에 의해 설명된 평면

평면의 등고선은 선분이다. 예를 들어, 식 (10 · 3)에서 $\hat{y}=70$이라면

$$x_2 = 1.24x_1 + 0.47$$

로 표현할 수 있고, $\hat{y}$의 값이 모델에 따르면 70과 같을 것으로 예상되는 선을 정의한다. $\hat{y}$의 다른 값에 대해 동일한 작업을 수행하면 관심있는 영역의 반응표면 이미지를 제공하는 다른 등고선을 얻을 수 있다([그림 10–8]). 모델이 좌표 축과 관련하여 비스듬히 기울어진 평면이며, 오른쪽 아래에서 왼쪽 위쪽으로 솟아 있는 것을 분명히 확인할 수 있다. 따라서 더 큰 수율을 얻으려면 실험영역을 더 작은 x_1값과 더 큰 x_2값으로 이동시켜야 한다(식 (10 · 3)의 x_1과 x_2 계수의 기호로 이미 표시되었음). 등고선에 수직인 경로, 즉 적합표면의 최대경사 상승 경로를 따라 변위를 수행할 경우 진행속도가 가장 빠르게 나타날 것이다.

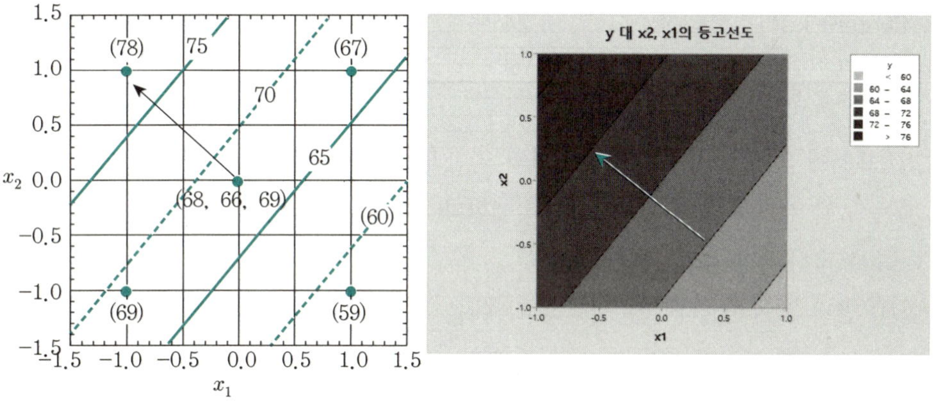

▌그림 10–8▐ 식 (10 · 3)에서 설명한 평면의 반응 등고선

화살표는 설계의 중심에서 시작하는 최대경사 상승 경로를 나타낸다. 괄호 안의 값은 실험을 통해 얻어진 반응이다.

(2) 최대경사 경로 결정

[그림 10–8]의 화살표는 중심점에서 출발하는 최대경사 상승 경로를 나타낸다. 이 경로의 방향은 모형 계수에서 대수적으로 결정할 수 있다. 최대경사는 x_1과 x_2

축을 따라 $\frac{\hat{\beta}_2}{\hat{\beta}_1}$ 비율로 단계적으로 이동해야 한다.

식 (10・4)부터는 $\frac{\hat{\beta}_2}{\hat{\beta}_1}$=4.25/(−5.25)=0.81인데, 이는 x_1 축에서 각 단위 거리에 대해 x_2를 따라 0.81단위를 상승해야 함을 의미한다.

최대경사 상승 경로를 따라 여러 지점의 좌표는 코드화된 값과 실험실에서 실제로 사용되는 농도 및 속도 단위로 [표 10-3]에 표현되어 있다.

표 10-3 [그림 10-8]의 모델에 대한 최대경사 상승점들

Step	x_1	x_2	C(%)	V(rpm)	Y(%)
Center	0	0.00	50	100.0	68, 66, 69
Center+Δ	−1	0.81	45	108.1	77
Center+2Δ	−2	1.62	40	116.2	86
Center+3Δ	−3	2.43	35	124.3	88
Center+4Δ	−4	3.24	30	132.4	80
Center+5Δ	−5	4.05	25	140.5	70

k요인에 의해 결정되는 반응표면의 일반적인 경우, 최대경사 경로를 따라가는 단계는 모델 계수의 크기 및 기호에 비례한다. 최대경사법(상승 혹은 하강)에 대한 절차를 요약하면 다음과 같다.

① 먼저 요인 중 하나를 선택하고, 예를 들어 요인 중 하나를 선택하고, 계수의 부호 및 실험의 목적(반응을 최대화하거나 최소화하는 것)에 따라 수준을 증가시키거나 감소시키면서 수준을 일정량씩 변경한다. 몇몇 학자들은 적합모형에서 절대 크기가 가장 큰 계수를 가진 요인을 먼저 선택할 것을 권고한다. 일반적으로 초기 변위는 하나의 단위(코드화된 값)이다.

② 그 다음 다른 요인 $j \neq i$의 변위값을 코드화된 단위로 계산한다.

$$\Delta x_j = \frac{\hat{\beta}_j}{\hat{\beta}_i} \Delta x_i \qquad (10 \cdot 4)$$

③ 마지막으로 코드화된 변위를 원래 단위로 다시 변환하고 인자의 실제 새로운 수준을 결정한다.

(3) 최적 지점 찾기

선형 모형이 더 이상 적절하지 않은 경우 2차 모형으로 대체되며, 이때 두 변수에 대한 일반식은

$$\hat{y} = \hat{\beta}_0 + \hat{\beta}_1 x_1 + \hat{\beta}_2 x_2 + \hat{\beta}_{11} x_1^2 + \hat{\beta}_{22} x_2^2 + \hat{\beta}_{12} x_1 x_2 \qquad (10 \cdot 5)$$

될 것이다. 이 모델은 6개의 매개변수를 가지고 있지만, 설계는 5개의 "수준", 즉 교반 속도와 농도값의 5가지 조합에 불과하다. 수준보다 모수가 많을 때는 계수 추정치를 계산할 수 없기 때문에 설계를 보강해야 한다. 가장 일반적인 방법으로 초기 요인 설계에 축점(별점) 설계를 추가해보는 것을 고려해볼 수 있다.

축점 설계를 만들기 위해 첫 번째 설계를 45°까지 회전시킨다. 이 새로운 설계와 첫 번째 설계를 결합하면 [그림 10-9]와 같이 팔각형 배치를 얻는다. 작은 기하학적 반사를 통해 첫 번째 점들과 마찬가지로 새로운 점이 중심점에서 $\sqrt{2}$ 코드화된 단위의 거리에 있음을 알 수 있다.

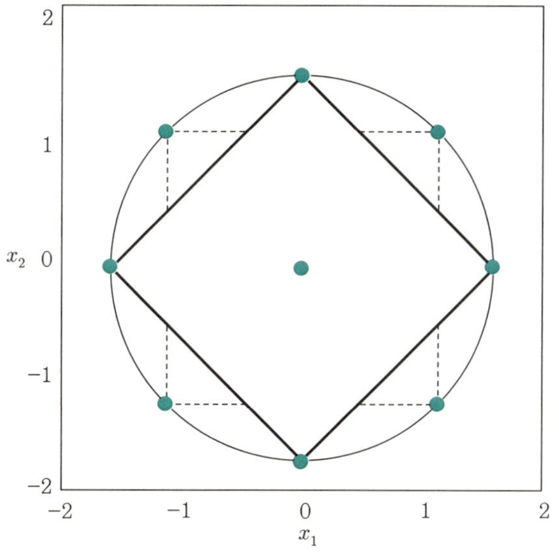

▌그림 10-9▌ 데이터에 해당하는 두 개의 코드화된 변수(축점(별점) 설계와 결합된 중심 요인에 대한 중심합성 계획법 설계

축점(별점) 설계의 좌표는 [표 10-4]의 마지막 네 줄에 제시되어 있다. 요인 설계와 축점 설계의 조합을 중심합성 계획법 설계라고 한다.

[표 10-4] 요인 설계에 축점을 포함시켜 얻은 중심합성 계획법 설계의 결과(x_1과 x_2는 코드화된 변수의 값이다)

Run	C(%)	V(rpm)	x_1	x_2	y(%)
1	30	115	−1	−1	86
2	40	115	1	−1	85
3	30	135	−1	1	78
4	40	135	1	1	84
5	35	125	0	0	90
6	35	125	0	0	88
7	35	125	0	0	89
8	28	125	$-\sqrt{2}$	0	81
9	35	139	0	$\sqrt{2}$	80
10	42	125	$\sqrt{2}$	0	86
11	35	111	0	$-\sqrt{2}$	87

이 네 가지 새로운 지점에서 실험을 수행하면서, 화학자는 [표 10-4]의 마지막 열 하단에 나타난 결과는 중심합성 설계 데이터를 완성했다.

미니탭을 통하여 다음과 같은 결과를 얻을 수 있다.

$$\underset{(\pm 0.75)}{\hat{y} = 89.00} + \underset{(\pm 0.46)}{1.51x_1} + \underset{(\pm 0.46)}{2.36x_2} + \underset{(\pm 0.54)}{2.81x_1^2} + \underset{(\pm 0.54)}{2.81x_2^2} + \underset{(\pm 0.65)}{1.75x_1x_2} \qquad (10 \cdot 6)$$

표준오차는 모든 반복실험에서 얻은 분산에 대한 합동 추정치로부터 다시 계산되었다. 새로운 분산분석은 [표 10-5]에 제시되어 있다. MS_{lof}/MS_{PE}값이 현재 0.25를 나타내므로 2차 모델에 대한 적합성 결여의 증거가 없다. 따라서 잔차 평균제곱, $Adj\ MS$의 0.55값은 오차분산 추정치로도 사용할 수 있으며 자유도는 5이다.

표 10-5 [표 10-4]의 데이터에 $\hat{y}=\hat{\beta}_0+\hat{\beta}_1x_1+\hat{\beta}_2x_2+\hat{\beta}_{11}x_1^2+\hat{\beta}_{22}x_2^2+\hat{\beta}_{12}x_1x_2$ 모델을 적합시키기 위한 분산분석

출처	*DF*	*Adj SS*	*Adj MS*	*F*-값	*p*-값
모형	5	144.147	28.8294	52.18	0.000
선형	2	62.863	31.4313	56.89	0.000
x_1	1	18.214	18.2138	32.97	0.002
x_2	1	44.649	44.6489	80.82	0.000
제곱	2	69.034	34.5170	62.48	0.000
x_1*x_1	1	44.669	44.6691	80.85	0.000
x_2*x_2	1	44.669	44.6691	80.85	0.000
2차 교호작용	1	12.250	12.2500	22.17	0.005
x_1*x_2	1	12.250	12.2500	22.17	0.005
잔차	5	2.762	0.5525		
적합성 결여(LoF)	3	0.762	0.2541	0.25	0.855
순수 오차(PE)	2	2.000	1.0000		
총계	10	146.909			

적합모형에 해당하는 반응표면과 등고선 곡선은 [그림 10-10] (a) 및 (b)에 나타나 있다. 영역은 최대 반응 지점을 포함하며, 대략 $x_1=0.15$ 및 $x_2=-0.37$, 즉 36%의 농도와 121 rpm의 교반 속도에서 위치한다. 이러한 수준에서 식 (10·6)에 따르면 반응 수율은 89.6%에 가깝게 나타나며 이는 출발점 수율의 32% 향상(68%)을 의미한다.

최대치를 찾았으므로 계산은 여기서 멈춘다. 만약 두 번째 설계의 반응값이 달랐다면, 두 번째 설계에서 형성된 표면도 다를 것이다. 지형적 비유를 계속하면, 예를 들어 봉우리 대신 능선이라면, 새로운 최대경사 상승경로를 따라 또 다른 변위를 시작해야 할 것이다. 그런 다음 모델의 모든 프로세스 - 변위 - 모델링 - …를 모델링하는 모든 과정이 반복될 것이고, 결국 가장 적절한 영역을 찾게 될 것이다. 실제로 이러한 단계가 많으면 안 된다. 선형 모델은 표면 곡률이 극단(최대, 최소 또는 안장 지점)에 가까워질수록 효율성이 떨어지기 때문이다. [그림 10-10] (b)에서 최대 수율(89.6%)은 $(x_1, x_2)=(0.15, -0.37)$에서 나타난다.

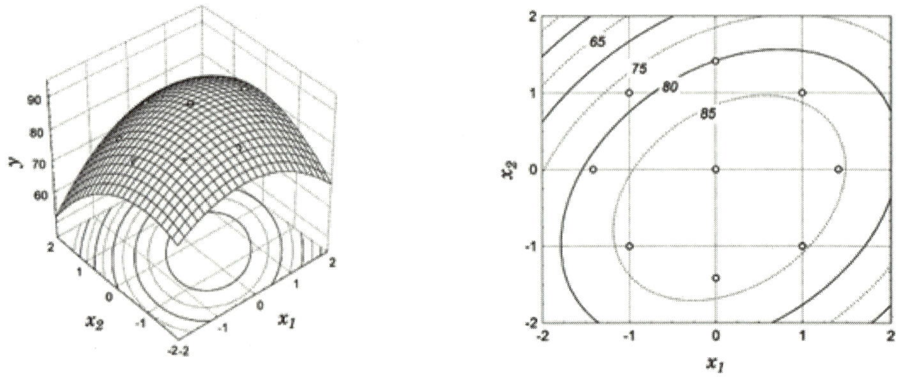

(a) (b)

그림 10-10 (a) 식 (10 · 6)에서 설명한 2차 반응표면, (b) 등고선

4) 최적화

다음 실험 단계는 최적화다. 선별 단계의 결과로 가장 중요한 요소가 확인되었고, 실험영역이 적절한 위치에 있기 때문에 아마도 최적의 지점이 포함되어 있을 것이라고 생각할 수 있다. 최적화에 대해 더 자세히 논의하기 전에 선별과 최적화를 대조해보자. 선별 단계에서 많은 요인이 몇 번의 실험으로 조사되지만 최적화에서는 비교적 많은 요인들에 대한 실험은 거의 없고 선정된 소수 요인만을 집중적으로 실험하기 때문에 선별과 반대가 된다(즉, 영향을 미칠 것이라 생각되는 주요 요인에 대해 더 많은 실험을 해야 한다). 또한 주요 질문을 다시 설정해야 한다. 선별에서 요인이 관련성이 있는지에 대해 묻고 예상 답변은 예 또는 아니요로 표현되지만, 최적화에서는 요인이 얼마나 중요한지 묻고 해당 요인과 반응 사이에 긍정적 또는 부정적인 관계가 있는지를 찾아내고, 그러한 관계의 본질을 제시해야 한다. 즉, 선형, 2차 또는 심지어 3차 관계인지에 대해 답을 제시해야 한다.

따라서 최적화의 주요 목표는 소수의 영향력이 있는 요인들에 대해 심층적인 정보를 추출하는 것이라고 말할 수 있다. 이는 각 요인의 3~5 수준으로 설계하여 2차 다항식 모델에 적합한 완전 설계를 만들게 된다. 2차 모형은 유연하면서 요인과 반응 사이의 "적합한" 관계에 근접한 근사치를 제공한다. 표현된 적합모형을 포괄적으로 설명하는 편리한 방법은 반응표면도 측면에서 모델링 결과를 표시하는 것이다. [그림 10-11]은 반응표면도의 예를 보여준다. 따라서 이 접근방식은 반응표면 모델링 또는 RSM이라고 부른다.

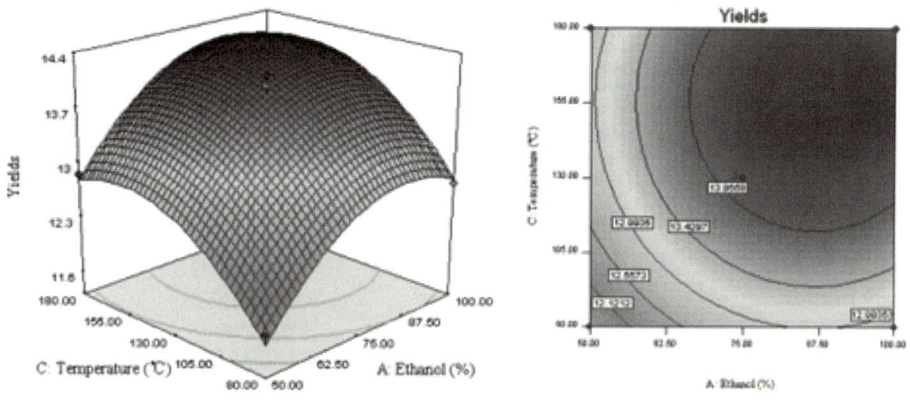

▌그림 10-11▐ 반응표면도의 예

RSM 모델을 활용하는 경우 두 가지 목적으로 사용할 수 있다. 첫 번째는 실험 영역의 요인 설정에 대한 반응값 예측이다. 두 번째는 최적점에 해당하는 요인 설정의 식별, 즉 최적화다. 그러나 요인들 간의 차이에도 반응값이 거의 차이가 나지 않는 상황에서 최적의 상태를 찾는 것은 쉽지 않다. 또한 더 많은 반응과 때로는 상충되는 요구로 인해 최적의 지점을 식별하는 것은 어려울 수 있으며, 최종 결과는 종종 다양한 목표들 간의 타협(trade-off)이 될 수 있다. 그렇다면 RSM에서 중요하게 활용이 되는 몇 가지 방법과 개념에 대해 알아보도록 하자.

일반적인 완전요인 실험설계(FFD)는 모든 입력 요인들의 수준을 고려하여 실험이 수행된다. 즉, 완전요인 실험설계에는 여러 수준을 가진 변수의 가능한 모든 조합이 포함된다. 완전요인설계를 사용하면 각 요인에 대한 주효과 및 교호작용효과를 다 계산할 수 있다. 그러나 2차 이상의 다항식 모델을 적합시킬 때 이 설계의 적용은 효율성과 경제성 면에서 더 큰 문제를 일으킬 수 있다.

이를 위해 Box와 Wilson(1951)은 중심합성 설계(CCD)를 개발했다. 2차 모델 모형은 특히 3수준 요인 설계의 경우 요인 간의 고차 교호작용을 추정하여 최적화 과정을 현격하게 개선시킬 수 있다.

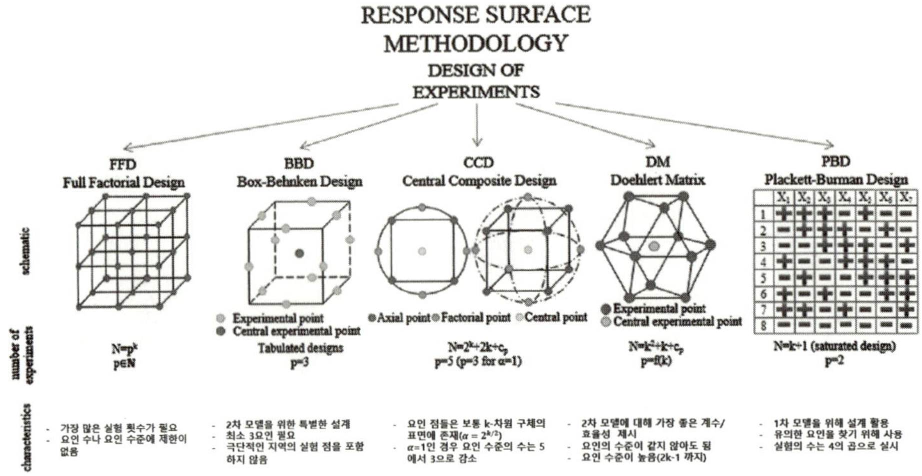

그림 10-12 반응표면 방법에서 사용되는 기본 모델 설계

중심합성 계획법 설계는 3^n 완전요인 설계만큼 많은 정보를 산출하지만 이 방법론은 완전요인 설계(FFD)보다 적은 수의 실험을 수행한다. 또한 중심합성 설계(CCD)는 공정에 영향을 미치는 요인변수의 선형 및 2차 상호작용 효과에 대한 높은 예측 정확도를 제공한다. 중심합성 설계는 반응표면 방법론의 핵심이다. 중심합성 설계는 5수준 설계로, k요인의 경우, 2^k요인 설계 또는 2_V^{k-p}부분요인 설계, 중심점 및 축점들과 같은 조합으로 구성되며, 축점은 설계 중심에서 거리 α에 위치한다. k요인을 사용하여 완전 2차 모형을 적합시키려면 중심합성 계획법 설계 시 2^k+2k+n_0 설계점(n_0은 중심점수)이 필요하며 $(k+2)(k+1)/2$ 계수를 추정할 수 있다. 설계 중심에서 축점의 거리 α(요인의 수, 요인 수준 및 원하는 설계 속성의 함수)는 설계의 특성과 요인수 그리고 중심점의 수에 의해 결정한다. 구면 중심합성 설계는 모든 요인점과 축점이 구면이나 반지름 $\alpha=\sqrt{k}$의 표면에 있는 설계이다. 이는 설계의 예측 분산이 모든 점에서 같다는 것을 의미한다. 즉, 설계 중심으로부터의 거리, 설계가 중심점을 중심으로 회전할 때 예측 반응의 분산이 모든 곳에서 동일하다는 것을 의미한다. 이 특성을 가진 설계를 회전 가능한 설계로 부른다. 또한 축점이 위치한 위치에 따라 중심합성 설계는 CCC(circumscribed central composite), CCI(inscribed central composite), CCF(face centered composite)의 세 가지 유형으로 나눌 수 있다. 적절한 중심합성 설계 유형을 선정할 때는 운영 가능성과 관심 영역을 비교하는 것이 가장 중요하다.

Box and Behnken(1960)은 3수준 불완전한 요인설계를 개발했다. 많은 실험을 수행해야 하는 완전요인 설계를 통해 선형, 2차 및 교호작용효과를 설명하려면 2차 다항식의 모델을 사용해야 한다. Box와 Behnken은 특히 2차 모델에 적합하게 하는 실험수를 최소화하기 위해 이 설계를 만들었다. 실험 행렬은 불완전한 블록 설계가 있는 두 수준 요인설계(+1, 1)를 사용하여 작성된다. 마지막 행렬은 정밀도를 향상시키기 위해 중앙점의 여러 반복실험을 포함하여 완성된다. 이 설계에는 모든 요인이 극단 값을 갖는 실험점이 없다는 것이 특징이다. 이 기능은 극한 조건을 원하지 않는 실험에 유용할 수 있다. BBD(Box-Behnken design)는 중심합성 설계보다 극단값을 찾지 않아도 된다는 점에서 효율적이고 FFD보다 훨씬 더 효율적이다. 그러나 BB는 두 가지 중요한 제한을 가지고 있는데 실험인자의 수는 3개 이상이어야 하는 것과 2차 다항식 이외의 다른 방정식에 사용해서는 안 된다는 것이다.

BBD는 3수준 회전 가능 또는 거의 회전 가능한 설계의 제품군이다. 이 기법은 균형화된 불완전한 블록 설계와 2^k요인 설계를 사용한다. 설계는 요인 수준의 중간 수준($x^i = 0$)에 위치한 가장자리 점을 선호하여 설계 공간의 극단점을 피하는데 이 경우 요인 점 위치에서의 추정이 어려워진다. 따라서 BBD는 입방체의 요인의 극단점을 예측하는 데 관심이 없는 경우에 더 유용하다.

중심합성 설계의 경우와 마찬가지로 중심점에서 반복적인 실험을 사용하면 설계 공간에 걸쳐 예측 분산을 더 균일하게 추정할 수 있다. 비록 실무자들이 종종 BBD의 입방체 모양 때문에 입체영역과 연관시키지만, BBD는 구면 설계이다. 이러한 설계는 회전 가능하거나 회전 가능에 가깝기 때문에 예측 정확도를 향상시키기 위해 충분한 중심점이 필요하다.

Doehlert Matrix 또는 균일 쉘 설계(uniform shell design)는 일반 심플렉스(simplex)를 기반으로 하며, 이것은 k−차원 공간에서 k+1의 균일한 간격으로 형성된 기하학적 형상이며, 정삼각형은 2차원 일반 심플렉스(simplex)이다. 셸 설계는 구형 영역에 걸쳐 k개의 독립 인자에 반응표면을 적합시키는 데 사용된다. 이러한 유형의 설계의 가장 큰 장점은 유연성이다. Doehlert Matrix는 완전 순차적이다. 심플렉스 기반의 아키텍처로 인해 몇 가지 실험 포인트를 추가하여 k−차원 D

를 $(k+1)$요소로 업그레이드할 수 있다. 균일 쉘 설계의 또 다른 특징은 실험 수준의 수가 같지 않아도 된다는 것이다. 순차 모델링에서는 가장 중요한 요소에 더 많은 수준을 적용할 수 있다.

Plackett-Burman 설계는 다중 인자 시스템의 주 인자 효과를 빠르게 결정하기 위한 방법(a short-cut method)으로 개발되었다(Plackett 및 Burman, 1946). 이 설계에는 $N=k+1$ 실험만 필요하다. 실험횟수가 첫 번째 순서 RSM 모델의 매개변수 수와 같고, 그러한 설계의 자유도가 0과 같기 때문에 이러한 설계 유형을 "포화설계"라고 한다. 설계 포화 상태 때문에 2차 다항식 사용은 불가능하며 이 설계는 교호작용효과에 대한 정보를 제공하지 않는다. 또한 실험 매트릭스 설계의 구체적인 방법론 때문에 실험횟수는 4의 배수여야 한다. 그러나 더미계수를 사용할 때는 이러한 제한을 피할 수 있다. 더미변수는 나중에 표준편차 계산에 사용될 수 있다.

5) 강건성(Robustness) 실험

강건성 실험은 실험 공정에서 중요하지만 종종 간과되는 단계다. 품질확보를 위한 마지막 실험으로서 거의 완성된 제품, 즉 분석시스템이 출시되기 전에 주로 실시한다. 따라서 4가지 주요 실험 목표 중 하나로 강건성 실험을 강조한다. 강건성 실험을 통해 결과에 영향을 미칠 수 있는 요인을 식별하고 결과가 주어진 규격 내에 있도록 한다. 일반적으로 온도, 압력, 가스흐름 등과 같은 통계 설계에서 변화를 만들어내는 요인들이 그 예이다. 즉 원칙적으로는 별 효과가 없지만, 여전히 이상적인 결과를 중심으로 원하지 않는 결과를 만들어내는 요인들도 밝혀야 한다. 그러한 요인의 대표적인 예로는 주변 온도, 습도, 원료 구성의 변동성 등이 있다. 그들의 영향을 이해하고 반응의 변동을 최소화하도록 모든 요인을 조정해야 좋은 결과를 유지할 수 있는데 그것이 강건성 설계의 목적이다. 강건성 테스트 문제에 대처하는 방법은 다양하다. 일반적으로 부분요인 설계 또는 Plackett-Burman 설계를 사용한다.

3 주요 반응표면 실험 설계

3.1 중심합성 설계(CCD)

1) 중심합성 실험개요

앞에서 설명한 대부분의 설계는 탐구 목적으로 사용된다. 주요 요인을 찾아낸 후 보다 상세한 시스템 모델을 얻는 것이 유용한 경우가 많은데 이때 중심합성 설계를 사용한다. 중심합성 설계를 사용하는 주요한 이유는 두 가지가 있다. 첫 번째는 최적화를 위한 것이다. 예를 들어, 합성반응의 수율을 개선하는 것이 목적이라면 적절한 상황에서 최대 또는 최소가 되는 조건을 찾는 것을 의미한다. 두 번째는 상세한 정량적 모델을 만드는 것이다. 즉, 반응이 다양한 요인들의 값과 어떻게 관련되는지 수학적으로 예측하는 것이다. 예를 들어, 제조된 제품의 근적외선(NIR) 스펙트럼이 제조에 사용되는 재료 및 가공의 특성과 어떻게 관련되는지 등을 들 수 있다.

대부분의 탐색적 설계는 반복적인 정보나 제곱 또는 교호작용 항에 대한 정보를 제공하지 않으며, 모형에 대한 적합성 결여에 대한 자유도 또한 종종 0이다. 적절한 모델은 실험의 수를 줄이기 위해 보통 2개에서 5개로 적은 수의 요인을 사용하여 추정하는 것이 가장 좋다.

[그림 10-13]에 나타낸 3요인 실험을 통해 간단하게 설계방향에 대해 알아보자.

① 3요인에 대한 일부요인 설계는 세 개의 선형 항과 절편을 추정하기 위해 네 점으로 구성된 실험으로 형성된다. 이러한 설계에서는 교호작용, 반복실험 또는 제곱 항에 대한 추정치를 구할 수 없다.

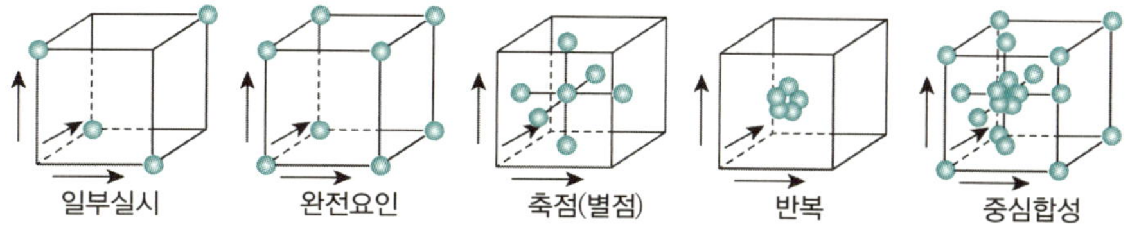

그림 10-13 3요인 중심합성 설계의 전개 방향

② 이를 8개의 실험으로 확장하면 모든 상호작용 항에 대한 추정치가 제공된다. 입방체로 표현될 때, 이러한 실험점들은 입방체의 여덟 모서리에 배치된다.

③ 축점 혹은 별점으로 표현되는 설계를 사용하여 제곱 항을 추정할 수 있다. 이를 위해서는 요인별로 최소 3개의 수준이 필요하며, 종종 +1, 0, −1로 표시되며, "0" 수준이 중심이다. 그 이유는 2차식에 적합하기 위해서는 최소한 3점이 있어야 하기 때문이다. 세 가지 요인에 대해 축점 설계는 중심점과 입방체의 6개 면 각각 중간에 있는 점으로 구성된다.

④ 마지막으로 오차를 추정하는 것이 중요한 경우가 많으며, 이는 일반적으로 설계 중심에서 실험을 5회 반복함으로써 수행된다. 물론 다른 반복횟수가 가능하다.

⑤ 완전요인 설계, 축점 설계 및 5번의 반복실험을 수행하면 20개의 실험이 수행된다. 이 설계는 종종 중심합성 계획법이라고 불린다. 축점의 정확한 위치는 설계의 다른 특성과 관련이 있다. 축점이 ±1일 경우 이 설계는 "면 중심 입방체"로 정의되기도 한다.

2) 중심합성 실험의 구성

중심합성 계획법은 단일 실험이나 순차 실험에 사용될 수 있다. 입방체 점과 일부 중심점은 1차 모델을 제공한다. 실험 데이터에 전체적인 곡면성이 있다고 가정할 경우 축점과 일부 추가 중심점을 추가하여 설계를 2차 설계로 확장할 수 있다. 반면에 실험 영역이 최적 영역에 가까워질 때 순차적 실험은 불필요하게 되며 그때 중심합성 계획법은 단일 실험을 위해 사용할 수 있다. 중심합성 계획법에서 순차적 실험을 사용할 수 있다는 것은 확실한 장점으로 볼 수 있다.

중심합성 설계는 다음과 같이 구성된다.

① 2^k완전요인이거나, 2^k일부요인 배치를 구성한다.

② 좌표 축을 따라 $2k$ 축점(별점)을 추가한다. 각 축점(별점)은 설계 중심으로부터 각 요인을 나타내는 축을 따라 α만큼 떨어진 것을 의미하며 다음과 같이 코드화된 레벨을 사용하여 표시된다.

$(\pm\alpha,\ 0,\ 0,\ \cdot,\ 0)$,

((0, $\pm\alpha$, 0, · 0),

. . .

(0, 0, 0, · ·, $\pm\alpha$),

여기서 α는 상수로서, 설계를 회전 가능하게 하거나 다른 요구되는 특성을 만족시키기 위해 선택할 수 있다.

③ 설계 중심에 n_0번의 반복 관측치를 추가한다.

(0, 0, 0, . . ., 0).

④ 실험단위 또는 실행순서에 대한 요인 수준 조합은 랜덤하게 수행한다.

표 10-6 축점 $\pm\alpha$와 4개 중심점을 가진 3요인 중심합성 실험법

No.	x_1	x_2	x_3		No.	x_1	x_2	x_3	
1	−1	−1	−1	2^3요인 실험점	10	a	0	0	축점
2	1	−1	−1		11	0	$-\alpha$	0	
3	−1	1	−1		12	0	α	0	
4	1	1	−1		13	0	0	$-\alpha$	
5	−1	−1	1		14	0	0	α	
6	1	−1	1		15	0	0	0	중심점
7	−1	1	1		16	0	0	0	
8	1	1	1		17	0	0	0	
9	$-\alpha$	0	0		18	0	0	0	

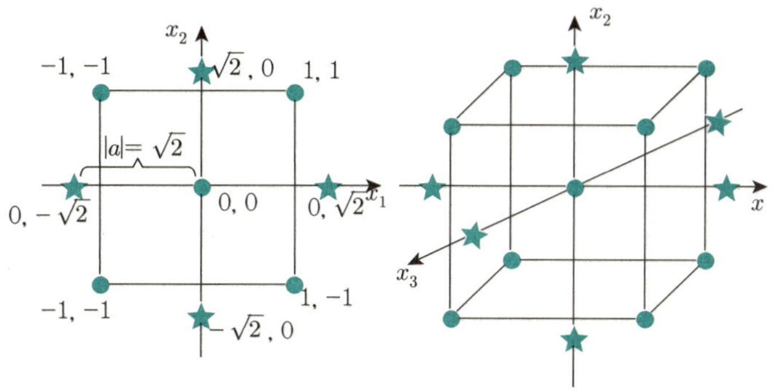

(a) $\alpha = \sqrt{2}$ 인 2요인 중심합성 설계 (b) 3요인 중심합성 설계

그림 10-14 2, 3요인 중심합성 설계 그림

만약 $\alpha=\sqrt{2}$ 라면 원점에서 8개의 점들이 $\sqrt{2}$ 의 위치에 놓이게 된다.

일반적으로 중심합성 계획법 설계를 선택할 때 세 가지 문제를 고려한다.

① 설계의 요인 부분 선택

② 축점의 α값을 결정

③ 중심점수를 결정

(1) 설계의 요인 부분 선택

2^k완전요인 실험을 기반으로 한 중심합성 설계에서 실험횟수의 총수는 $n=2^k+2k+n_0$이다. 이 숫자는 일반적으로 3^k 미만이기 때문에 3^k요인 실험보다 더 적은 실험횟수가 필요하다. 중심합성 설계는 $\alpha=F^{1/4}$를 선택하여 회전할 수 있으며, 여기서 F는 요인점의 수(예: 완전요인 실험을 사용할 때 $F=2^k$)이다. 2^k완전요인 설계를 기초한 3요인 중심합성 설계의 그림이 [그림 10-14(b)]에 제시되어 있다.

(2) 축점의 α값을 결정

일반적으로 1과 $\sqrt{k}$ 중에서 α를 선택하고, 이 범위를 벗어나는 경우는 드물다. α를 선택할 때 2가지 상황을 고려할 필요가 있다.

첫째, 두 가지 극단적인 경우

$\alpha=1$의 경우, 축점은 입방체 면의 중심에 위치한다.

$k=3$의 경우, 6개의 축점은 2^3개의 입방체 6개의 면 가운데에 있다. 따라서 이 설계는 면중심 입방체라고 부른다.

둘째, 설계 영역이 입방체일 경우 효과적인 설계가 된다.

(3) 중심점수를 결정

$\alpha=\sqrt{k}$ (구면 영역에 적합함)의 경우, 2차 모형의 모수 추정성에 대해 적어도 하나의 중심점이 필요하다. 그렇지 않으면 $\hat{y}(x)$의 분산이 무한대가 된다. 예측 분산을 안정화하려면 α가 $\sqrt{k}$에 가까울 때 중앙점에서 3~5회 수행하는 것이 일반적인 규칙이다. α가 1에 가까울 경우(입방체 영역에 적합함) 중앙점에서 1~2회 실험정

도면 예측 분산의 안정성에 충분하다. 이 두 값 사이에서는 2~4회 실행을 고려한다. 중심점에서 반복실험을 수행하는 주요 목적이 오차 분산을 추정하는 것이라면 4개 또는 5개 이상의 실험횟수가 필요할 수 있다.

상기와 같이 진행하여 진행되는 실험의 횟수는 다음과 같다.

$$\text{실험횟수: } 2^k(\text{요인실험점수})+2k(\text{축점수})+n_0(\text{중심점수})$$

3.2 Box-Behnken 설계

Box-Behnken 설계는 3^k요인설계의 또 다른 대안이다. 중심합성 설계는 3^k에 비하여 실험점의 수가 매우 적지만, 각 요인마다 5수준에서 실험을 해야 하는 단점을 가지고 있다. 이를 해결하기 위해서 Box와 Behnken(1960)은 불완전한 블록 설계와 2^k요인설계를 결합하여 만들어진 3수준 2차 모델의 실험설계를 제시하였다. 실험의 결과는 실험 단위를 효율적으로 사용할 수 있게 하고, 또한 회전이 가능하거나 거의 회전 가능하게 설계된다. 또한 Box-Behnken 설계에는 2수준 요인 설계에 의해 생성된 입방체 영역의 극단점이 포함되지 않으며, 모든 설계점은 구체에 있거나 구 중심에 있다. 이 설계는 입방체의 하나 이상의 모서리에 있는 점이 실험의 물리적 제약으로 인해 엄청나게 비싸거나 테스트가 불가능한 요인 수준 조합을 나타내는 경우에 유리하다. 그러므로 Box-Behnken 설계는 중심합성 설계와 비교하여 다음과 같은 특징을 가지고 있다.

① 중심합성법보다 적은 실험점을 가지고 있다.
② 축점에서는 실험이 이루어지지 않는다.
③ 공정의 운영조건을 알고 있을 때 운영조건 안에서 유용하게 실험할 수 있다.

유용한 Box-Behnken 설계는 아래 표에서 제시한 행에 ±1 기호가 배열되어 있는데, 그것은 각 요인의 수준이 ±1 그리고 0이 있는 설계 행에 대해 나타나 모든 요인의 각 수준으로 실행되어야 한다는 것을 의미한다. 이 방법은 세 가지 요인(예: $k=3$)에 대한 가장 작은 설계로 구성되어 있다. 3개의 처리와 3개의 블록으로 균형화된 불완전 블록 설계는 [표 10-7]과 같다.

반응표면 연구에서 세 가지 입력 요인 x_1, x_2, x_3를 처리한다. 각 블록에 있는 두 개의 x 기호를 2수준 2^2 설계의 두 열로 교체하고 x 기호가 나타나지 않는 곳에 0의 열을 삽입한다. 다음 두 블록에 대해 이 절차를 반복하고 중앙점에서 몇 번의 실험 횟수를 추가하면 $k=3$에 대한 Box-Behnken 설계가 만들어진다. 총실험횟수는 $12+n_0$로 n_0는 중심에서의 실험횟수를 나타낸다.

표 10-7 $k=3$인 Box-Behnken 설계

블록	처리 1	처리 2	처리 3
1	×	×	
2	×		×
3		×	×

x_1	x_2	x_3
±1	±1	0
±1	0	±1
0	±1	±1
0	0	0
0	0	0
0	0	0

이 설계에 필요한 총 테스트 실행수는 15개로 반복측정횟수가 같은 중심합성 계획법 설계에 필요한 17개보다 작으며 반복실험이 없는 3^3개 요인 설계에 필요한 27개보다 작다. 중심합성 계획법 설계와 같이 설계 중심에는 세 번의 반복 시험이 포함된다. Box-Behnken 설계에는 각 요인에 대해 세 가지 수준만 필요하다. 면 중심의 중심합성 계획법 설계보다 시험횟수가 적을 뿐만 아니라 회전할 수 있기 때문에 선호된다.

유사한 구조는 k=4, 5에 대해 [표 10-8]에 제시된 설계로 이어진다. 행렬의 (±1, ±1)은 앞에서 설명한 대로 2^2 설계의 4번의 실험횟수를 나타낸다.

표 10-8 요인이 $3 \le k \le 5$일 때 Box-Behnken 설계
(N: 실험크기, n_0: 중심에서의 실험횟수)

k	N	설계점
3	$12+n_0,\ n_0 \geq 1$	$\begin{bmatrix} \pm1 & \pm1 & 0 \\ \pm1 & 0 & \pm1 \\ 0 & \pm1 & \pm1 \\ 0 & 0 & 0 \end{bmatrix}$

4	$24+n_0,\ n_0 \geq 3$	$\left[\begin{array}{cccc} \pm 1 & \pm 1 & 0 & 0 \\ 0 & 0 & \pm 1 & \pm 1 \\ 0 & 0 & 0 & 0 \\ \hline \pm 1 & 0 & 0 & \pm 1 \\ 0 & \pm 1 & \pm 1 & 0 \\ 0 & 0 & 0 & 0 \\ \hline \pm 1 & 0 & \pm 1 & 0 \\ 0 & \pm 1 & 0 & \pm 1 \\ 0 & 0 & 0 & 0 \end{array}\right]$
5	$40+n_0,\ n_0 \geq 2$	$\left[\begin{array}{ccccc} \pm 1 & \pm 1 & 0 & 0 & 0 \\ 0 & 0 & \pm 1 & \pm 1 & 0 \\ 0 & \pm 1 & 0 & 0 & \pm 1 \\ \pm 1 & 0 & \pm 1 & 0 & 0 \\ 0 & 0 & 0 & \pm 1 & \pm 1 \\ 0 & 0 & 0 & 0 & 0 \\ \hline 0 & \pm 1 & \pm 1 & 0 & 0 \\ \pm 1 & 0 & 0 & \pm 1 & 0 \\ 0 & 0 & \pm 1 & 0 & \pm 1 \\ \pm 1 & 0 & 0 & 0 & \pm 1 \\ 0 & \pm 1 & 0 & \pm 1 & 0 \\ 0 & 0 & 0 & 0 & 0 \end{array}\right]$

3요인 Box-Behnken 설계는 [그림 10-15,16,17]에 나타나 있다.

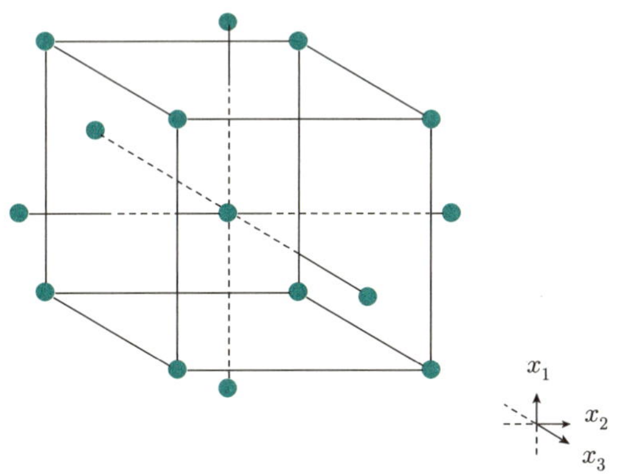

그림 10-15 3요인 중심합성 설계

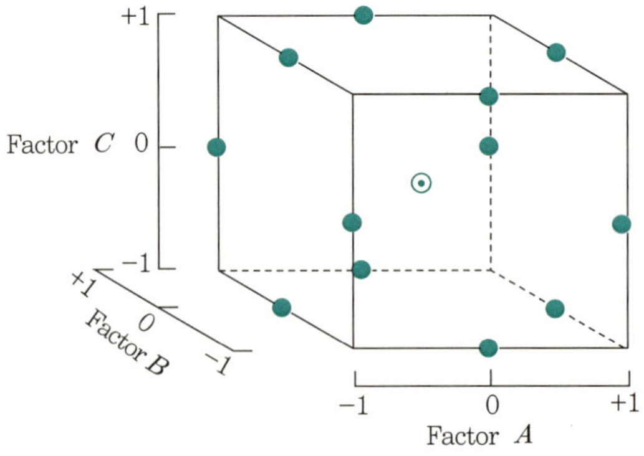

그림 10-16 3요인 Box-Behnken 설계(코드화한 요인 수준 사용)

3수준 면 중심의 중심합성 계획법 [그림 10-15]와 3수준 Box-Behnken 설계 [그림 10-16]을 주의 깊게 살펴보면 흥미로운 기하학적 패턴이 드러난다. 두 설계가 중첩되면 [그림 10-17]과 같이 완전한 3^3개의 요인 설계를 얻게 된다.

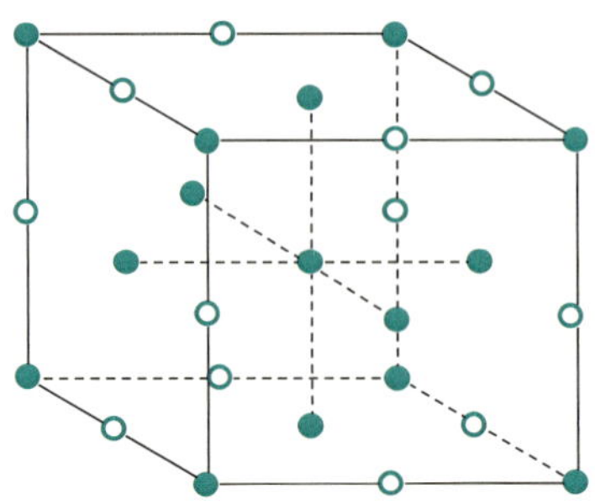

그림 10-17 Box-Behnken(○)과 면중심합성(●) 설계의 3^3 요인 배치

Box-Behnken 설계의 한 가지 장점은 각 요인에 대해 세 가지 수준만 요구한다는 것이다. 이와는 대조적으로 중심합성 계획법 설계에는 α를 1로 선택한 경우를 제외하고 5개의 수준이 필요하다. (중앙을 제외한) 모든 설계점은 길이가 $\sqrt{2}$ 이다. 즉, 모두 같은 구위에 놓여 있다. 이러한 설계는 특히 구형 영역에 적합하다. 구면 특성 때문에 중심점에는 적어도 3에서 5번의 실험을 실행하여야 한다.

중심합성 설계, 3수준 설계, Box-Behnken 설계의 런수를 비교하면 다음과 같다.

표 10-9 중심합성 설계, 3수준 설계, Box-Behnken 설계 비교

요인수	중심합성 설계	3수준	Box-Behnken
2	8+3	9+3	……
3	14+3	27+3	12+3
4	24+3	81+3	24+3
5	26+3	243+3	40+3

[표 10-9]에 있는 중심합성 설계의 런 크기를 비교하면, $k=3$에 대한 Box-Behnken 설계는 상당히 경제적이며, $k=4$에 대한 설계는 최소 요구 크기인 15보다 12개가 많은 27개의 설계점을 가지고 있으며, $k=5$에 대한 설계는 최소 요구 크기인 21개보다 22개가 더 많다. 이러한 비교는 $k>5$의 Box-Behnken 설계의 경우 더욱 나쁘게 나타날 것이다. 일반적으로 실험에서는 최소 요구 크기보다 훨씬 큰 2차 설계를 권장하지 않는다.

3.3 Plackett-Burman 설계

Plackett-Burman(PB) 설계는 2^k 설계와 마찬가지로 각 k요인 변수에 대해 2수준을 사용하지만, 특히 k가 큰 경우 훨씬 적은 수의 실험을 요구한다. 따라서 2^k 실험보다 경제적이다. 즉, 2수준 부분요인 설계는 실행횟수가 2의 거듭제곱 일 때만 사용할 수 있으므로 필요한 실행횟수에 큰 간격이 있다. 일반적으로 사용되는 부분요인 설계에는 8, 16 또는 32개의 실험이 수행된다. 어떤 경우에는 이 수치가 실험적 현실과 양립할 수 없는 경우가 발생한다. 8에서 16으로, 또는 16에서 32로의 실험횟수의 증가는 실험의 비용이나 노력적인 측면에서 비효율적이라고 느낄 수 있다. 즉, 이러한 간격이 너무 넓다.

다행히도 Plackett-Burman 설계 제품군을 고려하면 이러한 부담을 완화할 수 있다. Plackett-Burman 설계는 직교 2수준 선별 설계로, 실험수가 4의 배수인 경우, 즉 PB 설계는 다양한 부분요인 설계 사이의 간격이 매우 넓지 않다. 아래 그림에서처럼 12, 20, 24, 28번의 PB 설계가 특히 관련이 있는 것으로 보인다. 그러나 8, 16 또는 32 실험이 진행된다면 부분요인 설계가 권장된다. 설계점의 숫자 n은 모델 $y = \beta_0 + \sum_{i=1}^{k} \beta_i x_i + \epsilon$의 모수 수와 동일한 $k+1$과 같다. 이 점에서 설계점의 개수가 모형에서 추정할 모수의 개수와 같기 때문에 설계는 포화상태라고 한다. 더욱이 이 설계는 n이 4의 배수일 때만 사용할 수 있다. 따라서 요인 변수의 숫자 k가 3, 7, 11, 15, 19. 23, 27, 31과 같을 때 사용할 수 있다.

4 미니탭을 활용한 반응표면 설계의 예

4.1 미니탭을 활용한 반응표면 분석 절차

미니탭을 활용해서 반응표면 분석절차는 다음과 같이 진행되어진다.

① 실험인자의 선정
- 반응변수에 어떤 인자가 유의한지를 결정한다.

② RS 실험 설계
- 중심합성(central composite) 또는 Box-Behnken을 생성한다.
- 워크시트에 데이터를 가지고 있다면 Define Custom RS Design을 선택한다.

③ 실험 진행 및 데이터 입력
- 실험의 실시: 표준 또는 랜덤화된 순서에 의한 실험을 수행한다.
- 수집한 데이터를 워크시트에 입력한다.

④ RS 실험 설계 분석
- 실험의 결과를 모델에 적합시킨다.
- 완전모형분석: Full Model의 분산분석표 작성
- 축소모형분석: 유의하지 않은 항을 제거(풀링 이용)
- 잔차분석: 모형의 적합성 확인

⑤ Contour/Surface(Wireframe) Plot

⑥ 최적조건 도출, Overlaid Contour Plot
- 여러 개의 반응변수에 대해 최적화할 수 있는 해의 정보를 제공한다.

4.2 중심합성 설계(CCD) 예

혈청 내 Tyroxine 호르몬의 수치를 결정하기 위한 방법에 대한 성능을 평가하기 위해 사용되었던 중심합성 설계의 예를 알아보자. 초기 실험 후 본 연구의 주요 요인은 3개의 요인(온도, 농도, 성장시간)으로 밝혀졌다. 회전 중심합성 설계를 이 실험에 사용하였다. 설계는 2^3개의 입방체의 8개의 모서리 점, 6개의 별점, 그리고 n_0개의 중심점으로 구성된다. 별점(축점) $\alpha = 81/4 = 1.68$이다.

세 개의 중심점을 선택한 경우 설계(랜덤화 이전)는 [표 10-10]과 같다.

표 10-10 Tyroxine 연구를 위한 회전 중심합성 계획법

Experimental Runs	Factors		
	A(온도)	B(농도)	C(시간)
1	−1	−1	−1
2	1	−1	−1
3	−1	1	−1
4	1	1	−1
5	−1	−1	1
6	1	−1	1
7	−1	1	1
8	1	1	1
9	0	0	0
10	0	0	0
11	0	0	0
12	$-\alpha$	0	0
13	$+\alpha$	0	0
14	0	$-\alpha$	0
15	0	$+\alpha$	0
16	0	0	$-\alpha$
17	0	0	$+\alpha$
18	0	0	0
19	0	0	0
20	0	0	0

$\alpha = 1.682$(axial point for CCD)

실제 사용된 설계는 [그림 10-18]과 같다. [그림 10-19]는 2^3요인실험으로 만들어진 정육면체의 면에 축점(별점)이 있다는 점에서 중앙합성 설계의 특수한 형태다. 따라서 $\alpha=1$이고 설계를 면 중심의 입방체 설계라고 한다. 면 중심 설계는 각 요인의 3수준만 사용하는 반면 여기서 사용하는 중심합성 설계는 회전 설계가 가능한 각 요인의 5수준(0, ±1, ±α)의 실험 설계를 선택하였다.

설계 중심점에서 3개의 반복실험을 수행하여 총관측개수는 n=8+6+6=20이었다. 이는 반복 없이 3단계 요인 분석에 필요한 관측치의 절반($3^3=27$)을 약간 넘는 수치다.

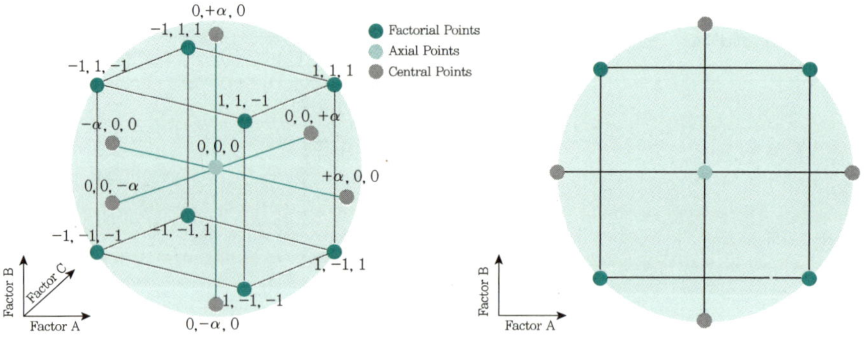

▌그림 10-18▌ 3요인 중심합성 설계

▌표 10-11▌ 실험 설계를 위해 사용한 실제 값과 코드화된 값들

변수	실제 값과 코드화된 값				
	$-\alpha$	-1	0	$+1$	$+\alpha$
온도(A)	80	90	105	120	130
농도(B)	3.2	10	20	30	37
시간(C)	2.6	4	6	8	9.6

α=1.682(axial point for CCD)

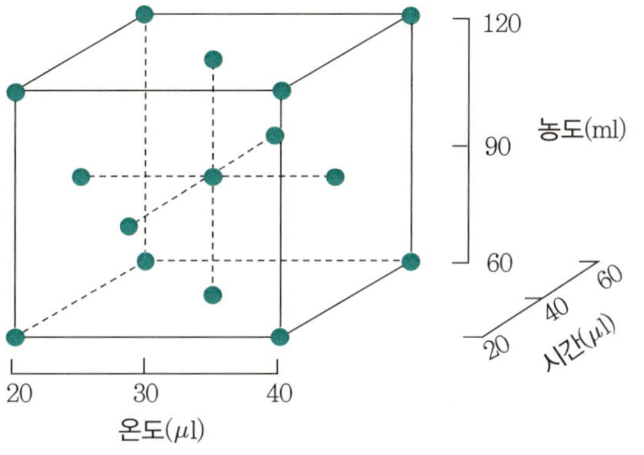

▌그림 10-19 ▌Tyroxine 연구를 위한 면 중심합성 설계

1) 실험계획법 설계

- 메뉴

  ① **통계분석>실험계획법>반응표면 설계>반응표면 설계 생성**

  - 설계유형: 중심합성 계획법(C)
  - 연속 요인수(N): 3

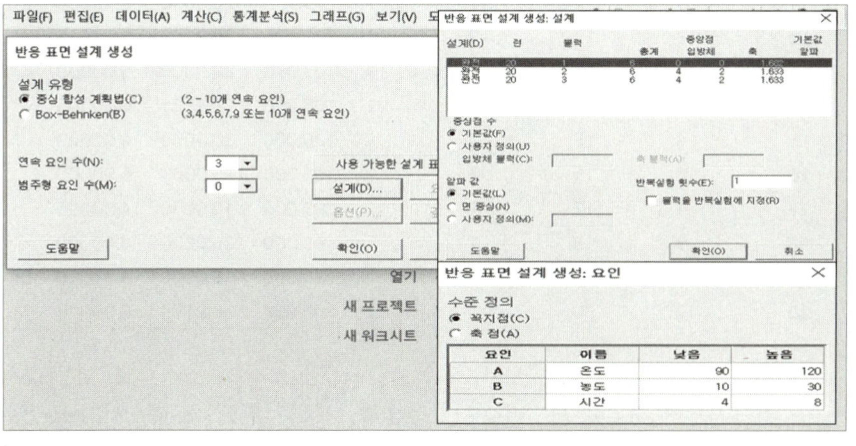

  ② 설계(D) 선택

  - 완전 런 20, 블록 1을 선택
  - 중심점수와 알파값: 기본값 선택
  - 반복실험횟수: 1 선택

③ 요인(F) 선택

• 수준정의: 꼭지점 선택(인자 수준은 꼭지점 주위에 위치)

• 요인: A, B, C 입력(수준은 통상 Uncode로 기입),

④ 옵션(P) 선택: 런 랜덤화(U): 클릭시 실험이 랜덤하게 진행

◆ 미니탭 실험계획법 설계 결과

↓	C1	C2	C3	C4	C5	C6	C7	C8
	표준 순서	런 순서	점 유형	블럭	온도	농도	시간	Thickness
1	7	1	1	1	90.000	30.0000	8.00000	111
2	17	2	0	1	105.000	20.0000	6.00000	97
3	20	3	0	1	105.000	20.0000	6.00000	46
4	18	4	0	1	105.000	20.0000	6.00000	74
5	8	5	1	1	120.000	30.0000	8.00000	76
6	19	6	0	1	105.000	20.0000	6.00000	75
7	2	7	1	1	120.000	10.0000	4.00000	42
8	10	8	-1	1	130.227	20.0000	6.00000	77
9	5	9	1	1	90.000	10.0000	8.00000	31
10	14	10	-1	1	105.000	20.0000	9.36359	65
11	9	11	-1	1	79.773	20.0000	6.00000	80
12	13	12	-1	1	105.000	20.0000	2.63641	50
13	15	13	0	1	105.000	20.0000	6.00000	57
14	11	14	-1	1	105.000	3.1821	6.00000	28
15	4	15	1	1	120.000	30.0000	4.00000	72
16	16	16	0	1	105.000	20.0000	6.00000	75
17	1	17	1	1	90.000	10.0000	4.00000	23
18	3	18	1	1	90.000	30.0000	4.00000	99
19	6	19	1	1	120.000	10.0000	8.00000	41
20	12	20	-1	1	105.000	36.8179	6.00000	109

• 해설:

– 워크시트에 표준순서, 런순서, 점유형, 블록, 온도, 농도, 시간의 열이 생기고 내용이 기록된다. 실험 설계가 완료되었으면 런 순서에 준하여 실험을 진행한다.

– 실험은 교반속도, 반응온도, 농도의 수준별 조합으로 20회 진행하여 각 실험별 반응값을 확인한다.

– 데이터 입력: 실험 결과 데이터를 실험계획법 설계결과의 C8에 입력

2) 요인분석

◆ 메뉴

① **통계분석 > 실험계획법 > 요인 > 반응표면 설계분석**

• 반응(R): Thickness

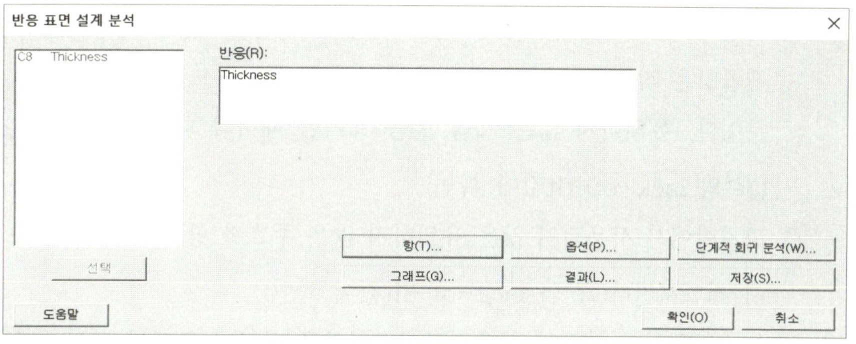

② 항(T) 선택

• 완전 2차(모델로 적합시키고자 하는 항을 지정)

◆ 미니탭 요인분석 결과

[분산분석]

코드화된 계수

항	계수	SE 계수	T-값	P-값	VIF
상수	70.86	5.38	13.16	0.000	
온도	-2.79	3.57	-0.78	0.454	1.00
농도	26.16	3.57	7.32	0.000	1.00
시간	3.53	3.57	0.99	0.346	1.00
온도*온도	1.47	3.48	0.42	0.681	1.02
농도*농도	-2.06	3.48	-0.59	0.566	1.02
시간*시간	-5.95	3.48	-1.71	0.118	1.02
온도*농도	-11.38	4.67	-2.44	0.035	1.00
온도*시간	-2.13	4.67	-0.46	0.659	1.00
농도*시간	1.12	4.67	0.24	0.814	1.00

모형 요약

S	R-제곱	R-제곱(수정)	R-제곱(예측)
13.2001	86.66%	74.64%	71.17%

분산 분석

출처	DF	Adj SS	Adj MS	F-값	P-값
모형	9	11314.4	1257.15	7.21	0.002
선형	3	9620.3	3206.77	18.40	0.000
온도	1	106.0	105.99	0.61	0.454
농도	1	9344.0	9344.02	53.63	0.000
시간	1	170.3	170.31	0.98	0.346
제곱	3	612.7	204.23	1.17	0.368
온도*온도	1	31.3	31.30	0.18	0.681
농도*농도	1	61.3	61.26	0.35	0.566
시간*시간	1	510.3	510.33	2.93	0.118
2차 교호작용	3	1081.4	360.46	2.07	0.168
온도*농도	1	1035.1	1035.13	5.94	0.035
온도*시간	1	36.1	36.13	0.21	0.659
농도*시간	1	10.1	10.12	0.06	0.814
오차	10	1742.4	174.24		
적합성 결여	5	205.1	41.02	0.13	0.977
순수 오차	5	1537.3	307.47		
총계	19	13056.8			

• 해설: 1차 분산분석에서 유의하지 않은 인자에 대해서는 풀링을 진행한다.

[참조] 모형축소(풀링) 진행 순서

① 분산분석표에서 유의하지 않는 항을 확인하여 제외한 후 모델을 재적합시킨다. 고려순서는 블록, 교호작용, 2차항을 차례로 제외시킨다.

② 분산분석표에서 모형에 남아 있는 항들이 모두 유의하면 각 항에 대한 p−값을 살펴본다.

③ 유의하지 않은 모든 블록항과 교호작용항을 모두 제거하고 다시 모형을 적합시킨다(R^2와 lack−of−fit값이 확인).

④ 가장 p−값이 큰 것부터 한 번에 하나씩 유의하지 않은 제곱항을 제거한다. 제곱항은 직교하지 않기 때문에 한꺼번에 제곱항 모두를 제거할 수 없기 때문이다. 유의하지 않은 제곱 항을 제거할 때마다 다시 모형을 적합시킨다 (R^2와 lack−of−fit값이 확인).

⑤ 고차항에서 사용되지 않은 유의하지 않은 주효과 항을 제거한다. 모형을 다시 적합시킨다(R^2와 lack−of−fit값이 확인).

⑥ 교호작용이나 고차항이 유의하면 1차항은 반드시 모델에 포함시켜야 한다.

[풀링 후 분산분석]

코드화된 계수

항	계수	SE 계수	T-값	P-값	VIF
상수	70.86	4.98	14.23	0.000	
온도	-2.79	3.30	-0.84	0.416	1.00
농도	26.16	3.30	7.92	0.000	1.00
시간	3.53	3.30	1.07	0.306	1.00
온도*온도	1.47	3.22	0.46	0.655	1.02
농도*농도	-2.06	3.22	-0.64	0.534	1.02
시간*시간	-5.95	3.22	-1.85	0.089	1.02
온도*농도	-11.38	4.32	-2.64	0.022	1.00

모형 요약

S	R-제곱	R-제곱(수정)	R-제곱(예측)
12.2089	86.30%	78.31%	74.07%

분산 분석

출처	DF	Adj SS	Adj MS	F-값	P-값
모형	7	11268.1	1609.73	10.80	0.000
선형	3	9620.3	3206.77	21.51	0.000
온도	1	106.0	105.99	0.71	0.416
농도	1	9344.0	9344.02	62.69	0.000
시간	1	170.3	170.31	1.14	0.306
제곱	3	612.7	204.23	1.37	0.299
온도*온도	1	31.3	31.30	0.21	0.655
농도*농도	1	61.3	61.26	0.41	0.534
시간*시간	1	510.3	510.33	3.42	0.089
2차 교호작용	1	1035.1	1035.13	6.94	0.022
온도*농도	1	1035.1	1035.13	6.94	0.022
오차	12	1788.7	149.06		
적합성 결여	7	251.3	35.91	0.12	0.993
순수 오차	5	1537.3	307.47		
총계	19	13056.8			

• 해설:

– 두께에 대한 반응표면 회귀분석은 선택한 변수들의 변동이 전체변동에 대해 차지하는 비율을 나타내는 R^2이 86.30%로 보여준다. 즉, 수정된 R^2은 78.31%, R^2은 86.3%로 모형의 높은 예측 가능성을 나타낸다.

– 결과에 따르면, 농도는 나노와이어 두께에 중요한 요소다($p<0.05$).

– 적합성 결여값이 0.993으로서 p−값이 0.05보다 크므로 모델이 적절하게 반응표면을 적합시키고 있다.

– 온도와 농도의 복합효과를 보여주는 온도*농도 상호작용은 두께에도 상당한 영향을 미친다. 회귀모형은 다음과 같은 방정식으로 제시된다.

[코드화되지 않은 단위의 회귀 방정식]

Thickness = − 121 − 0.04온도 + 11.40농도 + 19.62시간 + 0.0066온도*온도 − 0.0206농도*농도 − 1.488시간*시간 − 0.0758온도*농도

[잔차분석]

이 모델식이 적합한지에 대한 타당성의 분석이다.

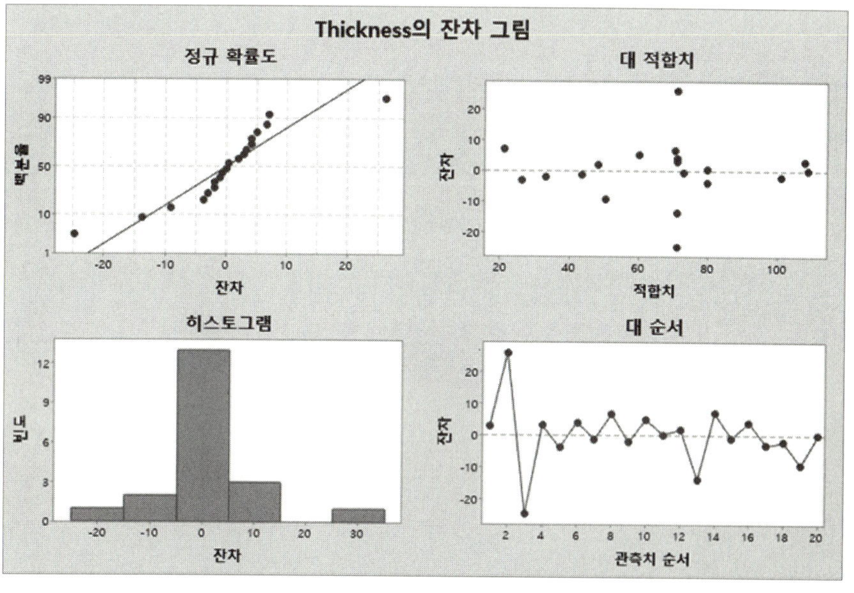

• 해설: 정규확률도, 대적합치, 대순서를 통해 정규분포, 잔차 랜덤, 잔차 독립 등 3조건을 만족하므로 이 실험모형은 적합하다고 할 수 있다.

3) 요인의 수준별 예측(등고선도)

◆ 메뉴

① **통계분석>실험계획법>반응표면>등고선도**

• 반응(R): 반응값 입력

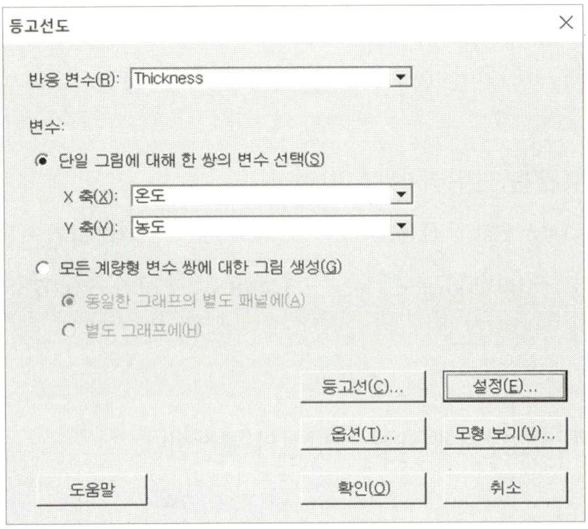

② 등고선도 선택: 데이터 표시(영역, 등고선)

③ 설정 선택: 시간을 고정(6)

- 미니탭 등고선도 그림

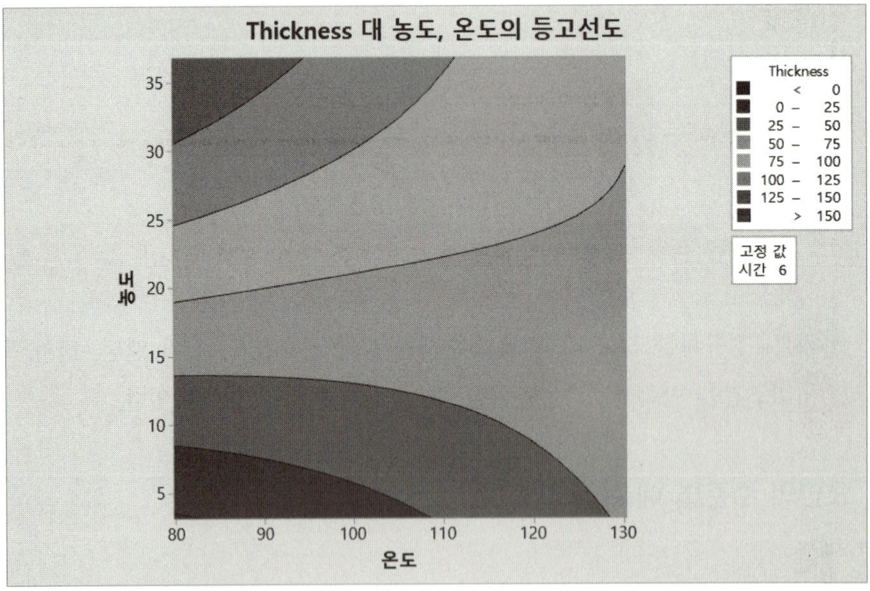

- 해설: Thickness 반응값은 온도는 낮고, 농도가 클수록 증가한다(좌측 상단).

4) 요인의 수준별 반응값 예측(표면도)

- 메뉴

① **통계분석>실험계획법>반응표면>표면도**

- 반응(R): Thickness 값을 입력

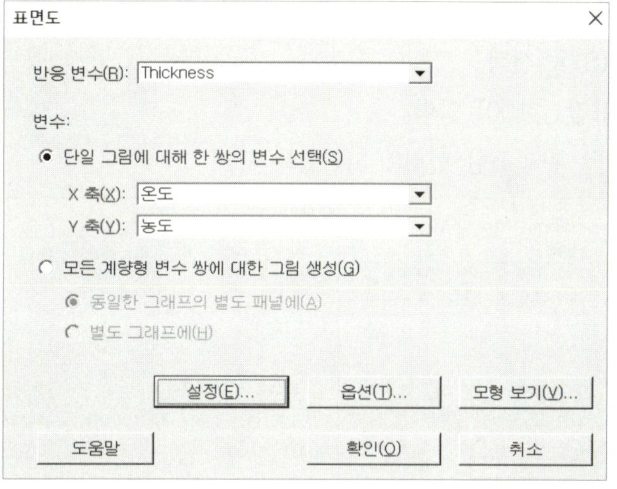

② 설정 선택: 시간(6)을 고정

- 미니탭 표면도 그림

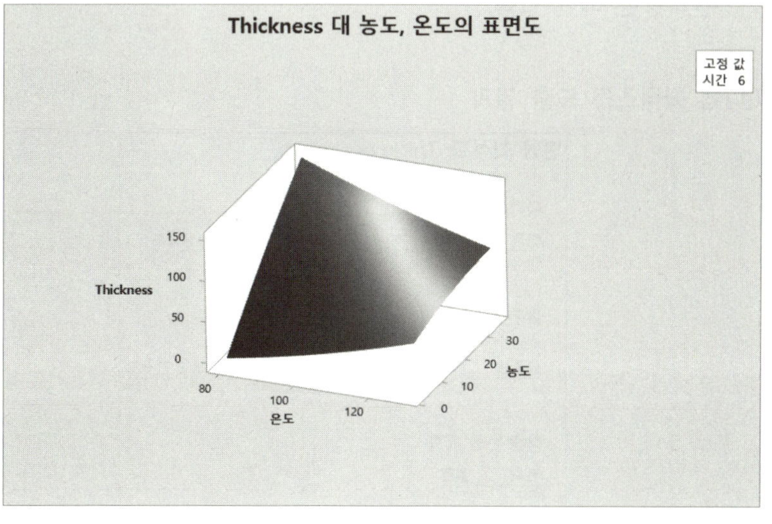

- 해설: Thickness 반응값은 온도는 낮고, 농도가 클수록 증가한다(좌측 상단).

5) 최적조건 도출

◆ 메뉴

① **통계분석>실험계획법>요인>반응 최적화도구**

- 반응변수: Thickness(y)
- 목적: 최대화

② 설정(S)을 선택

- 목표값: "100" 입력
- 상한: 관리하한 입력(0.5), 단측 규격

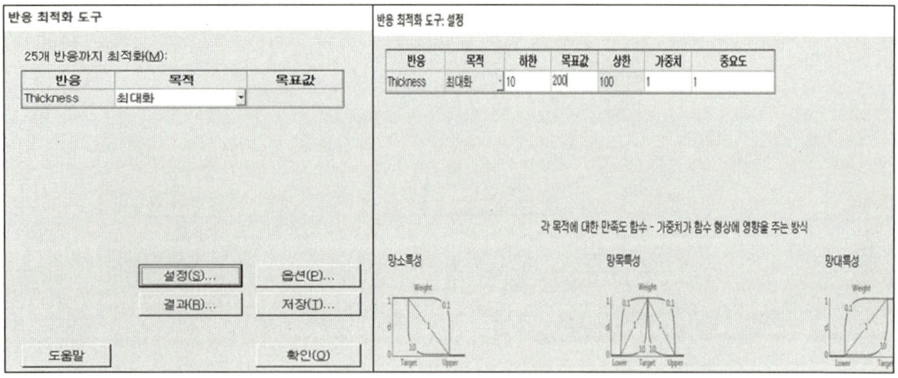

② 설정(S)을 선택:

- 관리상한/하한 입력

◆ 미니탭 최적조건 도출 결과

반응 최적화: Thickness

파라미터

반응	목적	하한	목표값	상한	가중치	중요도
Thickness	최대값	10	200		1	1

솔루션

솔루션	온도	농도	시간	Thickness 적합치	종합 만족도
1	79.7731	36.8179	6.57759	150.575	0.739869

다중 반응 예측

변수	설정
온도	79.7731
농도	36.8179
시간	6.57759

반응	적합치	SE 적합치	95% CI	95% PI
Thickness	150.6	18.0	(111.5, 189.7)	(103.3, 197.9)

[최적화 그림]

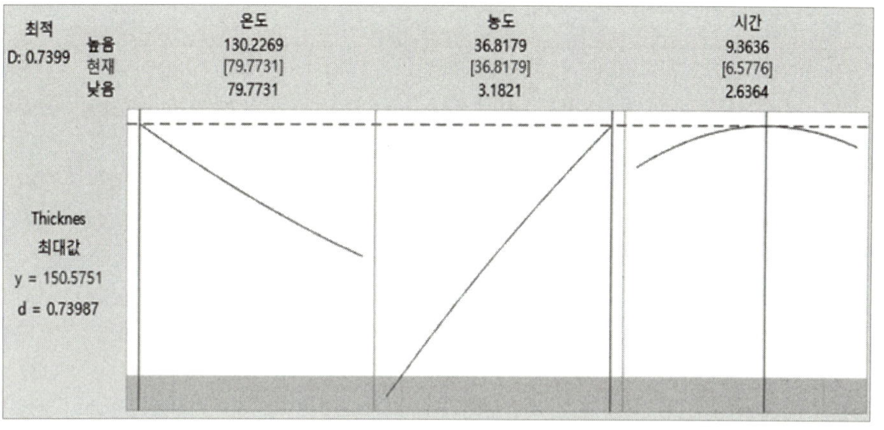

- 해설
  - 반응값(y)을 최대화할 수 있는 각 인자의 최적조건은 "온도"(A=80), "농도"(B=36.8), "시간"(C=6.6)에서 Thickness를 최소화할 수 있다.
  - 결론적으로 이 최적의 조건으로 재현시험을 진행하여 최적결과의 값을 검증해보도록 한다.

4.3 Box-Behnken 설계 예

음파를 활용한 방법은 음식의 질을 높이기 위해 식품 산업에서 널리 사용된다. [표 10-12] 연구결과는 3개의 인자수준에 대한 반응결과값($Y_1 \sim Y_6$) 중에서 초음파 처리된 케이크의 밀도 Y_2를 최적화하기 위해 Box-Behnken 설계를 사용하였다. Box-Behnken 설계와 관련된 변수로는 설탕대체 수준(10~30%), 시간(5~25분), 진폭(20~60%)을 사용하였다. X_R, X_T, X_A는 각각 설탕 대체 수준, 시간, 초음파 진폭으로 표시된 인자의 값이다.

표 10-12 Box-Behnken 반응표면 설계 및 반응값

Run	X_R	X_T	X_A	Y_1	Y_2	Y_3	Y_4	Y_5	Y_6
1	20	25	20	24.954	590.640	0.609	0.400	807.220	1189.510
2	10	15	60	105.444	492.690	0.841	0.320	812.490	1324.610
3	20	15	40	30.142	616.960	0.626	0.390	820.070	1278.920
4	20	15	40	30.140	616.960	0.626	0.390	820.070	1278.920
5	30	5	40	23.440	601.610	0.612	0.610	1149.030	1883.790
6	10	5	40	50.723	504.390	0.856	0.320	211.360	274.430
7	20	5	20	25.455	597.220	0.585	0.420	1003.850	1633.270
8	20	25	60	21.239	580.410	0.654	0.370	657.330	1004.000
9	10	25	40	80.012	477.340	0.777	0.310	242.410	331.690
10	10	15	20	88.562	529.970	0.883	0.310	220.640	303.690
11	20	15	40	30.142	616.960	0.626	0.390	820.070	1278.920
12	30	25	40	23.856	584.800	0.627	0.630	913.620	1269.280
13	20	5	60	28.790	583.330	0.624	0.390	680.270	1259.890
14	30	15	60	17.439	569.440	0.630	0.630	812.490	1324.610
15	30	15	20	23.629	601.610	0.603	0.603	897.440	1424.360

표 10-13 코드화된 3인자 Box-Behnken 설계

Run	Coded Factor Levels		
	Enzyme	Conjugate	Sample Volume
1	−1	−1	0
2	−1	+1	0
3	+1	−1	0
4	+1	+1	0
5	−1	0	−1
6	−1	0	+1
7	+1	0	−1
8	+1	0	+1
9	0	−1	−1
10	0	−1	+1
11	0	+1	−1
12	0	+1	+1
13	0	0	0
14	0	0	0
15	0	0	0

* Nonarandomized.

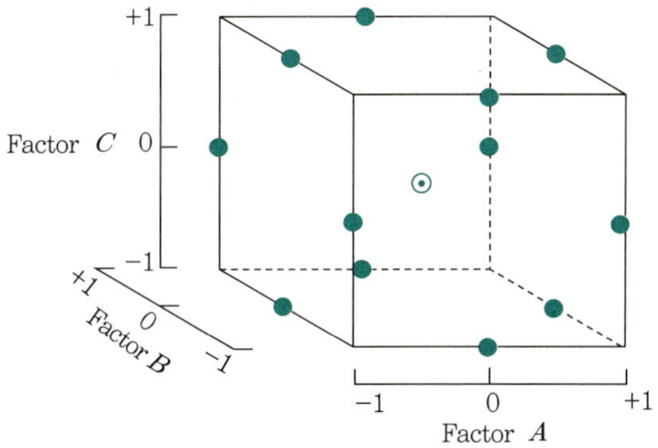

그림 10-20 3인자 Box-Behnken 설계(1) 미니탭 분석

1) 실험계획법 설계

◆ 메뉴

① **통계분석>실험계획법>반응표면 설계>반응표면 설계생성**

- 설계유형: Box-Behnken(B)
- 연속 요인수(N): 3

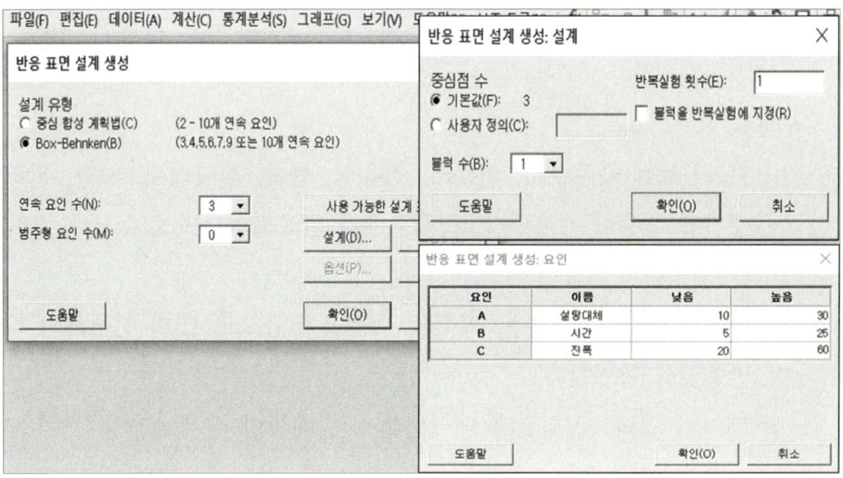

② 설계(D) 선택(Box-Benhken법은 인자수에 의해서만 실험수가 결정된다)

- 블록 1을 선택
- 반복실험횟수: 1 선택

③ 요인(F) 선택

• 요인: A, B, C 입력(수준은 통상 Uncode로 기입),

④ 옵션(P) 선택

• 런 랜덤화(U): 클릭시 실험이 랜덤하게 진행

◆ 미니탭 실험계획법 설계결과

↓	C1	C2	C3	C4	C5	C6	C7	C8
	표준 순서	런 순서	점 유형	블럭	설탕대체	시간	진폭	밀도
1	14	1	0	1	20	15	40	616.96
2	10	2	2	1	20	25	20	590.64
3	7	3	2	1	10	15	60	429.69
4	4	4	2	1	30	25	40	584.80
5	1	5	2	1	10	5	40	504.39
6	3	6	2	1	10	25	40	477.34
7	15	7	0	1	20	15	40	616.96
8	9	8	2	1	20	5	20	597.22
9	11	9	2	1	20	5	60	583.33
10	5	10	2	1	10	15	20	529.97
11	6	11	2	1	30	15	20	601.61
12	12	12	2	1	20	25	60	580.41
13	8	13	2	1	30	15	60	569.44
14	13	14	0	1	20	15	40	616.96
15	2	15	2	1	30	5	40	601.61

• 해설:

– 워크시트에 표준순서, 런순서, 점유형, 블록, 설탕대체, 시간, 진폭의 열이 생기고 내용이 기록된다. 실험설계가 완료되었으면 런순서에 준하여 실험을 진행한다.

– 실험은 설탕대체, 시간, 진폭의 수준별 조합으로 15회 진행하여 각 실험별 반응값을 확인한다.

– 데이터 입력: 실험결과 데이터를 실험계획법 설계결과의 C8에 입력

2) 요인분석

◆ 메뉴

① **통계분석 > 실험계획법 > 요인 > 반응표면 설계분석**

• 반응(R): 밀도

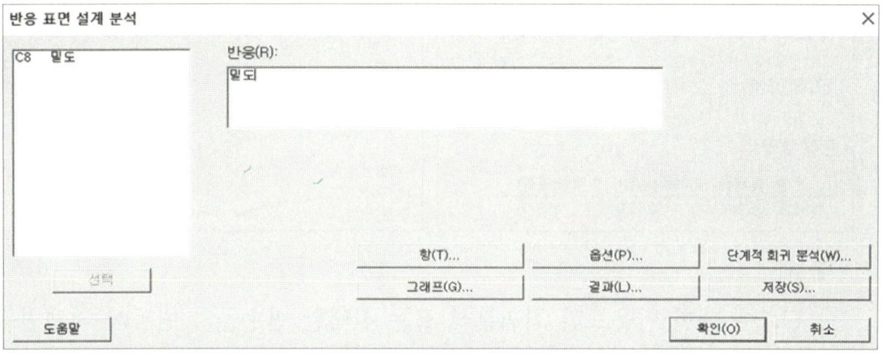

② 항(T) 선택

• 완전 2차(모델로 적합시키고자 하는 항을 지정)

◆ 미니탭 요인분석 결과

[분산분석]

코드화된 계수

항	계수	SE 계수	T-값	P-값	VIF
상수	617.0	10.4	59.36	0.000	
설탕대체	52.01	6.36	8.17	0.000	1.00
시간	-6.67	6.36	-1.05	0.343	1.00
진폭	-19.57	6.36	-3.08	0.028	1.00
설탕대체*설탕대체	-65.07	9.37	-6.95	0.001	1.01
시간*시간	-9.85	9.37	-1.05	0.341	1.01
진폭*진폭	-19.21	9.37	-2.05	0.096	1.01
설탕대체*시간	2.56	9.00	0.28	0.787	1.00
설탕대체*진폭	17.03	9.00	1.89	0.117	1.00
시간*진폭	0.92	9.00	0.10	0.923	1.00

모형 요약

S	R-제곱	R-제곱(수정)	R-제곱(예측)
18.0007	96.34%	89.76%	41.50%

분산 분석

출처	DF	Adj SS	Adj MS	F-값	P-값
모형	9	42688.3	4743.1	14.64	0.004
선형	3	25059.5	8353.2	25.78	0.002
설탕대체	1	21639.3	21639.3	66.78	0.000
시간	1	355.9	355.9	1.10	0.343
진폭	1	3064.3	3064.3	9.46	0.028
제곱	3	16439.5	5479.8	16.91	0.005
설탕대체*설탕대체	1	15635.4	15635.4	48.25	0.001
시간*시간	1	358.3	358.3	1.11	0.341
진폭*진폭	1	1362.4	1362.4	4.20	0.096
2차 교호작용	3	1189.3	396.4	1.22	0.392
설탕대체*시간	1	26.2	26.2	0.08	0.787
설탕대체*진폭	1	1159.7	1159.7	3.58	0.117
시간*진폭	1	3.3	3.3	0.01	0.923
오차	5	1620.1	324.0		
적합성 결여	3	1620.1	540.0	*	*
순수 오차	2	0.0	0.0		
총계	14	44308.4			

• 해설: 1차 분산분석에서 유의하지 않은 인자에 대해서는 풀링을 진행한다.

[풀링 후 분산분석]

코드화된 계수

항	계수	SE 계수	T-값	P-값	VIF
상수	616.96	8.86	69.61	0.000	
설탕대체	52.01	5.43	9.58	0.000	1.00
시간	-6.67	5.43	-1.23	0.259	1.00
진폭	-19.57	5.43	-3.61	0.009	1.00
설탕대체*설탕대체	-65.07	7.99	-8.15	0.000	1.01
시간*시간	-9.85	7.99	-1.23	0.257	1.01
진폭*진폭	-19.21	7.99	-2.40	0.047	1.01
설탕대체*진폭	17.03	7.68	2.22	0.062	1.00

모형 요약

S	R-제곱	R-제곱(수정)	R-제곱(예측)
15.3516	96.28%	92.55%	65.17%

분산 분석

출처	DF	Adj SS	Adj MS	F-값	P-값
모형	7	42658.7	6094.1	25.86	0.000
선형	3	25059.5	8353.2	35.44	0.000
설탕대체	1	21639.3	21639.3	91.82	0.000
시간	1	355.9	355.9	1.51	0.259
진폭	1	3064.3	3064.3	13.00	0.009
제곱	3	16439.5	5479.8	23.25	0.001
설탕대체*설탕대체	1	15635.4	15635.4	66.34	0.000
시간*시간	1	358.3	358.3	1.52	0.257
진폭*진폭	1	1362.4	1362.4	5.78	0.047
2차 교호작용	1	1159.7	1159.7	4.92	0.062
설탕대체*진폭	1	1159.7	1159.7	4.92	0.062
오차	7	1649.7	235.7		
적합성 결여	5	1649.7	329.9	*	*
순수 오차	2	0.0	0.0		
총계	14	44308.4			

• 해설:

– 밀도에 대한 반응표면 회귀분석 표는 선택한 변수들의 변동이 전체변동에 대해 차지하는 비율을 나타내는 R^2이 96.28%로 보여준다. 즉, 수정된 R^2은 89.76%, R^2은 92.553%로 모형의 높은 예측 가능성을 나타낸다.

– 결과에 따르면 설탕대체와 진폭은 밀도에 영향을 미치는 중요한 요소다($p < 0.05$).

– 설탕대체와 설탕대체, 진폭*진폭의 복합효과 작용은 밀도에도 상당한 영향을 미친다.

– 설탕대체와 진폭의 상호작용은 밀도에 영향을 미친다($p<0.1$).

– 회귀모형은 다음과 같은 방정식으로 제시된다.

[코드화되지 않은 단위의 회귀 방정식]

밀도 = 270.9 + 27.82 설탕대체 + 2.29 시간 + 1.16 진폭 − 0.6507 설탕대체*설탕대체 − 0.0985 시간*시간 − 0.0480 진폭*진폭 + 0.0851 설탕대체*진폭

[잔차분석]

이 모델식이 적합한지에 대한 타당성의 분석이다.

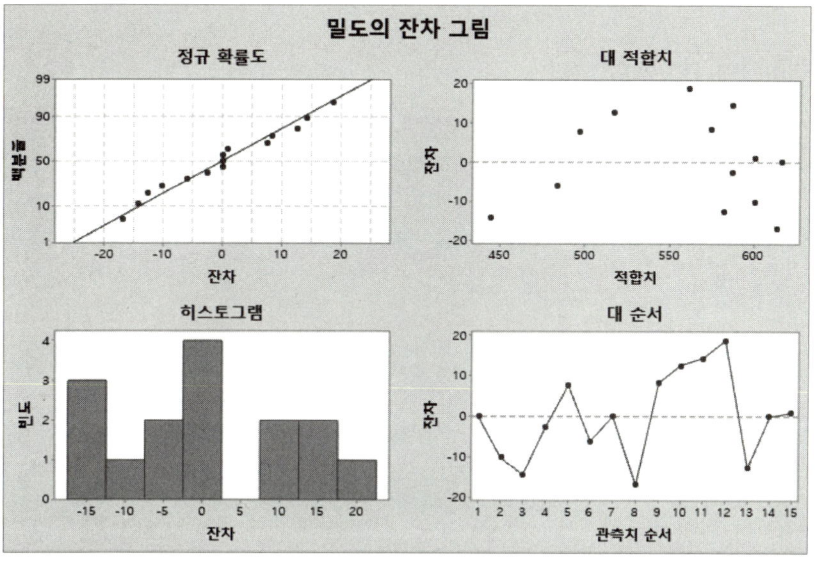

• 해설: 정규확률도, 대적합치, 대순서를 통해 정규분포, 잔차랜덤, 잔차독립 등 조건을 만족하므로 이 실험모형은 적합하다고 할 수 있다.

3) 요인의 수준별 반응값 예측(등고선도)

◆ 메뉴

① **통계분석>실험계획법>반응표면>등고선도**

• 반응(R): 밀도

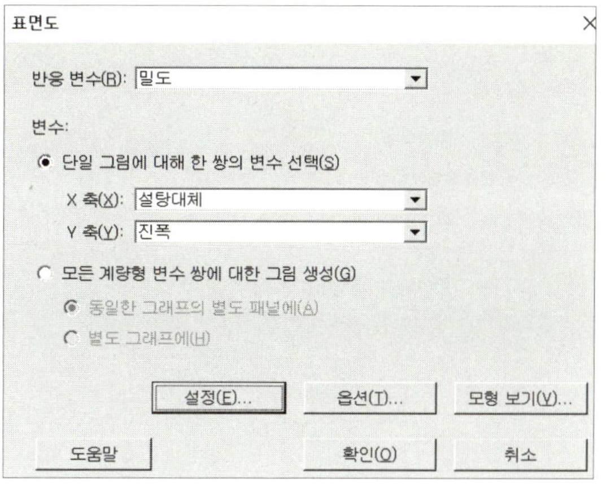

② 등고선도 선택: 데이터 표시(영역, 등고선)

③ 설정 선택: 진폭을 고정(40)

◆ 미니탭 등고선도 그림

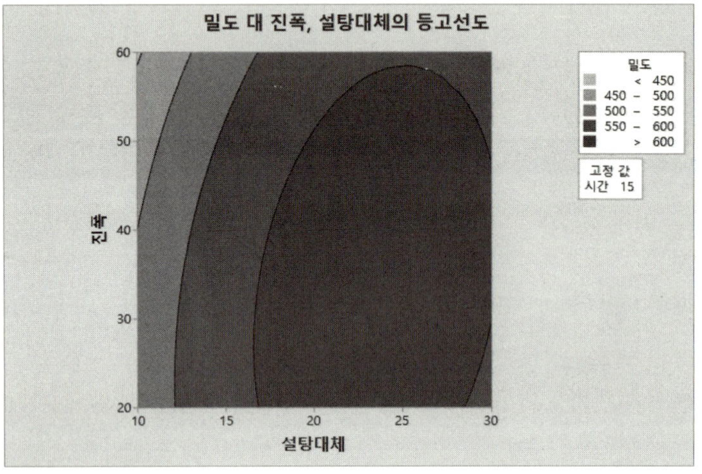

• 해설: 밀도 반응값은 실험중심점을 중심으로 우측 중간부에서 정상점이 생긴다.

4) 요인의 수준별 반응값 예측(표면도)

◆ 메뉴

① 통계분석>실험계획법>반응표면>표면도

• 반응(R): 밀도값을 입력

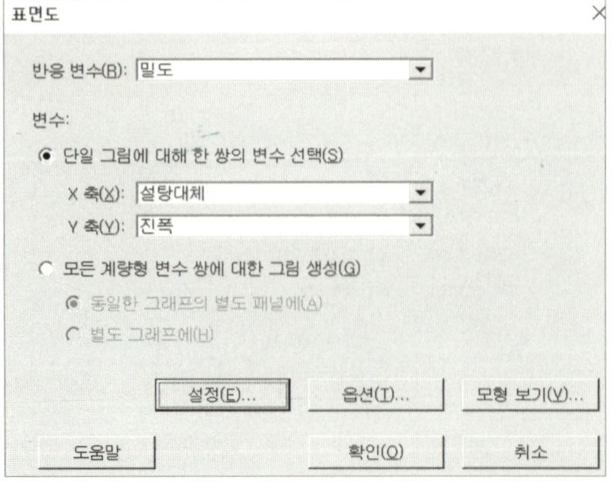

② 설정 선택: 시간(15)을 고정

- 미니탭 표면도 그림

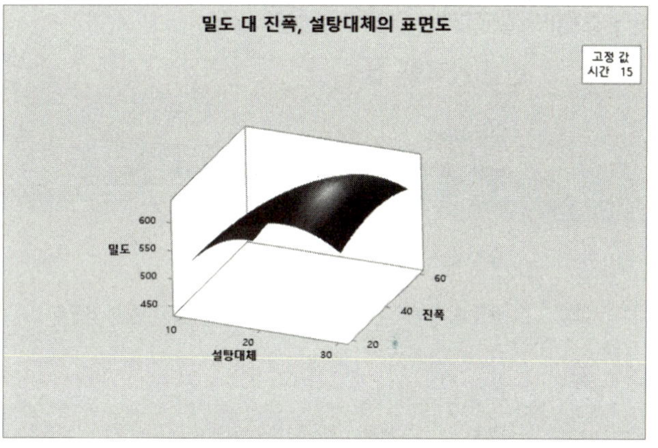

- 해설: 밀도 반응값은 실험중심점을 중심으로 우측 중간부에서 정상점이 생긴다.

5) 최적조건 도출

- 메뉴

① **통계분석>실험계획법>요인>반응 최적화도구**

- 반응변수: 밀도(y)
- 목적: 최대화

② 설정(S)을 선택

- 목표값: "700" 입력
- 상한: 관리하한 입력(400), 단측 규격

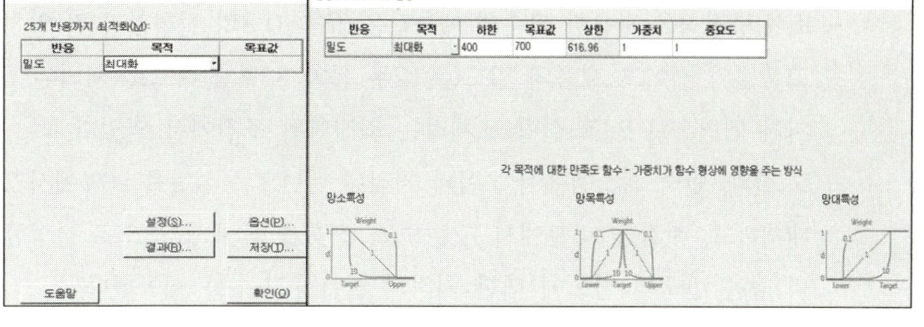

② 설정(S)을 선택:

• 관리상한/하한 입력

◆ 미니탭 최적조건 도출결과

반응 최적화: 밀도

파라미터

반응	목적	하한	목표값	상한	가중치	중요도
밀도	최대값	400	700		1	1

솔루션

솔루션	설탕대체	시간	진폭	밀도 적합치	종합 만족도
1	23.5354	11.6667	32.9293	630.732	0.769108

다중 반응 예측

변수	설정
설탕대체	23.5354
시간	11.6667
진폭	32.9293

반응	적합치	SE 적합치	95% CI	95% PI
밀도	630.73	8.06	(611.67, 649.79)	(589.73, 671.73)

[최적화 그림]

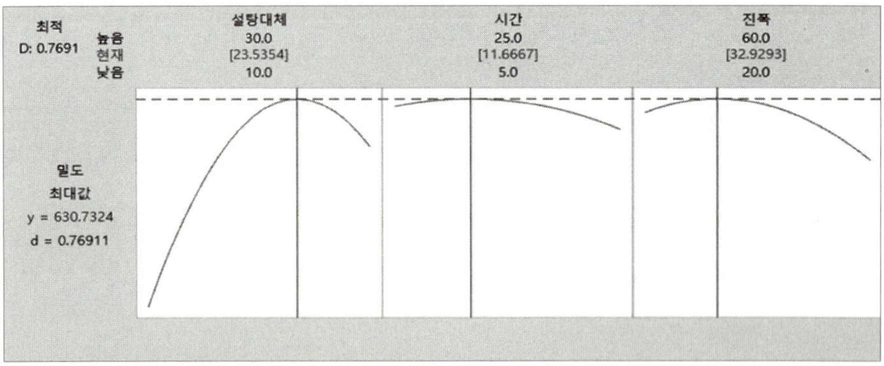

• 해설:

– 모형 방정식을 사용한 모수의 예측값은 $R^2 \geq 0.8$의 실험값과 잘 일치했다.

– 고품질의 케이크 제품의 밀도는 12분 동안 33% 진폭으로 처리된 초음파 처리 펙틴으로 24% 설탕 교체라는 최적화된 조건에서 얻었다.

– 그 결과, 반죽 시스템에서 초음파 처리된 펙틴으로 설탕을 20%에서 23%로 대체하고, 시간을 15분에서 12분으로, 진폭을 40에서 33으로 결정한 결과 더 높은 반죽의 밀도에 대한 최적의 일관성 지수를 제공했다.

연습문제

1. 두 개의 코드화된 변수 $x_1=(X_1-99)/100$, $x_2=(X_2-17)/20$을 실험하고 아래 표의 데이터를 구했다. 지점 $(X_1, X_2)=(59, 67)$은 최대경사의 상승길인가?

x_1	x_2	y
−1	−1	11
1	−1	2
−1	1	29
1	1	6
0	0	12

| 풀이 |

$\hat{y}=12-8x_1+5.5x_2$

점$(x_1, x_2)=(-8\theta, 5.5\theta)$이다. 즉, 점$(X_1, X_2)=(99-80\theta. 17+110\theta)$는 최대경사 상승길의 점이다. θ의 어떤 값도 (59, 67)를 제시하지 않기 때문에 답은 "아니다"이다.

2. 아래 표와 같이 CCD를 활용하여 실험의 결과를 얻었다.

x_1	x_2	y
−1	−1	54
−1	1	45
1	−1	32
1	1	47
−1.414	0	50
1.414	0	53
0	−1.414	47
0	1.414	51
0	0	41
0	0	39
0	0	44
0	0	42
0	0	40

① 1차 모형, 적합모형 및 관련 분산분석표를 작성하고 잔차를 평가하시오.
② 적합모형의 적정성에 대해 결과를 검토하여 판단하시오.
③ 주어진 데이터에 2차 모형을 적합시키고 관련 분산분석표를 작성하시오.

④ 최적해를 찾으시오.

| 풀이 |

Response: y
ANOVA for Response Surface Quadratic Model
Analysis of variance table [Partial sum of squares]

Source	Sum of Squares	DF	Mean Square	F Value	Prob > F
Model	273.41	4	68.35	2.78	0.1018
A	*31.04*	*1*	*31.04*	*1.26*	*0.2937*
B	*16.99*	*1*	*16.99*	*0.69*	*0.4299*
A2	*81.39*	*1*	*81.39*	*3.31*	*0.1063*
AB	*144.00*	*1*	*144.00*	*5.86*	*0.0418*
Residual	196.59	8	24.57		
Lack of Fit	*181.79*	*4*	*45.45*	*12.28*	*0.0162*
Pure Error	*14.80*	*4*	*3.70*		
Cor Total	470.00	12			

Std. Dev.	4.96	R-Squared	0.5817
Mean	45.00	Adj R-Squared	0.3726
C.V.	11.02	Pred R-Squared	-0.7171
PRESS	807.05	Adeq Precision	5.185

Factor	Coefficient Estimate	DF	Standard Error	95% CI Low	95% CI High	VIF
Intercept	42.91	1	1.79	38.78	47.04	
A-Temperature	-2.79	1	2.48	-8.50	2.93	1.00
B-Pressure	2.06	1	2.48	-3.65	7.78	1.00
A2	6.78	1	3.73	-1.81	15.38	1.00
AB	12.00	1	4.96	0.57	23.43	1.00

3. 다음 Box-Behnken 실험을 통해 다음과 같은 결과를 얻었다. 제시된 데이터를 통하여 분산분석을 한 후 결론을 도출하시오.

	Codedlevel of Variables			Actuallevel of variables			R (%)
Run order	X_1	X_2	X_3	X_1	X_2	X_3	Observed response
1	0	1	−1	310	80	20	99.89
2	−1	0	1	254	50	60	65.9
3	0	−1	−1	310	20	20	59
4	−1	1	0	254	80	40	91
5	0	1	1	310	80	60	79.56
6	1	0	−1	366	50	20	95
7	1	−1	0	366	20	40	50.8
8	0	0	0	310	50	40	71
9	0	0	0	310	50	40	72
10	−1	0	−1	254	50	20	89
11	0	0	0	310	50	40	72.3
12	0	−1	1	310	20	60	34.21
13	−1	−1	0	254	20	40	45
14	1	0	1	366	50	60	70
15	1	1	0	366	80	40	98

| 풀이 |

Analysis of Variance for Response surface quadratic model.

Source	Sum of Squares	Df	Mean Square	F-value	p-value	
Model	9	9	610.49	349.53	< 0.0001	**Significant**
X_1	65.55	1	65.55	37.53	0.0017	
X_2	4029.78	1	4029.78	2307.25	< 0.0001	
X_3	1088.81	1	1088.81	623.40	< 0.0001	
X_1X_2	0.3600	1	0.3600	0.2061	0.6689	
X_1X_3	0.9025	1	0.9025	0.5167	0.5044	
X_2X_3	4.73	1	4.73	2.71	0.1607	
X_1^2	116.12	1	116.12	66.48	0.0005	
X_2^2	140.77	1	140.77	80.60	0.0003	
X_3^2	24.97	1	24.97	14.30	0.0129	
Residual	8.73	5	1.75			
Lack of Fit	7.81	3	2.60	5.62	0.1549	**not significant**

$R^2 = 0.9984$, Adj. $R^2 = 0.9956$ and Pred. $R^2 = 0.9769$.

4. 반응량에 영향을 주는 3가지 인자(교반속도, 반응온도, 농도)에 대하여 수준이 다음과 같을 때 반응량이 12.3이 되는 조건을 찾기 위해 중심합성법으로 실험을 설계하고 분석하고 각 인자의 최적값을 도출하라.

- 실험인자 및 수준

교반속도(A): $A_0=2.03$, $A_1=5.21$

반응온도(B): $B_0=50$, $B_1=100$

농도(C): $C_0=10$, $C_1=20$

1) 분산분석

| 풀이 |

반응 표면 회귀: 반응값 대 교반속도, 반응온도, 농도

모형 요약

S	R-제곱	R-제곱(수정)	R-제곱(예측)
0.571969	87.37%	80.00%	70.32%

분산 분석

출처	DF	Adj SS	Adj MS	F-값	P-값
모형	7	27.1459	3.8780	11.85	0.000
선형	3	11.3228	3.7743	11.54	0.001
교반속도	1	5.9436	5.9436	18.17	0.001
반응온도	1	0.1998	0.1998	0.61	0.450
농도	1	5.1794	5.1794	15.83	0.002
제곱	3	8.5077	2.8359	8.67	0.002
교반속도*교반속도	1	2.8474	2.8474	8.70	0.012
반응온도*반응온도	1	2.7599	2.7599	8.44	0.013
농도*농도	1	2.2485	2.2485	6.87	0.022
2차 교호작용	1	7.3153	7.3153	22.36	0.000
교반속도*농도	1	7.3153	7.3153	22.36	0.000
오차	12	3.9258	0.3271		
적합성 결여	7	1.3862	0.1980	0.39	0.874
순수 오차	5	2.5396	0.5079		
총계	19	31.0717			

• 해설:

– 선형항에서 교반속도와 농도, 제곱항에서 교반속도, 반응온도, 농도, 교호작용에서 교반속도*농도는 모두 p−값이 0.05 이하이므로 반응값(y)에 대하여 유의하다.

– 적합성 결여값이 0.874로서 p−값이 0.05보다 크므로 모델이 적절하게 반응표면을 적합시키고 있다.

– 결정계수(R^2)는 80%로 2차 회귀모형은 독립변수와 반응값과의 관계를 80% 설명해주고 있다.

2) 각 수준의 최적조건 도출

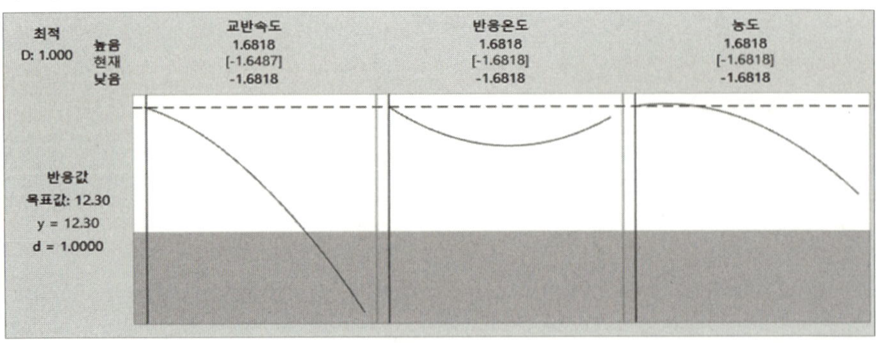

• 해설: 반응값이 12.3이 되는 Coded된 세 인자의 수준은 교반속도(−1.6487), 반응온도(−1.6818), 농도(−1.6818)이다.

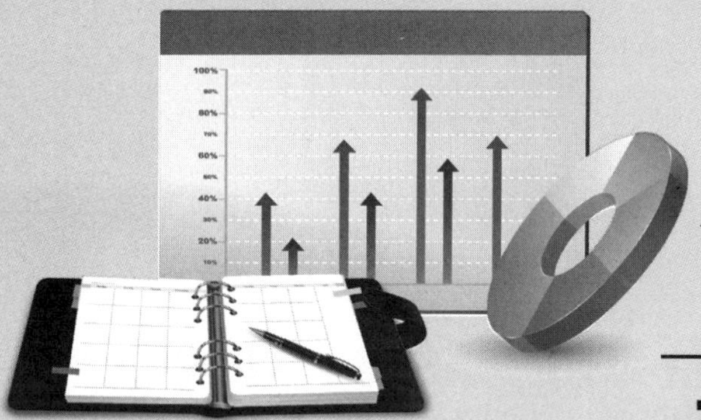

CHAPTER 11

혼합물 실험계획법

1. 개요
2. 혼합물 실험계획법 절차
3. 주요 혼합물 실험 설계 및 분석
4. 미니탭을 활용한 혼합물 실험의 예

Chapter

11 혼합물 실험계획법

1 개요

지금까지 여러 독립변수를 이용하여 종속변수에 미치는 영향을 알아보는 방법으로 요인 설계와 반응표면 설계에 대해 설명했다. 독립변수를 요인이라고 하며 요인의 높음(1)과 낮음(−1)으로 표현하면서 이것을 수준이라고 표현했다. 혼합물 실험을 수행할 때는 독립변수인 구성요소 혹은 성분의 수준은 일반적으로 총량 또는 비율로 표시된다.

혼합물 실험은 두 가지 이상의 성분들이 함께 혼합함으로써 실험을 하게 된다. 이 실험의 특징은 사용되는 성분들이 차지하는 비율에 따라 나누어지지만, 항상 총합은 같아야 한다는 것이다. 성분들은 혼합물에 포함될 수도 있고, 포함되지 않을 수도 있지만, 음수값을 가질 수 없다. 성분량이 전체의 일부분으로 표현될 때, 모든 성분비율의 합은 1과 같아야 한다. 따라서, 혼합물 실험에서 인자의 수준을 자유롭게 선택할 수 있는 요인설계와는 달리, 성분의 비율은 다른 모든 성분의 합에 따라 달라진다.

혼합물 실험의 특징은 그 반응이 혼합물의 총량의 변화가 아니라 성분비율에 따라 결정된다는 것이다. 본질적으로, 만약 여러 가지 성분비율을 활용하여 혼합물실험을 한다면, 사용된 총량이 100g인지 1000g인지에 관계없이 똑같은 반응이 나타나기를 기대할 것이다. 이와 같이 혼합물 실험은 화학환경, 특히 대규모 생산 배치 작업에서 큰 효과를 볼 수 있다. 이러한 환경에서는 실험을 수행하는 데 투자되는 비용과 노력이 엄청나다. 그러나 혼합물 실험을 사용한다면 무게나 부피에 따른 실험의 제약에서 벗어나 단순히 비율만을 변경하여 실험함으로써 비용적인면 뿐만 아니라 효율적인 측면에서 실험을 수행할 수 있는 수단을 제공한다.

2 혼합물 실험계획법 절차

2.1 개요

이 장은 혼합물 실험계획이 무엇인지에 대해 아래 제시된 내용을 바탕으로 기본 개념을 설명할 것이다.

① 혼합물 모델에서 성분비율이 선택되는 방법과 예측 계수를 추정하는 방법
② 반복 관측치를 사용하여 예측계수의 표준오차를 계산하고 통계적으로 유의한 예측변수를 식별하기 위한 t검정을 사용하는 방법
③ 예측방정식과 실험오차로 설명되는 반응의 변화를 어떻게 분해할 수 있는지를 설명하고 이러한 분산분석(ANOVA)이 예측방정식의 적합성을 평가하는 것
④ 마지막으로, 미니탭 통계 소프트웨어를 사용하여 계산을 검증

여기서 설명하는 기법들은 다음 절부터 설명하게 될 심플렉스 격자 설계와 심플렉스 중심 설계, 비율에 대해 상한 또는 하한을 가지는 제한된 영역의 설계에 적용될 것이다.

혼합물의 특징은 모든 성분의 합이 100%라는 것이다. 이것은, 첫째 혼합성분들이 서로 완전히 독립적으로 작용될 수 없음을 의미한다. 둘째, 성분들의 비율이 모두 0과 1 사이에 존재하여야 함을 의미한다. 예를 들어 알약 제조 응용 프로그램을 고려해보도록 하자. 세 가지 성분, 셀룰로오스, 유당 및 인산염을 10회 혼합설계에 따라 실험하였고, 제조된 각각의 정제에 대해, 활성물질의 방출속도를 모니터링 하였다. 이 장에서는 이 알약 예제를 통해 혼합물 실험설계가 어떻게 계획되고 분석되는지를 설명해보자.

2.2 혼합물 실험계획법 절차

혼합물 실험계획법 절차는 [그림 11-1]과 같은 10단계를 걸쳐 수행된다.

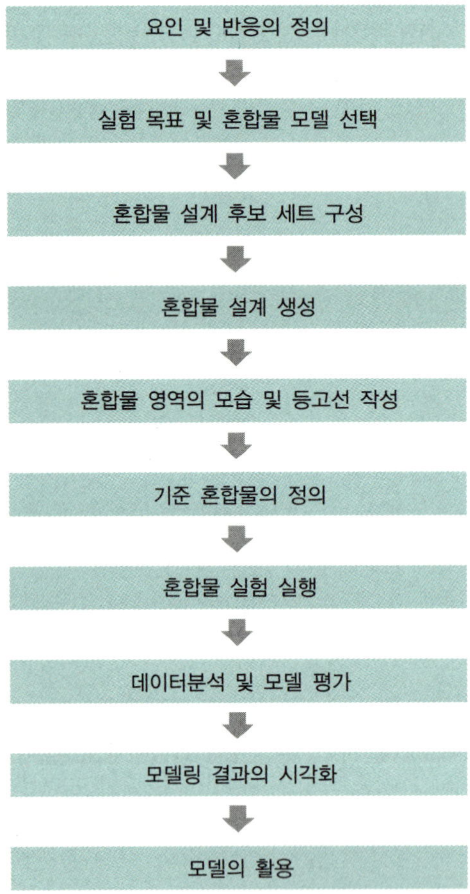

그림 11-1 혼합물 실험계획법 10단계

1) 1단계: 요인 및 반응의 정의

혼합물 설계의 첫 단계는 요인 및 반응의 정의에 해당한다. 각 요인에 대해 일반적인 공정설계와 마찬가지로 낮은 수준 및 높은 수준을 정의한다. 혼합물 설계에서는 경계(bound)라는 용어는 수준(level)보다 더 자주 사용된다.

각 혼합계수의 하한과 상한은 비율로 제공된다. [표 11-1]에서 볼 수 있듯이, 3가지 혼합요인의 하한은 0이고 상한은 1이고 반응변수는 방출속도로 [표 11-2]에 나타난다.

표 11-1 요인의 종류와 하/상한값

성분	이름	하한	상한
A	셀룰로오스	0	1
B	유당	0	1
C	인산염	0	1

표 11-2 반응변수

$C5$	$C6$	$C7$	$C8$
셀룰로오스	유당	인산염	V(방출속도)

2) 2단계: 실험목표 및 혼합모델 선택

두 번째 단계는 실험목표 및 혼합모델을 선택하는 것이다. 이전 장에서 실험목표, 즉 선별, 최적화 또는 강건설계의 선택이 실험횟수에 결정적인 영향을 미친다는 것을 배웠다. 여기서 선택된 실험목표는 최적화이다. 일반적으로 이 목적을 수행하기 위해서는 2차 회귀모형이 많이 사용된다.

$$y = \beta_0 + \beta_1 x_1 + \beta_2 x_2 + \beta_3 x_3 + \beta_{11} x_1^2 + \beta_{22} x_2^2 + \beta_{33} x_3^2 + \beta_{12} x_1 x_2 + \beta_{13} x_1 x_3 + \beta_{23} x_2 x_3 + e \qquad (11 \cdot 1)$$

제약조건으로 $x_1 + x_2 + x_3 = 1$을 가지며, 여기서 $x_k(k=1,2,3)$는 $0 \le x_k \le 1$ 범위로 표현되는 세 가지(3중) 혼합 성분의 비율을 나타낸다.

3) 3단계: 후보 세트 구성

세 번째 단계는 후보 세트를 정리하는 것이다. 후보 세트는 이론적으로 실행 가능한 실험들의 집합이며, 실제 혼합물 설계를 구성하는 실험들의 집합이다. 원하지 않는 실험은 설계 생성 전에 후보 세트에서 삭제될 수 있다. 이 예에서는 혼합 영역이 기하학적으로 규칙적인(regular) 형태를 갖기 때문에 후보 세트가 작다. 이를 통해 후보 세트를 구성하는 꼭지점(the extreme vertices), 모서리 중심(the centers of edges), 전체 중심(the overall centroid) 등을 쉽게 계산할 수 있다. 여기에서 꼭지점은 실험 영역의 극단점이며, 전체 중심은 중심합성 실험과 유사한 특성을 가지고 있다.

4) 4단계: 혼합물 설계 생성

실험의 네 번째 단계는 실험 설계를 생성할 때 앞의 세 단계에서 설정한 조건에 주의를 기울여야 한다. 이러한 조건들을 고려할 때 다음 절에 설명하게 될 전형적인 심플렉스 중심 설계(simplex centroid design)가 알약 예에 적용 가능하다는 것을 알게 될 것이다. 이 실험의 설계를 나타내는 표는 [그림 11-2]에 나와 있다.

C1	C2	C3	C4	C5	C6	C7	C8
표준 순서	런 순서	점 유형	블럭	셀룰로오스	유당	인산염	Y(방출속도)
1	1	1	1	1.00000	0.00000	0.00000	197
9	2	-1	1	0.16667	0.66667	0.16667	171
4	3	2	1	0.50000	0.50000	0.00000	67
10	4	-1	1	0.16667	0.16667	0.66667	344
3	5	1	1	0.00000	0.00000	1.00000	324
5	6	2	1	0.50000	0.00000	0.50000	362
8	7	-1	1	0.66667	0.16667	0.16667	206
7	8	0	1	0.33333	0.33333	0.33333	214
6	9	2	1	0.00000	0.50000	0.50000	312
2	10	1	1	0.00000	1.00000	0.00000	110

[그림 11-2] 알약 제조 예의 매트릭스

이 설계의 기하학적 특성을 살펴보자. 0과 1 사이의 세 가지 혼합계수를 사용하면 실험 영역은 전형적인 심플렉스이다. 이러한 심플렉스는 [그림 11-2]에 설명되어 있는데, 이 심플렉스에서 점들에 의미는 다음과 같다. 각 꼭지점은 순수한 성분, 즉 셀룰로오스, 유당 또는 인산염에만 해당한다. 각 꼭지점에는 구성요소 축이 연관되어 있으며, 이들 축의 공통 교차점에는 전체 중심인 1/3, 1/3, 1/3이 위치한다. [그림 11-3]은 선택된 설계의 실험점들의 분포를 나타낸다.

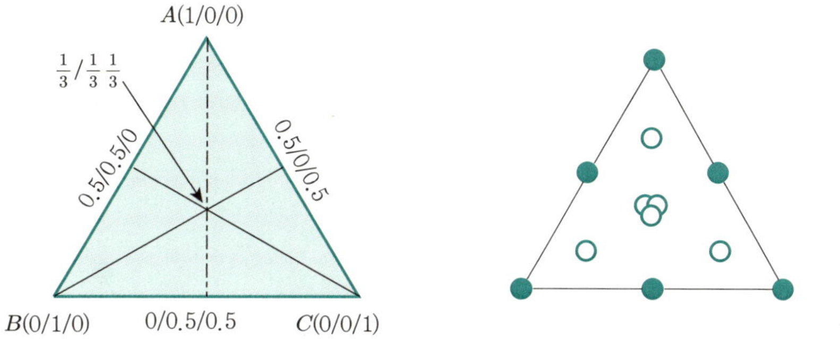

▌그림 11-3▐ (왼쪽) 심플렉스 모양의 실험 영역. (오른쪽) 알약 제조 예에 사용된 실험 설계. 실선 포인트는 필수 실험

5) 5단계: 혼합 영역의 크기 및 모양 평가

다섯 번째 단계에서, 혼합 영역의 크기와 모양이 고려된다. 이것은 혼합 영역이 불규칙할 때 특히 중요하다. 혼합물 영역의 크기와 모양을 이해하는 데 사용되는 절차는 [그림 11-4]에 보여진다.

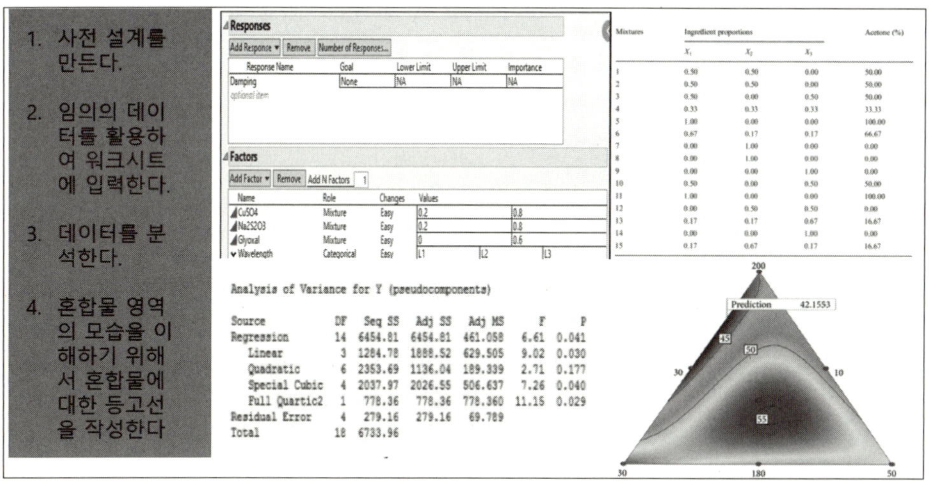

▌그림 11-4▐ 혼합물 영역의 크기와 모양을 이해하는 데 사용되는 절차의 그림

제안된 절차에서 활용할 수 있는 영역과 사용 가능한 모델의 예가 [그림 11-5]에 나타나 있다. 첫 번째는 전체 크기의 심플렉스 모양 영역을 나타내고, 두 번째는 제한된 심플렉스 모양 영역을, 세 번째는 제한된 불규칙 영역이 있는 모형을 나타내고 있다. 쉽게 알 수 있듯이 이때 회귀모델의 선택이 중요하다.

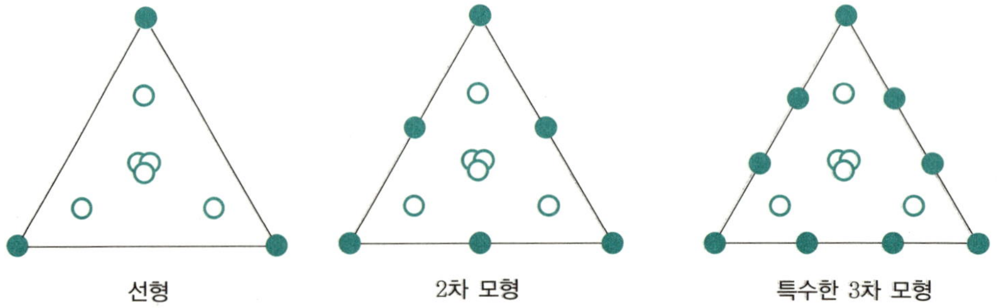

주) ○원은 선택적 시행을 나타낸다.

그림 11-5 세 가지 요소에서 혼합 영역에 대한 혼합물 설계

6) 6단계: 기준 혼합물의 정의

여섯 번째 단계는 기준 혼합물의 정의에 초점을 둔다. 이 기준 혼합물은 회귀계수가 좌표와 관련하여 표현되기 때문에 회귀분석에서 중요한 역할을 한다. 제한이 없는 심플렉스 모양의 혼합물 영역에서 기준 혼합물은 전체 중심, 즉 $1/3, 1/3, 1/3$ 혼합물과 일치한다. 이것은 [그림 11-6]과 같다.

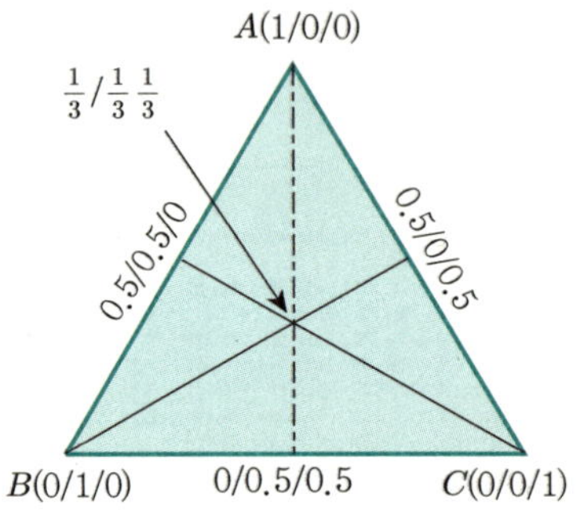

그림 11-6 제한이 없는 심플렉스 혼합물 영역의 경우 전체 중심 위치

7) 7단계: 설계 실행

일단 혼합물 설계가 생성되고, 평가되고, 충분한 크기와 실행 가능한 모양의 영역이 구해지면 다음 단계는 실험을 실시하는 것이다. 이러한 실험은 실제로 가능한 한

임의의 순서(random)로 수행되어야 한다. 이것은 발생할 수 있는 시간 추세를 방지하기 위한 것이다. 또한 의도하지 않게 영향을 미치는 요인들, 즉, 예를 들어 실험자의 실험기술, 열화 또는 노화, 지속적으로 감소하는 주변 온도 등에 영향을 줄 수 있는 것을 방지하기 위한 것이다.

C1	C2	C3	C4	C5	C6	C7	C8
표준 순서	런 순서	점 유형	블럭	셀룰로오스	유당	인산염	Y(방출속도)
1	1	1	1	1.00000	0.00000	0.00000	197
9	2	-1	1	0.16667	0.66667	0.16667	171
4	3	2	1	0.50000	0.50000	0.00000	67
10	4	-1	1	0.16667	0.16667	0.66667	344
3	5	1	1	0.00000	0.00000	1.00000	324
5	6	2	1	0.50000	0.00000	0.50000	362
8	7	-1	1	0.66667	0.16667	0.16667	206
7	8	0	1	0.33333	0.33333	0.33333	214
6	9	2	1	0.00000	0.50000	0.50000	312
2	10	1	1	0.00000	1.00000	0.00000	110

그림 11-7 알약 제조 응용 프로그램의 실험 워크시트

8) 8단계: 데이터 분석 및 모델 평가

8단계는 데이터 분석 및 모델 평가이다. [그림 11-8]에 표시된 히스토그램은 반응 데이터를 변환되지 않은 값 그대로 사용할 수 있음을 나타낸다. 또한, 여기에서는 설계에 반복 실험이 포함되어 있지 않으므로 반복 그림은 반복 오류에 대한 정보를 제공하지 않는다.

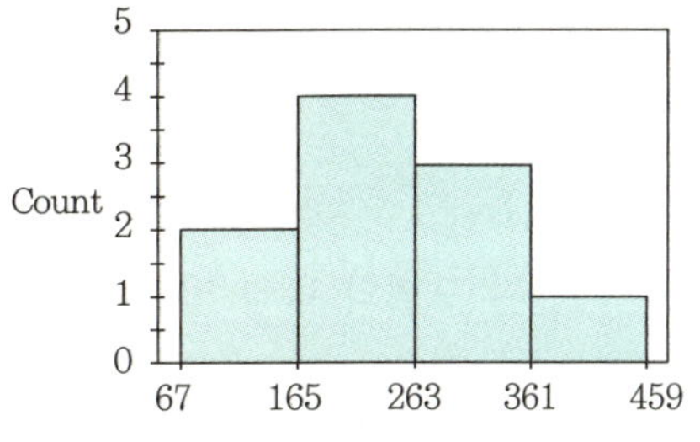

그림 11-8
히스토그램 방출 속도의 반응

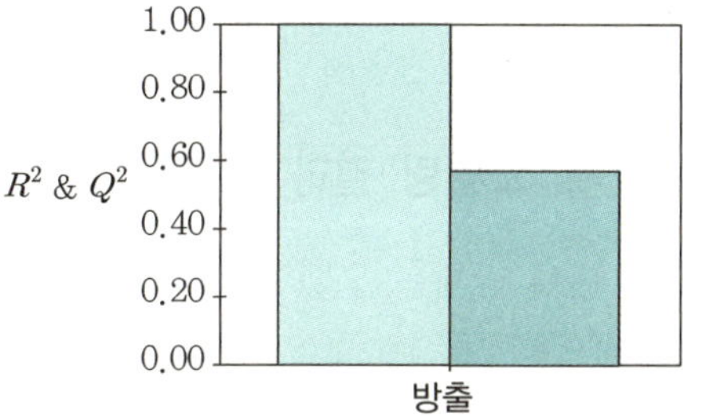

그림 11-9
방출속도에 적합한 2차 모형의 적합 요약 (반복실험을 실시하지 않음)

두 번째 진단도구 [그림 11-10]인 ANOVA는 회귀식이 p-값<0.05 때문에 유의하다고 판단한다. 그러나 [그림 11-11]에 주어진 반응의 잔차 그림을 볼 때 회귀식이 왜 유의하게 나타났는지에 대한 원인을 알 수 있다. 실험 번호 10은 이상치이며 모형의 예측 능력을 저하시킨다고 판단할 수 있다.

release	DF	SS	MS (variance)	F	p	SD
Total	10	624571	62457.102			
Constant	1	532224.875	532224.875			
Total Corrected	9	92346.125	10260.681			101.296
Regression	5	90944.82	18188.965	51.92	9.92E-04	134.866
Residual	4	1401.302	350.325			18.717
Lack of Fit (Model Error)	4	—	—	—	—	—
Pure Error (Replicate Error)	0	—	—			—
N = 10	Q2 =	0.5526	CondNo =	7.4174		
DF = 4	R2 =	0.9848	Y-miss =	0		
Comp= 3	R2Adj =	0.9658	RSD =	18.717		
			ConfLev=	0.95		

▌그림 11-10▐ 알약의 ANOVA

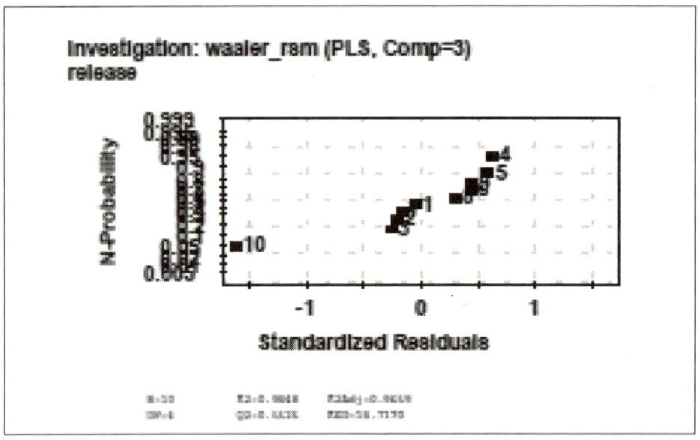

▌그림 11-11▐ 알약의 잔차 도표

9) 9단계: 모델링 결과 시각화

아홉 번째 단계는 모델링 결과의 시각화이다. 계산된 모델의 축점 및 중심 회귀계수는 [그림 11-12]에 그려져 있다. 이 계수도는 방출속도를 최대화하기 위해 유당 양을 낮게 유지하고 인산염의 양을 높게 유지해야 함을 보여준다. 유의한 제곱 및 교호작용항의 존재는 2차 모델 및 비선형 혼합 효과가 있음을 나타낸다. 이 효과는 [그림 11-13]에 표시된 3선 혼합 윤곽선 그림을 통해 보다 쉽게 이해할 수 있다. 이 도표는 혼합물 합성 0.32/0/0.68에서 350보다 큰 반응값을 기대할 수 있음을 시사한다. 이 점은 모델의 실험적 검증기능을 한다.

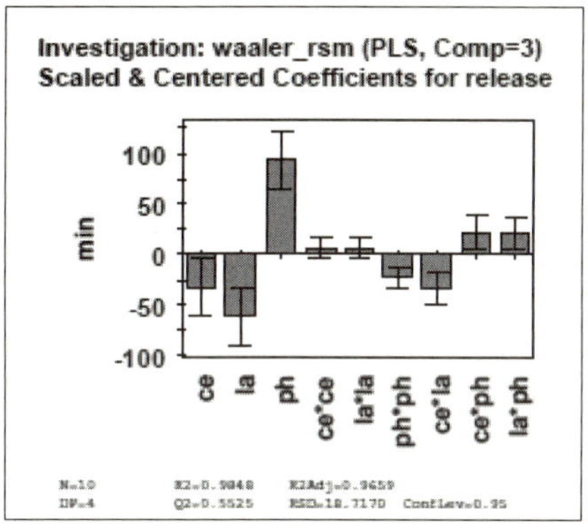

그림 11-12 방출 모델의 회귀계수 그림

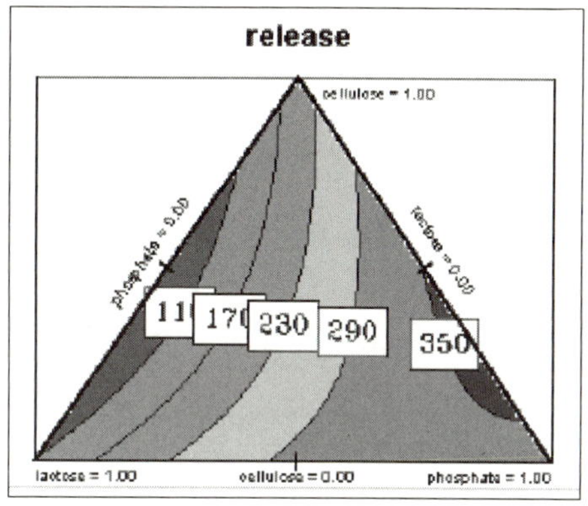

그림 11-13 방출에 대한 3선 혼합 윤곽선 플롯

10) 10단계: 모델 사용

모델링 결과를 결정, 계획 및 구체적인 행동으로 옮기는 것은 혼합물 설계에서 가장 중요하다. 이것이 모델의 활용이라고 하는 10단계의 본질이다. 예를 들어, 선별 설계를 통해 결과 모델을 사용하여 향후 실험을 수행할 위치, 즉 요인 범위를 수정하여 실험 영역을 보다 관심있는 영역으로 "이동"하는 방법을 설명할 수 있게 한다.

이 영역은 다른 선별 설계 또는 RSM 설계에 활용될 수 있다. 이를 달성하기 위해서 원하는 반응값의 영역을 지정한 다음 원하는 영역에서 가장 적합한 혼합물 또는 프로세스 요소에 대한 값들을 찾아야 한다. 최적 요인값의 결정은 Minitb, SAS, JMP, SPSS 등과 같은 소프트웨어 도구를 활용할 수 있다.

알약 예에서, 최적화는 0.32/0/0.68의 혼합물로 결정하였으며, 최대 방출속도는 363분에서 예측되었다. 그러나 이 점은 원래 작업에서는 고려되지 않았다. 실험자들은 세 번의 검증을 수행하였고, 실험 후의 결과는 모형 예측과 함께 [그림 11-14]에 요약되어 있다. 앞에서 설명된 바와 같이, 모델은 혼합물 0.5/0.125/0.375를 제외하고는 잘 예측되는 것을 알 수 있다.

번호	셀룰로오스	유당	인산 염	방출(관찰 값)	방출(예측 값)	하한	상한
1	0.32	0	0.68	---	363	322	404
2	0.5	0.125	0.375	370	293	262	324
3	0.333	0	0.667	340	363	322	405
4	0.667	0	0.333	345	320	278	361

그림 11-14 방출속도에 대한 모델 예측

3 주요 혼합물 실험 설계 및 분석

3.1 2성분 혼합 실험

1) 개요

식품회사는 아이들의 건강을 위해 아이들의 입맛에 맞는 샐러드를 판매하기 위해 올리브 오일과 발사믹 식초를 혼합한 드레싱을 만들기로 결정하여, 아이들이 좋아하는 두 혼합물의 최적배합을 찾기 위해 실험을 하기로 하였다. 총 혼합물을 20ml로 제한하였고 여러 실험조합을 통하여 다양한 샐러드가 만들어졌다. 아이들은 맛을 평가하는 평가자로 활용하여 실험을 수행하였다.

이 실험을 위한 요인으로 두 가지 성분, 올리브 오일과 발사믹 식초가 사용되었고, 반응은 맛의 정도로 평가되었다. 반응은 아이들이 느끼는 정도에 따라 1에서 10까지의 간단한 척도를 사용하여 활용하였으며, 1점은 최악의 맛을 의미하고, 10점은 환상적 맛을 의미한다고 가정하였다.

이 혼합물 실험은 배합에 따라 세 가지의 혼합물을 만들었고, 각 혼합물에 대해 2번의 반복을 실시하기로 하고, 설계는 [표 11-3]과 같다.

첫 번째 및 마지막 처리 혼합물을 순수 혼합물이라고 한다. 첫 번째 열은 순수 발사믹 식초(100% 발사믹 식초로만 된 것)이고 마지막 열은 순수 올리브 오일(100% 올리브 오일로만 만들어진 것)이다. 순수 혼합물은 단일 성분 또는 단일 성분 혼합물로 지칭된다. 발사믹 식초와 올리브 오일의 양이 혼합된 혼합물을 두 가지(이중)

혼합물이라고 한다. 마지막으로 각 성분의 양이 바뀌지만 두 성분의 합계는 항상 20ml로 동일하게 유지되어야 한다.

[표 11-3]에는 각 혼합물의 실제 양이 표시되어 있다. 요인 실험을 작성할 때 요인의 실제 설정을 나타내기 위해 코드화된 (±1) 수준을 사용했다는 점을 기억하고 있어야 한다. 혼합물 실험에서도 마찬가지이다. [표 11-3]에 나타난 실제 양을 사용하는 대신, 단순히 전체의 일부인 비율을 사용하여 성분 양을 나타낼 수 있다. 이 비율은 [표 11-4]에 나타나 있다.

각 처리 혼합물의 두 성분에 대한 총합은 1과 같다. 이것은 혼합물 실험의 기본 특성이며 식 (11・1)에 나와 있다. 이 식에서, x_i는 성분의 비례량을 나타내고, q는 성분의 총수를 나타낸다.

표 11-3 발사믹 식초와 올리브 오일을 혼합한 혼합 실험

성분	처리 혼합 양(ml)		
발사믹 식초	20	10	0
올리브 오일	0	10	20
총합	20	20	20

표 11-4 발사믹 식초와 올리브 오일 혼합 비율

성분	처리 혼합 비율		
발사믹 식초	(20/20)1	(10/20)0.5	(0/20)0
올리브 오일	(0/20)0	(10/20)0.5	(20/20)1
총합	(20/20)1	(20/20)1	(20/20)1

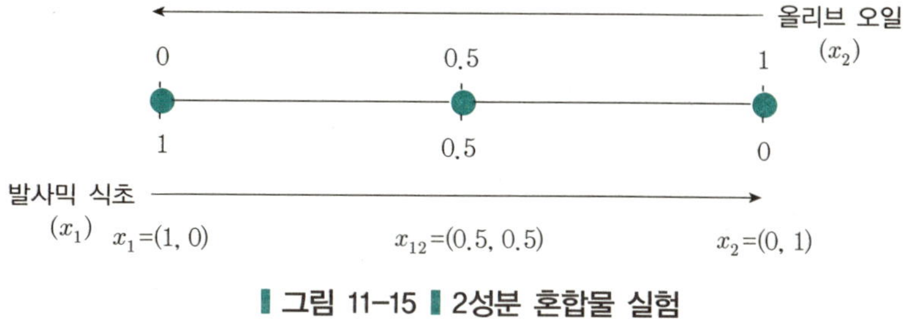

그림 11-15 2성분 혼합물 실험

$$\sum_{i=1}^{q} x_i = 1.0 \quad (11 \cdot 2)$$

[그림 11-15]에서 3개의 동일한 간격의 점을 나타내고 있는 것을 알 수 있다. 이 실험은 두 개의 순수 혼합물 사이의 중간 지점에 두 가지(이중) 혼합물을 가지고 있기 때문에, 이 점들에 의한 혼합 효과가 선형인지 2차인지를 알 수 있는 세 개의 동일한 간격의 점들을 가지고 있다. 만약 혼합 효과가 선형이라면 모델의 차수는 $m=1$이다(m은 격자 차원을 의미한다). 혼합물 효과가 2차일 때 혼합물 효과가 반응을 증가시키면 시너지효과가 있다고 말하고, 반응이 감소하면 길항작용이 발생한다고 한다. 이 경우 평가할 모델의 차수는 $m=2$이다.

일반적으로는 q와 m을 각각 사용하여 성분 수와 모델의 차수를 식별한다. 이 예에서는 $q=2$ 및 $m=2$ 또는 $\{2, 2\}$로 간단한 격자기호를 사용하여 표현한다. 격자에 대한 설명은 다음 절에서 설명할 것이다. 이 표기법을 사용하면 다음 식을 사용하여 각 성분에 대한 비례적인 양을 만들 수 있다. 이 표현에서 x_i는 성분의 비율을 나타낸다.

$$x_i = 0, \frac{1}{m}, \frac{2}{m}, \cdots, 1 \qquad i=1, 2, \cdots, q \quad (11 \cdot 3)$$

이 예에서 첫 번째 및 두 번째 성분은 x_1 및 x_2로 표시되며 $m=2$인 경우 다음 비율을 갖는다.

$$x_1 = 0, \frac{1}{2}, 1 \quad (11 \cdot 4)$$

$$x_2 = 0, \frac{1}{2}, 1 \quad (11 \cdot 5)$$

[그림 11-15]에 표시된 눈금은 저울의 왼쪽 끝이 순수한 발사믹 식초를, 오른쪽 끝이 순수한 올리브 오일 순수 혼합물을 나타내는 것을 알 수 있다. 두 가지 혼합물은 중간점이며 발사믹 식초와 올리브 오일의 동일한 비율을 나타낸다. 마지막으로, 세 가지 처리 혼합물의 합계가 각각 1이라는 것을 알 수 있다.

실험은 다음과 같은 방식으로 실시되었다. 세 개의 접시, 세 개의 처리 혼합물 각각에 하나씩, 5 ml 스푼을 사용하여 세 개의 접시에서 적절한 양을 측정하여 투입하였고, 각각의 그릇은 무작위로 선택되어 맛에 대한 테스트가 진행되었다. 평가가 완료되어 각 처리 혼합물에 대한 데이터와 평균을 [표 11-5]에 요약하고 [그림 11-16]에 표시하였다.

평균 맛에 대한 반응은 3개의 혼합물에 대해 [그림 11-16]에서 표현되어 있다. 발사믹 식초와 올리브 오일 순수 혼합물의 평균 맛의 반응은 각각 5.5와 1.5이다. 이 값들은 맛 평가자가 발사믹 식초를 올리브 오일보다 선호한다는 것을 의미한다. 순수 혼합물 사이의 평균은 3.5인데 이 값은 두 순수 혼합물의 평균이다. 그러나 이 두 가지 혼합물의 실제 관측 평균은 8.5이다. 발사믹 식초와 올리브 오일의 혼합물의 평균은 3.5보다 더 높은 맛의 가치를 얻기 때문에 시너지 효과가 있다고 판단한다. 마지막으로, 실제 평균 맛 값을 통과하는 곡선의 점선으로 판단할 때 이 실험에 필요한 혼합물의 식은 2차 함수임을 시사한다.

표 11-5 발사믹 식초와 올리브 오일 맛 결과

성분	처리 혼합 비율		
발사믹 식초(x_1)	1	0.5	0
올리브 오일(x_2)	0	0.5	1
결과(y)	6, 5	8, 9	2, 1
평균($\bar{y}$)	5.5	8.5	1.5

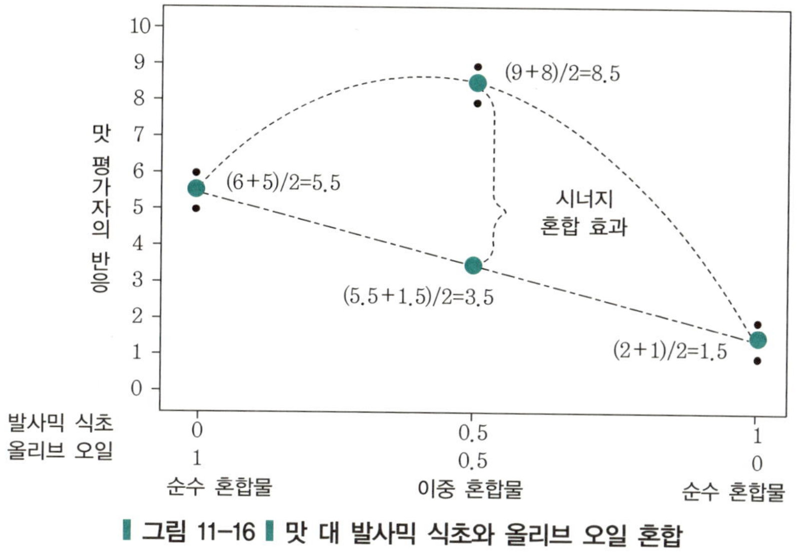

그림 11-16 맛 대 발사믹 식초와 올리브 오일 혼합

2) 예측방정식

[그림 11-16]에서 혼합물 전체의 평균 맛은 2차 함수를 나타내며, 따라서 2차 예측방정식을 전개하고 t검정을 사용하여 모형계수의 통계적 유의성을 검정하게 된다. [그림 11-16]에서 2차 함수는 아래에 있는 예측모델을 사용하여 표현할 수 있다.

$$\hat{y}(x) = \hat{\beta}_1 x_1 + \hat{\beta}_2 x_2 + \hat{\beta}_{12} x_1 x_2 \qquad (11 \cdot 6)$$

미니탭을 통해 계산된 모델계수를 적용한 예측방정식은 다음과 같다.

$$\hat{y}(x) = 5.5x_1 + 1.5x_2 + 20x_1x_2$$

3) 계수의 유의성 검정

계수의 통계적 유의성을 시험하기 위해 모델계수 β_1, β_2 및 β_{12}에 대한 아래와 같은 가설을 검정하기 위해 t검정을 사용한다. 이러한 계수는 발사믹 식초와 올리브 오일 그리고 발사믹 식초와 올리브 오일의 혼합 효과를 나타낸다.

$$H_0:\ \beta_1 = 0 \quad \text{대} \quad H_a:\ \beta_1 \neq 0 \qquad (11 \cdot 7)$$

$$H_0:\ \beta_2 = 0 \quad \text{대} \quad H_a:\ \beta_2 \neq 0 \qquad (11 \cdot 8)$$

$$H_0:\ \beta_{12} = 0 \quad \text{대} \quad H_a:\ \beta_{12} \neq 0 \qquad (11 \cdot 9)$$

귀무가설(H_0)은 모델계수가 0과 같으며, 대립가설(H_a)은 모델계수가 0과 같지 않다고 정의한다. t검정을 사용하여 위에 언급된 가설을 판단할 때, 0에서 표준화된 거리를 측정하여 계산된다. 만약 이 계산된 t값이 임계 t값을 초과한다면, 모델 계수가 0에서 현저히 벗어나 유의하다는 증거를 가지고 있다고 판단한다.

표 11-6 맛에 대한 추정된 회귀계수

항	계수	*SE*계수	t-값	p-값	*VIF*
발사믹 식초	5.500	0.500	*	*	1.25
올리브 오일	1.500	0.500	*	*	1.25
발사믹 식초*올리브 오일	20.00	2.45	8.16	0.004	1.50

[표 11-6]에서 t_1 및 $t_{12} > t_{\text{critical}}(3.183)$에 대해 유의하지만 $t_2 < t_{\text{critical}}$이므로 통계적으로 유의하지 않다. 이와 같이, 모델계수 β_1과 β_{12}가 0에서 현저히 벗어난다고 판단한다. 따라서 귀무가설인 H_0을 기각하고 계수 β_1과 β_{12}가 0이 아니므로 예측방정식에 포함되어야 한다고 결론을 내린다. 그러나 β_2의 경우 유의하지 않지만 β_{12}, 즉 발사믹 식초와 올리브 오일의 교호작용이 존재하기 때문에 β_2를 예측방정식에 포함시킬 것이다. 모델계수의 중요성을 결정했기 때문에 분산분석에 주의를 돌릴 필요가 있다.

4) 분산분석(ANOVA)

[표 11-7] 분산분석표(ANOVA)는 맛 값의 변동을 예측방정식과 잔차오차로 설명되는 변동으로 분해하는 데 사용된다. 이 실험에서는 반복적으로 측정된 맛의 값을 가지고 있기 때문에, 잔차오차는 순수오차와 적합성 결여로 분해할 수 있다.

전체 맛의 변동을 분해함으로써, 적합성 결여 테스트를 사용하여 설명되지 않은 효과가 있는지 테스트할 수 있다. 분산 절차를 분석하려면 제곱합이 계산되어야 한다. 맛에 의한 제곱합(y)을 계산함으로써 예측($\hat{y}$) 과 잔차오차($y-\hat{y}$)에 의한 제곱합의 함수로서 총합을 분해할 수 있다.

각 혼합물에 대해 두 가지 맛의 값이 존재하는 경우 순수오차로 인해 제곱합을 계산하고 잔차오차의 제곱합에서 이 값을 빼면 적합성 결여의 제곱합이 계산된다. 순수오차와 적합성 결여로 인한 제곱합을 사용하여 예측방정식에 설명되지 않은 다른 효과가 있는지 테스트할 수 있다. 그러한 효과가 발견되면 예측방정식의 적합성에 의문이 생길 것이다. 즉, 적합성 결여가 발견되면 다른 예측방정식을 찾아야 한다.

표 11-7 맛에 대한 분산분석표(성분 B 제외)

출처	DF	$Adj\ SS$	$Adj\ MS$	F-값	p-값
회귀	2	49.333	24.6667	49.33	0.005
A	1	16.000	16.0000	32.00	0.011
A^*B	1	33.333	33.3333	66.67	0.004
오차	3	1.500	0.5000		
총계	5	50.833			

표 11-8 맛에 대한 분산분석표(성분 비율)

출처	$Adj\ SS$	DF	$Adj\ MS$	F-값
회귀	49.33	2	24.67	49.34
잔차	1.5	3	0.5	
적합성 결여	0	0	0	0
순수오차	1.5	3	0.5	
종합	50.83	5		

3.2 심플렉스 격자 실험(simplex lattice design)

앞에서는 간단한 2성분 혼합 실험에 대해 논의했다. 이 절에서는 3성분 혼합을 알아보고 동일한 기술을 사용하여 데이터를 분석하고 예측방정식을 작성해보도록 한다.

기하학에서 심플렉스는 q=3인 경우 삼각형을, q=4일 경우 4면체를 설명하는 데 사용되는 일반적인 용어이다. 경계선에서 점들이 균등하게 나누어 선택된다면 다항식을 사용하여 이 영역에 대한 반응을 예측할 수 있다. 이러한 실험을 심플렉스 격자 설계라고 한다. 심플렉스 격자 설계는 $\{q, m\}$ 표기법을 사용하여 설명할 수 있는데 q는 성분수를, m은 심플렉스 공간을 몇 개로 나눌 것인지를 나타내는 격자차원을 의미한다. 순수 성분의 q-반응은 선형 모델의 회귀계수를 결정할 수 있는 반면, q-내부 및 중심점은 반응표면의 비선형성을 추정하는 역할을 한다. [표 11-9]에서는 성분(q)이 3에서 10이면서 다항식 모델이 선형(m=1)일 때 2차(m=2) 모델일 때 필요한 실험점의 수를 나타낸다. 이 실험점의 수는 다음 공식을 사용하여 얻을 수 있다.

$$_{q+m-1}C_m = \frac{(q+m-1)!}{(q-1)!m!} \qquad (11 \cdot 10)$$

▌표 11-9▌ 성분(q)이 3에서 10이면서 다항식 모델이 선형($m=1$)일 때, 2차($m=2$) 모델일 때 필요한 실험점의 수(심플렉스 격자 설계의 설계점 수)

성분의 수	모델의 차수				
m=	1	2	Incomplete 3	3	4
3	3	6	7	10	15
4	4	10	14	20	35
5	5	15	25	35	70
6	6	21	41	56	126
8	8	36	92	120	330
10	10	55	175	220	715

각 성분의 수준수는 $m+1$이며, 비율은 0에서 1까지의 균등한 간격으로 배치되며 식은 아래와 같다.

$$x_i = 0, \frac{1}{m}, \frac{2}{m}, \cdots, 1 \qquad i = 1, 2, \cdots, q$$

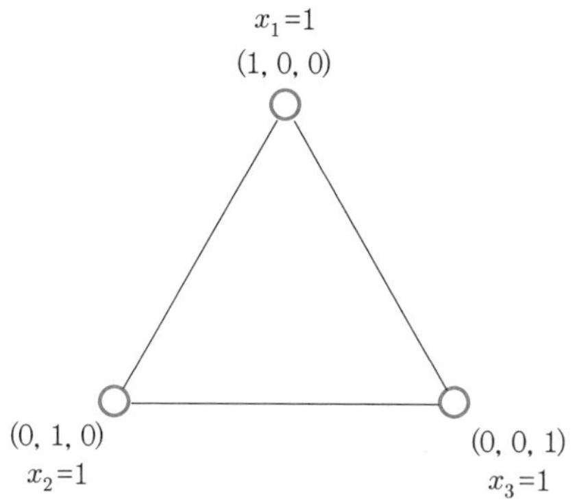

▌그림 11-17▌ {3,1} 심플렉스 설계

{3,1} 심플렉스 격자 설계를 보면, 이 경우 m=1 선형 모형에 대해 q=3개의 성분이 있다. [표 11-10]에서 보듯이 이 설계에는 세 가지(3중) 처리 혼합물이 있고, m=1이므로, 각 성분은 m+1=1+1=2 수준을 가진다. 즉, $x_1=0$ 또는 1, $x_2=0$ 또는 1, $x_3=0$ 또는 1이다.

각 성분의 비율이 0인 경우, 0의 값을 가진 혼합물은 포함되지 않는 것을 의미하고, 1인 경우 1의 값을 가진 순수 혼합물만이 존재한다. 설계의 모습은 [그림 11-17]에 나와 있다. 이 혼합물 실험에는 꼭지점에 3개의 설계점이 있으며 각 점은 순수 혼합물을 나타낸다. 즉, [표 11-10]에서 제시된 바와 같이 선형회귀모형을 얻으려면 심플렉스 꼭지점으로 구성된 3개의 설계점을 선택해야 한다. [그림 11-17] 모형의 적합성 결여를 확인하기 위해서는 심플렉스 중심에 설계점을 추가해야 한다. 실험설계는 [표 11-10]에 제시되어 있다(*의 실험점 추가).

표 11-10 {3,1} 심플렉스 격자 설계

N	x_1	x_2	x_3	y
1	1	0	0	y_1
2	0	1	0	y_2
3	0	0	1	y_3
4*	1/3	1/3	1/3	y_{123}

* Control point

위의 표에서 보듯이 혼합물 특성을 나타내는 반응 기호의 첨자는 혼합물 내 각 성분의 상대적 비율을 나타낸다. 예를 들어 혼합물 1([표 11-10])은 성분 x_1만 포함하고, 이 혼합물의 속성 반응은 y_1으로 표시되며, 혼합물 4는 (1/3)x_1, (1/3)x_2 및 (1/3)x_3로 지정되고 반응은 y_{123}으로 표시된다.

이제 {3,2} 심플렉스 격자 설계를 살펴보자. 이 경우, m=2인 2차 모형에 대한 q=3 성분이 있다. [표 11-11]부터 이 설계에는 ${}_{3+2-1}C_2=6$개의 실험점이 존재한다. 각 성분은 $m+1=2+1=3$ 수준을 가지며, 각 성분은 다음과 같은 간격 비율을 가진다. $x_1=0$, 1/2 또는 1; $x_2=0$, 1/2 또는 1; $x_3=0$, 1/2 또는 1이다. 이것은 각 성분이 없거나, 다른 성분과 반으로 혼합되거나, 아니면 순수한 혼합물이라는 것을 의미한다. 설계는 [그림 11-18]에 나와 있다. 총 6개의 혼합물에 대해 두 성분 사이의 모서리를 따라 꼭지점과 중간점에 설계점이 있다. 각 꼭지점 x_1, x_2 및 x_3은 순수 혼합물이며, 모든 모서리의 중간점 x_{12}, x_{13} 및 x_{23}은 두 성분의 50:50 혼합물이다.

심플렉스 격자 {3.2}와 {3,3}의 설계 매트릭스는 아래 표에 나와 있다.

표 11-11 {3,2} 심플렉스 격자 설계

No. of trials-N	x_1	x_2	x_3	y
1	1	0	0	y_1
2	0	1	0	y_2
3	0	0	1	y_3
4	0.5	0.5	0	y_{12}
5	0.5	0	0.5	y_{13}
6	0	0.5	0.5	y_{23}
7*	1/3	1/3	1/3	y_{123}

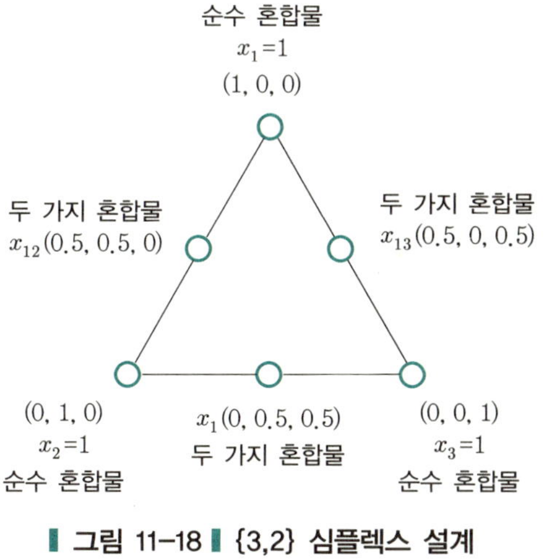

그림 11-18 {3,2} 심플렉스 설계

표 11-12 {3,3} 심플렉스 격자 설계

No. of trials-N	x_1	x_2	x_3	y
1	1	0	0	y_1
2	0	1	0	y_2
3	0	0	1	y_3
4	2/3	1/3	0	y_{112}
5	1/3	2/3	0	y_{122}
6	0	2/3	1/3	y_{223}
7	0	1/3	2/3	y_{233}
8	2/3	0	1/3	y_{113}
9	1/3	0	2/3	y_{133}
10	1/3	1/3	1/3	y_{123}

일반적인 $\{3,n\}$ 심플렉스 격자 설계는 [그림 11-19]와 같이 나타나며, $\{4,n\}$ 심플렉스 격자 설계는 [그림 11-20]과 같다.

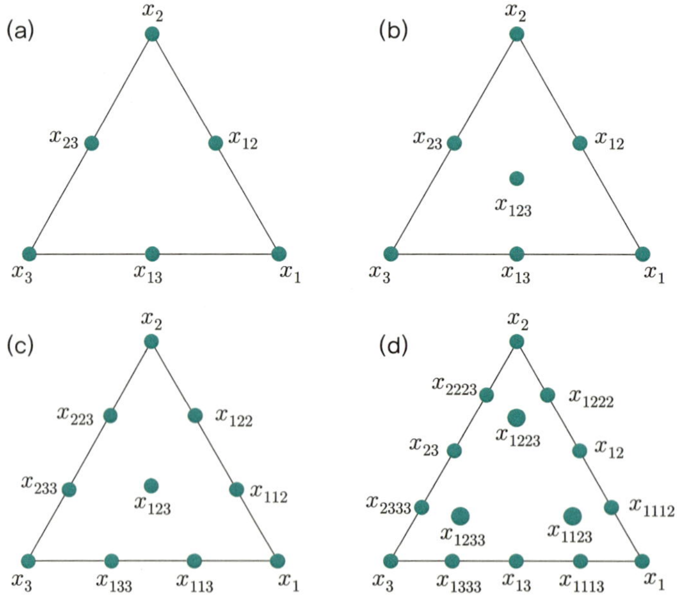

그림 11-19 {3,n}-격자: (a) 2차 다항식, (b) 불완전 3차 다항식, (c) 3차 다항식, (d) 4차 다항식

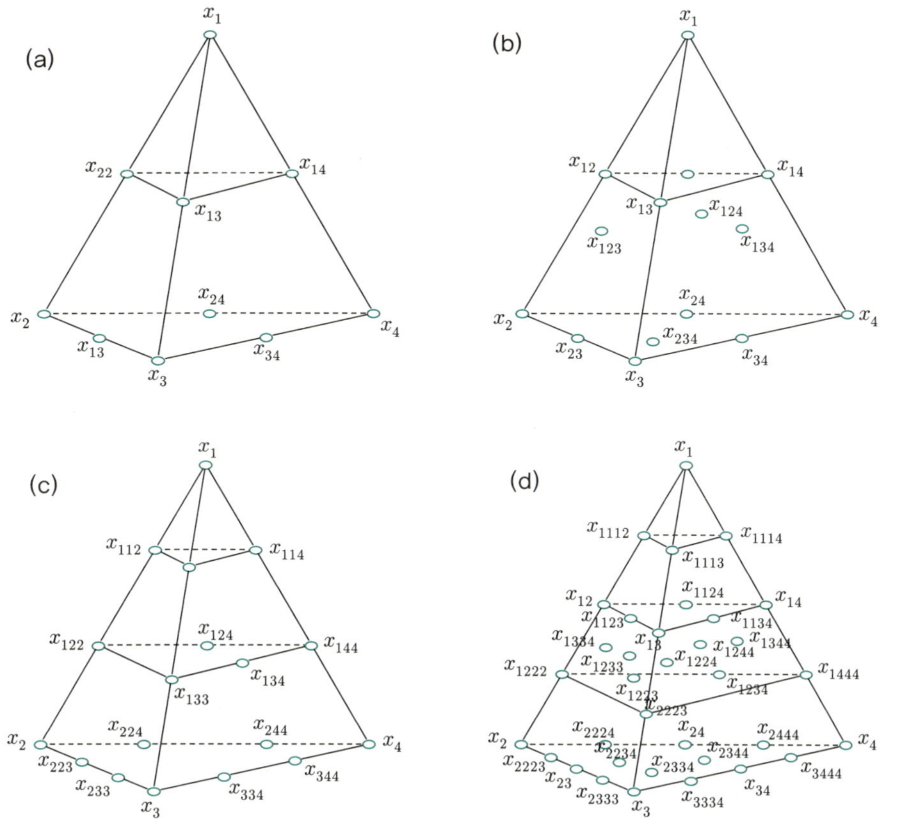

▌그림 11-20▐ {4,n}-격자: (a) 2차 다항식, (b) 불완전 3차 다항식, (c) 3차 다항식, (d) 4차 다항식

심플렉스 격자 설계의 설계점의 수를 정리하면 [표 11-13]과 같다.

표 11-13 심플렉스 격자 설계의 설계점의 수

회귀모델	반응 첨자	성분의 수				
		3	4	5	6	7
2차	i	3	4	5	6	7
	ij	3	6	10	15	21
불완전 3차	i	3	4	5	6	7
	ij	3	6	10	15	21
	ijk	1	4	10	20	35
3차	i	3	4	5	6	7
	iij	6	12	20	30	42
	ijk	1	4	10	20	35
4차	i	3	4	5	6	7
	ij	3	6	10	15	21
	$iiij$	6	12	20	30	42
	$ijkl$	–	1	5	15	35
	$iijk$	3	12	30	60	105

3.3 심플렉스 중심합성 설계(simplex centroid design)

앞절에서는 심플렉스 격자 설계방법에 대해 설명하였다. 이 설계의 주요한 특징은 꼭지점과 중간점이 되는 심플렉스 경계의 실험점의 위치다. 그러나 심플렉스의 내부 공간을 조사하는 경우가 있다. 이것은 주축(principal axes)을 따라 실험점을 추가하여 수행할 수 있다. 주축은 각 순수 혼합물의 꼭지점에서 반대쪽 면의 중심까지 연장되는 선을 의미한다. 주축을 따른 실험점은 주축이 나타내는 성분을 제외한 다른 모든 성분의 동일한 양을 나타낸다. [그림 11-21]과 같이 세 가지 성분 x_1, x_2 및 x_3이 있다고 가정하자. x_1의 주축은 꼭지점에서 순수한 혼합물로 시작한다. 여기서 $x_1=1$의 비율은 반대쪽 면에서 끝난다. x_2와 x_3 사이의 선의 중간점은 $x_1=0$이다.

앞에서 언급했듯이 x_1의 비율은 주축을 따라 변경되지만 x_2와 x_3의 비율은 주축을 따라 어느 지점에서나 동일하다. [그림 11-22]는 이것을 설명하고 있는데, x_1의 비율이 $x_1=1$, 0.75, 0.50, 0.25 및 0에서 $x_2=x_3$는 주축을 따라 어떻게 변하는지 확인해보자.

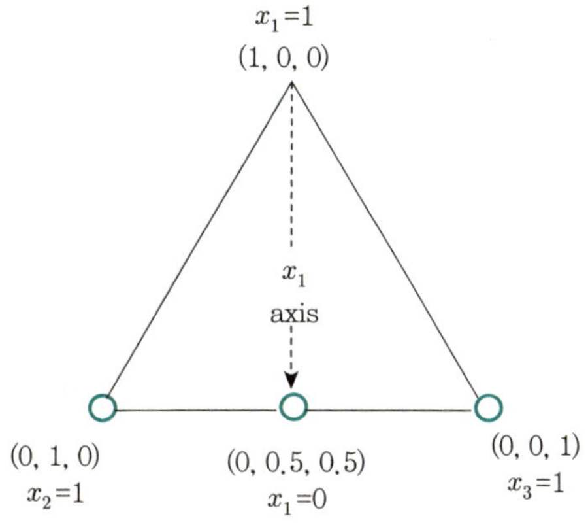

그림 11-21 x_1의 주축

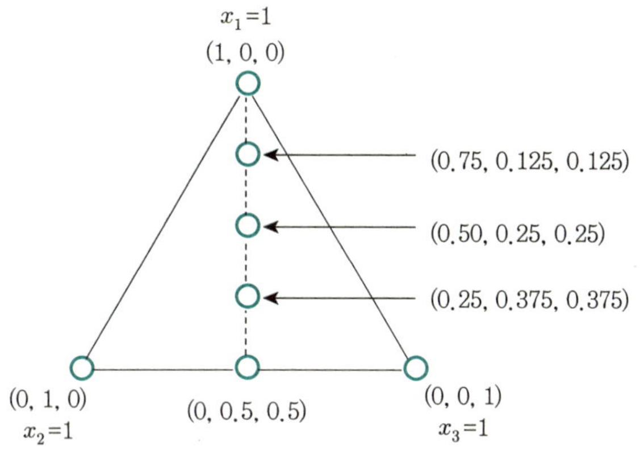

그림 11-22 주축의 변화에 따른 x_1의 비율

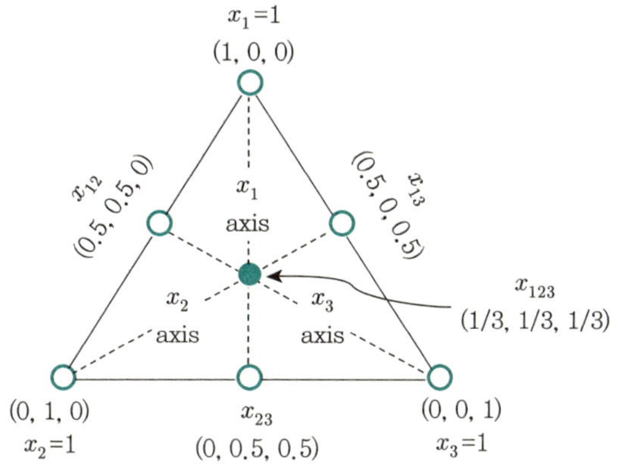

그림 11-23 3성분의 중심점

[그림 11-23]에서 이러한 주축의 교차점은 중심점을 의미하며 $x_1=1/3$, $x_2=1/3$ 및 $x_3=1/3$인 비율이 같은 혼합물을 의미한다. [그림 11-23]에 표시된 심플렉스 중심 설계에서 $q=3$ 성분에 대한 실험점의 수는 2^q-1이다. 이 경우 실험점의 수는 $2^3-1=7$이 된다.

x_1, x_2, x_3는 3개의 순수 혼합물이고, x_{12}, x_{13}, x_{23}에서는 3성분 중 두 가지(이중) 혼합물을, x_{123}는 1개의 세 가지(삼중) 혼합물을 의미한다. 심플렉스 격자 설계와는 달리 이 설계는 심플렉스 내부 공간에 중심점이라고 불리는 중앙에 위치한 하나의 실험점을 가지고 있다. 중심은 모든 성분이 동일한 비율을 나타내고 있으며, 심플렉스 내부공간에 미치는 영향을 테스트할 수 있게 해준다. 총 7개의 실험점이 있다. 각 지점에서 수집된 관측치는 선형(β_1, β_2, β_3)과 2차(β_{12}, β_{13}, β_{23}) 계수를 추정하여 반응 $\hat{y}(x)$을 예측하는 데 사용할 수 있으며, 이를 회귀계수라 한다.

x_1, x_2, x_3, x_1x_2, x_1x_3, x_2x_3 그리고 $x_1x_2x_3$를 예측변수라고 하며, 각 성분 x_1, x_2 및 x_3에 대한 비율을 기초로 값을 구한다. x_1, x_2 및 x_3의 비율이 $x_1=1$, $x_2=0.5$, $x_3=0$이라고 가정하면, 예측변수들은 $x_1=1$, $x_2=0.5$, $x_3=0$, $x_1x_2=(1)(0.5)=0.5$, $x_1x_3=(1)(0)=0.5$, $x_2x_3=(1)(0)=0$, 그리고 $x_1x_2x_3=(1)(0.5)(0)=0$으로 가정한다.

각 예측변수의 값을 각각의 회귀계수에 곱하면, 합은 예측값인 $\hat{y}(x)$를 얻을 수 있다 [그림 11-23]에 표시된 심플렉스 중심 설계의 전체 예측 방정식은 아래와 같다.

$$\hat{y}(x)=\hat{\beta}_1x_1+\hat{\beta}_2x_2+\hat{\beta}_3x_3+\hat{\beta}_{12}x_1x_2+\hat{\beta}_{13}x_1x_3+\hat{\beta}_{23}x_2x_3+\hat{\beta}_{123}x_1x_2x_3 \quad (11 \cdot 11)$$

$\hat{\beta}_1$, $\hat{\beta}_2$ 및 $\hat{\beta}_3$의 선형계수는 순수 혼합물 $x_1=1$, $x_2=1$ 및 $x_3=1$에 해당하는 평균 $\bar{y}_1$, $\bar{y}_2$, 그리고 $\bar{y}_3$과 같다.

$$\begin{aligned}\hat{\beta}_1 &= \bar{y}_1\\ \hat{\beta}_2 &= \bar{y}_2\\ \hat{\beta}_3 &= \bar{y}_3\end{aligned}$$

2차 계수 β_{12}, β_{13} 및 β_{23}은 다음 식을 사용하여 추정된다.

$\overline{y}_{12}$, $\overline{y}_{13}$, 그리고 $\overline{y}_{23}$의 평균값은 두 가지 혼합 $x_{12}=(1/2,\ 1/2,\ 0)$, $x_{13}=(1/2,\ 0,\ 1/2)$ 및 $x_{23}=(0,\ 1/2,\ 1/2)$)에 해당된다.

$$\hat{\beta}_{12}=4\overline{y}_{12}-2(\overline{y}_1+\overline{y}_2) \quad (11 \cdot 12)$$

$$\hat{\beta}_{13}=4\overline{y}_{13}-2(\overline{y}_1+\overline{y}_3) \quad (11 \cdot 13)$$

$$\hat{\beta}_{23}=4\overline{y}_{23}-2(\overline{y}_2+\overline{y}_3) \quad (11 \cdot 14)$$

앞장에서 세 가지 성분을 연구하였고 3성분 심플렉스의 가장자리를 따라 꼭지점과 중간점에서 수집된 데이터를 기반으로 순수 혼합과 두 가지(이중) 혼합에 대한 계수를 계산하였다. [그림 11-24]와 같이, 점 x_1, x_2, x_3에 의해 형성된 면은 점 x_{12}, x_{13}, x_{23}에 의해 확장된 면과 동일한 중심을 공유한다. $x_{123}=(1/3,\ 1/3,\ 1/3)$에 중심을 추가함으로써 세 가지 혼합물을 테스트하고 [그림 11-24]에 표시된 평면의 중심에서 벗어나는지 확인할 수 있다. $x_{123}=(1/3,\ 1/3,\ 1/3)$에서 세 가지 혼합물에 해당하는 중심 $\overline{y}_{123}$의 평균을 계산하고 이 효과를 테스트할 수 있다.

$$\hat{\beta}_{123}=27\overline{y}_{123}-12(\overline{y}_{12}+\overline{y}_{13}+\overline{y}_{23})+3(\overline{y}_1+\overline{y}_2+\overline{y}_3) \quad (11 \cdot 15)$$

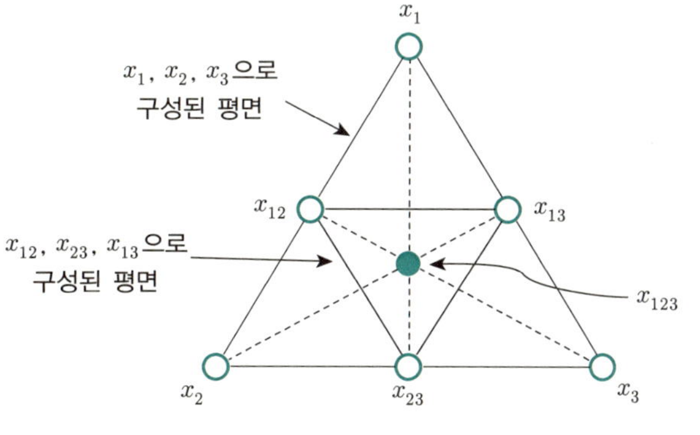

그림 11-24 x_1, x_2, x_3 및 x_{12}, x_{13}, x_{23}으로 구성된 평면

3.4 제한된 영역의 실험계획(constrained mixtures)

앞장에서는 순수한 혼합 또는 두 가지(이중) 혼합으로 존재하는 혼합물 실험에 대해 알아보았다. 일부 경우에는 최소량의 성분이 필요로 하는 경우가 발생될 수 있다. 예를 들어, 세 가지 성분이 있고 각 성분마다 유효한 혼합물을 만들기 위해 최소한의 양이 있어야 한다고 가정해보자. x_1, x_2 및 x_3 성분이 비율에 따라 25%, 20% 및 15% 이상을 포함해야 한다면 각 성분마다 하한값을 L_1, L_2, L_3로 표시하고, $L_1 = 0.25$, $L_2 = 0.20$, $L_3 = 0.15$로 나타낼 수 있다. 성분비율에 대한 하한 제한이 존재하는 경우 다음 식을 사용하여 상한 제한을 결정할 수 있다.

$$U_j = 1 - \sum_{i \neq j}^{q} L_i \qquad (11 \cdot 16)$$

이 식에서, U_j는 j번째 상한 성분 비율이고, q는 성분수이며, L_i는 i번째 성분에 대한 하한 제한이다. 특정 성분에 대한 상한을 계산하려면 다른 모든 성분의 하한을 1에서 빼기만 하면 된다.

1) 상단 경계 계산

하한이 지정되었다고 가정하고 각 성분의 상한 비율을 계산해보자.

$$U_1 = 1 - (L_2 + L_3) = 1 - (0.20 + 0.15) = 0.65$$
$$U_2 = 1 - (L_1 + L_3) = 1 - (0.25 + 0.15) = 0.60$$
$$U_3 = 1 - (L_1 + L_2) = 1 - (0.25 + 0.20) = 0.55$$

표 11-14 각 꼭지점에 대한 비율

성분 x_1	성분 x_2	성분 x_3
0.65	0.20	0.15
0.25	0.60	0.15
0.25	0.20	0.55

예에서 세 가지 성분을 가지고 있기 때문에 심플렉스의 하위 영역을 포함하여 각

꼭지점은 세 가지 성분의 혼합으로 총비율이 1이어야 한다. [표 11-14]에는 심플렉스 하위 영역의 각 꼭지점에 대한 비율이 표시되어 있다. 심플렉스의 하위 영역은 [그림 11-25]에 나와 있다.

하위 영역의 꼭지점에 대한 좌표를 정의한 후에는 꼭지점 간의 혼합물 속성을 이해할 수도 있고, 두 꼭지점 사이의 가장자리 중간점에 실험점을 추가하는 연구도 할 수 있다. 또한 중심을 추가하면 심플렉스의 내부 공간 내 혼합물 특성이 꼭지점에 의해 형성된 평면에서 벗어나는지 확인할 수 있다.

[그림 11-26]에서, [그림 11-25]에 정의된 심플렉스의 하위 영역이 표시되며 여기서 각 꼭지점에 대한 실제 및 유사 성분 설정을 보여준다. 마지막으로, [그림 11-25]의 심플렉스는 원래 심플렉스의 변형임을 기억하자. 성분비율에 하한 제한이 있고 하한의 합이 1 미만인 경우 이것을 적용할 수 있다.

유사 성분 설정은 실험점이 된다. [그림 11-26]의 설계점을 사용하여 두 꼭지점 사이의 모서리와 3개의 꼭지점 사이의 평면 중심에서 혼합물 속성을 평가하는 데 필요한 실제 실험점을 도출할 수 있다. 실제 설정된 설계점을 변환하려면 다음 식을 사용한다.

$$x_i = 1-(1-L)x'_i \tag{11·17}$$

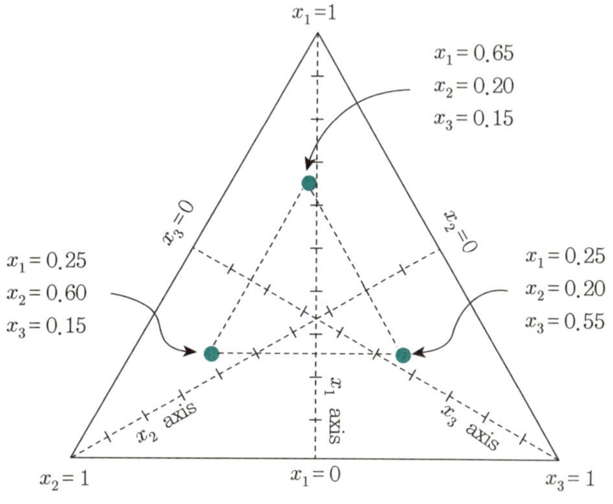

▌그림 11-25 ▌심플렉스 하위 영역

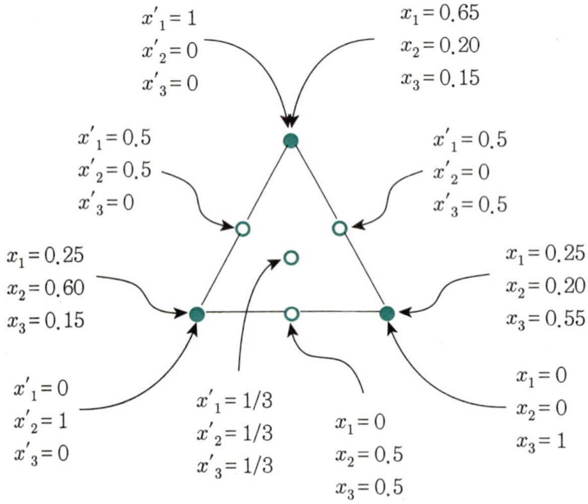

그림 11-26 하위 영역 심플렉스 실제 지점 및 설계 지점

이 식에서, $x_i = i$번째 성분 설정, L_i =하한 설정, L=모든 하한값의 합 및 x'_i =설정된 설계 단위를 의미한다.

2) 모서리와 중심점 계산

x_1, x_2 및 x_3의 하한은 $L_1 = 0.25$, $L_2 = 0.20$ 및 $L_3 = 0.15$이다. 이것으로부터 $L = 0.25+0.20+0.15 = 0.60$인 총합 L을 계산할 수 있다. 이제 [그림 11-26]의 $x'_1 = x'_2 = 0.5$, $x'_3 = 0$에 해당하는 x_1, x_2 및 x_3의 실제 설정값을 계산해보자.

$$x_1 = L_1 + (1-L)x'_1 = 0.25 + (1-0.60) \times 0.5 = 0.45$$
$$x_2 = L_2 + (1-L)x'_2 = 0.20 + (1-0.60) \times 0.5 = 0.40$$
$$x_3 = L_3 + (1-L)x'_3 = 0.15 + (1-0.60) \times 0 = 0.15$$

이제 [그림 11-26]의 $x'_1 = x'_2 = x'_3 = 1/3$의 디자인 설정에 해당하는 x_1, x_2 및 x_3의 실제 설정을 계산해보자.

$$x_1 = L_1 + (1-L)x'_1 = 0.25 + (1-0.6) \times \frac{1}{3} = 0.383$$
$$x_2 = L_2 + (1-L)x'_2 = 0.20 + (1-0.6) \times \frac{1}{3} = 0.333$$
$$x_3 = L_3 + (1-L)x'_3 = 0.15 + (1-0.6) \times \frac{1}{3} = 0.283$$

표 11-15 설계 대 실제 설정

Design Settings			Actual Settings		
x'_1	x'_2	x'_3	x_1	x_2	x_3
1	0	0	0.65	0.20	0.15
1/2	1/2	0	0.45	0.40	0.15
0	1	0	0.25	0.60	0.15
0	1/2	1/2	0.25	0.40	0.35
0	0	1	0.25	0.20	0.55
1/2	0	1/2	0.45	0.20	0.35
1/3	1/3	1/3	0.383	0.333	0.283

설계와 실제 설정은 [표 11-15]에 나와 있다. 앞에서 설명한 바와 같이, 성분비율이 하한 제한을 갖고 하한의 합이 1 미만인 경우, 부분 공간은 심플렉스의 변형이다.

3) 상한과 하한

일부 상황에서, 혼합물은 원하는 혼합물을 만들기 위해 모든 성분에 대한 상한 및 하한이 존재한다. 성분에 상한 및 하한에 대한 제약조건을 설정하면 심플렉스의 실험 영역이 줄어들고 꼭지점 설계라는 혼합물 설계가 만들어진다.

성분 x_i의 비율에 대한 제한은 다음 조건을 충족해야 한다.

$$0 \le L_i \le x_i \le U_i \le 1 \quad (11 \cdot 18)$$

이 식에서, 각각의 성분 x_i는 하한, L_i는 0보다 크거나 같으며, 상한 U_i는 1보다 작거나 같은 값을 가진다.

x_1, x_2 및 x_3의 세 가지 성분이 있다고 가정하자. 각 성분은 비율에 따라 다음과 같은 하한과 상한이 있다고 하자.

$$30\% \le x_1 \le 70\%$$

$$10\% \le x_2 \le 60\%$$

$$10\% \le x_3 \le 20\%$$

성분비율에 대한 이러한 제한이 주어지면 제약조건으로 정의된 꼭지점의 좌표를 계산하기 위해 XVERT 알고리즘을 사용한다.

4) 상한과 하한의 일관성 확인

상한 및 하한은 극한(최대, 최소한계)을 테스트하여 평가할 수 있다. 특정 성분인 x_i에 대해 L_i와 같은 극한값을 계산한다고 가정하다. L_i를 얻기 위해서 i항을 제외한 다른 상한값의 합($\sum_{j \ne i}^{q} U_j$)을 1에서 빼서 L_i값을 구한다. U_i값을 구하기 위해서는 i항을 제외한 다른 하한값의 합($\sum_{j \ne i}^{q} L_j$)을 1에서 빼서 U_i값을 구한다.

예를 들어 성분 x_1, x_2 및 x_3에 대한 다음 제약조건을 고려해보자.

$$0.0 \le x_1 \le 0.1,\ 0.1 \le x_2 \le 0.2,\ 0.6 \le x_3 \le 0.8$$

x_1, x_2 그리고 x_3에 대한 최소 한계(하한 극한 한계)는

$$L_1 = 1 - U_2 - U_3 = 1 - 0.2 - 0.8 = 0.0 \tag{11.19}$$

$$L_2 = 1 - U_1 - U_3 = 1 - 0.1 - 0.8 = 0.1 \tag{11.20}$$

$$L_3 = 1 - U_1 - U_2 = 1 - 0.1 - 0.2 = 0.7 \tag{11.21}$$

x_1, x_2 그리고 x_3에 대한 최대 한계(상한 극한 한계)는

$$U_1 = 1 - L_2 - L_3 = 1 - 0.1 - 0.6 = 0.3 \tag{11.22}$$

$$U_2 = 1 - L_1 - L_3 = 1 - 0.0 - 0.6 = 0.4 \tag{11.23}$$

$$U_3 = 1 - L_1 - L_2 = 1 - 0.0 - 0.1 = 0.9 \tag{11.24}$$

x_3에 가능한 최소 한계는 $L_3 = 0.7$이다. 따라서 $L_3 = 0.6$을 사용할 수 없다. 이

경우 x_3의 하한을 $L_3 = 0.60$에서 $L_3 = 0.7$로 변경해야 한다. 수정된 제약조건은 다음과 같다.

$$0.0 \le x_1 \le 0.1,\ 0.1 \le x_2 \le 0.2,\ 0.7 \le x_3 \le 0.8$$

5) XVERT 알고리즘

이 알고리즘은 실험 영역에 퍼져 있는 점을 선택하여 회귀계수의 분산과 공분산을 최소화하는 데 사용된다. 1차 예측방정식을 찾는 경우 제한된 영역에 중심점과 함께 꼭지점의 좌표가 필요하다. 그러나 2차 모델의 경우 꼭지점의 좌표, 모서리의 중심 및 면이 제한된 영역에 대한 정보가 필요하다.

아래 표시된 성분 x_1, x_2 및 x_3에 대한 상한 및 하한 제약조건을 사용하면서 꼭지점의 좌표를 찾아 1차 예측방정식에 적합한 모델을 찾는 XVERT 알고리즘을 사용하는 방법에 대해 알아보자. 고차 예측방정식이 필요한 경우 미니탭을 활용하여 적절한 좌표를 결정할 수 있다.

$$20\% \le x_1 \le 80\%,\ 10\% \le x_2 \le 50\%,\ 10\% \le x_3 \le 60\%$$

상한과 하한이 가능한지 확인해보자. x_1, x_2 및 x_3의 최저 한계는

$$L_1 = 1 - U_2 - U_3 = 1 - 0.5 - 0.6 = -0.1$$
$$L_2 = 1 - U_1 - U_3 = 1 - 0.8 - 0.6 = -0.4$$
$$L_3 = 1 - U_1 - U_2 = 1 - 0.8 - 0.5 = -0.3$$

하한이 0보다 작다. 이는 각 성분에 대해 달성할 수 있는 최저 한계가 0임을 의미한다. x_1, x_2 및 x_3의 최대 한계를 살펴보면

$$U_1 = 1 - L_2 - L_3 = 1 - 0.1 - 0.1 = 0.8$$
$$U_2 = 1 - L_1 - L_3 = 1 - 0.2 - 0.1 = 0.7$$
$$U_3 = 1 - L_1 - L_2 = 1 - 0.2 - 0.1 = 0.7$$

이 된다. x_1, x_2 및 x_3에 대한 현재 상한값을 사용할 수 있다.

알고리즘 단계는 다음과 같다.

① $R_i = U_i - L_i$인 경우 증가하는 순서대로 성분의 순위를 매긴다. 이 식에서, R_i는 i번째 성분의 범위이고 U_i 및 L_i는 i번째 성분의 상한 및 하한을 나타낸다.

$$R_2 = 0.50 - 0.10 = 0.40$$

$$R_3 = 0.60 - 0.10 = 0.50$$

$$R_1 = 0.80 - 0.20 = 0.60$$

② 가장 작은 범위의 $q-1=3-1=2$ 성분을 사용하고 하한과 상한에서 2단계 설계를 시행한다. 이 경우 성분 2와 3은 첫 번째와 두 번째 가장 작은 범위를 갖는다. 이 두 성분을 사용하여 $2^{q-1}=4$ 조합이 [표 11-16]에 나와 있다.

③ 그런 다음 각 성분 조합에 대한 비율을 합산하여 1에서 빼서 최종 (q^{th}) 성분에 대한 비율을 계산한다.

표 11-16 첫 번째와 두 번째 가장 작은 범위를 가진 구성성분

x_2	x_3	x_2	x_3
L_2	L_3	0.10	0.10
U_2	L_3	0.50	0.10
L_2	U_3	0.10	0.60
U_2	U_3	0.50	0.60

표 11-17 최종 성분의 비율 계산

x_2	x_3	$x_1 = 1-(x_2+x_3)$
0.10	0.10	0.80
0.50	0.10	0.40
0.10	0.60	0.30
0.50	0.60	-0.10^{*}

* setting<0

[표 11-17]에서 $x_1 = -0.10$에 대한 마지막 설정은 지정된 제한($20\% \le x_1 \le 80\%$)에 포함되지 않는다. 이 경우 x_1의 값을 가져와서 계산된 값인 $L_1 = 0.20$에

가장 가까운 값으로 대체한다.

[표 11-18]에서 볼 수 있듯이 조합 4^*에 대한 비율의 합은 1보다 크다. 이 경우 $x_1 = -0.10$에 대한 계산된 값과 $L_1 = 0.20$에 대한 차이와 같은 값을 다른 성분의 수준을 조정해야 한다. x_1의 계산된 값과 하한의 차이는 $-0.10-0.20=-0.30$이다.

x_2와 x_3의 상한을 줄인다. U_2 및 U_3이 두 경우 모두 제시된 제약조건에 포함되어 있다. 먼저 x_2를 0.50에서 0.20으로 줄인다. 이는 [표 11-19]에 나타낸 4번째 처리 혼합물을 표현된다. 둘째, x_3을 0.6에서 0.3으로 줄인다. 이는 또한 제 5번째 처리 혼합물로 [표 11-19]에 표현된다. 이 표에서 혼합물 1~3은 설계의 핵심을 이루는 꼭지점이다.

[표 11-18]의 혼합 4^*가 적합하지 않기 때문에 [표 11-19]에 표시된 것처럼 두 개의 추가 후보 혼합물인 4와 5가 추가되었다. 일부 경우에, 후보 혼합물은 핵심 혼합물과 동일할 수 있다. 이 경우 최종 후보에서 해당 후보 혼합물을 제외하면 된다.

표 11-18 처리 혼합 합계를 1로 확인

Treatment Blend	x_2	x_3	$x_1 = 1-(x_2+x_3)$
1	0.10	0.10	0.80
2	0.50	0.10	0.40
3	0.10	0.60	0.30
4^*	0.50	0.60	0.20

* sum>1

표 11-19 처리 혼합을 수정하여 총합 1

Treatment Blend	x_2	x_3	$x_1 = 1-(x_2+x_3)$
1	0.10	0.10	0.80
2	0.50	0.10	0.40
3	0.10	0.60	0.30
4	0.20	0.60	0.20
5	0.50	0.30	0.20

표 11-20 극한점 및 중심 좌표

Treatment Blend	x_1	x_2	x_3
1	0.80	0.10	0.10
2	0.40	0.50	0.10
3	0.30	0.10	0.60
4	0.20	0.20	0.60
5	0.20	0.50	0.30
Centroid	0.38	0.28	0.34

6) 중심점 추가

[표 11-19]에 나타낸 각각의 꼭지점에 대한 좌표를 결정한 후, 각 성분에 대한 좌표를 평균화하여 중심을 구한다. 이 경우 [표 11-20]에 표시된 것처럼 중심의 좌표는 x_1=0.38, x_2=0.28 및 x_3=0.34가 된다.

[그림 11-27]에서 [표 11-20]의 처리 혼합물에 대한 꼭지점과 중심이 표시된다.

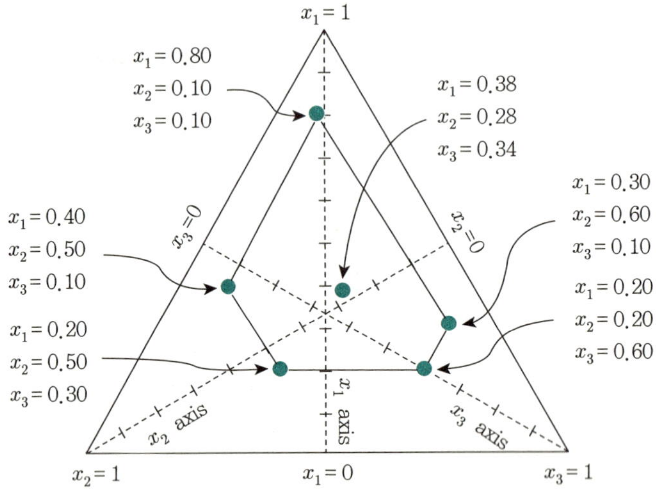

그림 11-27 심플렉스 영역 내의 극한 정점 및 중심 좌표

3.5 성분이 3개 이상인 혼합물

세 개 이상의 성분을 포함하는 혼합물의 모형은 3-성분 혼합물 모델의 단순한 확장이다. 성분의 일반적인 경우 선형, 2차 및 특수 입방 모델은 각각

$$\hat{y}=\sum_{i=1}^{q}\hat{\beta}_i x_i,$$
$$\hat{y}=\sum_{i=1}^{q}\hat{\beta}_i x_i+\sum_{i<j}^{q}\sum_{j}^{q}\hat{\beta}_{ij}x_i x_j, \qquad (11\cdot 25)$$
$$\hat{y}=\sum_{i=1}^{q}\hat{\beta}_i x_i+\sum_{i<j}^{q}\sum_{j}^{q}\hat{\beta}_{ij}x_i x_j+\sum_{i<j}^{q}\sum_{j<k}^{q}\sum_{k}^{q}\hat{\beta}_{ij}x_i x_j x_k$$

로 주어진다.

각 모델의 계수를 결정하는 데 필요한 계산은 컴퓨터를 활용하여 쉽게 계산할 수 있다. 간단히 말해서, 모든 것은 앞에서 설명한 매트릭스 계산을 활용하여 적절한 방정식을 구하면 된다. 제일 어려운 것은 결과를 그래픽으로 표현하는 것이다.

어떤 경우에는 한 성분이 중요하지 않다는 것이 밝혀지면 방정식을 단순화할 수 있다. 다른 부분에서는 적절한 각도로 취한 단면의 등고선 곡선을 시각화할 수 있지만, 일반적으로 그래프로 표현한다는 것은 어렵고 힘들다.

4-성분 혼합물의 경우 2차 모형은 10개의 항을 가지며, 이 항은 [그림 11-28(a)]의 사면체에서 도해한 {4, 2}개의 심플렉스 격자 설계를 사용하여 계수를 추정할 수 있다. 4면체의 각 면에는 2차 모형을 3-성분 혼합물에 적합시키는데 사용되는 것과 동일한 점들이 배치되어 있다.

3-성분 혼합물에 대한 2차 모형 {4, 2} 격자의 총점수는 2차 모형의 항 수와 동일하다.

일반적으로 q-성분 혼합물의 경우 {q, 2}개의 심플렉스 격자 설계에서의 실험 수는 2차 모형의 식에 포함된 항의 수와 동일하다. 따라서 2차 모형을 적합시키려면 이 설계가 가장 경제적이다.

4-성분 혼합물에 대한 특수 입방 모델은 14개의 항을 가지며, 계수는 [그림 11-28(b)]에 표시된 설계에서 추정할 수 있다. 각 면의 점들은 3-성분 혼합물에 대한 특수 입방 모델을 적합시키는 데 사용한 심플렉스 중심 설계에 해당하는 배열과 같다.

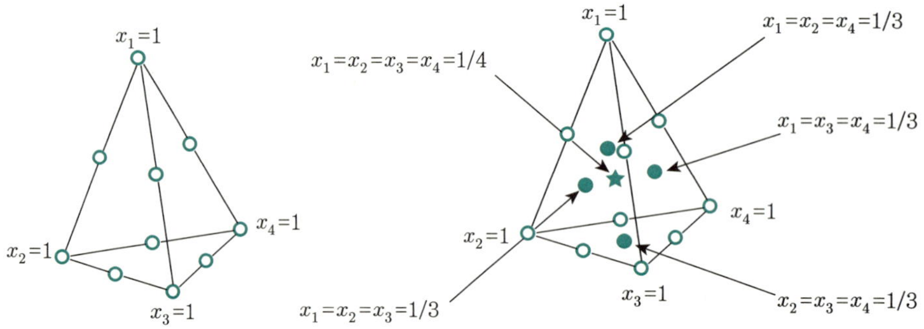

(a) 심플렉스 격자 실험 (b) 심플렉스 중심설계

그림 11-28 4-성분 혼합물을 위한 실험계획

4차 항인 $\beta_{1234}x_1x_2x_3x_4$를 모델에 추가하려면 최소한 한 번의 실험을 더 수행해야 하며, 사면체의 중심점에 지정된 구성의 혼합물을 사용하여 $x_1 = x_2 = x_3 = x_4 = 1/4$: 흑색 별은 [그림 11-28(b)]에 중심점을 나타낸다. 일반적으로 q성분에 대한 이 유형의 모델은 다음 식에 의해 정의된다.

$$\hat{y} = \sum_{i=1}^{q}\hat{\beta}_i x_i + \sum_{i<j}^{q}\sum_{j}^{q}\hat{\beta}_{ij}x_ix_j + \sum_{i<j}^{q}\sum_{j<k}^{q}\sum_{k}^{q}\hat{\beta}_{ij}x_ix_jx_k + \cdots + \hat{\beta}_{12\ldots q}x_1x_2\cdots x_q \tag{11・26}$$

계수는 심플렉스 중심 설계의 $2^q - 1$점을 사용하여 결정할 수 있는 총 $2^q - 1$항이다. 그러나 그러한 설계의 기하학적 표현에는 $q-1$차원 공간이 필요하다.

4 미니탭을 활용한 혼합물 실험의 예

4.1 2성분 혼합 실험

발사믹 식초와 올리브 오일 혼합 비율이다.

성분	처리 혼합 비율		
발사믹 식초	(20/20)1	(10/20)0.5	(0/20)0
올리브 오일	(0/20)0	(10/20)0.5	(20/20)1
종합	(20/20)1	(20/20)1	(20/20)1

1) 혼합물 실험 설계

- 메뉴

① 통계분석>실험계획법>혼합물>혼합물 설계생성

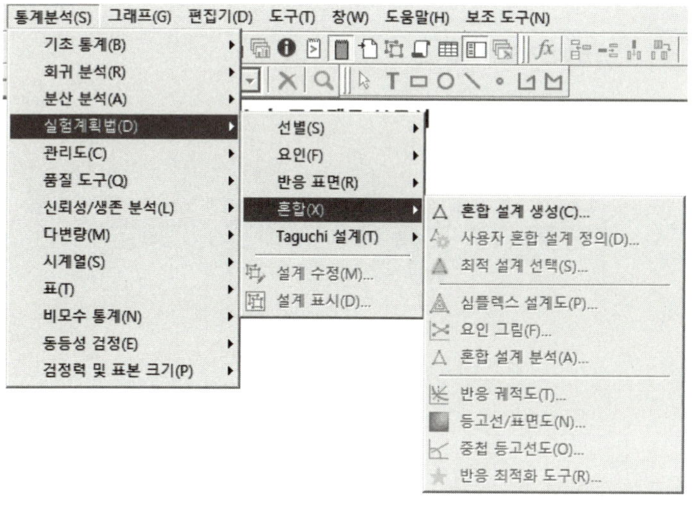

② 설계 유형 선택: 심플렉스 격자 선택

③ 옵션(P) 선택: 혼합 성분 수는 2로 설정

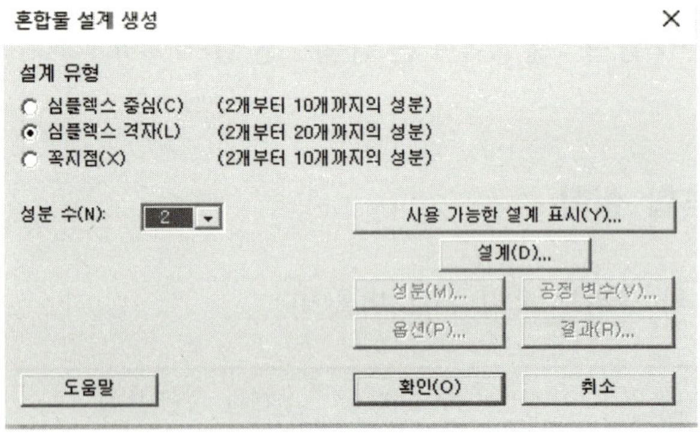

⑤ 설계(D) 선택: 격자도: 2선택

사례 연구는 2차 $m=2$ 모델이라는 것을 상기하시오. 이와 같이, 격자의 차수 선택은 2로 설정되었다. 중심점과 축점으로 설계를 포함하지 않았으므로 이러한 선택은 선택 해제되었다. 다음으로 전체 설계의 반복실험횟수를 2로 설정했다.

⑥ 성분(M) 선택: 격자도: 2선택

구성 요소 버튼을 선택하면 아래의 화면이 나타난다. 우리의 설계는 구성성분의 합이 총 1.0이고, 구성성분의 값은 각각 0과 1의 범위를 갖는다.

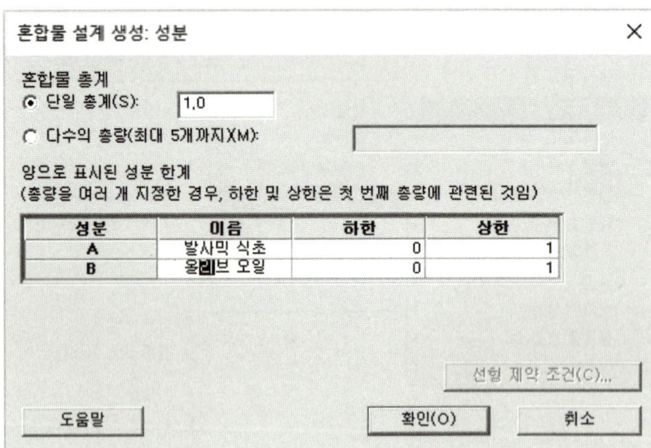

⑦ 옵션(P) 선택: 런 랜덤화(U), 워크시트에 설계 저장(S)

옵션 버튼을 선택하면 아래 표시된 화면이 표시된다. 이 화면에는 세 가지 선택이 있다. 이 경우 우리는 런 랜덤화를 선택하지 않았다. 실제로 이 옵션을 선택하고 권장한다. 그러나 설계를 미티탭 워크시트에 저장한다.

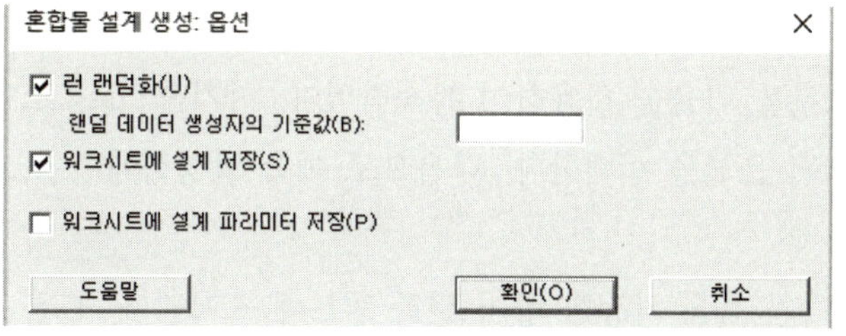

미니탭에서 만들어진 혼합물 설계는 아래에 나와 있다. C7 열의 미각의 값을 입력한다. 여기에서 미니탭의 혼합물 분석 모듈을 사용하여 결과를 분석하고 이전 결과를 확인할 수 있다.

2) 혼합 설계 분석 실행

◆ 메뉴

① **통계분석>실험계획법>혼합물>혼합 설계 분석**

↓	C1	C2	C3	C4	C5	C6	C7
	표준 순서	런 순서	점 유형	블럭	발사믹 식초	올리브 오일	맛
1	4	1	1	1	1.0	0.0	6
2	2	2	0	1	0.5	0.5	8
3	6	3	1	1	0.0	1.0	2
4	3	4	1	1	0.0	1.0	1
5	5	5	0	1	0.5	0.5	9
6	1	6	1	1	1.0	0.0	5

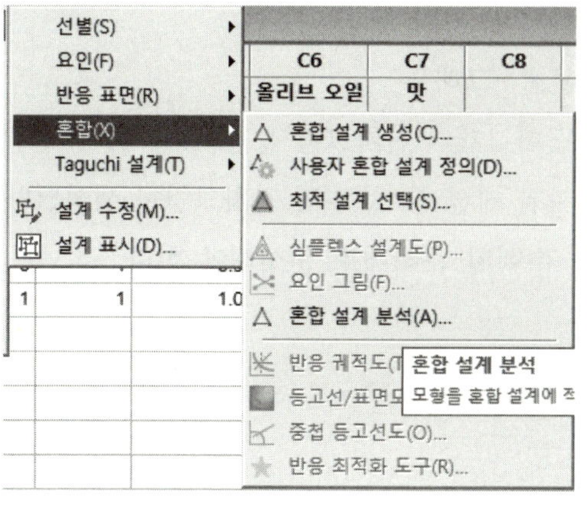

② 혼합 분석 설계>항

아래와 같이 혼합물 설계 분석 메뉴가 나타난다. 반응에 맛을 입력한다. 사례 연구에서 이 실험은 실제 레벨이 아닌 0에서 1 사이의 성분 레벨을 사용했기 때문에 혼합물 성분을 비율을 사용하여 분석하였다. 마지막으로, 모델에 맞는 방법으로 혼합물 회귀 옵션을 선택한다. 다음으로 예측 방정식에서 보고자하는 항을 선택한다.

항을 클릭하면 사용 가능한 항이 왼쪽 필드에 표시된다. 드롭 다운 메뉴에서 2차 옵션을 선택하면 A: 발사믹 식초, B: 올리브 오일 및 AB라는 항이 사용 가능한 항에서 자동으로 선택되어 분석을 위해 선택된 항으로 나타난다.

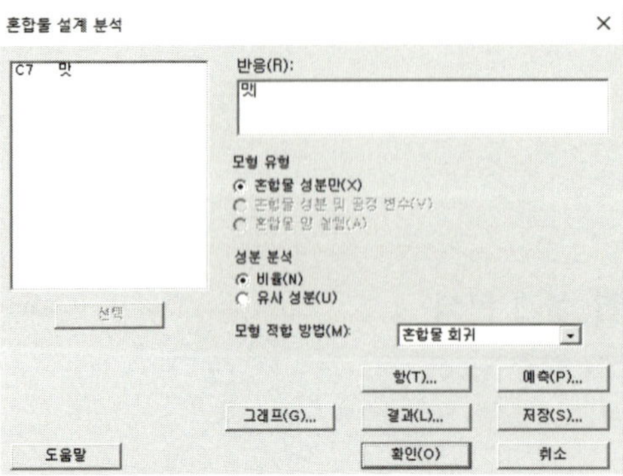

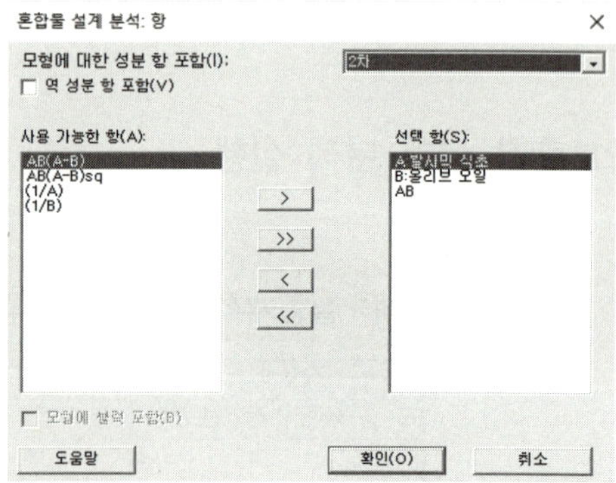

분석을 완료하기 위해 제안된 모델의 적합성을 판단하기 위해 세션창 출력에 잔차 그림을 추가할 수 있다.

③ 혼합 분석 설계>그래프

이 화면에서 간단히 4개의 잔차그림 옵션을 선택한다. 나머지 화면에서 확인을 클릭하면 아래 표시된 세션 창 출력 및 잔차그림이 생성된다. 잔차 분석 요구사항 중 하나는 실험을 수행된 순서대로 분석해야 한다.

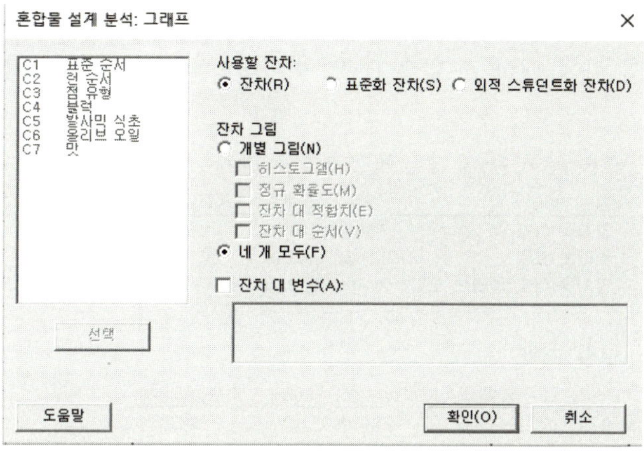

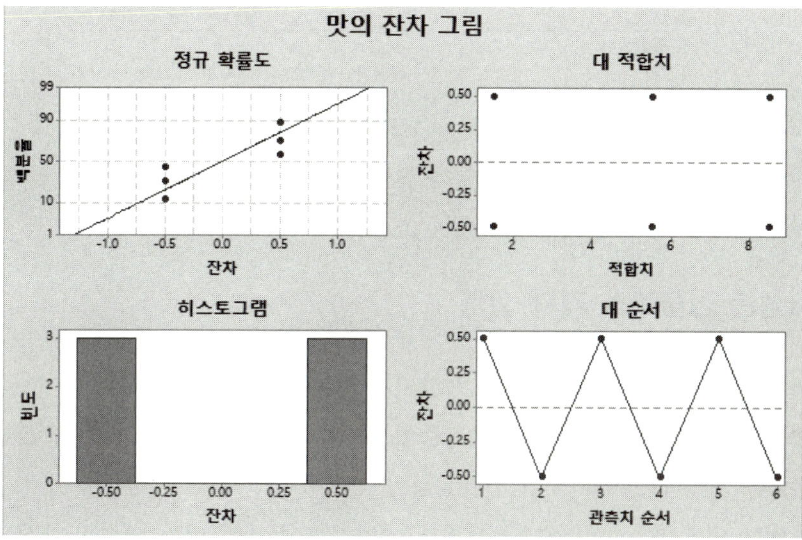

미니탭 세션 출력은 맛의 잔차 그림에 나와 있다. 미니탭에서 계산한 추정회귀계수, 발사믹 식초, 올리브 오일 및 발사믹 식초*올리브 오일은 이전에 계산된 것과 동일하다.

발사믹 식초*올리브 오일의 t값은 앞에서 계산 결과와 일치한다. $A*B$ 항의 p-값이 0.05 미만이므로 통계적으로 유의하다. 분산분석표도 표시된다. 여기에서 합산과 F 계산은 우리의 분석과 일치한다.

그러나 미니탭 분산분석표 요약은 회귀 제곱합을 선형 및 2차 성분으로 분할하고 통계적 유의성을 테스트한다. 각각의 경우에 선형 및 2차항은 통계적으로 유의하다. 각각의 항에 대한 p–값은 0.05 미만이라는 데 주의해야 한다.

맛(성분 비율)에 대한 추정된 회귀 계수

항	계수	SE 계수	T-값	P-값	VIF
발사믹 식초	5.500	0.500	*	*	1.25
올리브 오일	1.500	0.500	*	*	1.25
발사믹 식초*올리브 오일	20.00	2.45	8.16	0.004	1.50

모형 요약

S	R-제곱	R-제곱(수정)	PRESS	R-제곱(예측)
0.707107	97.05%	95.08%	6	88.20%

맛에 대한 분산 분석(성분 비율)

출처	DF	Seq SS	Adj SS	Adj MS	F-값	P-값
회귀 분석	2	49.333	49.333	24.6667	49.33	0.005
선형	1	16.000	16.000	16.0000	32.00	0.011
2차	1	33.333	33.333	33.3333	66.67	0.004
발사믹 식초*올리브 오일	1	33.333	33.333	33.3333	66.67	0.004
잔차 오차	3	1.500	1.500	0.5000		
총계	5	50.833				

4.2 3성분 심플렉스 격자 실험

요즈음 모든 음료들 중에 설탕이 포함되지 않는 음료는 거의 찾아보기 힘들다. 사과, 오렌지, 귤 등 판매되는 과일음료들이 진짜 과일에서 나온 순수한 음료라면 좋을 것이다. 불행히도, 대다수 과일음료들이 설탕이 많은 농축물로 만들어진다. 만약 제품라벨을 읽은 적이 있다면 각 포장의 영양정보에 나와 있는 당류의 포함된 양을 보고 깜짝 놀랐을 것이다. 이 장에서는 오렌지주스의 설탕 섭취를 줄이기 위해 설탕이 적고 맛이 좋은 대체 음료를 찾는 실험을 수행하고자 한다.

다음 혼합물 실험은 오렌지주스(x_1), 페리어(Perrier)(x_2) 및 물(x_3)의 혼합물을 포함한다. 실험을 30 ml로 제한한다. 심플렉스는 [그림 11–18]에 나와 있다. 이것은 총 6개의 실험점(3개의 순수 혼합물 및 3개의 두 가지 혼합물)을 갖는 {3,2} 심플렉스 격자 설계이다.

이 실험의 목표는 맛을 극대화하고 설탕 함량을 줄이는 것이다. 즉, 맛이 오렌지주스, 페리어 및 물의 함수라는 가설을 테스트하는 것이다.

[표 11-14]의 데이터는 1에서 10까지의 척도로 측정된 맛 값을 나타낸다. 여기서 1은 가장 맛이 없는 것을 의미하며 10은 가장 만족도가 높음을 의미한다. 각 혼합물에 대한 실험 결과는 [표 11-14]에 나타나며, 실행 순서는 무작위로 수행되었다.

실험 결과

			성분 비율(%)			성분 양			평가 점수	
실행	순서	변수	x_1	x_2	x_3	Orange Juice	Perrier	Water	$Taste_1$	$Taste_2$
1	7		x_1	0	0	30	0	0	7.5	8.5
10	4		x_2	1.0	0	0	30	0	5.5	4.5
8	2		x_{12}	0.5	0	15	15	0	8.0	7.5
6	12		x_3	0	1.0	0	0	30	5.0	4.5
9	3		x_{13}	0	0.5	15	0	15	5.0	4.5
11	5		x_{23}	0.5	0.5	0	15	15	4.8	5.8

이 섹션에서는 미니탭을 사용하여 혼합물 분석을 수행한다.

◆ 메뉴

1) 통계분석>실험계획법>혼합>혼합 생성 설계

여기서는 세 가지 설계 유형 중 하나를 선택하는데, 이 경우 심플렉스 격자가 선택되었고 혼합 성분수는 3으로 설정되었다.

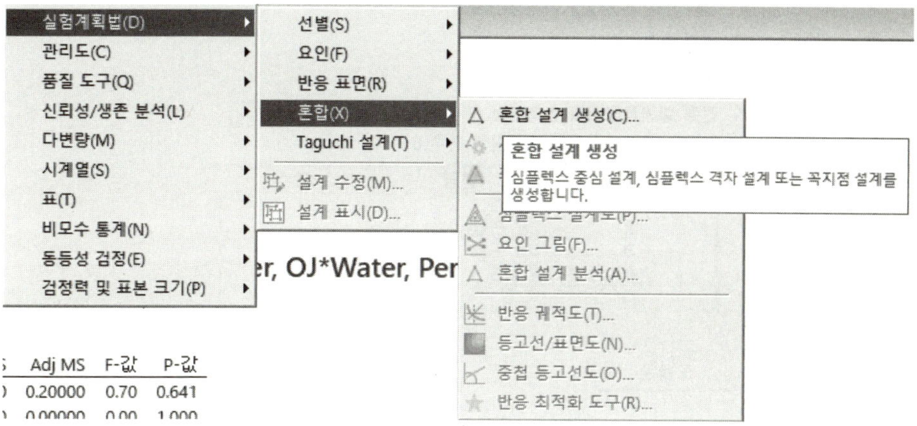

① 심플렉스 격자 선택, 성분수(N): 3 선택

[설계] 버튼을 클릭하면 아래와 같은 화면이 나타난다. 앞의 사례연구는 2차인 $m=2$ 모델이라는 것을 기억하자. 이와 같이 격자의 차수는 2로 설정되었다.

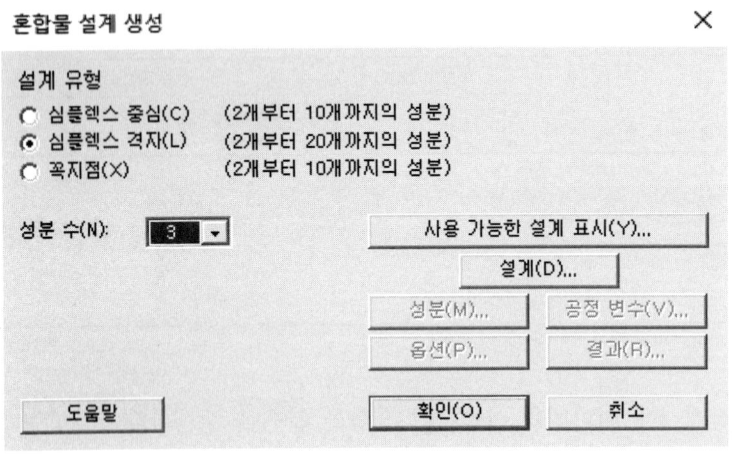

② 혼합물 설계생성: 격자도 결정, 반복실험횟수 선정

중심점과 축점을 설계에 포함하지 않았으므로 이러한 선택은 선택 해제된다. 다음으로 전체 설계의 반복횟수를 2로 설정했다. [확인]을 클릭한다.

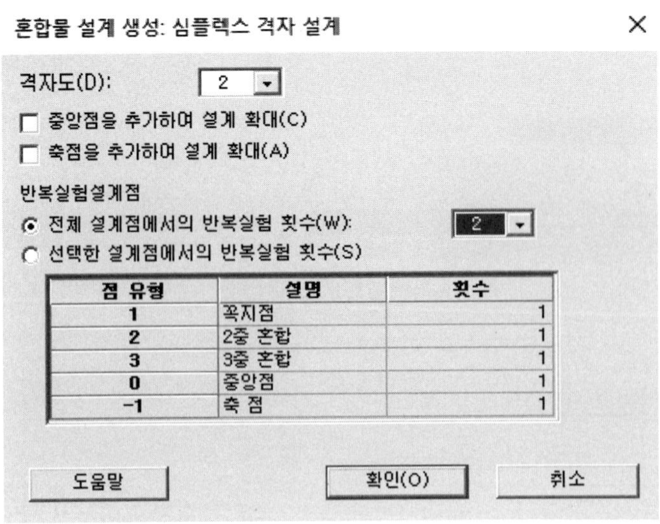

③ 혼합물 설계생성: 총계 및 성분의 한계 결정

설계는 재료의 합이 총 1.0이고 재료가 각각 0과 1을 경계로 하는 비례값을 사용했다는 것을 기억한다.

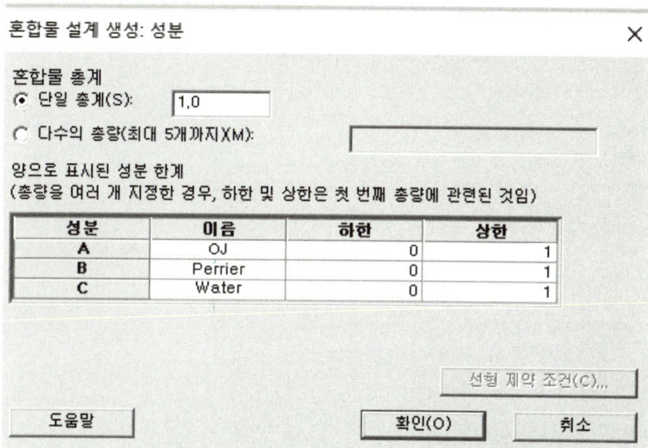

④ 혼합물 설계생성: 옵션 결정(런 랜덤화, 설계저장)

이 화면에는 세 가지 선택이 있다. 이 경우 런을 랜덤화하고 미니탭 워크시트에 설계를 저장하는 옵션을 선택한다.

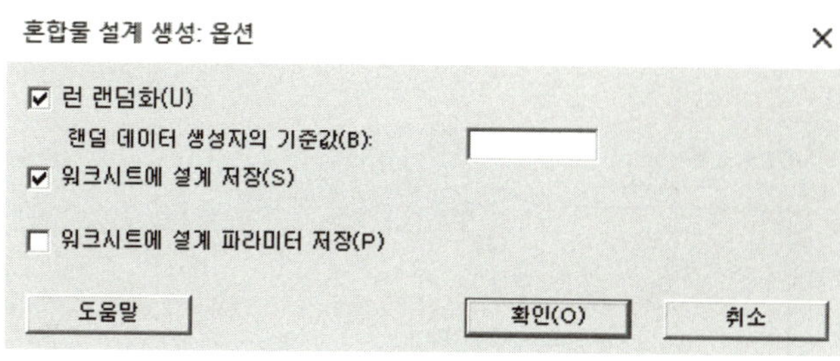

2) 통계분석 > 실험계획법 > 혼합 > 혼합물 설계 분석

C8 열에 맛은 직접 입력해야 한다. 여기에서 미니탭의 혼합물 분석 모듈을 사용하여 결과를 분석하고 결과를 확인할 수 있다.

↓	C1 표준 순서	C2 런 순서	C3 점 유형	C4 블럭	C5 OJ	C6 Perrier	C7 Water	C8 맛
1	7	1	1	1	1.0	0.0	0.0	7.5
2	4	2	1	1	0.0	1.0	0.0	5.5
3	11	3	2	1	0.0	0.5	0.5	4.8
4	6	4	1	1	0.0	0.0	1.0	5.0
5	8	5	2	1	0.5	0.5	0.0	8.0
6	2	6	2	1	0.5	0.5	0.0	7.5
7	5	7	2	1	0.0	0.5	0.5	5.8
8	9	8	2	1	0.5	0.0	0.5	5.0
9	1	9	1	1	1.0	0.0	0.0	8.5
10	12	10	1	1	0.0	0.0	1.0	4.5
11	10	11	1	1	0.0	1.0	0.0	4.5
12	3	12	2	1	0.5	0.0	0.5	4.5

① 반응(R): 맛 입력

모형 유형: 혼합물 성분만(X)

성분 분석: 비율(N)

모형 적합 방법: 혼합물 회귀

아래와 같이 혼합 설계 분석 메뉴가 나타난다. 반응의 맛을 두 번 클릭하면 반응 필드에 맛 값이 옮겨간다. 이 사례연구는 단지 재료의 혼합물이기 때문에 혼합물 성분 옵션이 선택되었다. 이 실험은 실제 수준보다 0에서 1 사이의 성분 수준을 사용했기 때문에 혼합 성분을 비율을 사용하여 분석하였다. 마지막으로 혼합 회귀 분석 옵션을 모형에 맞는 방법으로 선택했다.

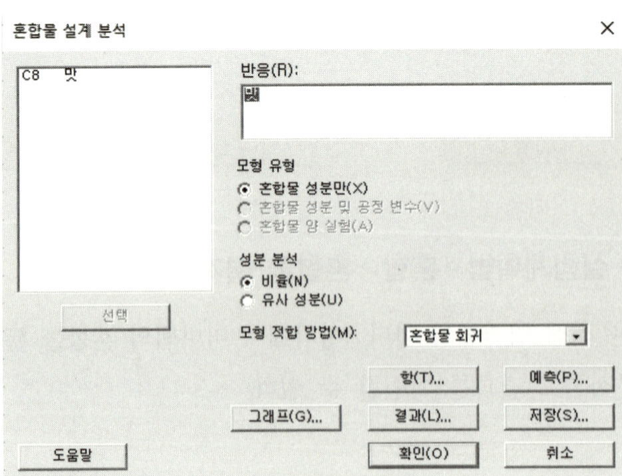

② 항(T)을 선택

다음으로, 예측방정식에서 보기를 원하는 계수를 선택해야 한다. 단순히 항을 클릭하기만 하면 된다. 사용 가능한 항은 왼쪽 필드에 표시된다. A: OJ, B: Perrier, C: Water, AB: OJ*Perrier, AC: OJ*Water, BC: Perrier*Water, 세 개의 선형 항과 세 개의 2차 항을 포함하는 $m=2$차 모형을 평가할 수 있다. 풀다운 메뉴에서 "2차" 옵션을 선택하면 A: OJ, B: 페리어, C: Water, AB: OJ*Perrier, AC: OJ*Water, BC: Perrier*Water라는 항들이 자동으로 선택되어진다.

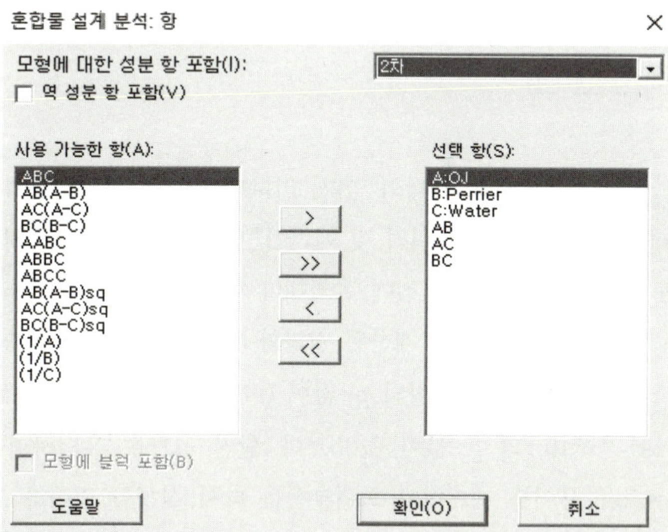

③ 그래프(G) 선택

분석을 완료하기 위해 예측방정식의 적합성을 판단하기 위해 세션 창 출력에 잔차 그림을 추가할 수 있다. 그렇게 하려면 혼합물 설계 분석에서 그래프 버튼을 간단히 클릭하면 아래와 같은 화면이 표시된다. 이 화면에서 간단히 잔차 그림 옵션의 네 개 모두를 선택한다. 마지막으로, 나머지 화면 창에 대해 [확인]을 클릭하면 세션 창 출력 및 잔차 그림이 생성된다.

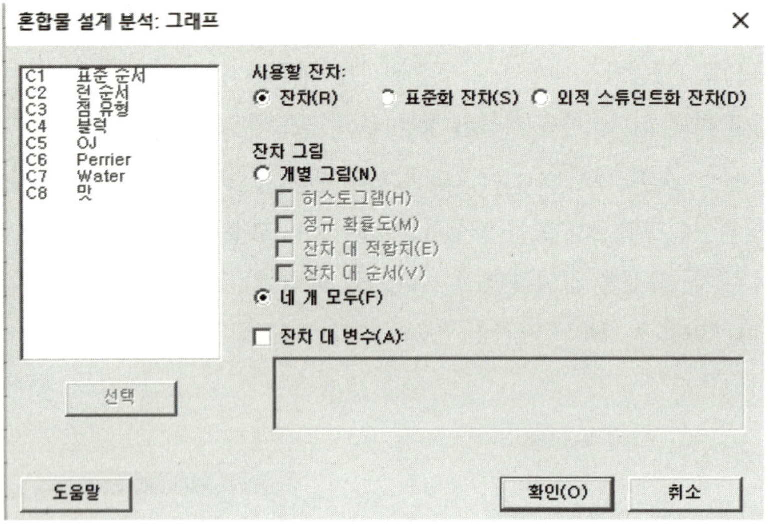

미니탭 세션 출력은 아래에 나와 있다. 미니탭에서 계산한 추정회귀계수, OJ, 페리어, 워터, OJ*페리어, OJ*워터 및 페리어*워터는 전체 예측방정식에 대해 이전에 계산한 계수와 동일하다는 점에 유의해야 한다. 또한 OJ*Perrier, OJ*Water 및 Perrier*Water항의 t값이 계산된 결과와 일치한다는 점에 유의한다.

OJ*Perrier 및 OJ*Water항의 p-값이 0.05 미만이므로 통계적으로 유의하지만, Perrier *Water의 p-값이 0.05보다 훨씬 크므로 유의하지 않다. 실제로, Perrier*water 용어를 제거하고 회귀분석을 다시 실행할 것이다.

맛(성분 비율)에 대한 추정된 회귀 계수

항	계수	SE 계수	T-값	P-값	VIF
OJ	8.000	0.395	*	*	1.50
Perrier	5.000	0.395	*	*	1.50
Water	4.750	0.395	*	*	1.50
OJ*Perrier	5.00	1.94	2.58	0.042	1.50
OJ*Water	-6.50	1.94	-3.36	0.015	1.50
Perrier*Water	1.70	1.94	0.88	0.414	1.50

모형 요약

S	R-제곱	R-제곱(수정)	PRESS	R-제곱(예측)
0.559017	92.55%	86.34%	7.5	70.19%

맛에 대한 분산 분석(성분 비율)

출처	DF	Seq SS	Adj SS	Adj MS	F-값	P-값
회귀 분석	5	23.2875	23.2875	4.6575	14.90	0.002
선형	2	16.2740	13.0833	6.5417	20.93	0.002
2차	3	7.0135	7.0135	2.3378	7.48	0.019
OJ*Perrier	1	2.8286	2.0833	2.0833	6.67	0.042
OJ*Water	1	3.9440	3.5208	3.5208	11.27	0.015
Perrier*Water	1	0.2408	0.2408	0.2408	0.77	0.414
잔차 오차	6	1.8750	1.8750	0.3125		
총계	11	25.1625				

분산분석표가 제시된다. 그러나 미니탭 분산분석 요약에서는 회귀 제곱합을 선형 및 2차 성분으로 분해하고 이러한 회귀 부분의 통계적 유의성을 테스트한다. 각 경우에 선형 및 2차항은 Perrier*Water($p=0.414$)를 제외하고 통계적으로 유의하다($p<0.05$).

마지막 열에서 분산팽창계수 또는 *VIF* 값을 확인해보자. 분산팽창계수는 예측변수 간의 다중 공선성 척도이다. 이 경우 1.5의 분산팽창계수는 중요하지 않다.

마지막으로, 아래 그림에는 잔차그래프에 4개의 그래프가 표시된다. 잔차는 예측값과 실제값의 편차라는 것을 기억해야 한다. 이것은 단순히 잔차가 상관관계가 없다는 것을 의미하며, 실제와의 편차는 비교적 일정해야 한다.

잔차에는 순수한 오차와 적합성 부족이 모두 포함된다. 패턴이나 추세가 존재하면 적합 조건이 없음을 나타낼 수 있으며 설명되지 않은 예측변수가 잔차 내에 묻힐 수 있다.

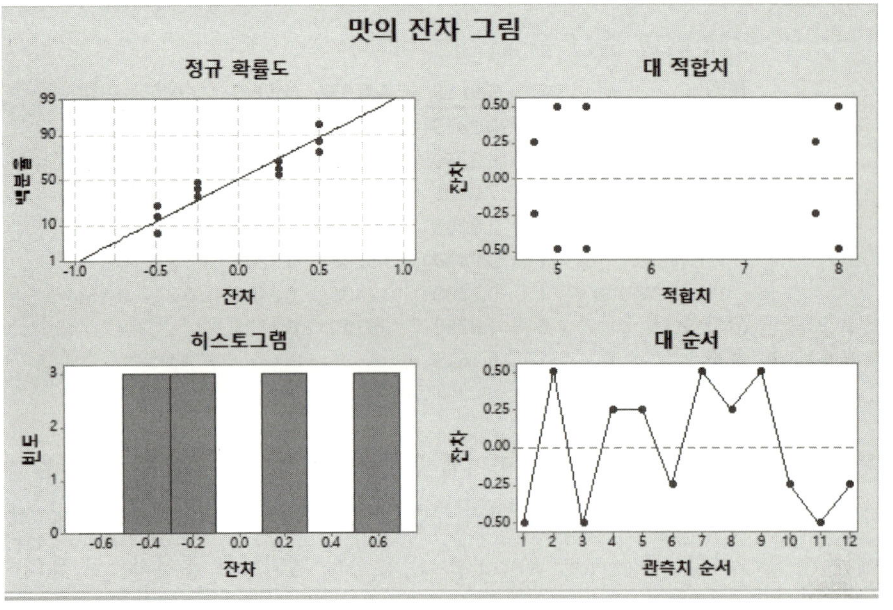

잔차에는 순수 오차와 적합성 결여가 모두 포함되어 있다. 패턴이나 추세가 존재할 경우 적합성 결여를 시사할 수 있다. 마지막으로, 처리 혼합에서 잔차의 확산이 증가하거나 감소하는 것으로 보인다면, 잔차의 분산이 일정하지 않다는 것을 시사하며, 회귀계수의 계산된 표준오차 추정치와 그 통계적 유의성에 의문을 제기할 것이다.

맛의 잔차 그림을 조사하면 정규 확률도를 확인할 수 있다. 여기서 잔차는 정규 확률선을 따른다. 즉, 이는 잔차가 정규 분포를 따른다는 것을 나타낸다. 둘째, 잔차 대 적합치 그림의 양쪽 끝에서 잔차 분포가 동일한 것으로 보인다는 점에 주목해야 한다. 이것은 잔차의 분산이 일정하다는 것을 암시한다. 제안된 모델은 분석 결과가 의심스럽다는 가정을 벗어나지 않는 것으로 보인다.

잔차에는 순수 오차와 적합성 결여가 모두 포함되어 있다. 패턴이나 추세가 존재할 경우 적합조건의 결여를 시사할 수 있다. 다른 경우, 실험이 무작위 순서로 관리되지 않을 때, 실험이 수행된 방법은 잔여물에 영향을 미칠 수 있는 원치 않는 변수를 도입했을 수 있다. 마지막으로, 처리에서 잔차의 확산이 증가하거나 감소하는 것으로 보인다면, 잔차의 분산이 일정하지 않다는 것을 시사하며, 회귀계수의 계산된 표준오차 추정치와 그 통계적 유의성에 의문을 제기할 것이다.

4.3 심플렉스 중심합성 실험(simplex centroid design)

앞에서 예로 들었던 2성분 혼합 실험문제에 하나의 요인 유자소스를 더해서 3성분을 사용하여 심플렉스 중심합성 설계를 구축하고 분석하는 과정을 알아보자.

◆ 메뉴

1) 통계분석 > 실험계획법 > 혼합 > 혼합 생성 설계

아래와 같은 화면이 나타난다. 여기서는 세 가지 디자인 유형 중 하나를 선택한다. 이 경우 단면 중심이 선택되고 구성요소수(성분)가 3으로 설정된 디자인 버튼을 클릭하면 다음과 같은 화면이 나타난다.

① 혼합물 설계 생성: 설계 유형: 심플렉스 중심(C)

성분수(N): 3

축 방향 점으로 설계를 보강하지 않았으므로 이 선택은 선택 해제된다. 다음으로 전체 디자인의 복제 횟수가 3으로 설정되었다. 확인을 클릭하고 컴포넌트 버튼을 선택한다.

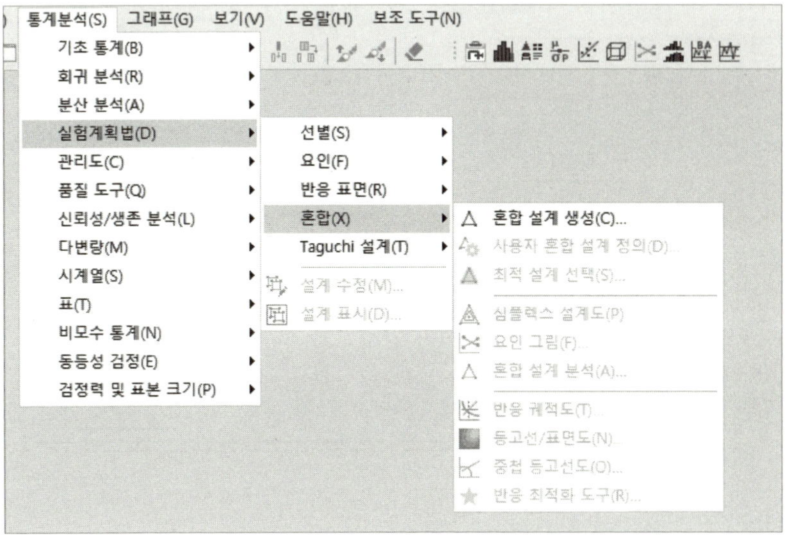

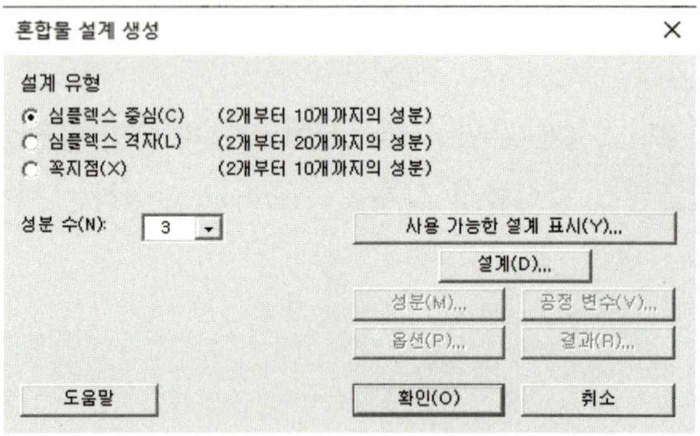

② 심플렉스 중심 설계: 전체 설계점에서의 반복실험횟수(W): 3 선택

설계는 재료에 대한 합이 총 1.0과 재료가 각각 0과 1을 묶었을 때 비례값을 사용했다는 것을 상기한다.

다시 혼합물 설계 생성으로 돌아가서 옵션 버튼을 선택할 수 있다. 이 화면에는 세 가지 선택이 있다. 이 경우 런 랜덤화를 선택하고 미니탭 워크시트에 설계를 저장하는 옵션이 선택된다.

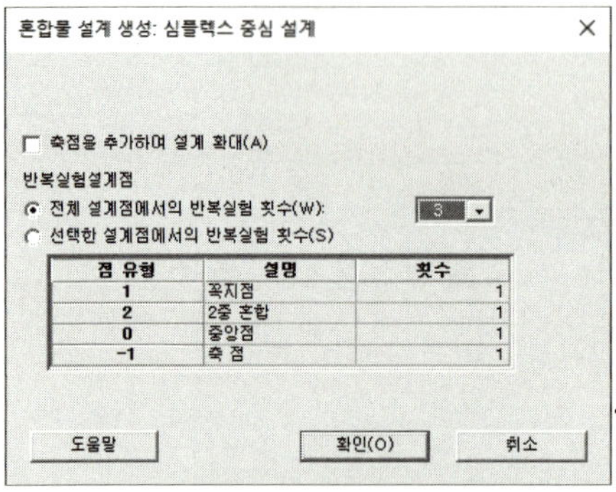

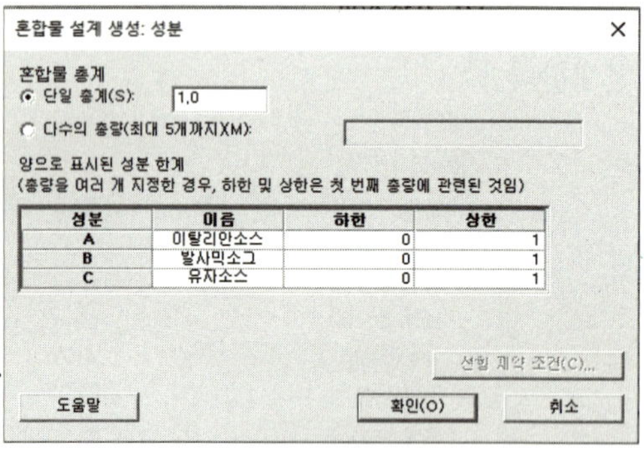

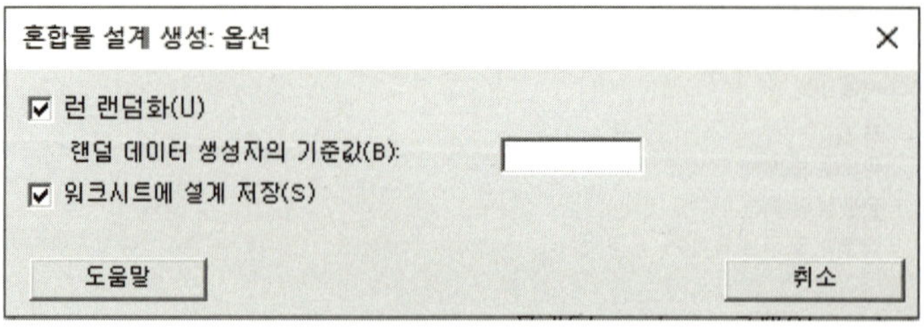

2) 통계분석 > 실험계획법 > 혼합 > 혼합물 설계 분석

혼합물 설계는 아래에 나와 있다. 맛 값도 표시된다. 여기에서 미니탭의 혼합물 분석 모듈을 사용하여 결과를 분석하고 이전 결과를 확인할 수 있다. 통계분석 > 실험계획법 > 혼합물 > 혼합설계 분석을 클릭한다.

↓	C1	C2	C3	C4	C5	C6	C7	C8
	표준 순서	런 순서	점 유형	블럭	이탈리안소스	발사믹소그	유자소스	맛
1	11	1	2	1	0.50000	0.50000	0.00000	11.91
2	4	2	2	1	0.50000	0.50000	0.00000	2.95
3	20	3	2	1	0.00000	0.50000	0.50000	4.51
4	13	4	2	1	0.00000	0.50000	0.50000	1.88
5	12	5	2	1	0.50000	0.00000	0.50000	31.45
6	16	6	1	1	0.00000	1.00000	0.00000	35.55
7	6	7	2	1	0.00000	0.50000	0.50000	14.16
8	3	8	1	1	0.00000	0.00000	1.00000	40.75
9	18	9	2	1	0.50000	0.50000	0.00000	0.59
10	17	10	1	1	0.00000	0.00000	1.00000	40.48
11	7	11	0	1	0.33333	0.33333	0.33333	7.89
12	5	12	2	1	0.50000	0.00000	0.50000	30.61
13	19	13	2	1	0.50000	0.00000	0.50000	32.98
14	9	14	1	1	0.00000	1.00000	0.00000	25.51
15	14	15	0	1	0.33333	0.33333	0.33333	21.74
16	21	16	0	1	0.33333	0.33333	0.33333	18.04
17	2	17	1	1	0.00000	1.00000	0.00000	41.15
18	1	18	1	1	1.00000	0.00000	0.00000	17.22
19	8	19	1	1	1.00000	0.00000	0.00000	30.62
20	15	20	1	1	1.00000	0.00000	0.00000	17.65
21	10	21	1	1	0.00000	0.00000	1.00000	30.49

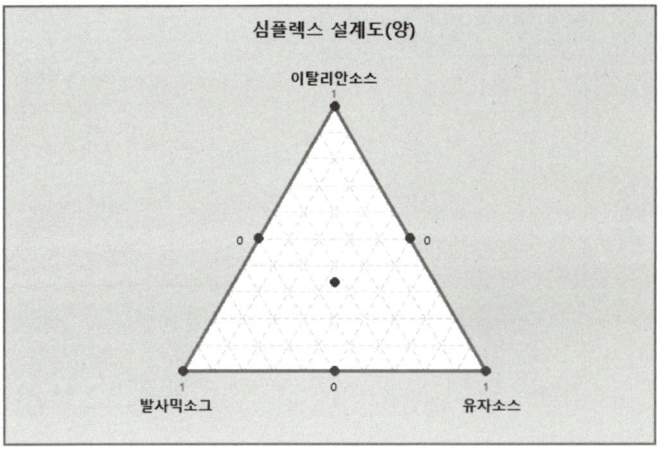

아래에 표시된 것처럼, 혼합 설계 분석 메뉴가 나타난다. 맛을 두 번 클릭하여 반응 필드를 채운다. 앞의 사례 연구는 성분의 혼합일 뿐이므로 혼합 성분 옵션이 선택되었다. 이 실험은 실제 수준이 아닌 0과 1 사이의 성분 수준을 사용했기 때문에 혼합 성분을 비율을 사용하여 분석했다. 마지막으로, 모델에 적합한 방법으로 혼합 회귀 옵션을 선택했다. 다음으로 예측방정식에서 보고자 하는 계수를 선택해야 한다.

항을 클릭한다. 사용 가능한 예측변수가 왼쪽 필드에 표시된다. A: x_1, B: x_2, C: x_3, 3개의 두 가지 혼합물 AB, AC, BC 및 1개의 세 가지 혼합물 ABC가 3가지 단일 성분으로 이루어져 있기 때문에 특수한 3차 모형을 평가할 수 있다. 풀다운 메뉴에서 선택항 A: x_1, B: x_2, C: x_3, AB, AC, BC 및 ABC가 사용 가능한 항에서 자동으로 선택되어 이제 선택한 용어로 나타난다.

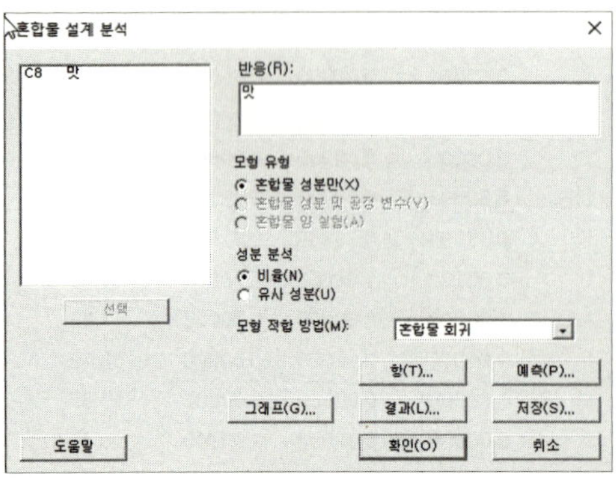

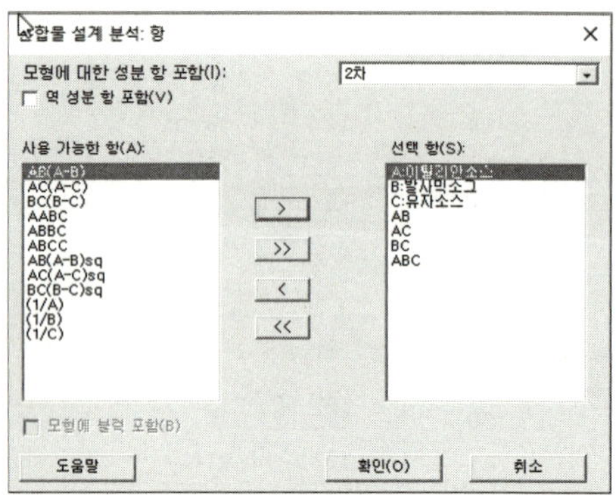

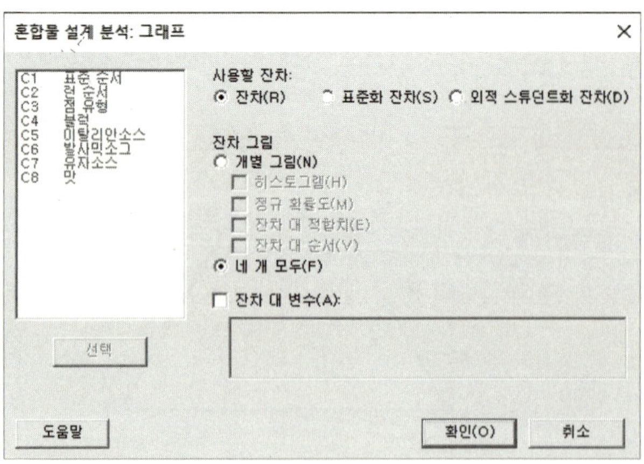

분석을 완료하기 위해 예측방정식의 적합성을 판단하기 위해 세션 창 출력에 잔차 그림을 추가할 수 있다. 이렇게 하려면 혼합물 설계 분석에서 그래프를 클릭한다. 이 화면에서 간단히 네 개 모두 잔차 그림 옵션을 선택한다. 마지막으로 확인을 선택하면 세션 창 출력 및 잔차 그림이 생성된다.

미내탭 세션 출력은 아래와 같이 보여진다. 미내탭 서 계산한 계수, 표준 차 및 t값은 계산된 값과 동일하다. x_1*x_3 및 x_2*x_3항에 대한 p−값이 0.05보다 작으므로 x_1*x_2 p−값이 0.05보다 훨씬 높지만 통계적으로 유의하지는 않지만 통계적으로 유의하다. 실제로 x_1*x_2항을 제거하고 분석을 다시 실행한다.

맛(성분 비율)에 대한 추정된 회귀 계수

항	계수	SE 계수	T-값	P-값	VIF
이탈리안소스	21.83	3.69	*	*	1.61
발사믹소그	34.07	3.69	*	*	1.61
유자소스	37.24	3.69	*	*	1.61
이탈리안소스*발사믹소그	-91.2	18.1	-5.05	0.000	1.80
이탈리안소스*유자소스	8.6	18.1	0.48	0.642	1.80
발사믹소그*유자소스	-115.2	18.1	-6.38	0.000	1.80
이탈리안소스*발사믹소그*유자소스	184	127	1.45	0.169	1.63

모형 요약

S	R-제곱	R-제곱(수정)	PRESS	R-제곱(예측)
6.38433	84.31%	77.59%	1283.93	64.70%

맛에 대한 분산 분석(성분 비율)

출처	DF	Seq SS	Adj SS	Adj MS	F-값	P-값
회귀 분석	6	3066.64	3066.64	511.11	12.54	0.000
선형	2	427.62	397.33	198.67	4.87	0.025
2차	3	2553.25	2516.12	838.71	20.58	0.000
이탈리안소스*발사믹소그	1	874.01	1039.68	1039.68	25.51	0.000
이탈리안소스*유자소스	1	74.43	9.20	9.20	0.23	0.642
발사믹소그*유자소스	1	1604.81	1659.46	1659.46	40.71	0.000
특수 3차	1	85.76	85.76	85.76	2.10	0.169
이탈리안소스*발사믹소그*유자소스	1	85.76	85.76	85.76	2.10	0.169
잔차 오차	14	570.64	570.64	40.76		
총계	20	3637.28				

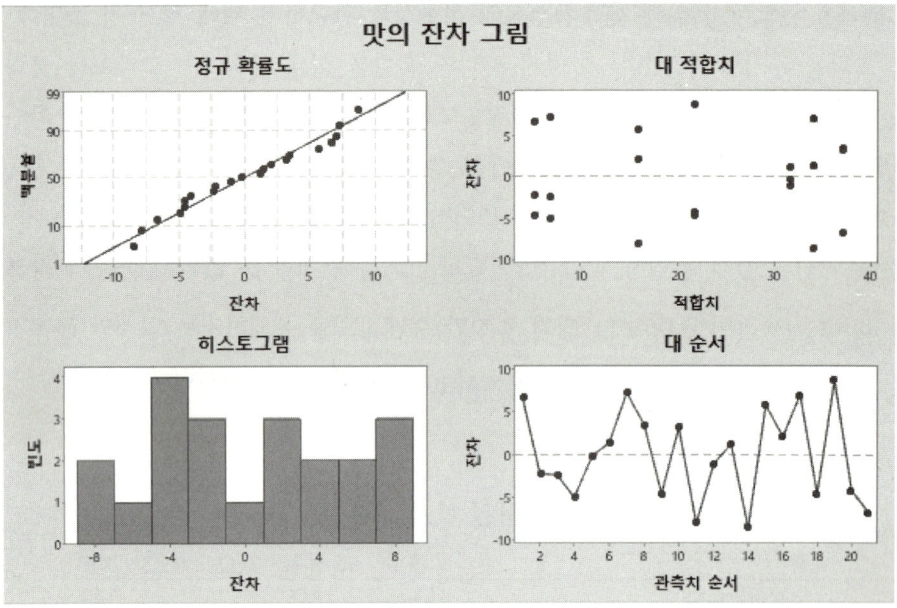

또한 R^2값은 84.31%이다. 그러나 통계적으로 유의하지 않은 예측변수항 x_1*x_3 및 $x_1*x_2*x_3$이 제거되면 이 값이 감소한다.

분산분석표도 표시된다. 그러나 미니탭 분산분석 요약에서는 회귀제곱합을 선형, 2차 및 특수 3차항으로 분해한다. 2차 및 특수 3차 예측항은 개별적으로 표시되고 통계적 유의성에 대해 테스트한다. 각 경우에 선형 및 2차 예측변수항이 통계적으로 유의한데, 각 경우의 p–값은 0.05보다 작다.

분산팽창계수 또는 VIF값을 확인해보자. 분산팽창계수는 예측변수 간의 다중 공선성 척도이다. 혼합 실험에서 혼합은 하나의 합이어야 하므로 예측변수는 다른 예측변수와 독립적이지 않으며 상관된다. 따라서 분산팽창계수는 1보다 높다. VIF가 높을수록 예측변수 간의 다중 공선성이 높다. 따라서 목표는 예측변수가 1과 같거나 가까운 분산팽창계수를 가지도록 설계해야 한다. 많은 경우에 2.0 미만의 분산팽창계수는 무시할만한 것으로 간주된다.

2와 5 사이의 분산팽창 요인은 경미하며, 5.0을 초과하는 값은 보통이며, 10을 초과하는 값은 주의해서 해석해야 한다.

잔차에는 적합성 결여와 순수 오차가 모두 포함한다. 적합성 결여가 분명하지 않은 경우 순수 오차만 남는다. 따라서 순수 오차 잔차에는 특별한 원인 패턴이나 추세가 없어야 하며 임의 변동 패턴이 표시된다. 이 경우 잔차가 동일하고 독립적으로 분포한다고 말한다. 이는 잔차가 서로 관련이 없다는 것을 의미한다. 4개 그림을 살펴보면 잔차가 정규 확률도에서 선의 주변에 있음을 알 수 있다. 이는 잔차가 정규분포를 따른다는 것을 알 수 있다.

또한 잔차 대 적합치에 대해 관심을 가지고 보아야 한다. 이 그림에는 이 심플렉스 중심 설계의 7개 점 각각에 3개의 적합치($\hat{y}(x)$)가 있다. 7개의 혼합물에 걸친 스프레드는 플롯의 양쪽 끝에서 동일하게 나타난다. 이는 잔차의 확산 또는 분산이 설계 공간의 한 영역에서 다른 영역으로 일정하다는 것을 나타낸다. 마지막으로 잔차 대 순서를 확인해보면 이 그림은 특이한 패턴이나 경향을 보여주지 않는다. 잔차는 독립적으로 분포된 것으로 보이며 이는 설계의 각 점과 데이터가 차별없이 관리 및 수집되어 결과에 대한 확신을 심어주었음을 시사한다.

4.4 제한된 영역의 실험계획법(constrained mixtures)

Treatment Blend	x_1	x_2	x_3
1	0.80	0.10	0.10
2	0.40	0.50	0.10
3	0.30	0.10	0.60
4	0.20	0.20	0.60
5	0.20	0.50	0.30
Centroid	0.38	0.28	0.34

◆ 메뉴

1) 통계분석 > 실험계획법 > 혼합 > 혼합 생성 설계

아래와 같이 꼭지점을 선택하고 중심점(중심)으로 설계를 보강하기 위해 설계 옵션을 클릭하고 전체 설계에 대한 반복실험횟수가 1로 설정한다.

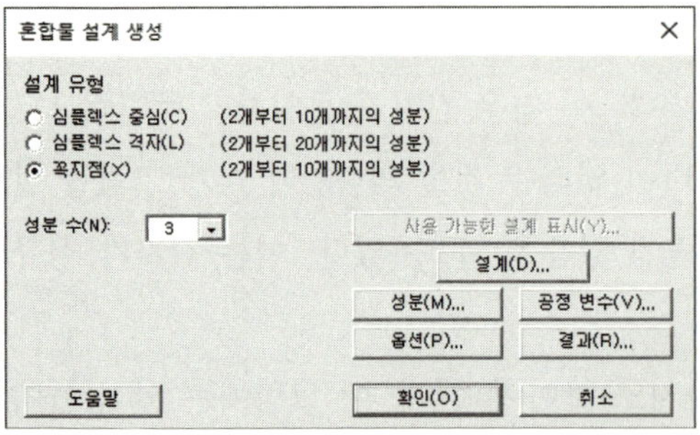

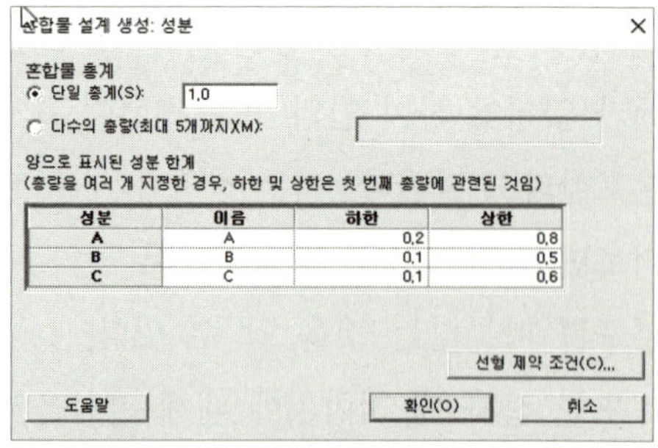

다음으로, 각 구성요소에 대한 상한 및 하한 제약조건이 아래와 같이 입력된다. 제약조건이 입력되면 확인을 선택한다.

확인을 선택하면 무작위 설계가 아래와 같이 미니탭 워크시트에 나타난다.

↓	C1	C2	C3	C4	C5	C6	C7
	표준 순서	런 순서	점 유형	블럭	A	B	C
1	1	1	1	1	0.20	0.50	0.30
2	6	2	0	1	0.38	0.28	0.34
3	5	3	1	1	0.40	0.50	0.10
4	2	4	1	1	0.20	0.20	0.60
5	3	5	1	1	0.30	0.10	0.60
6	4	6	1	1	0.80	0.10	0.10

미니탭은 아래에 표시된 실험 설계도 표시할 수 있다.

통계분석>실험계획법>혼합설계>심플렉스 설계 도표로 이동하여 밑의 화면을 표시한다.

여기서는 구성요소 단위에 대해 세 가지 선택 중 하나를 선택한다. 이 경우 비율이 선택되었다.

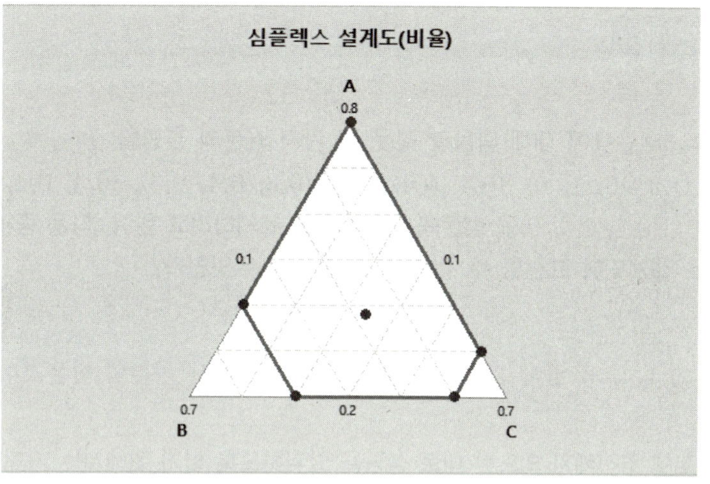
심플렉스 설계도(비율)
A
0.8
0.1
0.1
0.7
0.2
0.7
B
C

연습문제

1. $x_1+x_2+x_3=1$에 대해 다음과 같은 세 가지 성분의 혼합물: (x_1, x_2, x_3)=(1/3, 1/3, 1/3), (0, 1, 0), (0.4 ,0.4, 0.2), (0.3, 0.4, 0.3), (0.4, 0.4, 0.3), (0.5, 0.5, 0), (0.7, 0.3, 0)을 심플렉스 설계도에 표시하려고 한다. 다음 중 어떤 점을 심플렉스 설계도에 표현할 수 없으며 그 이유는 무엇인가?

| 정답 |

(0.4, 0.4, 0.3) 합이 1이 넘는다. 혼합물 실험에서 성분의 합은 1이어야 한다.

2. 고체 로켓 추진체가 의도한 대로 성능을 발휘하도록 하기 위해서는 기계적 특성이 우수해야 한다. 그러한 속성 중 하나는 탄력성이다. 세 가지 성분(x_1, x_2, x_3)의 함수로서 탄력성(y)의 변화를 연구하기 위해 심플렉스 격자 설계를 채용하였다. 탄성과 성분 비율은 아래 표에 나와 있다(미니탭이나 다른 통계 패키지를 사용하시오).

Ingredient: x_1	Ingredient: x_2	Ingredient: x_3	Elasticity, $y(\times 10)$
1	0	0	250,254
0	1	0	263,265
0	0	1	286,280
0.5	0.5	0	267,261
0.5	0	0.5	297,301
0	0.5	0.5	318,316

1) x_1, x_2, x_3, x_1과 x_2, x_2과 x_3, x_1과 x_3에 대한 혼합 효과를 그림으로 표시하시오. 이러한 그림을 바탕으로 예측 방정식을 제안하시오.
2) 회귀계수는 얼마인가?
3) 분산분석표를 설명하시오.
4) 회귀분석과 R^2의 값은 얼마인가?
5) 분산팽창인자에 대한 의견은? 예측 변수의 다중 공선성에 대해 무엇을 제안하는가?
6) 최종 예측 방정식에 근거하여 탄성을 어떻게 최대화할 것인가?

| 정답 |

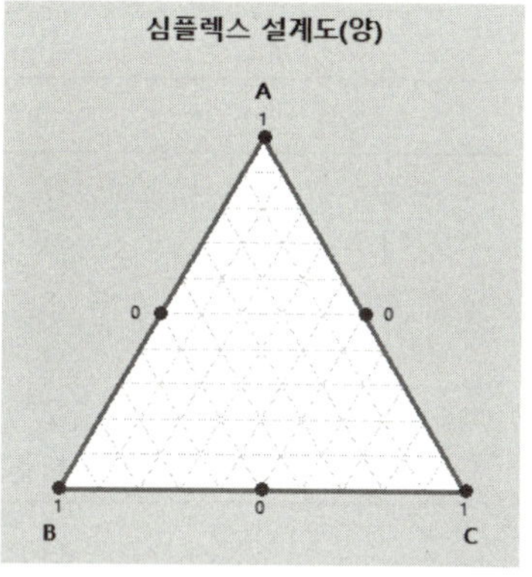

Y(성분비율)에 대한 추정된 회귀계수

항	계수	SE 계수	T-값	p-값	VIF
A	252.00	2.16	*	*	1.50
B	264.00	2.16	*	*	1.50
C	283.00	2.16	*	*	1.50
$A*B$	24.0	10.6	2.27	0.064	1.50
$A*C$	126.0	10.6	11.91	0.000	1.50
$B*C$	174.0	10.6	16.44	0.000	1.50

모형 요약

S	R^2	R^2(수정)	$PRESS$	R^2(예측)
3.05505	99.09%	98.32%	224	96.34%

Y에 대한 분산분석(성분비율)

출처	DF	Seq SS	Adj SS	Adj MS	F-값	p-값
회귀분석	5	6069.67	6069.67	1213.93	130.06	0.000
선형	2	2709.07	977.33	488.67	52.36	0.000
2차	3	3360.60	3360.60	1120.20	120.02	0.000
$A*B$	1	31.11	48.00	48.00	5.14	0.064
$A*C$	1	806.49	1323.00	1323.00	141.75	0.000
$B*C$	1	2523.00	2523.00	2523.00	270.32	0.000
잔차 오차	6	56.00	56.00	9.33		
총계	11	6125.67				

3. 표의 데이터를 사용하여 2차 혼합물 다항식을 만들고, $(x_1, x_2, x_3)=(1/3, 1/3, 1/3)$에서 반응을 예측하시오.

x_1	x_2	x_3	y
1	0	0	6
0	1	0	12
0	0	1	6
0.5	0.5	0	8
0.5	0	0.5	7
0	0.5	0.5	9

| 정답 |

$\hat{y} = 6x_1 + 12x_2 + 6x_3 - 4x_1x_2 - 4x_1x_3 + 0x_2x_3$

$(x_1, x_2, x_3) = (1/3, 1/3, 1/3) = 8 - 8/9 = 7.11$

4. 유연한 폴리우레탄 폼 시트를 제조할 때, 한 가지 중요한 특성은 수축력 편향(IFD)에 의해 측정된 폼 경도다. 폼 쿠션은 원래 두께의 50%로 압축되며, 이 두께를 달성하기 위해 가하는 힘을 측정한다. 성분 x_1, x_2, x_3은 IFD에 영향을 미친다. 한 화학 엔지니어가 고정된 볼륨 블록 금형을 사용하여 이러한 성분들을 연구하는 데 관심이 있다. 모든 재료가 있어야만 유효한 혼합물을 만들 수 있다.

$0.77 \leq x_1 \leq 0.89$

$0.10 \leq x_2 \leq 0.20$

$0.01 \leq x_3 \leq 0.03$

미니탭을 활용하여 심플렉스 꼭지점 그림을 그리시오.

| 정답 |

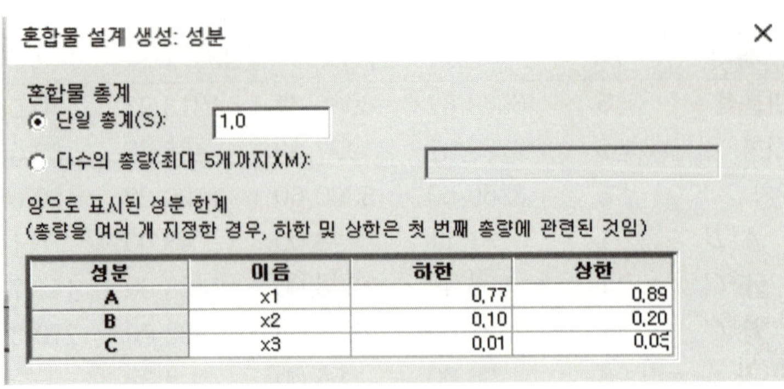

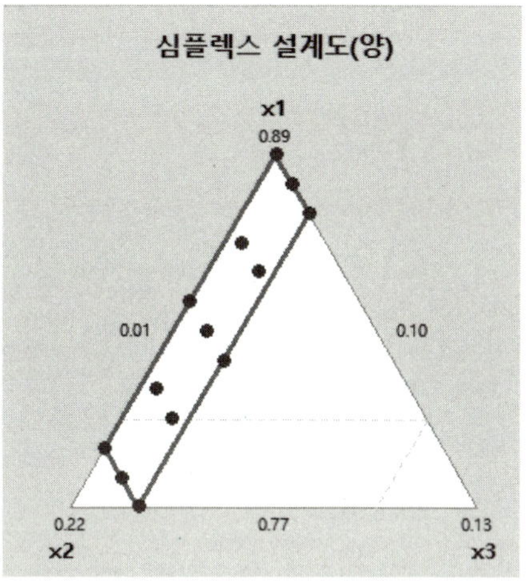
심플렉스 설계도(양)
x1
0.89
0.01
0.10
0.22
0.77
0.13
x2
x3

부 록

1. 표준정규분포표
2. t분포표
3. χ^2분포표
4. F분포표

1. 표준정규분포표

$$P\{0 \leq Z \leq z\} = \int_0^z \frac{1}{\sqrt{2\pi}} e^{-\frac{x^2}{2}} dx$$

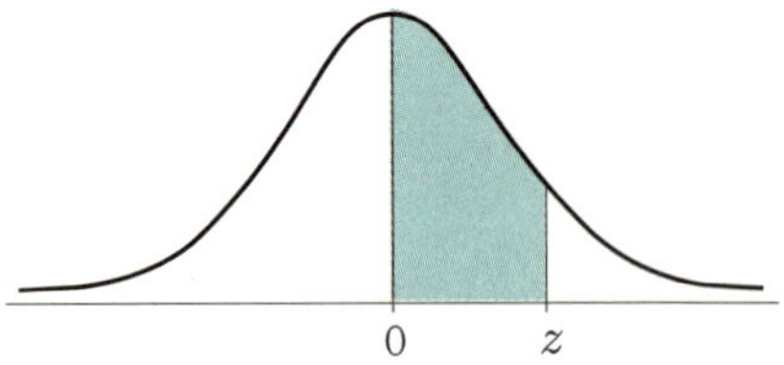

Z	.00	.01	.02	.03	.04	.05	.06	.07	08	.09
0.0	.0000	.0040	.0080	.0120	.0160	.0199	.0239	.0279	.0319	.0359
0.1	.0398	.0438	.0478	.0517	.0557	.0596	.0636	.0675	.0714	.0753
0.2	.0793	.0832	.0871	.0910	.0948	.0987	.1026	.1064	.1103	.1141
0.3	.1179	.1217	.1255	.1293	.1331	.1368	.1406	.1443	.1480	.1517
0.4	.1554	.1591	.1628	.1664	.1700	.1736	.1772	.1808	.1844	.1879
0.5	.1915	.1950	.1985	.2019	.2054	.2088	.2123	.2157	.2190	.2224
0.6	.2257	.2291	.2324	.2357	.2389	.2422	.2454	.2486	.2517	.2549
0.7	.2580	.2611	.2642	.2673	.2704	.2734	.2764	.2794	.2823	.2852
0.8	.2881	.2910	.2939	.2967	.2995	.3023	.3051	.3078	.3106	.3133
0.9	.3159	.3186	.3212	.3238	.3264	.3289	.3315	.3340	.3365	.3389
1.0	.3413	.3438	.3461	.3485	.3508	.3531	.3554	.3577	.3599	.3621
1.1	.3643	.3665	.3686	.3708	.3279	.3749	.3770	.3790	.3810	.3830
1.2	.3849	.3869	.3888	.3907	.3925	.3944	.3962	.3980	.3997	.4015
1.3	.4032	.4049	.4066	.4082	.4099	.4115	.4131	.4147	.4162	.4177
1.4	.4192	.4207	.4222	.4236	.4251	.4265	.4279	.4292	.4306	.4319
1.5	.4332	.4345	.4357	.4370	.7382	.4394	.4406	.4418	.4429	.4441
1.6	.4452	.4463	.4474	.4484	.4495	.4505	.4515	.4525	.4535	.4545
1.7	.4554	.4564	.4573	.4582	.4591	.4599	.4608	.4616	.4625	.4633
1.8	.4641	.4649	.4656	.4664	.4671	.4678	.4686	.4693	.4699	.4706
1.9	.4713	.4719	.4726	.4732	.4738	.4744	.4750	.4756	.4761	.4767
2.0	.4772	.4778	.4783	.4788	.4793	.4798	.4803	.4808	.4812	.4817
2.1	.4821	.4826	.4830	.4834	.4838	.4842	.4846	.4850	.4856	.4857
2.2	.4861	.4864	.4868	.4871	.4875	.4878	.4881	.4884	.4887	.4890
2.3	.4893	.4896	.4898	.4901	.4904	.4906	.4909	.4911	.4913	.4916
2.4	.4918	.4920	.4922	.4925	.4927	.4929	.4931	.4932	.4934	.4936
2.5	.4938	.4940	.4941	.4943	.4945	.4946	.4948	.4949	.4951	.4952
2.6	.4953	.4955	.4956	.4957	.4959	.4960	.4961	.4962	.4963	.4964
2.7	.4965	.4966	.4967	.4968	.4969	.4970	.4971	.4972	.4973	.4974
2.8	.4974	.4975	.4976	.4977	.4977	.4978	.4979	.4979	.4980	.4981
2.9	.4981	.4982	.4982	.4983	.4984	.4984	.4985	.4985	.4986	.4986
3.0	.4987	.4987	.4987	.4988	.4988	.4989	.4989	.4989	.4990	.4990

2. t분포표

$P\{T > t_{\alpha}\} = \alpha$

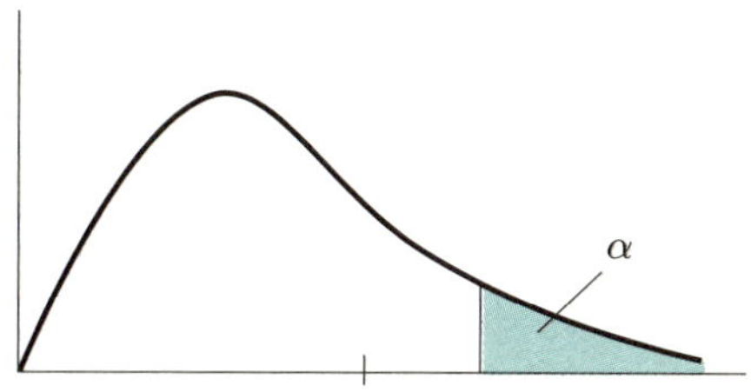

자유도	$t_{0.100}$	$t_{0.050}$	$t_{0.025}$	$t_{0.010}$	$t_{0.005}$
1	3.078	6.314	12.706	31.821	63.657
2	1.886	2.920	4.303	6.965	9.925
3	1.638	2.353	3.182	4.541	5.841
4	1.533	2.132	2.776	3.747	4.604
5	1.476	2.015	2.571	3.365	4.032
6	1.440	1.943	2.447	3.143	3.707
7	1.415	1.895	2.365	2.998	3.499
8	1.397	1.860	2.306	2.896	3.355
9	1.383	1.833	2.262	2.821	3.250
10	1.372	1.812	2.228	2.764	3.169
11	1.363	1.796	2.201	2.718	3.106
12	1.356	1.782	2.179	2.681	3.055
13	1.350	1.771	2.160	2.650	3.012
14	1.345	1.761	2.145	2.624	2.977
15	1.341	1.753	2.131	2.602	2.947
16	1.337	1.746	2.120	2.583	2.921
17	1.333	1.740	2.110	2.567	2.898
18	1.330	1.734	2.101	2.552	2.878
19	1.328	1.729	2.093	2.539	2.861
20	1.325	1.725	2.086	2.528	2.845
21	1.323	1.721	2.080	2.518	2.831
22	1.321	1.717	2.074	2.508	2.819
23	1.319	1.714	2.069	2.500	2.807
24	1.318	1.711	2.064	2.492	2.797
25	1.316	1.708	2.060	2.485	2.787
26	1.315	1.706	2.056	2.479	2.779
27	1.314	1.703	2.052	2.473	2.771
28	1.313	1.701	2.048	2.467	2.763
29	1.311	1.699	2.045	2.464	2.756
30	1.310	1.697	2.042	2.457	2.750
40	1.303	1.684	2.021	2.423	2.704
60	1.296	1.671	2.000	2.390	2.660
120	1.289	1.658	1.980	2.358	2.617
∞	1.282	1.645	1.960	2.326	2.576

3. χ^2분포표

$P\{\chi^2 \geq \chi^2_{\alpha}\} = \alpha$

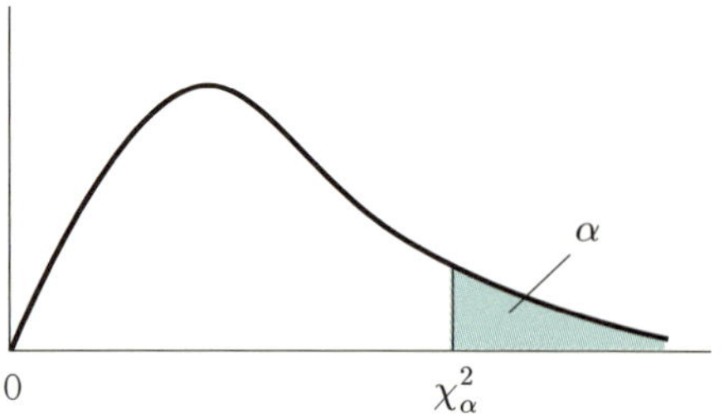

df	$\chi_{0.990}$	$\chi_{0.975}$	$\chi_{0.950}$	$\chi_{0.900}$	$\chi_{0.500}$	$\chi_{0.100}$	$\chi_{0.050}$	$\chi_{0.025}$	$\chi_{0.010}$	$\chi_{0.005}$
1	0.0002	0.0001	0.004	0.02	0.45	2.71	3.84	5.02	6.63	7.88
2	0.02	0.05	0.10	0.21	1.39	4.61	5.99	7.38	9.21	10.60
3	0.11	0.22	0.35	0.58	2.37	6.25	7.81	9.35	11.34	12.84
4	0.30	0.48	0.71	1.06	3.36	7.78	9.49	11.14	13.28	14.86
5	0.55	0.83	1.15	1.61	4.35	9.24	11.07	12.83	15.09	16.75
6	0.87	1.24	1.64	2.20	5.35	10.64	12.59	14.45	16.81	18.55
7	1.24	1.69	2.17	2.83	6.35	12.02	14.07	16.01	18.48	20.28
8	1.65	2.18	2.73	3.49	7.34	13.36	15.51	17.53	20.09	21.95
9	2.09	2.70	3.33	4.17	8.34	14.68	16.92	19.02	21.67	23.59
10	2.56	3.25	3.94	4.87	9.34	15.99	18.31	20.48	23.21	25.19
11	3.05	3.82	4.57	5.58	10.34	17.28	19.68	21.92	24.72	26.76
12	3.57	4.40	5.23	6.30	11.34	18.55	21.03	23.34	26.22	28.30
13	4.11	5.01	5.89	7.04	12.34	19.81	22.36	24.74	27.69	29.82
14	4.66	5.63	6.57	7.79	13.34	21.06	23.68	26.12	29.14	31.32
15	5.23	6.26	7.26	8.55	14.34	22.31	25.00	27.49	30.58	32.80
16	5.81	6.91	7.96	9.31	15.34	23.54	26.30	28.85	32.00	34.27
17	6.41	7.56	8.67	10.09	16.34	24.77	27.59	30.19	33.41	35.72
18	7.01	8.23	9.39	10.86	17.34	25.99	28.87	31.53	34.81	37.16
19	7.63	8.91	10.12	11.65	18.34	27.20	30.14	32.85	36.19	38.58
20	8.26	9.59	10.85	12.44	19.34	28.41	31.14	34.17	37.57	40.00
21	8.90	10.28	11.59	13.24	20.34	29.62	32.67	35.48	38.93	41.40
22	9.54	10.98	12.34	14.04	21.34	30.81	33.92	36.78	40.29	42.80
23	10.20	11.69	13.09	14.85	22.34	32.01	35.17	38.08	41.64	44.18
24	10.86	12.40	13.85	15.66	23.34	33.20	36.74	39.36	42.98	45.56
25	11.52	13.12	14.61	16.47	24.34	34.38	37.92	40.65	44.31	46.93
26	12.20	13.84	15.38	17.29	25.34	35.56	38.89	41.92	45.64	48.29
27	12.83	14.57	16.15	18.11	26.34	36.74	40.11	43.19	46.96	49.64
28	13.56	15.31	16.93	18.94	27.34	37.92	41.34	44.46	48.28	50.99
29	14.26	16.05	17.71	19.77	28.34	39.09	42.56	45.72	49.59	52.34
30	14.95	16.79	18.49	20.60	29.34	40.26	43.77	46.98	50.89	53.67
40	22.16	24.43	26.51	29.05	39.34	51.81	55.76	59.34	63.69	66.77
50	29.71	32.36	34.76	37.69	49.33	63.17	67.50	71.42	76.15	79.49
60	37.48	40.48	43.19	46.46	59.33	74.40	79.08	83.30	88.38	91.95
70	45.44	48.76	51.74	55.33	69.33	85.53	90.53	95.02	100.43	104.21
80	53.54	57.15	60.39	64.28	79.33	96.58	101.88	106.63	112.33	116.32
90	61.75	65.65	69.13	73.29	89.33	107.57	113.15	118.14	124.12	128.30
100	70.06	74.22	77.93	82.36	99.33	118.50	124.34	129.56	135.81	140.17

4. F분포표

$P\{F \geq F_{\alpha}\} = \alpha$

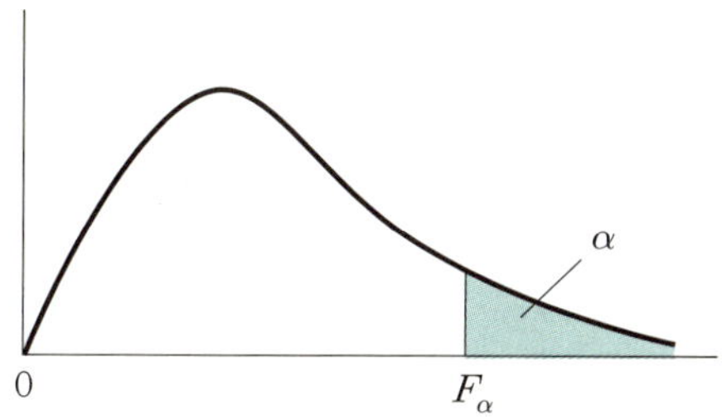

분모의 자유도	분자의 자유도									
	α	1	2	3	4	5	6	7	8	9
1	.100	39.86	49.50	53.59	55.83	57.24	58.20	58.91	59.44	59.86
	.050	161.4	199.5	215.7	224.6	230.2	234.0	236.8	238.9	240.5
	.025	647.8	799.5	864.2	899.6	921.8	937.1	948.2	956.6	963.3
	.010	4052	4999.5	5403	5625	5764	5859	5928	5982	6022
	.005	16211	20000	21615	22500	23056	23437	23715	23925	24091
2	.100	8.53	9.00	9.16	9.24	9.29	9.33	9.35	9.37	9.38
	.050	18.51	19.00	19.16	19.25	19.30	19.33	19.35	19.37	19.38
	.025	38.51	39.00	39.17	39.25	39.30	39.33	39.36	39.37	39.39
	.010	98.50	99.00	99.16	99.25	99.30	99.33	99.36	99.37	99.39
	.005	198.5	199.0	199.2	199.2	199.3	199.3	199.4	199.4	199.4
3	.100	5.54	5.46	5.39	5.34	5.31	5.28	5.27	5.25	5.24
	.050	10.13	9.55	9.28	9.12	9.01	8.94	8.89	8.85	8.81
	.025	17.44	16.04	15.44	15.10	14.88	14.73	14.62	14.54	14.47
	.010	34.12	30.82	29.46	28.71	28.24	27.91	27.67	27.49	27.35
	.005	55.55	49.80	47.47	46.19	45.39	44.84	44.43	44.13	43.88
4	.100	4.54	4.32	4.19	4.11	4.05	4.01	3.98	3.95	3.94
	.050	7.71	6.94	6.59	6.39	6.26	6.16	6.09	6.04	6.00
	.025	12.22	10.65	9.98	9.60	9.36	9.20	9.07	8.98	8.90
	.010	21.20	18.00	16.69	15.98	15.52	15.21	14.98	14.80	14.66
	.005	31.33	26.28	24.26	23.15	22.46	21.97	21.62	21.35	21.14
5	.100	4.06	3.78	3.62	3.52	3.45	3.40	3.37	3.34	3.32
	.050	6.61	5.79	5.41	5.19	5.05	4.95	4.88	4.82	4.77
	.025	10.01	8.43	7.76	7.39	7.15	6.98	6.85	6.76	6.68
	.010	16.26	13.27	12.06	11.39	10.97	10.67	10.46	10.29	10.16
	.005	22.78	18.31	16.53	15.56	14.94	14.51	14.20	13.96	13.77
6	.100	3.78	3.46	3.29	3.18	3.11	3.05	3.01	2.98	2.96
	.050	5.99	5.14	4.76	4.53	4.39	4.28	4.21	4.15	4.10
	.025	8.81	7.26	6.60	6.23	5.99	5.82	5.70	5.60	5.52
	.010	13.75	10.92	9.78	9.15	8.75	8.47	8.26	8.10	7.98
	.005	18.63	14.54	12.92	12.03	11.46	11.07	10.79	10.57	10.39
7	.100	3.59	3.26	3.07	2.96	2.88	2.83	2.78	2.75	2.72

	.050	5.59	4.74	4.35	4.12	3.97	3.87	3.79	3.73	3.68
	.025	8.07	6.54	5.89	5.52	5.29	5.12	4.99	4.90	4.82
	.010	12.25	9.55	8.45	7.85	7.46	7.19	6.99	6.84	6.72
	.005	16.24	12.40	10.88	10.05	9.52	9.16	8.89	8.68	8.51
8	.100	3.46	3.11	2.92	2.81	2.73	2.67	2.62	2.59	2.56
	.050	5.32	4.46	4.07	3.84	3.69	3.58	3.50	3.44	3.39
	.025	7.57	6.06	5.42	5.05	4.82	4.65	4.53	4.43	4.36
	.010	11.26	8.65	7.59	7.01	6.63	6.37	6.18	6.03	5.91
	.005	14.69	11.04	9.60	8.81	8.30	7.95	7.69	7.50	7.34
9	.100	3.36	3.01	2.81	2.69	2.61	2.55	2.51	2.47	2.44
	.050	5.12	4.26	3.86	3.63	3.48	3.37	3.29	3.23	3.18
	.025	7.21	5.71	5.08	4.72	4.48	4.32	4.20	4.10	4.03
	.010	10.56	8.02	6.99	6.42	6.06	5.80	5.61	5.47	5.35
	.005	13.61	10.11	8.72	7.96	7.47	7.13	6.88	6.69	6.54
10	.100	3.29	2.92	2.73	2.61	2.52	2.46	2.41	2.38	2.35
	.050	4.96	4.10	3.71	3.48	3.33	3.22	3.14	3.07	3.02
	.025	6.94	5.46	4.83	4.47	4.24	4.07	3.95	3.85	3.78
	.010	10.04	7.56	6.55	5.99	5.64	5.39	5.20	5.06	4.94
	.005	12.83	9.43	8.08	7.34	6.87	6.54	6.30	6.12	5.97
11	.100	3.23	2.86	2.66	2.54	2.45	2.39	2.34	2.30	2.27
	.050	4.84	3.98	3.59	3.36	3.20	3.09	3.01	2.95	2.90
	.025	6.72	5.26	4.63	4.28	4.04	3.88	3.76	3.66	3.59
	.010	9.65	7.21	6.22	5.67	5.32	5.07	4.89	4.74	4.63
	.005	12.23	8.91	7.60	6.88	6.42	6.10	5.86	5.68	5.54

| 참고문헌 |

1. 박성현 (2009). 현대실험계획법 - 개정. 민영사
2. 박성현, 김종욱 (2019). Minitab을 활용한 현대실험계획법 - 제3판. 민영사
3. 양인모, 유춘번, 황인극, 오근태 (2015). 실험계획법 – 새로운 개념과 접근법에 따른. 민영사
4. 이상복 (2019). MINITAB을 활용한 예제 중심의 실험계획법. 이레테크
5. Barker. T. B, Milivojevich. A. (2016). Quality by Experimental Design, CRC Press, NY.
6. Box, G. E. P, Draper N. R. (1987). Empirical Model–Building and Response Surfaces. John Wiley & Sons, New York.
7. Box, G. E. P, Hunter, W. G, Hunter J. S. (2005). Statistics for Experimenters: An Introduction to Design, Data Analysis, and Model Building. 2nd edition. John Wiley & Sons, New York.
8. Cornell, J. A. (1990). *Experiments with Mixtures—Designs, Models, and the Analysis of Mixture Data*. John Wiley & Sons Inc, New York.
9. D. G. Bonett (2006). "Approximate confidence interval for standard deviation of nonnormal distributions", Computational Statistics & Data Analysis, 50, 775–782.
10. Khuri, A. I, Cornell, J. A. (1996). Responses Surfaces: Design and Analyses. 2nd edition. Marcel Dekker, Monticello, NY.
11. Lewis, A. G. D. Mathieu and R. Phan–Tan–Luu (1999). *Pharmaceutical Experimental Design*. Marcel Dekker Inc., New York.
12. Myers, R. H., Montgomery D. C., Anderson–Cook. C. M. (2009). Response Surface Methodology: Product and Process Optimization Using Designed Experiments. 3nd edition. John Wiley & Sons, New York.
13. Ryan, T. P. (2007). Modern Experimental Design. John Wiley & Sons, New York.
14. Scheffe, H. (1963). The simplex–centroid design for experiments with mixtures. *Journal of the Royal Series B (Methodological) Statistical Society, 25(2)*, 235-263.

15. Snee, R. D. and D. W. Marquardt (1974). Extreme vertices for linear mixture models. *Technometrics, 16(3)*, 399-408
16. Wu. C. F. J. and Hamada, M. (2000). Experiments: Planning, Analysis, and Parameter Design Optimization. John Wiley & Sons, New York.

| 찾아보기 |

| 저자소개 |

김진호

서울대학교 통계학 이학박사, 한국표준과학연구원 책임연구원
현재) 공주대학교 공과대학 산업시스템공학과 교수, 국가참조표준센터 운영위원장

나형배

공학박사, 품질관리・공장관리기술사, MBB, LG전자 품질・혁신실장, 요소기술지원팀장
현재) LG전자 VS 사업본부 협력회사생산안정화팀

심재훈

공학박사, 품질관리기술사, MBB, 삼성전자 개발 수석연구원
현재) 삼성전자 상생아카데미 전문교수, 한국산업기술 평가위원

황인극

Texas A&M University 산업공학박사, 한국프로젝트경영학회장, 대한설비관리학회장
현재) 공주대학교 공과대학 산업시스템공학과 교수, 한국노동교육진흥원 이사장

실무자 중심의 실험계획법

2021년 3월 15일 1판 1쇄 인쇄
2021년 3월 20일 1판 1쇄 발행

저 자 | 김진호・나형배・심재훈・황인극
발행인 | 이수영
발행처 | 도서출판 청람
서울시 마포구 독막로 288(대흥동, 세양상가 109호)
전 화 | 02)3272-2601~2
팩 스 | 02)3272-2603
이메일 | crbooks@daum.net
홈페이지 | http://www.crbooks.co.kr
등 록 | 2000년 8월 26일 제6-0509호

ISBN 978-89-5972-814-5 93320 [정가 28,000원]